集人文社科之思　刊专业学术之声

集 刊 名：史学理论与史学史学刊
主办单位：北京师范大学史学理论与史学史研究中心

JOURNAL OF HISTORICAL THEORY AND HISTORIOGRAPHY

《史学理论与史学史学刊》编委会

顾　问　刘家和　瞿林东

编　委（以姓氏笔画为序）

于　沛　王记录　乔治忠　向燕南　刘北成
刘林海　许殿才　杨共乐　汪高鑫　张　越
张广智　张昭军　陈其泰　周少川　周文玖
庞卓恒　胡逢祥　倪玉平　郭小凌　董立河

主　编　杨共乐
副主编　周文玖

总第30卷

集刊序列号：PIJ-2004-004
中国集刊网：www.jikan.com.cn /史学理论与史学史学刊
集刊投约稿平台：www.iedol.cn

全国普通高等学校人文社会科学重点研究基地

北京师范大学史学理论与史学史研究中心　主办

中文社会科学引文索引（CSSCI）来源集刊

AMI（集刊）核心集刊

中国学术期刊网络出版总库（CNKI）收录

集刊全文数据库（www.jikan.com.cn）收录

史学理论与史学史学刊

JOURNAL OF HISTORICAL THEORY AND HISTORIOGRAPHY

2024年上卷（总第30卷）

杨共乐　主编

社会科学文献出版社

SOCIAL SCIENCES ACADEMIC PRESS (CHINA)

卷 首 语

杨共乐

诸位读者，呈现在您面前的是《史学理论与史学史学刊》2024 年上卷（总第 30 卷）。本卷共设有 8 个栏目，刊发论文、评论、综述 26 篇。

铸牢中华民族共同体意识是党和国家在新时代开展民族工作的主线，是新征程推进中华民族伟大复兴的重大课题。高等学校对铸牢中华民族共同体意识负有神圣职责。2021 年上半年，北京师范大学率先开设了"铸牢中华民族共同体意识"通识教育课程。本卷特设专栏，刊发廖英、胡小溪、陈涛三位老师的文章。他们身处学生培养的不同环节，从各自角度阐发了铸牢中华民族共同体意识对学生进行理想信念、家国情怀教育的重要意义，并就教学问题做了深入探讨。

2024 年是李大钊《史学要论》出版 100 周年，本卷特设专栏以表纪念，刊文 3 篇。胡湛《李大钊〈史学要论〉的形成及在民国史学界的传播》对《史学要论》撰述过程及出版后的传播史与批评史做了翔实的研究，剖析了此书对中国史学界特别是宗奉唯物史观之史家的影响。民国时期不同学术阵营的学者阅读、评论、接受《史学要论》，是唯物史观对中国史学界影响不断扩大的重要表现。李静波对国家博物馆馆藏李大钊的《唯物史观》

《史学思想史》两部讲义的征集和收藏过程进行了细致考证，通过与《李大钊全集》所收此两部讲义之比较，对它们做了新的诠释，为研究李大钊及其史学思想提供了新视角。周文玖继考述李大钊1923年武汉讲学的时间后，在《李大钊1923年武汉讲学史实考述——附李大钊演讲记录》一文中厘清了这一重要事件与"绕道上海"拜谒孙中山的先后顺序，从湖北省图书馆找到了李大钊武汉演讲的《进步的历史观》记录稿（收于一孤本中，弥足珍贵），参考李大钊发表的论文对之进行校对，附录文后，以飨学界。

"《周易》与史学"栏目刊文2篇。凌俊峰《论〈三国志〉中的易学思想》从撰史旨趣、行文叙事、史论等多方面分析了陈寿《三国志》以易解史的特点。于子强《易学视野下的苏辙——兼谈其易学与史学的互动》对宋人苏辙的易学观念、易史互动对其学术思想及政治主张的影响进行研究，为北宋变法、党争诸问题研究提供了新的思路。本刊多次发表讨论儒家经典对史学影响的论文，希望能对中国古代历史理论、史学理论的整体理解与主体建构有所助益。

"中国古代史学研究"栏目刊文7篇，涵盖了中国古代史学的多个重要论题。牛子晗《〈史记·循吏传〉撰人考辨——兼驳崔适"妄人伪托说"》从篇目及编次、史源、编撰宗旨及撰史风格、历史思想四个方面对崔适《史记探源》断言《循吏传》为"妄人伪托"的观点进行批驳，认为这是一种自设史例，不合则疑，疑则伪，据疑定罪的套路。操宇晴《宋代诸帝论史官修史、史学名著与"史才三长"》聚焦于皇帝对中国古代史学的影响，通过深入剖析宋代皇帝关于史学发展的评论，将其置于相应时代的史学发展中进行评价，并对其进行定位，揭示了皇帝在中国史学史上的重要作用。陈俊达、陈鹏《炎黄文化与中华意识——以辽夏金元时期为中心》一文聚焦于辽夏至金元之间统治者祖述炎黄刻意性降低这一因素，论述了"中华"认同逐渐成为超越族属和血缘的、包含中国各民族的政治-文化共同体的历史发展脉络。黄晓丹《地方儒学专题碑刻及其文献价值——以明代广东儒学碑记为中心的研究》尝试以明代广东为时空切入点，以记载内容较为完整、信息较为丰富的碑记为中心，探讨了儒学碑刻文献的义界、分类、载录、分布及其文献价值。武文君《清代私家辽史学研究》对清代史家增补《辽史》的表、志，搜辑史料、遗文，考证史籍、纠谬订误的史学活动进行研究，指出这些史学活动具有明显的考据学特征、史学经世思想，将北方民族史学研究推上一个新高度。陈珍《清初北岳恒山改祀与恒山志编撰》通过研究清初北岳由河北曲阳改祀至山西浑源这一事件引发的两部恒山志编纂旨趣的不同，指出其间从致用到求真的变化。此文与陈俊达、陈鹏谈炎黄文化认同一文，从不同的方面展示了少数民族贵族占统治地位的皇朝，在历史文化认同建构过程中逐渐强化的现象。这是研究中华民族共同体发展史值得重视的问题。刘文英《章学诚学术思想研究中的认知基础》对章学诚的学术渊源、哲学观念以及具体学术见解进行讨论，详细阐述了章学诚的"史意"、校雠学和方志学等重要思想。中国古代史学史研究，注重在文献发掘与考辨的基础上，探寻史学发展的不同面向，近年来则展现出深入挖掘其中历史文化认同与多民族大一统国家认同的历史思想和史学思想，本栏目所刊论文在这一点上尤为明显。

"中国近现代史学研究"栏目刊文3篇。田甜《"神话""英雄"与夏曾佑中国上古史观的构建》对夏曾佑的阅读史进行探究，对其中的经学基础和"新史学"观念进行总结，认为他从神话与历史的界限层面对上古史进行划分，并借助神话中的英雄人物来确立上古社会进化次序，打破了传统的历史退化论观念。王川、胡聪《陈垣"中华民族"观及其影响——以〈元西域人华化考〉为例》通过探讨《元西域人华化考》中的"华化"概念及其背后所反映的陈垣"中华民族"观及演变过程，进一步探究在近代中国史学的转型过程中，中国史学界对"中华民族"概念的认知变化。张杰《蔡和森对中共党史研究的奠基性贡献》一文，通过对蔡和森《中国共产党史的发展（提纲）》的研究，指出它作为中国首部以唯物史观为指导研究中共党史的专著，初步探讨了中共党史研究的基本理论问题，为中国共产党领导中国革命提供理论指导，并为中共党史研究奠定了重要基础。这三篇论文侧重分析三位作者历史观中对近现代中国有深远影响的部分，体现出近现代史学研究中的强烈现实关怀。

"外国史学研究"栏目刊文 3 篇。李玮璞《以"边缘"说"中心"：希达提乌斯对晚期罗马帝国的认识》聚焦 5 世纪西班牙史家希达提乌斯撰写的《编年史》，分析其以加利西亚行省视角论说罗马帝国盛衰的编纂方式，并阐释了其中蕴含的作者对自身命运和帝国未来的深切忧思。王秀红《圣徒传对墨洛温王朝王后的形象塑造》从分析中世纪早期西欧圣徒传的史料价值入手，探讨圣徒传中的墨洛温王朝王后的形象建构，指出这些描绘更多是时代模范的塑造，而非现实的简单再现。徐冯媛《李约瑟的在华学术活动与〈中国科学技术史〉的编撰》旨在展现李约瑟在华学术活动对其撰写《中国科学技术史》的重要性和深远影响，分析了李约瑟个人经历、跨文化合作以及对中国传统文化的理解如何共同成就了他的这部重要著作。

"当代史学评论"栏目刊文 4 篇，依次对杨共乐主编《新时代"一带一路"古文明文献萃编》、陈其泰著《中华优秀传统文化何以通向马克思主义》、周文玖等著《民国史学：中国现代史学的产生和发展》、王进整理《恩重如山——陈祖武先生口述史》进行了评论。四篇文章把握住了各自评论对象的特点，对相关学术问题做了深度阐释和发掘，体现了学术评论的独特魅力。

"会议综述"栏目刊发关于北京师范大学第三届史学理论与史学史研究生学术论坛情况的综述文章。本次论坛是由北京师范大学史学理论与史学史专业硕博研究生发起组织的，得到国内高校硕博研究生的热烈响应。与会者提交了高质量论文，聚焦学科前沿问题，学术研讨氛围浓厚。

学术的生命力在于创新。浩如烟海的中外史学遗产、开拓进取的当代史学、波澜壮阔的社会实践是史学理论与史学史研究学术创新、学科发展的不竭源泉。创新就是探索前人未知的世界，提供前人缺少的知识。它不是花样翻新，而是继长增高。任何创新成果都是通过厚植基础、扎实研究取得的。我们应秉持正确的创新理念，在唯物史观指导下，在发掘新史料、开辟新领域、尝试新方法等方面勤奋努力，不断把学科建设推向更高水平。

目　录

·当代史学评论·

·会议综述·

CONTENTS

Review of Contemporary Historiography

Symposium Summary

铸牢中华民族共同体意识研究

主持人的话

　　中华民族的历史，是各民族共同缔造、发展、巩固成为多元一体伟大国家的历史。在当前国际、国内复杂局势之下，铸牢中华民族共同体意识是实现中国式现代化必不可少的条件。北京师范大学作为一所以教师教育为主要特色的著名学府，努力探索将铸牢中华民族共同体意识纳入学生培养体系的有效方案，力图把育人效应拓展到各学科、各专业、各学段课程，率先在全国范围内开设"铸牢中华民族共同体意识"通识教育课程，为师范类高校在宣介传播、通识教育课程设置等方面提供了较为切实的参考路径。本卷特设"铸牢中华民族共同体意识"专栏，刊发廖英、胡小溪、陈涛三位作者的文章。他们身处学生培养的不同环节，从不同的角度阐发了关于铸牢未来教师中华民族共同体意识的经验和思考。

铸牢中华民族共同体意识教育
培养"四有"好老师

廖 英

（北京师范大学党委统战部，北京 100875）

中华民族历经几千年发展，各民族血脉相连、不可分割，是一荣俱荣、一损俱损的命运共同体。铸牢中华民族共同体意识，是国家统一之基、民族团结之本、精神力量之魂。习近平总书记强调，要构建铸牢中华民族共同体意识宣传教育常态化机制，纳入干部教育、党员教育、国民教育体系，搞好社会宣传教育。加强铸牢中华民族共同体意识教育，已成为事关民族复兴伟业的重大任务。强教必先强师，教师是立教之本、兴教之源。坚持教育者先受教育，师范院校是开展铸牢中华民族共同体意识宣传教育的重要阵地。让一代代青少年铸牢共同心理意识，具有对中华民族的最高认同及由此产生的对中华民族的使命感、归属感、荣誉感，师范院校具有独特优势和特殊使命。聚焦国家战略布局，全面贯彻党的教育方针、落实立德树人根本任务、培养德智体美劳全面发展的社会主义建设者和接班人，将铸牢中华民族共同体意识教育融入"四有"好老师培养全过程，不断强化师范院校学生"五个认同"，对夯实中华民族共同体意识的思想根基有着深远意义。

深入认识铸牢中华民族共同体意识教育
对师范院校的重要意义

师范院校肩负培养时代新人的独特使命。大学生作为社会主义现代化事业的建设者和接班人，其价值观念对中华民族团结统一的心理认同、国家未来的发展方向有着重要影响。师范院校学生价值观念给社会带来的代际影响更为深远。铸牢中华民族共同体意识，直接关系到担当民族复兴大任的时代新人的塑造与培养，是师范院校贯彻落实"培养什么人、怎样培养人、为谁培养人"教育目标的重要使命和时代责任，是引导学生心怀"国之大者"的重要内容，是维护国家统一和民族团结、传承弘扬中华优秀传统文化和建设中华民族现代文明的内在要求。在教师教育上具有重大政治责任。

铸牢中华民族共同体意识是落实师范院校根本目标的必然要求。国家繁荣、民族振兴、教育发展，需要大力培养造就一支高素质专业化教师队伍。师范院校是未来教师的"蓄水池"，肩负为党和人民培养合格的优秀教师人才、提供师资保障和人才储备的重要使命，具有培养"追梦人"和"筑梦人"的双重任务，尤其注重对未来教师核心素质特别是政治素质培养。因此，师范院校在承担铸牢中华民族共同体意识教育工作中具有更为重要的任务，要为中国式现代化的教育事业培养具有中华民族共同体意识的后继人才，充分发挥师范生对我国未来青少年教育的辐射带动作用。

铸牢中华民族共同体意识是培养"四有"好老师的题中之义。2014年教师节之际，习近平总书记来到北京师范大学与师生代表座谈，提出做好老师的"四有"要求，其首要的就是要"有理想信念"，为新时代师德建设指明了方向。教育是中华民族振兴和社会进步的基石，同时教育必须服务于民族振兴和社会进步。培养党和人民满意的"四有"好老师，让每名师范生都具备"四有"素养，打上鲜明"师范"烙印。只有让未来的教师树立起正确的历史观、民族观、国家观、文化观、宗教观，才能有力引导广大青少年学生深植休戚与共、荣辱与共、生死与共、命运与共的共同体理念，这是历史赋予师范院校在为实现服务中华民族伟大复兴中的重任。

建立健全铸牢中华民族共同体意识教育体系

要全方位、多层次、立体化地开展铸牢中华民族共同体意识教育，需要构建起铸牢中华民族共同体意识教育体系，完善师资、课程、教材、教育科研等多个支撑体系，深入挖掘各类课程中的铸牢中华民族共同体意识教育元素，把育人效应拓展到各学科、各专业、各学段课程，层层递进、有序衔接，形成同心同向同行的育人格局。

把铸牢中华民族共同体意识纳入师范生培养方案。要积极探索将铸牢中华民族共同体意识教育融入师范生培养的有效模式，找准其与铸牢中华民族共同体意识教育学科融合的结合点，将铸牢中华民族共同体意识教育往实里抓、往细里做，构成教育闭环，达到教育目的。北京师范大学以培育牢固树立马克思主义"五观"的大国良师为己任，将铸牢中华民族共同体意识作为办好教师教育的重要方面，融入师范生思政必修课程，嵌入教材选择、备课授课、教学质量评估等各个环节。开设专门社会实践必修课并设置学分，组织师范生赴脱贫县和中西部边境县开展支教，引导广大师范生在服务基础教育发展中不断增强"师范报国"的信心决心。

打造树立正确中华民族历史观的"名师金课"。建好铸牢中华民族共同体意识的课程，要把铸牢中华民族共同体意识的时代内涵和价值意蕴讲深，把坚持走中国特色解决民族问题正确道路的学理讲透。北京师范大学依托"双一流"高校建设基础和历史学科深厚积淀，集合十余位专家名师组建教研团队，联合开发"铸牢中华民族共同体意识"通识课程，从比较视野、古今维度、时代要求等多重角度分专题授课，讲深讲透中华文明起源和历史脉络，教育学生充分认识铸牢中华民族共同体意识的历史必然，有效提升了师范生的使命意识、担当意识和集体意识。课程在北京师范大学北京校区和珠海校区、青海师范大学、盐城师范学院同步开课，获得"三校四地"学生一致好评，相关成果荣获国家民委社会科学研究成果奖。

营造各民族学生交流融合的校园文化。有形、有感、有效地开展高校铸牢中华民族共同体意识宣传教育离不开浓厚的校园文化氛围，要把具有中华民族独特精神标识、价值观念及符号元素融入学习场景和生活场景，让铸牢中华民族共同体意识在潜移默化、润物无声中扎根心田。北京师范大学将民族团结理念融入校园文化建设，在主题党日、主题团日、主题班会中开展民族团结教育，举办各民族学生广泛参与的"石榴花开"趣味素质拓展活动，召开少数民族学生入学见面会、中秋茶话会、返乡社会实践思想交流会，通过一系列形式多样的校园活动，积极营造各民族学生广泛交往交流交融的文化氛围。加强对来自边疆地区少数民族学生的经济资助、学业帮扶和就业指导。打造少数民族骨干学生"朋辈辅导员"队伍，召开"朋辈引领"主题经验分享会、教育实习交流会，用身边可知可感的人物、案例，讲好各民族学生励学成才、团结奋进的生动故事。

不断丰富铸牢中华民族共同体意识教育形式

提升铸牢中华民族共同体意识宣传教育的育人质量，不断提升教育有效性，要遵循高校学生的认知规律，利用好符合高校学生特点的教育形式。要不断加强对实践化载体的研究与搭建，依托丰富的育人资源，丰富铸牢中华民族共同体意识教育形式，将铸牢中华民族共同体意识教育元素全面深入融入学生成长过程。

强化统筹，大团结大联合。习近平总书记强调，铸牢中华民族共同体意识，既要做看得见、摸得着的工作，也要做大量"润物细无声"的事情。北京师范大学打造"铸牢中华民族共同体意识教育系列教育实践"品牌活动，广泛汇聚最广泛的师生代表，不断凝聚人心、汇聚力量、增进认同。组织在校师生赴新疆和田、内蒙古锡林郭勒盟等民族地区，以及北京蒙藏学校旧址、民族文化宫等地开展特色教育实践。实践团队涵盖大陆学生、港澳地区各民族学生代表，覆盖在校本、硕、博各培养阶段，专业涉及文理社科等，大陆学生及港、澳、台学生同行实践，不断交流研讨、互助学习、同向融合。结合历史、考古、教育、文化等不同学科研究成果，设计实践路线，进行行前培训、行中指导，以强大专业支撑丰富实践。

以文化人，让历史发声。文化认同是最深层次的认同。讲好中华民族的故事，要立足中华民族悠久历史，坚持"两个结合"，遵循中华民族发展的历史逻辑、理论逻辑，充分挖掘和生动展现中华民族厚重历史文化和丰富人文资源，引导学生在反映中华文化特征和中华民族视觉形象的实物、实景、实事中学习，深化中华民族共同体的理解认识。北京师范大学组织各族师生探访热瓦克佛寺遗址、阿其克戍堡、元上都遗址等文化古迹，参观和田博物馆"五星出东方利中国"历史文化展览、苏尼特右旗乌兰牧骑"国家的孩子"展馆、民族文化宫等展览馆、博物馆，观看《五星出东方》舞剧、《海的尽头是草原》等文艺作品，引导他们深刻理解认识中国历史大框架中的区域历史，深入学习中华民族发展史的演进脉络，感悟中华民族基因血脉，不断增强文化自信、增进文化认同。

以理服人，突出价值导向。将理论与实践、课内与课外、线上与线下有效衔接，将课堂搬到实地，让师生通过感官与理论相结合，真切感受、隐喻体会，全方位加深师生对铸牢中华民族共同体意识的理解。北京师范大学打造"行走的大师课"，邀请来自历史、地理、政治、管理、生命科学等不同学科的知名学者全过程参与实践活动，边走边教、边走边讲，超越传统的王朝断代和民族族别，从政治经济社会地理文化等维度，帮助实践团师生从学理上深刻认识中华民族多元一体的特征，理解今天的中华民族共同体"你中有我、我中有你"和"大一统"的多元一体格局是如何在几千年历史进程中逐步形成并得以巩固的，具有很强的说服力。在学习奋斗故事中强化使命责任，实践团走进民族地区基础教育、街巷社区等基层一线，切身感受各民族携手建设民族地区的火热图景；深入到援疆干部工作地、北京援建的产城融合双创中心、内蒙古生态环保野外台站等，了解民族地区的快速发展是广大干部群众挥洒汗水、付出心血结出的硕果，切身感受到新时代在党的领导下民族地区发生的历史性变化，深刻理解中华民族一家亲、全国人民一起追求共同富裕的成功实践，不断提升爱党爱国情怀。

助力未来之师讲好中华民族故事

铸牢中华民族共同体意识是绵绵用力、久久为功的工程。要不断拓展影响就要朝着多渠道、全方位、更广泛的方向发展，让宣传教育方式与学生的思维认知、发展规律进一步契合。应针对师范学子的学习需求、特点优势，改变实践活动的短暂性和传统性局面，增强实践活动日常性和贯穿性，助力师范学子讲好中华民族故事，扩展传播力、影响力。

搭建交流展示平台。让师范生讲出来，让更多人能听到。北京师范大学在"铸牢中华民族共同体意识教育系列教育实践"品牌活动中，充分利用公众号、小程序、短视频等新媒体平台的育人功能，搭建"师大青年看""青春微宣讲"等活动平台，鼓励学生分享课堂所学、实践所悟，展示自己对中华民族共有精神家园、民族地区经济社会发展等主题的深刻理解，引发热烈反响。

以青年之思传递青年力量。组建师范生青春宣讲团，既是实践团，又担当宣传队。北京师范大学以铸牢中华民族共同体意识教育实践的师生为实践主体和传播力量，让学生自主设计宣讲主题、内容、形式，将实践经历凝练成原创"微课"，面向校内校外青年开展"铸牢中华民族共同体意识"主题系列宣讲，讲述一个个生动的、立体的中国故事，以真情实感引导广大青年不断增强"五个认同"。

形成系列实践成果作品。在品牌活动中，及时梳理总结一系列实践成果及工作经验，充分发挥良好示范效应。北京师范大学将铸牢中华民族共同体意识相关实践成果以新闻稿件、学习文章、调研报告、影视作品等形式总结呈现，立体呈现丰富实践情况，总结近两年教育实践成果，分享实践中发现的真切的身边人、身边事，引导师生在总结交流中不断提升认识、升华情感、协作互动。

　　铸牢中华民族共同体意识是国家统一之基、民族团结之本、精神力量之魂，以铸牢中华民族共同体意识为主线，教育引导师范院校学生牢固树立正确的中华民族历史观，不断丰富"四有"好老师培养的重要内容和生动载体，师范院校责任重大、使命光荣。北京师范大学将紧扣师范院校办学使命，继续深入推进铸牢中华民族共同体意识教育，不断增强励教兴邦的政治自觉，展示"四有"好老师首倡地的首倡之为。

师范类高校宣介铸牢中华民族
共同体意识路径浅谈

胡小溪

（北京师范大学党委宣传部，北京，100875）

2017 年 10 月，党的十九大正式将"铸牢中华民族共同体意识"写入党章。2021 年，习近平总书记在中央民族工作会议上进一步强调，铸牢中华民族共同体意识是新时代党的民族工作的"纲"，并指出"要引导各族人民牢固树立休戚与共、荣辱与共、生死与共、命运与共的共同体理念"。二十届中共中央政治局第九次集体学习对于如何解决实际工作中存在的矛盾和问题、怎样铸牢中华民族共同体意识、怎样才能铸得更牢等问题进行了深入探讨，在明确要"讲好中华民族故事，大力宣介中华民族共同体意识"的同时，对宣介中华民族共同体意识，推动全社会形成共识作了具体安排。

高校是我国人才培养的主阵地，是意识形态斗争的主战场，是文化创造和传播的主渠道，是坚定师生文化自信的最前沿。因此，积极探索高校常态化宣介铸牢中华民族共同体意识的体制机制、方式内容、载体渠道等问题，具有重大的理论与实践意义。其中，师范类高校在教育教学、思政引领方面具有强烈的示范作用。师范类高校的在校生会开展教育类社会实践，不少毕业生将登上三尺讲台。"（未来教师的）国家观、历史观、民族观是什么样，今后他们的学生就会是什么样"，师范类高校学生的价值观念带来的代际影响更为深远。作为当前高校意识形态教育的重点，师范类高校铸牢中华民族共同体意识宣介工作要突出有形有感有效，就需要在以下方面下功夫。

一是要坚定政治方向。不管是在中国近现代史上艰苦卓绝的新民主主义革命时期，还是在新中国成立后欣欣向荣的民主改革和社会主义改造时期，无论是在改革开放大力推进经济建设时期，还是在新时代新征程的接续奋斗中，"要想民族独立，必先政治统一；要想政治统一，必先组织起来；要想组织起来，必先依赖一个深入扎根各族群众的先进政党"是促进民族独立与国家发展、实现中国"站起来、富起来、强起来"的社会共识。其中，"深入扎根各族群众的进步政党"就是中国共产党。铸牢中华民族共同体意识，党的领导决定了方向。要坚持党的领导，聚焦政治引领，突出政治建设，坚持马克思主义指导地位，持续深入学习贯彻习近平新时代中国特色社会主义思想，持续深入学习铸牢中华民族共同体意识创新理论成果。要深刻领悟"两个确立"的决定性意义，增强"四个意识"、坚定"四个自信"、坚决做到"两个维护"，自觉在思想上政治上行动上同以习近平同志为核心的党中央保持高度一致。要强化政治领导，结合党建工作，建立完善铸牢中华民族共同体意识的教育机制，形成从师到生人人学、从上到下级级抓、从里到外层层管的推动铸牢中华民族共同体意识教育落实落细的工作机制，营造党建引领铸牢中华民族共同体意识培育的良好氛围。

二是要注重理论阐释。1902 年梁启超在《论中国学术思想变迁之大势》中首次创造出"中华民族"一词，三年后又在《历史上中国民族之观察》中明确表示"中华民族自始本非一族，实由多数民族混合而成"。1907 年杨度在《金铁主义说》中指出"中华之名词，不仅非一地域之国名，亦且非一血统之种名，乃为一文化之族名"，[1] 也就是说中华民族是文化的概念。李大钊继承并发扬了前人的思想，认为"吾国历史相沿最久，积亚洲由来之数多民族冶融而成此中华民族，畛域不分、血统全泯也久矣，此实吾民族高远博大之精神有以铸成之也"。[2] 以梁启超、杨度、李大钊等为代表的当时知识阶层，大力宣传中华民族的观念，著文立说阐释自身对于"中华民族"概念的理解，对于推进"中华民族"共同体这一观念的形成与普及产生了深刻的影响。在他们的影响之下，当时以"中华"冠名的事务层出不穷。将目光转回当下，与百年前相比，而今"中华民族""中华民族共同体""中华民族共同体意识"等专有名词有所增加、背景更为复杂、意义有所深化，需要厘清的观念、研究的命题层出叠见。习近平总书记在主持中共中央政治局第九次集体学习时指出，"铸牢中华民族共

---

① 杨度：《金铁主义说》，刘晴波主编《杨度集》，湖南人民出版社，1986，第 373~374 页。
② 李大钊：《新中华民族主义》，《李大钊全集》第 1 卷，人民出版社，2013，第 478 页。

同体意识，需要构建科学完备的中华民族共同体理论体系""加快形成中国自主的中华民族共同体史料体系、话语体系、理论体系""构建和运用中华文化特征、中华民族精神、中国国家形象的表达体系"。铸牢中华民族共同体意识的研究涉及民族学、历史学、人类学、社会学、心理学、考古学、传播学等多学科，而高校普遍拥有学科研究的人才优势、平台优势，这就要求高校打造铸牢中华民族共同体意识研究智库平台，引导专家学者结合历史与现实、理论与实践，自觉坚持马克思主义，在跨学科的背景下探究梳理中华民族形成的历史过程，深化中华民族共同体研究的学理阐释，既要聚焦重大理论难题，也要关注师生公众所感，善用学术讲"政理"，讲通讲深大道理。

三是要做好公众传播。1935 年，在侵略者的隆隆炮火声中，田汉、聂耳创作了《义勇军进行曲》，其中一句"中华民族到了最危险的时候"，使"中华民族"概念深入人心，将中华民族的各族儿女紧紧团结在一起。铸牢中华民族共同体意识的宣传教育，不是在书斋里坐而论道就能完成的工作，需要拥抱科技发展、走进民间田野、贴近公众所感所想。当今世界，人工智能等新科技发展迅猛，其不仅带来了信息生产和传播形式的变革，还重新建构了网民的思维习惯和行为模式。因此，要创新涉民族宣传的传播方式，不断拓宽传播渠道，主动适应 AI 等新技术与新媒体的融合趋势，将书本上的大道理转化为师生群众喜闻乐见的形式，讲活历史、讲透现在。要不断丰富传播内容，讲好中华民族共同体故事，讲清楚中国共产党领导和社会主义制度是我国各民族共同发展进步的可靠保障，讲清楚中华民族是具有强大认同度和凝聚力的命运共同体，讲清楚中国特色解决民族问题的正确道路所具有的明显优越性，大力宣传中华民族的历史，大力宣传新时代党的民族工作取得的历史性成就。要结合党史、新中国史、改革开放史、社会主义发展史的学习，体验体悟中华优秀传统文化、革命文化和社会主义先进文化，引导师生准确认识中华文明起源和历史脉络，准确认识中华民族和中华文明的多元一体，树立正确的国家观、历史观、民族观、文化观。要坚持走入现场，以一二课堂融合、社团活动、教学实践等途径，通过参观主题展览、进行主题讲座、组织学术研讨、召开读书会等形式，鼓励师生在双向交流中进行社会主义核心价值观的输出与渗透，通过实地参观、组织宣讲等活动，使学生回到历史现场，将课本上言简意赅的历史事件描述转化成生动、立体、形象的感官体验，从而更好地进行理解，建立直接性的历史感和家国情怀。要秉持"开放、互利、共赢、融通"的立场，坚持将"请进来""走出去"相结合，正视中外文化差异，寻找文化共同点、情感互通点、心灵契合点，积极推动中外学术界、民间团体交流互动，大力宣传中华民族同世界各国人民携手构建人类命运共同体的美好愿景，讲好中国改革发展新故事，努力消除部分西方国家对中国的偏见，让更多的外国友人看到真实的中国、闪亮的中国、友善的中国。

四是要有效防范化解风险。"坚决防范民族领域重大风险隐患。"这是在中央民族工作会议上，习近平总书记站在新时代党和国家事业发展全局高度，就防范民族领域重大风险隐患提出的明确要求。党的十八大以来，中国日益走近世界舞台中央，中华民族伟大复兴进入不可逆转的历史进程。但同时，中国也面临着很多不确定性与风险。从外部环境看，当前的世界格局呈现多元化、复杂化、不稳定性的态势，国际力量对比深刻调整，国际经济政治格局复杂多变，美西方国家不断对中国的发展围堵打压；从内部情况看，党的十八大以来，在以习近平同志为核心的党中央坚强领导下，中华民族焕发出极为强大的凝聚力向心力，但影响各民族团结的因素仍然存在：比如各民族地区之间发展不平衡不充分问题仍然突出，影响各民族深度交往交流交融的因素仍然存在，等等。复杂的社会环境和国际局势，对我们的宣传思想文化工作提出了新的挑战。这就要求我们在大力宣介中华民族共同体意识的过程中，要统筹发展与安全，着力防范、化解民族领域的风险隐患，不断提升防范化解风险的能力；要全面落实意识形态工作责任制，坚决守住意识形态阵地，积极稳妥处理涉民族因素的意识形态问题，做到守土有责、守土负责、守土尽责；要强化底线思维，增强忧患意识，划出底线红线，做到风险可预判、走向可把握，掌握应对风险挑战的战略主动；要增强斗争意识、丰富斗争经验、提升斗争本领，加强意识形态领域涉民族问题风险苗头的处置演练，做到"风险早发现、事端早处置、信息早报告"，防患于未然，坚决维护国家政治安全。

铸牢中华民族共同体意识、推进新时代党的民族工作高质量发展，是全党全国各族人民的共同任务。铸牢中华民族共同体意识宣介工作事关凝聚人心、汇聚力量，责任重大、意义非凡；铸牢中华民族共同体意识的宣传做得好不好，关系人心向背，关系党和国家形象。宣传思想文化工作战线必须铸牢中华民族共同体意识，努力做好理论研究与阐释，积极开展形式多样的大众传播，不断强化正面引领，有效化解风险隐患，引导各族人民牢固树立休戚与共、荣辱与共、生死与共、命运与共的共同体理念，凝聚起强国建设、民族复兴的磅礴力量。

北京师范大学"铸牢中华民族共同体意识"通识教育课程的实践与思考

陈　涛

（北京师范大学历史学院、史学理论与史学史研究中心、
铸牢中华民族共同体意识研究基地，北京　100875）

党的十八大以来，习近平总书记站在党和国家事业发展全局的战略高度，提出铸牢中华民族共同体意识的重大原创性论断。铸牢中华民族共同体意识不仅是新时代党的民族工作和民族地区各项工作的主线，而且是实现中华民族伟大复兴的必然要求。只有铸牢中华民族共同体意识，才能有效应对实现中华民族伟大复兴过程中民族领域可能发生的风险挑战，才能为党和国家兴旺发达、长治久安提供重要思想保证。

高校是教育阵地、科技重地、人才高地的结合体，承担着人才培养、科学研究、社会服务、文化传承创新、国际交流合作等五大职能，肩负着培养担当中华民族伟大复兴大任的时代新人的光荣使命。高校通过深入开展铸牢中华民族共同体意识教育，有助于引导大学生增强对伟大祖国、中华民族、中华文化、中国共产党、中国特色社会主义的高度认同，增强做中国人的志气、骨气、底气，增强以实现中华民族伟大复兴为己任的信心和决心。

北京师范大学作为中国教师教育的排头兵，坚守初心使命，服务教育强国建设，在全国高校中较早地开展铸牢中华民族共同体意识教育，取得了良好效果。

一　北京师范大学"铸牢中华民族共同体意识"通识教育课程的开设

北京师范大学史学理论与史学史研究中心铸牢中华民族共同体意识研

究基地（以下简称"北京师范大学铸牢基地"）自 2020 年 5 月成立后，在基地主任郑师渠教授、基地首席专家晁福林教授的引领下，结合自身的学术传统与研究基础，集思广益、科学谋划、团队协作、攻坚克难，取得了显著成绩。2020 年末，基地领导和多位专家审时度势就做好铸牢中华民族共同体意识研究人才培养工作多次开会商讨，指出既要加大力度培养硕博士研究生、做好博士后流动站工作，也要体现师范大学的特色，发挥课程思政的育人功能，加强对本科生的培养，提出率先在全国范围内开设"铸牢中华民族共同体意识"通识教育课程。

北京师范大学铸牢基地的这一建议，很快被学校采纳。在北京师范大学教务部等多个部门的关心和支持下，2020—2021 学年春季学期，北京师范大学北京校区面向广大本科生首次开设"铸牢中华民族共同体意识"通识教育课程。鉴于北京师范大学对口支援青海师范大学，经过两校沟通协调，首次开设的"铸牢中华民族共同体意识"通识教育课程也以同步在线方式面向青海师范大学本科生开放。最终，北京师范大学北京校区共有 83 人选修该课，青海师范大学共有 69 人选修该课。课程结束后，北京师范大学铸牢基地又在北京师范大学北京校区和青海师范大学同步开展调研工作，了解选课同学对该课程的反馈意见与建议。中央统战部、国家民委领导于 2021 年 7 月对该课程调研报告作出肯定性批示。

北京师范大学"铸牢中华民族共同体意识"通识教育课程的开设，引起了新闻媒体和社会各界的关注，《中国民族报》在 2021 年 8 月 6 日头版中予以专题报道①，天津师范大学教务处、马克思主义学院、历史文化学院、政治与行政学院一行于 2021 年 10 月来北京师范大学铸牢基地调研，并就"铸牢中华民族共同体意识"通识教育课程的建设经验进行深入交流。

通过认真总结第一轮教学实践的经验，北京师范大学铸牢基地积极更新教学资源、优化教学内容、不断改进和完善课程结构，并于 2021—2022 学年春季学期，再次为北京师范大学北京校区本科生开设"铸牢中华民族共同体意识"通识教育课程。该课程同时面向青海师范大学和盐城师范学院在线同步直播，三校共有 275 人选修该课。

---

① 肖静芳、牛锐、李翠：《夯实中华儿女大团结的思想基础——北京师范大学开设"铸牢中华民族共同体意识"通识课的实践》，《中国民族报》2021 年 8 月 6 日。

2022—2023 学年春季学期，北京师范大学铸牢基地继续为北京师范大学北京校区本科生开设"铸牢中华民族共同体意识"通识教育课程，共有 69 人选修该课。与此同时，北京师范大学铸牢基地还在北京师范大学珠海校区首次面向广大公费师范生和"优师计划"学生开设"铸牢中华民族共同体意识"通识教育课程，共有 97 人选修该课。

2023—2024 学年春季学期，北京师范大学铸牢基地同时为北京师范大学北京校区和珠海校区本科生开设"铸牢中华民族共同体意识"通识教育课程，北京校区共有 68 人选修该课，珠海校区共有 140 人选修该课。

二 北京师范大学"铸牢中华民族共同体意识"通识教育课程的特点

北京师范大学"铸牢中华民族共同体意识"通识教育课程在首次开设之初，就在教学理念、教学团队、课程内容等方面做了大量精心准备。随着每一轮教学实践活动的结束，在广泛调研的基础上，"铸牢中华民族共同体意识"通识教育课程一直在不断地改进和完善课程结构。总体来看，该课程具有以下四个突出特点。

1. 全新的教学理念

北京师范大学"铸牢中华民族共同体意识"通识教育课程旨在以厚重的历史学底蕴，系统讲授马克思主义民族理论中国化的最新成果，从中外比较、古今发展、时代要求等多重维度，讲深讲透铸牢中华民族共同体意识的历史必然性，引导广大青年学子牢固树立正确的国家观、历史观、民族观、文化观、宗教观，增强对伟大祖国、中华民族、中华文化、中国共产党、中国特色社会主义的高度认同。

2. 强大的教学团队

北京师范大学"铸牢中华民族共同体意识"通识教育课程组建了一支由老中青三代学人构成的实力强大的教学团队，其中既有瞿林东、郑师渠、晁福林等史学名家，也有杨共乐、李帆、罗新慧等学术中坚，还有刘卓异、朱露川、孙琳等青年才俊。三代学人术有专攻、业有所长，他们汇聚一堂、薪火相传，以高度的荣誉感、强烈的责任感和光荣的使命感，齐心协力共同上好这一门课。

3. 新颖的课程内容

北京师范大学"铸牢中华民族共同体意识"通识教育课程在教学设计

上，既有理论讲授，也有社会实践。

所有理论讲授均以专题形式展开，专题内容主要包括中华文明的突出特性、正确的中华民族历史观、中华民族的起源形成和发展、历史时期各民族的交往交流交融、近代以来中华民族由自在到自觉的转变等。各个专题既相对独立，又紧密联系，构成一个完整的知识体系。由于教学内容扎实厚重，教学形式新颖独特，所以"铸牢中华民族共同体意识"通识教育课程受到同学们的普遍欢迎和高度肯定。

社会实践通常是紧密结合课堂授课内容，带同学们到中国国家博物馆、民族文化宫、广东省博物馆、南越王博物院等处进行教学参观，身临其境，直观感受和体悟中华民族形成和发展的历史，深刻认识中国共产党百年民族工作的伟大成就。

4. 卓著的课程效果

同学们在认真学习"铸牢中华民族共同体意识"通识教育课程后，充分认识到铸牢中华民族共同体意识是实现中华民族伟大复兴的必然要求，大家都对"我们共同的名字是中华民族"有了更加深刻的感受和认同；都明白且赞同"文化认同是最深层次的认同，是民族团结之根、民族和睦之魂"。同学们纷纷表示，要牢固树立正确的中华民族历史观，不断强化休戚与共、荣辱与共、生死与共、命运与共的共同体理念。尤其在北京师范大学珠海校区，广大师范生同学普遍认为，"铸牢中华民族共同体意识"通识教育课程除了对他们的知识结构、职业生涯规划多有帮助，更重要的是，使他们深入认识和了解了中华民族形成和发展的历史，对铸牢中华民族共同体意识有了更深入的理解。通过学习该课程，更加坚定了自己投身教育的信念、信心，进一步增强了责任感和使命感。师范生同学还表示，他们未来要在基础教育领域更好地播撒石榴种子，做好铸牢中华民族共同体意识的教育宣传工作。

教学参观活动让同学们不仅加深了对中华文明的了解，也更加坚定了维护民族团结、铸牢中华民族共同体意识的决心。有同学在教学参观后表示："我不仅巩固了在理论课中学到的中华民族共同体形成和发展的历史等相关知识，还更加深刻地理解了中华民族上下五千年的发展历程，就是一部各民族交往交流交融的历史，认识到近现代以来正是在中国共产党的领导下中华民族才能从自觉走向自立自强，发展成为更具包容性、凝聚力、统一性的命运共同体。"

三　若干思考

北京师范大学"铸牢中华民族共同体意识"通识教育课程经过几轮实践后，我们深切地体会到要做好这方面的工作仍然是任重道远，需要持续发力、久久为功。在此，笔者有三点体会和想法。

第一，需要深化中华民族共同体理论和重大基础性问题研究。

习近平总书记指出："一部中国史，就是一部各民族交融汇聚成多元一体中华民族的历史，就是各民族共同缔造、发展、巩固统一的伟大祖国的历史。"① 要想在"铸牢中华民族共同体意识"通识教育课程中讲好中华民族形成发展史，这是需要下一番功夫的。因为"铸牢中华民族共同体意识"通识教育课程的专题内容完全不同于以往的历史类课程，这就对任课教师造成很大的困难和挑战，所以任课教师一方面需要不断加强理论学习、完善知识结构、增加知识储备，另一方面还需要转换思维模式、拓宽学术视野、深化基础研究。

为了备好课、讲好课，北京师范大学"铸牢中华民族共同体意识"通识教育课程的任课教师积极开展中华民族共同体理论与重大基础性问题研究，产出了一批有影响力的重要学术成果，其中瞿林东先生指出，习近平总书记关于铸牢中华民族共同体意识的重要论断，反映了中华民族的历史内涵、发展规律和现实诉求，是马克思主义民族理论中国化的最新成果，是"当代中国的重大国是"②；瞿林东、杨共乐、罗新慧等先生对中华文明的起源、特性及其对人类的重大贡献、中外文明交流等问题作了深入阐释③；瞿林东、郑师渠、晁福林、杨共乐、李帆、罗新慧等先生围绕中华

---

① 习近平：《在全国民族团结进步表彰大会上的讲话（2019 年 9 月 27 日）》，《光明日报》2019 年 9 月 28 日。

② 瞿林东：《当代中国的重大国是——铸牢中华民族共同体意识的历史内涵和现实意义》，《中国民族报》2021 年 6 月 22 日。

③ 瞿林东：《深刻理解中华文明突出的连续性》，《人民日报》2023 年 7 月 18 日。杨共乐：《中华文明的连续性与开放性特质》，《光明日报》2020 年 10 月 21 日；《人类文明进程中的中华文明》，《光明日报》2021 年 12 月 31 日；《中华文明的多元一体》，《中国民族报》2022 年 1 月 18 日；《中华文明的起源与发展脉络》，《中国民族报》2022 年 2 月 8 日；《中华文明及其对人类的重大贡献——中西文明比较的视角》，《北京师范大学学报》（社会科学版）2022 年第 2 期；《不尽的江河不断流——比较视野下的中华文明》，北京师范大学出版社，2023；《交流互鉴是人类文明发展的基石》，《史学理论研究》2024 年第 1 期。罗新慧：《青铜之光：早期的中外文明交流》，《世界历史》2023 年第 1 期。

民族观念、中华民族形成发展历史等重大基础性问题发表系列真知灼见①。北京师范大学铸牢基地不断将这些最新的学术研究成果转化并充实到课堂教学内容之中，才能保证"铸牢中华民族共同体意识"通识教育课程取得显著成效。

然而，中华民族共同体理论与重大基础性问题研究并非一蹴而就，未来还需要学术界持之以恒，不断深入探索，科学揭示中华民族形成和发展的道理、学理、哲理。

第二，需要加强中华民族共同体课程体系建设。

在历史长河中，中华各民族共同开拓了辽阔疆域，共同书写了悠久历

① 瞿林东：《毛泽东中华民族观的内涵、根源和历史意义》，《史学史研究》2020 年第 4 期；《从正史修撰看民族交融的历史进程——谈唐修八史和元修三史》，《光明日报》2021 年 8 月 23 日；《正确认识中华民族的几个问题》，《中国民族报》2022 年 1 月 11 日；《论中华民族形成和发展的历史》，《北京师范大学学报》（社会科学版）2022 年第 2 期；《尊重历史，重视史学，守护中华民族共有精神家园》，《中国民族报》2023 年 2 月 14 日；《唐修八史：民族大融合的重要记录》，《中国民族报》2023 年 8 月 15 日。郑师渠：《中华民族实现由自在转向自觉的鲜明标志——论李大钊的〈新中华民族主义〉》，《史学史研究》2020 年第 4 期；《近代中华民族意识的自觉——以国共合作为中心的考察》，《北京师范大学学报（社会科学版）》2021 年第 5 期；《中华民族共同体意识的近代思想论争——从傅斯年、顾颉刚到费孝通、白寿彝》，《中国高校社会科学》2022 年第 1 期；《史学研究当自觉服务于国家战略——从"新中华民族主义"到"铸牢中华民族共同体意识"的创新发展说起》，《中国民族报》2022 年 8 月 23 日；《欧战前后国人的历史自信与民族自信——近代中华民族共同体意识觉醒的重要表征》，《史学史研究》2022 年第 4 期；《近代国人的现代国家认同——从戊戌变法到辛亥革命》，《北京师范大学学报》（社会科学版）2023 年第 1 期。晁福林：《从"华夏"到"中华"——试论"中华民族"观念的渊源》，《史学史研究》2020 年第 4 期；《导夫先路：中华民族形成过程中的观念认同》，《北京师范大学学报》（社会科学版）2022 年第 2 期；《"大夷"之力：中华民族形成过程的重要进阶》，《历史研究》2022 年第 3 期；《论中华民族形成过程中的国家认同》，《北京师范大学学报》（社会科学版）2022 年第 5 期；《作册般黿补释——兼论殷代夷夏关系》，《中国史研究》2023 年第 1 期；《中华民族一体化过程中若干重要认识问题》，《文史哲》2023 年第 3 期；《"大一统"学说的构建与中华民族形成进程中的观念认同》，《北京师范大学学报》（社会科学版）2024 年第 1 期。杨共乐：《坚定历史自信，增强历史主动，全面推进中华民族共同体建设》，《中国民族报》2023 年 2 月 7 日；《〈步辇图〉："和同为一家"的真实写照》，《中国民族报》2023 年 4 月 18 日。李帆：《"夷夏之辨"和近代中国的民族国家认同》，河南人民出版社，2020；《植根于中华文化的"中华民族"观念——以杨度〈金铁主义说〉为核心》，《北京师范大学学报》（社会科学版）2022 年第 2 期；《中华民族自觉意识的初步觉醒——从清末民初的历史教科书谈起》，《史学史研究》2022 年第 4 期；《清季历史教科书的双重认同》，《史学理论研究》2023 年第 2 期。罗新慧：《春秋时期天命观念的演变》，《中国社会科学》2020 年第 12 期；《华夏共同祖先意识的萌生发展——以"祝融八姓"为中心》，《历史研究》2023 年第 1 期；《周代的信仰：天、帝、祖先》，上海古籍出版社，2023。

史，共同创造了灿烂文化，共同培育了伟大民族精神。在当下，只有构筑中华民族共有精神家园，才能更好地铸牢中华民族共同体意识。那么高校如何构筑中华民族共有精神家园呢？这就需要不断加强中华民族共同体课程体系建设。除了开设"铸牢中华民族共同体意识"通识教育课程外，文学、历史、哲学、法学、教育、艺术、体育、新闻传播等学科在中华民族共同体课程体系建设方面都大有用武之地。

北京师范大学铸牢基地的教师在讲授"中华文明（古代部分）""隋唐历史与文化"等课程时进行了有益探索，取得了良好效果。同学们在学习后表示，语言、文字和艺术承载了各民族文化互鉴融通的历史记忆，烙刻着中华民族共同体的文化基因；从"洛阳家家学胡乐"到"万里羌人尽汉歌"，各民族交往交流交融带来了音乐文化的互鉴，奏响了民族团结的和美乐章；正是在长期频繁的交流往来中，各民族逐步形成了牢不可破的中华民族共同体，共同创造了灿烂的中华文化。[①]

第三，需要加快中华民族共同体学科建设。

中华民族共同体意识是国家统一之基、民族团结之本、精神力量之魂。要在高校深入开展铸牢中华民族共同体意识教育，从长远来看，必须要依托学科，因为中华民族共同体研究需要众多学科参与其中。只有加快建设中华民族共同体学科，才能更好地为课程建设、人才培养、科学研究、社会服务等提供坚实基础和重要支撑。当然，不同高校建设中华民族共同体学科还需要因时因地制宜，突出特色，不应千篇一律。

---

① 司马婧桐：《"我们共同的名字叫中华民族"——北京师范大学师生参观铸牢中华民族共同体意识文物古籍展》，《中国民族报》2023 年 11 月 14 日。

纪念李大钊《史学要论》
出版100周年

李大钊《史学要论》的形成
及其在民国史学界的传播

胡　湛

（四川师范大学历史文化与旅游学院，四川成都　610066）

摘　　要：《史学要论》在中国马克思主义史学发展史上被奉为开山之作，这并非后来者的确认，而是主要基于它在民国史学界已经产生广泛且深刻的学术影响。《史学要论》撰写于李大钊在北京大学任教期间，在正式出版之前，部分内容便以讲义、讲座的形式传播。《史学要论》出版后，何炳松、卢绍稷较早接受了其思想。此后，黄维荣、郑鹤声在自编教材、讲义中引入了《史学要论》。在理论斗争激烈的上海，《二十世纪》杂志也对《史学要论》有一定程度的宣传。这使唯物史观指导下的历史学研究被更多人接受，陈啸江、李则纲便是代表。20 世纪 30 年代中后期，随着唯物史观的广泛传播，《史学要论》获得了更大的学术空间。马克思主义史学理论逐渐由边缘走向了理论舞台的中央。

关键词：李大钊　《史学要论》　马克思主义史学

1958 年，蔡尚思称李大钊为"中国最早的马克思主义历史家"，[①] 并引用了《史学要论》。白寿彝也强调："李大钊同志是我国马克思主义史学的第一个奠基人。他的《史学要论》，是我国第一部系统地阐述历史唯物

---

① 蔡尚思：《厚今薄古是个最正确的方针》，傅德华编《蔡尚思全集集外集补编》，上海古籍出版社，2015，第 109 页。

主义并把它跟一些具体的史学工作相结合的著作，是为我国马克思主义史学开辟道路的著作。"① 以上两种观点代表了新中国成立初期和改革开放后中国史学界关于李大钊及其《史学要论》学术地位的认识。《史学要论》在中国马克思主义史学发展史上被奉为开山之作，这并非后来者的确认，主要基于它在民国史学界已经产生广泛且深刻的学术影响。然而长期以来，《史学要论》在民国时期的传播与接受情况尚缺少详细讨论。② 本文尝试梳理《史学要论》的形成史，从时人的阅读、引用、评论入手，评估《史学要论》在民国时期的流播空间与接受状况。

一　讲义与讲座：《史学要论》的前奏

1919 年，朱希祖担任北大史学系主任，开始北大史学系的改革。翌年，朱希祖聘请李大钊为北大史学系教授，二人共同制定史学系的课程。③ 彼时北京大学史学系已强调史学研究法、史学思想史、史学概论及历史哲学等课程为"本系最重要之学科"。④ 这表明北大史学系将史学理论置于重要位置，而这种设置与李大钊有重要关系，亦为李大钊后来撰成《史学要论》创造了条件。

1920 年 10 月，李大钊在史学系和政治学系开设"唯物史观"课程。鉴于这门课在当时是"新鲜事物"，且"无现成教本可循"，李大钊编写了《唯物史观》讲义。该讲义详细阐述了唯物史观的主要内容，还强调了其在史学研究中的重要性。李大钊公开讲授唯物史观，在北大引起不小反响。据预科德文班学生罗章龙回忆，李大钊的讲义"立意创新，内容精当"，以至于该门课程常常"座无虚席，迟到的就站着听讲"。⑤ 1923 年，李大钊在"唯物史观"课程考试中，让学生论述唯物史观的要义及其对现代史学的影响。政治学系二年级学生贺廷珊在试卷中阐释了历史与社会的

---

① 白寿彝：《中国史学史》第 1 册，上海人民出版社，1986，第 106 页。
② 最近学界对该问题的探讨有周励恒《从〈史学要论〉到〈历史哲学教程〉——论中国马克思主义史学理论的初步发展》（《四川师范大学学报》2021 年第 5 期）和韦磊《主体、媒介、内容：民国时期〈史学要论〉传播的三重维度》（《史学理论研究》2022 年第 5 期）。
③ 参见傅振伦《蒲梢沧桑·九十忆往》，华东师范大学出版社，1997，第 53 页。
④ 参见王应宪《现代大学史学系概览（1912—1949）》，上海古籍出版社，2016，第 18、21 页。
⑤ 罗章龙：《亢斋回忆录——记和守常同志在一起的日子》，载《回忆李大钊》，人民出版社，1980，第 29 页。

关系，她写道："社会的变革，便是历史，推言之，把人类横着看，就是社会，纵着看，就是历史。又说人类社会一切精神的构造，都是表层构造，只有物质的经济的构造，是这些表层构造的基础构造。"同时，贺廷珊又对唯物史观的原理进行了简要介绍："从来的历史家，欲单从上层说明社会的变革，上层的变革，全靠经济基础的变动，故历史非从经济关系上说明不可，这便是马氏唯物史观的大意。"① 这些表述此后均见于《史学要论》。此时，《史学要论》尚未出版，部分思想和表述已经在贺廷珊的答卷中初露端倪，这可以看作《史学要论》出版前的思想轨迹。

1923 年 2 月，李大钊在武昌高等师范学校演讲《进步的历史观》。② 李大钊此时对历史观已有明确且深入的理解，他批判了各种落后的历史观，指出：" '历史观'就是历史的解释。研求过去的历史，是如何发展，以及未来的历史，又应当如何发展。"他将历史观分为两类：一类是神权的历史观，这种历史观信奉历史是由神、宗教、英雄或天才推动的；另一类是人生的历史观，这种历史观强调政治、智识和经济因素在历史发展中的作用。神权的历史观是旧的、逐渐衰落的，人生的历史观则是新的、不断进步的。李大钊指摘旧史观是一种"愚民主义"，"为特种阶级而设，专来压制民众"。他赞扬新的历史观"没有甚么阶级"，用智识或经济来指示"人生应走的道路"，说明了人类的历史"是人造出来的，不是人以外的势力所造成物"。李大钊在演讲中梳理了历史观的发展历程，言明西方在 16世纪之前，一直以退化和循环的历史观为主。牛顿发现万有引力法则后，傅立业、圣西门和孔德三人便开始寻找社会历史的发展规律，"自命为循求整理社会历史的法则的人"。其中圣西门是将社会主义由空想转向科学的关键人物，李大钊特别介绍他的学说，指出圣西门用因果法则解释历史："历史的任务，除记事以外，当寻出因果的关系，与研究其他自然科学相同。这种历史现象如能明了，历史法则即可成立。历史不但说明过去，并可说明现在及将来。"这样的思想后来也体现于《史学要论》中。在李大钊看来，马克思的历史观继承圣西门，让人相信"今日很好，将来当更好"，且给"吾人以努力，乐观的人生观"。这样李大钊便将史学与人生结合，他说："我们处新时代，应当做适于新时代运动，我国现受国际

---

① 《李大钊史事综录（1889 年—1927 年）》，北京大学出版社，1989，第 209~210 页。
② 该演讲内容为李大钊佚文，周文玖教授最早对此作出阐述，参见周文玖《朱希祖等北大教授 1923 年到武汉讲学时间辨正》，《史学理论与史学史学刊》2023 年上卷（社会科学文献出版社，2023）。

资本主义影响，我们当急起反抗，以增进社会主义，无论何时何地，根据科学史观和快乐、奋斗的人生观，勇猛进行，求圆满的成功。"① 这不仅凸显了李大钊对唯物史观的坚定信仰，更彰显了李大钊作为一名战士的身份。此后《史学要论》设有专章"现代史学的研究及于人生态度的影响"接续探讨，不仅在学理上认同唯物史观，更通过革命行动证明史学能够改造人生和社会。

继武汉演讲之后，李大钊编写了《史学思想史》讲义。② 基于《进步的历史观》演讲，李大钊详细讲授欧洲重要思想家的史学思想，论述了唯物史观在现代史学上的价值，揭示了唯物史观产生的学术背景及必然性。是否可以这样说，《史学思想史》讲义是在佚文《进步的历史观》上形成的，这为《史学要论》的撰写奠定了理论与文本双重基础，也让我们看到了李大钊史学思想由零散向体系化转变的过程。这些讲义在当时已有较大影响，傅振伦曾回忆："李大钊先生在史学系讲授《欧美史学思想史》，大受同学欢迎，及我升入正科史学系，此课已改由陈翰笙先生担任，我购得李大钊先生讲义一份肄习，始接触马克思主义真理，珍藏了五十五年，捐献给革命博物馆，今全国恐仅存此一份，惜缺 1~12 页。"③

1923 年 4 月 5 日，李大钊在复旦大学作题为《史学与哲学》的演讲。此时，李大钊已关注历史学系统的构建及历史学分科问题。他认为文、史、哲都是"关于人生的学问，本不能严格的分开"。④ 科学的弊端在于过于强调分类，因此除专门的研究之外，还应重视各学科的互相联系。文、史、哲三门学问"导源于古代的神话和传说"，可谓"同源而分流"，但都对人生的修养有所帮助，所以又"殊途而同归"。同年 12 月，李大钊进一步阐述了历史学的分类，明确指出史学可分为普通史和特殊史两大类别，二者又各自包含记述之部与理论之部。记述的普通史主要包括个人史（传记）、氏族史、社团史、民族史、国民史和人类史等，而记述的特殊史则有经济史、伦理史、艺术史、文明史等。⑤ 这些认识在翌年出版的《史学要论》中得到强化，并集中体现在《史学要论》的"历史学的系统"一

① 以上引文均见李守常《进步的历史观》，载《湖北寒期讲演会讲演集》，1923 年。
② 讲义共 10 篇文章，撰写于 1923 年 9 月至 1924 年上半年。
③ 傅振伦：《学习的回忆》，载《中国当代社会科学家》第 5 辑，书目文献出版社，1983，第 342 页。
④ 李大钊：《史学与哲学》，《李大钊全集》第 4 卷，人民出版社，2013，第 198 页。
⑤ 李大钊：《〈清代通史〉序》，《李大钊全集》第 4 卷，第 485 页。

章中。此外，李大钊分析了史学与人生的关系。从情感上讲，历史能够"激昂慷慨"，从智识方面讲，历史是"一种观察世务的方法，并可以加增认知事实和判断事实的力量"，将这两方面结合起来便可以"帮助人生的修养"，相辅为用。因此"史学教我们踏实审慎，文学教我们发扬蹈厉"。① 此后李大钊在《史学要论》中论及史学对人生的影响，一是"史学能陶炼吾人于科学的态度"，二是"这种科学的态度，造成我们脚踏实地的人生观"。② 这两点同样是从"智识"与"情感"方面来谈论史学对人的影响，能够看出复旦大学讲演的思维踪影。

1923 年 11 月 29 日，李大钊又在上海大学作《史学概论》演讲，③ 对历史、历史学的含义做了明确区分。李大钊谈道："历史是整个的、有生命的、进步的东西，不是固定的、死的东西；历史学虽是发源于记录，而记录决不是历史。"④ 李大钊的解释揭穿了"实在的过去"与"历史的过去"之间的秘密，对学界辨析"历史"这一概念有导夫先路之功。这表明李大钊对"什么是历史""什么是历史学"等一系列重要问题的深入思考，是在日常教学与各地演讲中逐渐积累总结出的思想成果，也为他在《史学要论》中系统地阐述有关历史学的根本问题奠定了坚实的基础。

要之，《史学要论》的形成并非一蹴而就，而是李大钊授课、作文、演讲的思想结晶，"属于厚积薄发之作"。⑤ 如上所述，《史学要论》出版前，部分思想和内容已在各大学及学生群体中产生了一定影响，而此书正式出版后，传播的空间也日渐扩大。

二　何炳松、卢绍稷对《史学要论》的认可

自梁启超提出"史界革命"后，史学界便尝试区分"历史"和"历史学"的含义。然而，准确区分者少，混淆使用者多。1924 年，何炳松在

---

① 李大钊：《史学与哲学》，《李大钊全集》第 4 卷，第 203、204 页。
② 李大钊：《史学要论》，商务印书馆，1924，第 83、85 页。
③ 1923 年 11 月 18 日，李大钊于《学灯》发表《历史概论》一文，该文未收录于《李大钊全集》，内容与《史学概论》演讲大致相同。从《历史概论》、《史学概论》到《史学要论》，可以观察到李大钊撰写《史学要论》的构思轨迹。
④ 李大钊：《史学概论》，《李大钊全集》第 4 卷，第 466 页。
⑤ 周文玖：《略论中国马克思主义史学理论发展的阶段性》，《史学理论与史学史学刊》2021 年上卷，社会科学文献出版社，2021。

《新史学》中指出："历史是一种研究人类过去事业的广泛的学问。"① 这里何炳松明显将"历史学"的概念误认作"历史"。1927 年，何炳松又说："历史者，研究人群活动特异演化之学也，即人类特异生活之纪载也。"② 此时何氏仍然混淆了"历史"和"历史学"的概念，将"纪载"等同于历史。不过这种情况很快发生了转变，1928 年何炳松受王云五的邀请，在上海尚公学校讲学，他说道：

> 历史的定义有两种：一种就是人类过去的活动，一种就是人类过去活动的记载。历史有了这样两个定义，所以它比较的在我们脑筋中容易混乱，因为它一方面就指历史的本身；一方面又可以指历史的著作或历史的书籍。不过现在我们在科学上所谓历史，当然专指第一种人类过去的活动而言，并不是历史的著作，或历史的书籍。③

何炳松修正了之前的观点，清楚地将历史区分为"人类过去的活动"和"人类过去活动的记载"，并强调"科学上所谓历史"实际上是指"人类过去的活动"。同时，何氏又表示："中国从前的历史著作是破碎的，不是整个的；是死的，不是活的。"④ 这与李大钊论史何其相似。李大钊区分"真实历史"与"记载历史"时指出，历史是"人类生活的行程"，"不是些陈编，不是些故纸，不是僵石，不是枯骨，不是死的东西，不是印成呆板的东西"。历史应该是"活的历史"，是"整个的全人类生活"。⑤ 何炳松将历史分为"人类过去的活动"与"人类过去活动的记载"，大体是对李大钊思想的延伸。

在历史的范畴问题上，何炳松与李大钊持有相近的观点。何炳松认为，人类过去的活动主要涵盖五个方面：经济、政治、教育、艺术和宗教。历史研究的核心是探讨人类过去在这五个方面的活动。⑥ 李大钊也提出，历史通常涵盖了政治、法律和经济等多个方面的活动："普通一说历史，便令人想是说社会上的政治、法律和经济，其实道德、学术、宗教、

---

① 何炳松：《新史学》，《何炳松文集》第 3 卷，商务印书馆，1995，第 25 页。
② 何炳松：《历史研究法》，《何炳松文集》第 4 卷，第 12 页。
③ 何炳松：《历史研究法》，《何炳松文集》第 2 卷，第 240 页。
④ 何炳松：《历史研究法》，《何炳松文集》第 2 卷，第 242 页。
⑤ 李大钊：《史学要论》，第 1、12 页。
⑥ 参见何炳松《历史研究法》，《何炳松文集》第 2 卷，第 241 页。

伦理等等，所谓文化的理想，亦莫不应包含在历史以内。"① 此外，何炳松主张"历史就是研究人类社会的一种科学"，② 需要从横向和纵向两个角度分析。他认为从横向来说，要"研究他们的浑沦"，即社会的整体；从纵向来说，要研究社会整体的变化，即"要研究活的和动的人类史，不是死的和静的人类史"。③ 何炳松的这番话也与《史学要论》暗合。李大钊主张历史是一门科学，并且将历史看作"人类的生活并为其产物的文化"。因此要研究历史，就是要研究"社会的变革"，所以纵着去看人类生活，是历史，横着去看，便是社会。④ 何炳松与李大钊虽然表述上不尽相同，但内在逻辑却相当吻合。何炳松的这种认识即便不直接来自《史学要论》，也是间接受其影响。1924 年 5 月，《史学要论》由商务印书馆出版时，何炳松正担任商务印书馆编译所史地部主任，他对《史学要论》的出版持积极态度。⑤ 加之他与李大钊曾共同在北大史学系讲授史学理论课程，自然熟悉《史学要论》的观点。何炳松的学生卢绍稷撰写的《史学概要》对《史学要论》也有所反映。卢氏自云从着手到成书"时时请益于何先生，凡大纲之确定与材料之所在，莫不承其指示"，⑥ 此亦可佐证何炳松与李大钊《史学要论》之间的思想关联。

　　再来看卢绍稷对《史学要论》的接受。关于"史学之定义"，卢氏列举了何炳松、李大钊、萧一山三人的解释。萧一山也是李大钊在北京大学的学生。齐思和评论《史学概要》时称赞卢绍稷"将历史与史学分开，甚佳"。⑦ 卢绍稷做这样的区分，也是得到了《史学要论》的启发。在梳理彼时史学研究状况时，卢绍稷感叹我国论史之书极少，逊色于欧美。古代乙部之书，大多论及史事，而论史学义法者，仅刘知幾、郑樵、章学诚三人。此外"无纯然论史之作，诚可为吾国史学叹也"。相较于古代史学，民国时期专论史学的著述渐多。卢氏"择要录其书名、篇名于此，以备治史学者之采择"。⑧ 他将李大钊《史学要论》、梁启超《中国历史研究法》、何炳松《历史研究法》一同列为"现代中国论史学重要译著"，并言明

---

① 李大钊：《史学要论》，第 5 页。
② 何炳松：《历史上之演化问题及其研究法》，《何炳松文集》第 2 卷，第 295 页。
③ 何炳松：《历史研究法》，《何炳松文集》第 2 卷，第 241 页。
④ 李大钊：《史学要论》，第 3 页。
⑤ 参见陈应年《何炳松与商务印书馆》，《暨南学报》（哲学社会科学版）1991 年第 2 期。
⑥ 卢绍稷：《史学概要》，商务印书馆，1930，第 4 页。
⑦ 齐思和：《评十九年各家出版史学新著（下）》，《国闻周报》1931 年第 8 卷第 4 期。
⑧ 卢绍稷：《史学概要》，第 112 页。

《史学要论》旨在"为历史学作宣传，煽扬吾人对于历史学研究的兴趣，亦便是煽扬吾人向历史中寻找人生寻找世界寻找自己的兴趣"。① 其时梁启超和何炳松的著作风行一时，卢氏将《史学要论》与梁、何二氏的著作并列，表明在卢绍稷看来，《史学要论》与梁启超《中国历史研究法》、何炳松《历史研究法》具有同等影响力。更为关键的是，卢绍稷从史学史的角度肯定了《史学要论》的价值，将它视为中国近代学者专论史学的重要理论著作。卢绍稷作为何炳松的学生，其思想受到鲁滨逊"新史学"影响，他对《史学要论》的引用和介绍，反映出不同学派学者对这部著作的认可。

三　《史学要论》在教材、讲义中的传播

1929 年，孙寒冰编著《社会科学大纲》一书，用作复旦大学一年级与高级中学"社会科学概论"课程的教材。其中《史学》一章由中学教师黄维荣撰写。1923 年，当李大钊在复旦大学作《史学与哲学》讲演时，黄维荣作为心理系的学生，负责了这次演讲的记录工作。《社会科学大纲》出版时，黄维荣已是上海澄衷高级中学的史学教员，他撰写的《史学》多处模仿、参考了《史学要论》。

在篇章结构上，黄维荣的《史学》共五个部分：历史与史学、历史的材料及其研究法、历史的各种解释、史学在科学中的地位及与他种学术的关系、史学对于人生的贡献。黄维荣巧妙地将《史学要论》的第一、二节融合为"历史与史学"，第四、五节则合并为"史学在科学中的地位及与他种学术的关系"。值得注意的是，除第二部分"历史的材料及其研究法"是李大钊在《史学要论》中未曾涉及的内容外，其余部分均与《史学要论》有着诸多相似之处。

黄维荣解释"史"字的产生时，从《说文解字》入手，认为"史是一个记事之官，记事之官既称曰史，他所载记的因此也以史名之"。他又从西方文字切入，言明"历史的初义因国而异，不过后来便都指事实的记载而言"。② 从文字上解释"历史"一词的含义是当时史学著作的常用方法，但黄维荣较为明显地受到《史学要论》的影响，黄氏指出："历史这个名词，有两种涵义，一种是指事实的记载，亦称史籍。如中国史、世界

---

① 卢绍稷：《史学概要》，第 122 页。
② 黄维荣：《史学》，载孙寒冰主编《社会科学大纲》，黎明书局，1929，第 4 页。

史、二十四史之类，我们都称之为历史。第二种指事实的本身，譬如说：'你知道他的历史吗?''大伟人是历史的创造者。'这里所指的历史即指事实而言。"[①] 在谈论史学时，黄维荣提出史学由历史文学、历史科学和历史哲学构成，三者之间存在递进关系。其中历史文学是指史家编次史料并"呈于纸上"的能力，历史科学指有系统有组织地钩稽史实的能力，而历史哲学则是整体地看待历史结果，以寻求其因果关系。这与《史学要论》所说史学三要义相契合，即李大钊所称史学需对历史事实"确定之，整理之，记述之"，其后要对史实进行"观察与征验"，最后更进一步"于史实间探求其理法"。[②]

黄维荣赞同李大钊"历史是科学"的观点，认为科学是有系统的知识，历史的方法与观点虽有不同，但其"能成为有系统的知识是无可疑的"。且历史的目的在于求真，史料考证与记录都十分翔实，因此与科学"同其指归"。黄氏言明"史学虽不克为严格的科学，但总不失为一种社会科学"。[③] 他结合《史学要论》的观点解释："在学术界上，历史这个字就专给与人类，而以研究人类社会的进展为其任务了。社会的变革即是历史，历史的本身即在社会。所以把人类的生活纵着去看的便是历史，横着去看的便是社会。社会与历史内容同，实质同，只是观察点不同罢了，社会自身及其各种现象既已成为科学，因此内容同此实质的历史当然也是一种社会科学了。"[④] 黄维荣对于历史科学性的推导，根源于李大钊对历史与社会概念的阐释。如何将"科学"思想融入人文学科，是民国学术界普遍关注的问题。这间接地反映了李大钊史学思想所蕴含的现实关怀。

关于史学的功用，黄维荣认为历史可以"了解过去，明了现在和变易将来"。在黄氏看来，历史是进化的，因此给人脚踏实地的人生观。他谈道："受过史学的训练的人，便不会有飘渺的追求，因而也不会有意外的失败。人生的路是实在的，历史的目的是求真的，所以惟有从史学中得来的人生观是脚踏实地的，是切合人生的。"[⑤] 黄维荣的论述显然受到唯物史观的影响，他对历史观、人生观的见解与李大钊的《史学要论》保持了高度

---

① 黄维荣：《史学》，孙寒冰主编《社会科学大纲》，第1页。
② 李大钊：《史学要论》，第20页。
③ 黄维荣：《史学》，孙寒冰主编《社会科学大纲》，第31页。
④ 黄维荣：《史学》，孙寒冰主编《社会科学大纲》，第31页。
⑤ 黄维荣：《史学》，孙寒冰主编《社会科学大纲》，第46页。

一致，① 这与其曾听过李大钊的演讲有密切联系。随着《社会科学大纲》作为教材在大学和中学里广泛使用，李大钊的史学理论便被更多人了解和认识。

1930 年，郑鹤声执教于南京国立中央大学，编有《史学通论》讲义。1931 年，他于四川大学教授史学课程，又编写了《史学概论》讲义。两部讲义均对李大钊《史学要论》有一定的吸收。

郑鹤声在《史学通论》第二章"史学释"中指出，历史研究法和历史理论常被混淆，他借用李大钊的话解释，历史研究法是教人"次第方法"，为研究史学的"阶梯学问"，是史学的辅助学问。历史理论则并非史学的辅助，是"构成广义的史学最要部分"。② 这些论述均出自《史学要论》"历史学的系统"一章，郑鹤声在援引时仅作了细微修改。在《史学概论》第二章"史学之体系"中，郑鹤声梳理了西欧史学的发展脉络，认为自培根开始，将文、史、哲并举，又分历史为自然史与人事史，人事史包含宗教史、文学史。文学史在西欧学术中异常重要，郑鹤声用培根的话概括为"无文史，则世界的历史，将无特能表现其精神与生命"。③ 但在中世纪以前，历史学受神学的支配，经圣西门、孔德、马克思等人，才发现历史法则，"遂引历史与自然科学同其地位"，④ 但此位置是"比附自然科学而取得"，于是翁特提倡一种精神科学，与自然科学对立。其后德国西南学派的文德尔班、李恺尔特发扬其历史哲学，即新理想主义，主张于自然科学之外，建立一历史科学。郑鹤声虽没有注明这些文字出处，但通过对比，可以发现其大多来自《史学要论》"史学在科学中的位置"一章。

关于史学的内容，郑鹤声解释："史学范围，包涵史与学两方面，即记述与理论是也。史者，对于各学科历程之记述，学者，对于各学科本身之理论，而史学家则须兼而习之。"⑤ 为此，郑氏将史学分为"记述之部"与"理论之部"，其中"记述之部"为学科史，如天文史、地学史、政治史、经济史等；"理论之部"则为学科理论，如天文学、地理学、政治学、经济学等。这种分类标准也来自《史学要论》。在李大钊的历史学体系构建中，历史学是一切社会科学的基础。一些特殊社会现象的历史学研究，

① 参见李大钊《史学要论》，第 86 页。
② 郑鹤声：《史学通论》，国立中央大学文学院编，1930，第 22 页。
③ 郑鹤声：《史学概论》，国立四川大学编，1931，第 23、24 页。
④ 郑鹤声：《史学通论》，第 31 页。
⑤ 郑鹤声：《史学通论》，第 108 页。

如政治史、经济史，其理论学科即为政治学与经济学。① 李大钊这种"理论之部"与"记述之部"的划分，在 20 世纪 30 年代有广泛的传播，如刘剑横《历史学 ABC》、赵吟秋《史学通论》、杨鸿烈《史学通论》都吸收了李大钊的分类思想。

郑鹤声在著作中征引、化用《史学要论》的观点，表明南高学派对《史学要论》的阅读与接受。不过郑鹤声对《史学要论》的认可，多局限于传统史学理论的薄弱环节，如历史哲学、历史学分类。他对《史学要论》中唯物史观的内容并没有作过多强调，这反映出《史学要论》早期传播的一个特点。即便如此，郑鹤声分别于南京国立中央大学和四川大学讲授《史学通论》《史学概论》课程，仍在一定程度上扩大了《史学要论》的传播空间。

四　《二十世纪》杂志对《史学要论》的宣传

1931 年 2 月 1 日，辛垦书店发行《二十世纪》杂志，② 旨在用科学的标准衡量一切学术思想。《二十世纪》发行后，吸引了大量读者。其时不断有报刊对其进行介绍，"至于造成了论战，双方文章刊载至八期之久"，"这是自有刊物以来未有之现象"。③ 为此，有人评价《二十世纪》是"中国 1931 年来最高、最新、最正确的理论杂志。出版以来，大受读者欢迎"，甚至有"研究学问的人不读《二十世纪》杂志即成缺陷之概"。④ 这些话虽有夸张之嫌，但《二十世纪》在当时知识界的影响力是可以想见的。可以说，《二十世纪》为《史学要论》开辟了新的传播空间。

1932 年 1 月，周绍张⑤在《二十世纪》上发表了名为《论历史学》的文章，篇幅虽然不长，但内容丰富，有一定的体系。该文运用唯物史观、阶级分析法探讨历史学问题，是继《史学要论》之后又一篇马克思主义史学理论文献。

---

① 参见李大钊《史学要论》，第 47 页。
② 辛垦书店由革命烈士杨伯恺创办，名字来自英语"Thinking"的音译，属于左翼书店。
③ 任卓宣：《任卓宣评传续集》，帕米尔书店，1975，第 310 页。
④ 陈离：《我与辛垦书店的关系及其活动的经过》，载中国人民政治协商会议全国委员会文史资料委员会编《文史资料存稿选编》（文化），中国文史出版社，2002，第 390 页。
⑤ 周绍张，生于 1905 年，四川南充人，辛垦书店编辑，1933 年出版《政治学体系》一书。此外，他还撰写了《论经济学》《论政治学》《论法律学》《论社会学》《论教育学》等文章。

　　周绍张支持李大钊建立历史科学的构想，且进一步论证历史学成为历史哲学的可能性。周氏分析了朱谦之、佛林特的著作，提出历史哲学的成立需要区别历史科学与历史哲学。他批判佛林特对以上两种概念的区分不明确，并强调历史科学就是历史学，是对"过去事实具体的叙述和说明"，历史哲学则"不是具体的叙述而只作抽象的说明"。周绍张借用李大钊《史学要论》的论述来解释："这诚然如李守常所说：'历史哲学所当究论的……应是比历史学上所究论的更普遍、更渊深、更根本的问题……原来科学所穷，即哲学所始，凡历史事实之非历史科学所能探究……解释底问题，都归历史哲学底领域'。"最后，周绍张得出结论："历史哲学在初期，总以寻求历史底'实质'、历史运动底'最初原因'、人类底'究极目的'为务。它是历史底第一原理。所以像古尔诺那样把历史智识底批评看为历史哲学底主要问题，并不正确。"同时，周绍张批评朱谦之的《历史哲学》内容上"有一半不是历史哲学，而是哲学历史"，甚至"连题目都没有讲清楚的，有何价值可言"。① 姑且不论周氏在认知上的偏激，从对《史学要论》的接受层面来看，这恰恰反映了他对李大钊历史哲学观点的服膺。更要说明的是，朱谦之将自己讲授历史哲学视为"中国史学界里的破天荒的一桩事"，② 将《史学要论》列为历史哲学参考书，也能印证李大钊对西方历史哲学的考察在民国史学界有着重要的启发意义。

　　关于历史学的分类，梁启超在《新史学》中纯以中国史书体裁作根据，在周绍张看来，并非完善之举。他点评道："中国史书有那一种，史学就有那一类。这把历史与史书根本混乱了。而且是非常之拉杂不清的。"③ 周氏认为，历史学的门类，当依史事来分别，而不是史书体裁。周绍张借鉴了李大钊的方法："我觉得李守常底分类，是进步一点的，可以注意。他分历史学为普通及特殊两种；这两种都分有记述之部和理论之部。把记述特殊历史之部称为文化史或人文史，而称理论之部为人文学或文化学。同时把历史研究法、历史编纂法与夫历史哲学亦并包括其中。这是很有系统的。"④ 作为李大钊谱系的学者，周绍张将《史学要论》与国内甚至西方的史学著作进行比较，意在凸显《史学要论》的科学性。周氏如此认同《史学要论》的背后，是他与李大钊皆将唯物史观作为一种指导史

---

① 以上引文均见周绍张《论历史学》，《二十世纪》1932年第1卷第8期。

② 朱谦之：《历史哲学》，《朱谦之文集》第5卷，福建教育出版社，2002，第5页。

③ 周绍张：《论历史学》，《二十世纪》1932年第1卷第8期。

④ 周绍张：《论历史学》，《二十世纪》1932年第1卷第8期。

学研究的科学方法，这也反映出唯物史观日渐传播与《史学要论》的被接受程度之间是一种正向关系。

除周绍张外，刘静白对《史学要论》的接受同样颇具史学史的意义。1933 年 1 月，《二十世纪》刊登了刘静白的《何炳松历史学批判》一文。该文虽以批判何炳松为名，但实际上评议的远不止何炳松一人。

刘静白在文中批评梁启超史学思想缺乏现实意义，顾颉刚与《古史辨》缺少学理，而何炳松在理论和考据方面均不及梁、顾，却比二人更有名气。刘静白用阶级斗争理论，分析何炳松在北大受到学生欢迎的原因在于他是中国"市民底战士"，而学生是中国"新兴市民底分子"。在刘氏看来，何炳松的历史学局限于"五四"到"五卅"时期，已逐渐成为时代的落伍者。丁文江与胡适也"跌到历史的幕后去了"。顾颉刚虽然"对于历史的封建性的破坏上是有其意义与作用"，却"为其社会层所局限，不能更前进一步应用新科学的观点、新科学的方法，去理论地组织它"。与他们相反，唯有"李守常倒底是新一世纪底人，而且又受过进步思想底熏陶，所以在各方面都表示出优越性来"。① 这里的"进步思想"和"优越性"，毫无疑问是指唯物史观。尽管刘静白在文中对其他学者的批评不免失之偏颇，但他对李大钊的思想表现出真诚的拥护，这反映出在思潮涌动的民国史学界，唯物史观已展现出它的科学性。在评价《史学要论》时，刘静白如此称赞李大钊：

> 他解说"什么是历史"，就站在变动底过程上将人类历史与社会统一起来，认为"历史就是整个的人类生活，就是整个的社会底变革"；并且再三说明"活的历史是进展的行动的东西"。他说历史肯定地说是历史科学，"亦可以称为历史理论"，这和记述底历史须得划分的，且以记述历史之成果为起点研究，"且示之以规律，俾有所准绳"，更于这种理论研究上开初组织了历史学系统。又于"普通的历史"之外，用"特殊的历史"一词，包容整个的人文科学（或文化科学）底理论与记述部分于历史学之中。这些意见容或有商量的余地，但他这种立于理论研究底意味上的这种精神底试探，把历史学高调起来，确是值得我们注意。最后提及史学研究及于人生态度底影响，更

---

① 刘静白：《何炳松历史学批判》，《二十世纪》1933 年第 2 卷第 4 期。

是一个革命家底信号，只有阶级觉悟了的人才能接受的。①

刘静白不仅将李大钊的贡献归结于"将历史学高调起来"，更强调了李大钊"革命家"的身份和阶级属性，足见马克思主义史学在 20 世纪 30 年代初的社会影响。在刘静白眼中，李大钊不同于梁启超、胡适、何炳松等人，他认为李大钊《史学要论》中体现的革命精神，"只有阶级觉悟了的人才能接受"。而所谓"阶级觉悟了的人"，这里自然是指刘静白本人。如前所述，《二十世纪》是一份具有很强传播力的杂志，周绍张与刘静白关于李大钊《史学要论》的深度接受也就经由杂志的渠道广泛地进入了民国史学的知识生产。

五　唯物史观派对《史学要论》的评议

1932 年，中山大学历史系的陈啸江参与了其师朱谦之发起的"现代史学运动"，负责编辑《现代史学》月刊。与朱谦之不同，陈啸江受社会史论战的影响，以唯物史观为治史的不二法门，并声称自己"严格恪守辩证法底唯物论底方法"。② 1935 年，陈啸江撰写《建立史学为独立的（非综合的之意）法则的（非叙述的之意）科学新议》一文，驳斥历史科学性的怀疑者与错认者，明确提出历史学是一门独立的、有法则的科学。陈啸江在文中对朱谦之有委婉的批评，对李大钊《史学要论》却有不少接受。

关于历史学能否成为科学，陈啸江列举了梁启超、何炳松、李大钊、朱谦之的观点。陈啸江从史学史的角度关注四人的论著，之所以"只举以上几个示例。这并不是说此外没有其他著名的学者，实因为他们多注重史料搜集与考证方面，即史之构成方面；而关于史学本身，则鲜有论及"。陈啸江批评何炳松"不承认历史有求出果因关系的能力，其态度最为消极"，梁启超"承认历史有因果的关系，但此种因果却只限于个别事件的因果"，因此"与主张历史可成为科学者甚远"，李大钊则是"物观论史的先驱者"，"主张历史可作理论的研究"。在陈啸江心目中，李大钊不愧是中国马克思主义史学的先驱人物。

① 刘静白：《何炳松历史学批判》，《二十世纪》1933 年第 2 卷第 4 期。
② 陈啸江：《西汉社会史研究发端：中国"佃耕制"社会论略》，《现代史学》1933 年第 1卷 1 期。

　　陈啸江反对将"叙述史与引证某某史观的叙述史"认作历史科学。他认为叙述与分析是"研究历程中各别的程序"，性质是相同的。但很多人仍将历史学认作"特殊的或叙述的学问，而与真正的科学对比起来"。他借用李大钊的话反驳："研究史学的人，亦不可自画于此之一境，而谓史学不能侪于科学之列，置一般的理论于史学的范围外，而单以完成记述的历史为务。"① 为此，陈氏称赞李大钊"说得再对不过了，历史决不能以完成叙述史为满足"。因此"只能说史学的发展，尚未达到与其他科学相等的地步，不能说史学的性质及观察点，与其他科学根本相异"。同时，在李大钊的基础上，陈啸江也提出自己的见解："朱谦之氏与李守常氏同样主张史学可成为科学，换言之，即肯定历史的发展是有法则的。不过他们俩尚不敢言史学可脱离综合科学的范围，故其所谓的法则，只是'一般的'法则；所谓科学，只是'复杂的'科学而已。"

　　陈啸江列举了 Rappoport 等西方学者对历史科学内容的分析，指责其除进化法则可以成立，其他方面均"不足以概括历史科学的全体"。在陈氏看来，李大钊将"普通历史学"的历史理论分为个人经历论、氏族经历论、社会集团经历论、国民经历论、民族经历论、人类经历论的做法十分"大胆"，这是对李大钊的首创精神的肯定，但陈氏也指出了李大钊的不足：

　　　　李氏此种说法，只就综合方面着想，尚未能示人以下手之处。并且"经历"一语，亦觉太过含混，未能示出历史学主要的内容。至于关于"特殊历史学"方面，竟举出经济学、政治学、法理学、伦理学种种为历史理论，这却未免太误会史学本身的性质，而将其与其他的社会科学说混为一谈了。②

因此，陈啸江结合李大钊的分类，将历史科学分为综括的（研究整个人群演化的法则）与特殊的（研究人群活动某部门演化的法则），又将李大钊"特殊历史学"里的政治学、法理学、经济学改为政治发展史的法则、法律发展史的法则、经济发展史的法则等，明确区分了史学的畛域。陈啸江对李大钊既有接受又有批评，但总体倾向以接受为主。陈啸江对《史学要

---

① 按：李大钊此说见于《史学要论》，第22页。
② 以上引文均见陈啸江《建立史学为独立的（非综合的之意）法则的（非叙述的之意）科学新议》，《现代史学》1935年第2卷第4期。

论》的吸收，足以证明唯物史观的理念在中山大学"现代史学运动"中起到了不可忽视的作用。

20世纪二三十年代，史学界出现了一股撰写"史学概论"的热潮，这些"概论"类著作性质上近于《史学要论》，成为传播李大钊思想的又一支重要力量。1935年9月，商务印书馆出版的李则纲著《史学通论》，是继《史学要论》之后，又一部以唯物史观为指导的史学理论专书。通观李则纲的《史学通论》，有大量观点出自《史学要论》，体现出他对李大钊史学思想的服膺。

关于历史和历史学的定义，李则纲将社会和历史联系起来考察，这明显受到李大钊的影响。① 李则纲认为明确历史的意义之前提，在于区别历史记录与历史解喻。他引用李大钊的观点指出，"记录不过是史迹的符号，这种符号是否能将史迹完整的表现出来，尤赖乎读者的解喻"，因此要想获得历史的真相，只有求助于读者的解喻。"同一历史的史迹，昔人的解喻与今人的解喻不同；而历史的事实，亦为之前后改观"。② 此外，李则纲倡言："现在的历史学，应于整理、记述历史的事实之外，更进一步着手于史的撰述，更应于各事实间，而为理论的研究，于已有的记述历史之外，建立历史的一般理论，成为健全的科学的历史。要这样，历史学的意义才得谓之圆满。"③ 他的这一论述，也源自李大钊对新的史学研究模式的构想。在谈到历史学与其他学科关系时，李则纲认为只有李大钊"分历史辅助学为六类，亦甚详审"，是可以作为参考的。在论及哲学时，李则纲直截了当地说："哲学与史学的关系，李守常在《史学要论》里所论甚详，不妨参阅。"④ 可见，《史学要论》对李则纲的影响是全面的而不是零散的，这些都是李则纲接受《史学要论》的明证。

李则纲批评中国旧史学系统的混乱，与近时史学系统不合而"无以范围新籍"。在李则纲看来，最为恰当的史学系统，当推李大钊的分类方法。"李守常对于史学的分类，虽然还是理想中的史学，然由他提示我们一个治史学的道路，果能由此方面探求，史学前途，或有不少裨益。"⑤ 李则纲

---

① 参见刘开军《李则纲的史学理论成就》，《北京联合大学学报》（人文社会科学版）2008年第3期。

② 李则纲：《史学通论》，商务印书馆，1935，第9、10页。

③ 李则纲：《史学通论》，第13页。

④ 李则纲：《史学通论》，第83、93页。

⑤ 李则纲：《史学通论》，第26、27页。

并没有明确地提出一个自己的历史学科结构，而是用大量篇幅概述了李大钊的史学系统，这已然显示出他对李大钊学说的接受。不仅李则纲，如前文所述，刘剑横、郑鹤声等人都在这一问题上对李大钊《史学要论》有高度认同。杨鸿烈曾评价李大钊是"最富于西方客观的科学思想"的学者，和陆绍明、刘师培一样"恢廓大度"。李大钊将历史分为"记述的历史"和"历史理论"两大部分，这样的历史学系统十分"伟大"，且在"史学思想史自有其相当的地位"。① 这也解释了李大钊历史学分类体系受到广泛接受的原因。

在探究史学功用时，李则纲批判旧史家"鉴戒"与"惩劝"的老调，他称赞李大钊的主张"侧重现在的问题，侧重在普遍的理法"②，是现代史学的一个特色。李则纲认为史学能"增进科学的精神"，他引用《史学要论》的论述，强调"历史学的途径，对于'真'的追求，当不期然而然"。并指出史学求真的态度会"造成一种认真的习性，凡事都要脚踏实地去做，不驰于空想，不骛于虚声"，③ 这样的态度既是科学的精神，也是史学的精神。李则纲还具有强烈的现实关怀，他在序言中曾指出："时代的转轮，已准备把历史学过去的一切劳绩和光荣吞噬下去了。历史学旧有的产业和荣誉，既势难持续；就历史学本身讲，也应和转形期的时代协调，另辟新的局面，肩起人类最大任务，为社会作学术的前锋。"④ 这些论述已打上了《史学要论》的思想烙印，体现了一个史学家强烈的时代使命感。我们不应该忘记李大钊革命家的身份，他撰写《史学要论》的宗旨之一，就是通过历史学的研究，肩负起改变社会的责任。

李大钊的《史学要论》出版至今，已整整一百年。一个世纪过去了，史学的革故鼎新从未停止。回顾《史学要论》的早期传播史，不难发现，不仅马克思主义史家，一些非马克思主义史家也不同程度地受到《史学要论》的影响。例如，四川学者刘咸炘的藏书中就有《史学要论》，且此书还被刘咸炘的弟子借阅。1949 年 4 月 28 日，范文澜撰文纪念李大钊逝世 22 周年。他概括《史学要论》的核心思想，称李大钊是"中国早期的马克思主义

---

① 杨鸿烈：《史学通论》，商务印书馆，1939，第 161、163 页。
② 李则纲：《史学通论》，第 151 页。
③ 李则纲：《史学通论》，第 162 页。
④ 李则纲：《史学通论》，第 1、2 页。

的历史科学家"①。可见，在新中国成立前，中国马克思主义史学家内部已发出了赞赏《史学要论》的声音。民国时期不同学术阵营的学者阅读、评论、接受《史学要论》，是唯物史观从边缘走向理论的舞台中央的一个缩影。

---

① 范文澜、王南：《中国早期的唯物历史科学家——李大钊同志》，《人民日报》1949 年 4 月 28 日，第 4 版。

国博藏李大钊《唯物史观》《史学思想史》讲义考述[*]

国博藏李大钊《唯物史观》《史学思想史》讲义考述[*]

李静波

（山东体育学院马克思主义学院，山东济南　250102；
中国国家博物馆博士后科研工作站，北京　100006）

摘　要： 李大钊是中国共产党的创始人和早期重要领导人之一。他率先在北京大学开设的"唯物史观"和"史学思想史"两门课程具有划时代意义，促进了马克思主义在中国的广泛传播，培养了大批具备马克思主义理论素养的人才，为中国共产党的建立和中国革命的发展做出重要贡献。同时，《唯物史观》《史学思想史》两部讲义还推动了北大史学课程改革，为中国近代史学发展奠定重要理论基础，产生了重要影响。中国国家博物馆馆藏李大钊编《唯物史观》《史学思想史》两部讲义尤为珍贵。本文对两部讲义征集和收藏过程进行考证，并将两部讲义与《李大钊全集》进行比较分析，对两部讲义的形成、讲授、保存及征集过程进行了详细考证，为研究李大钊及其史学思想提供了重要的史料支撑。

关键词： 李大钊　《唯物史观》讲义　《史学思想史》讲义　北大史学

中国国家博物馆是中国近现代文物收藏量最大的国家级博物馆。其

---

* 本文是国家社科基金一般项目"中共早期领导人与中国马克思主义史学发展研究"（20BZS007）的阶段性成果。

中，李大钊在北京大学史学系授课时编写的《唯物史观》讲义和《史学思想史》讲义也收藏于中国国家博物馆，这两部讲义是研究中国早期马克思主义传播和近代中国历史理论发展的重要著作，能同时为中国国家博物馆收藏，实属难得。《唯物史观》讲义为一级文物，也是现存孤本，尤为珍贵。而《史学思想史》讲义未定级，但也只在北京大学档案馆和中国国家博物馆存有铅印本，也非常珍贵。本文将对国家博物馆藏《唯物史观》《史学思想史》两部讲义的征集、收藏过程，以及讲义的内容、版本等信息进行考述，并将其与《李大钊全集》（2013 版）进行比较分析，以进一步探究李大钊及其史学思想的形成发展过程。

一 《唯物史观》《史学思想史》讲义的征集与收藏

1950 年 3 月上旬，经中共中央宣传部和文化部同意，国立革命博物馆（中央革命博物馆）筹备处在京成立。① 1950 年 6 月 16 日，中央人民政府政务院颁布了《征集革命文物》令，指出："中央革命博物馆，业已在京成立筹备处，正式开始征集整理工作。全国各地区对一切有关革命的文献与实物，即应普遍征集。"② 其第一条就提出了革命文物的征集范围，即以五四以来新民主主义革命为中心，远溯鸦片战争、太平天国、辛亥革命及同时期的其他革命运动史料，中央革命博物馆筹备处在党中央的领导和关怀下发展起来。③

1950 年 4 月，西北军政委员会文化部文物处成立，内设调查、保管二科，工作人员 6 人④。随后，"陕西省根据文件精神于同年成立了西安市革命文物征集委员会"⑤，开始了革命文物征集和保护管理工作。据记载："1956-1958 年的全省文物普查，省、市文物单位征集和接收了大量各类文物。"⑥

---

① 《中国革命博物馆 50 年》编委会：《中国革命博物馆 50 年》，海天出版社，2001，第 28、136 页。
② 中央人民政府政务院颁布《征集革命文物》令，1950 年 6 月 16 日。
③ 1960 年 8 月，中央革命博物馆筹备处定名为中国革命博物馆。2003 年 2 月 28 日，党中央、国务院决定，在原中国历史博物馆和中国革命博物馆的基础上，组建成立中国国家博物馆。参见吕章申主编《百年国博——中国国家博物馆百年简史与成果》，中华书局，2012，第 101、102 页。
④ 陈全方编著《当代陕西文博》，三秦出版社，1990，第 7 页。
⑤ 陈全方编著《当代陕西文博》，三秦出版社，1990，第 2 页。
⑥ 西安市地方志编纂委员会编《西安市志第六卷·科教文卫》，西安出版社，2002，第 555 页。

1950 年 11 月，西安市革命文物征集委员会征集到韩述之①捐赠"李大钊先生讲《唯物史观》（一九二二年讲授）" 1 册，经由西北军政委员会文化部拨给中央革命博物馆筹备处。

韩述之，又名韩仲范，1917 年在北京大学史学系读书，1921 年 10 月参与创办了《共进》杂志，1922 年 10 月成立了"共进社"，积极宣传马克思主义和教育改革。1925 年韩述之和方仲如等北大共进社成员受李大钊领导的中共北方局派遣，在陕西渭南固市镇建立了中共渭阳中学党支部（特支），并担任校长，后又改组为中共五一县委，筹备参与了渭华暴动。他捐赠的《唯物史观》讲义为线装书，从右往左竖排，铅字印刷，共 90 页（含封面和内页）。封面用毛笔题"韩述之捐赠西安市革命文物征集委员会　一九五○　十一　李大钊先生讲　唯物史观　一九二二年讲授"，并盖有韩述之的篆刻姓名印章。根据标注时间，可以判断韩述之是在 1922 年聆听了李大钊讲授的《唯物史观》课程。此外，韩述之还捐赠过 1923 年的两份试卷（北京新文化运动纪念馆曾展示），答题人分别是北大政治学系二年级学生马昌民和贺廷珊，从试卷上可以看到当年《唯物史观》课程考试的题目"试述马克思唯物史观的要义并其及于现代史学的影响"，李大钊先生阅卷评定成绩均为 95 分。

中国国家博物馆《唯物史观》讲义相关档案记载：

李大钊编《唯物史观》讲义

文物级别：一级

文物类别：古籍图书

具体年代：1922 年

尺寸：纵 25.7 厘米，横 14.4 厘米

---

① 韩述之（1895~1974），又名韩仲范，1917 年入学北京大学史学系，1921 年 10 月 10 日与刘天章、杨钟健等创办《共进》杂志，1922 年 10 月成立了"共进社"，积极宣传马克思主义和教育改革。1925 年韩述之和方仲如等北大共进社成员受李大钊领导的中共中央北方局派遣，在陕西渭南固市镇建立了中共渭阳中学党支部（特支），并担任校长，后又改组为中共五一县委，筹备参与了渭华暴动。新中国成立后任西安市人民政府副秘书长等职。参见中国人民政治协商会议陕西省委员会文史资料研究委员会编《陕西文史资料选辑》（第九辑），陕西人民出版社，1981，第 74 页；程安东编《风雨同舟四十年——纪念西安市政协成立四十周年》，陕西人民教育出版社，1995，第 456 页；西安市地方志编纂委员会编《西安市志第五卷·政治·军事》，西安出版社，2000，第 453 页。

质料：纸质、铅印（封面毛笔题书名）

现状：封皮稍残、文尾不全

征集经过：1951 年西北军政委员会文化部拨给中央革命博物馆

入馆日期：1951 年

鉴定意见：李大钊（1889-1927），河北乐亭县人，中国共产党的创建人之一。1918 年 1 月，由章士钊推荐接替章士钊担任北京大学图书馆主任。1922 年 10 月底，他为北大政治学系和史学系，开设《唯物史观》课程，此件是当时印发的讲义。讲义的第一部分，"唯物史观在现代史学上的价值"与 1920 年发表的文章完全相同，中间部分主要介绍了中国古代经济思想的特点。此件讲义并不完整，没有最后结尾。

根据档案记载，李大钊编《唯物史观》讲义为中国国家博物馆馆藏一级品，属于古籍图书类，出版时间为 1922 年，尺寸为 25.7 厘米×14.4 厘米，纸质、铅印，保存状态基本完整，封皮稍有残破，讲义并不完整，没有最后结尾，1951 年由西北军政委员会文化部拨给中央革命博物馆收藏。此讲义是李大钊为北京大学政治学系和史学系开设《唯物史观》课程而印发的，其内容主要为李大钊曾发表的文章汇集而成。2021 年 4 月，《唯物史观》讲义借给中国共产党历史展览馆于"'不忘初心　牢记使命'——中国共产党历史展览"中展出，其文物说明为："李大钊在北京大学等高校任教时编写的《唯物史观》讲义（一级文物）"。

李大钊编《史学思想史》讲义是中国历史博物馆原研究馆员傅振伦①于 1980 年 1 月捐给中国革命博物馆。详情可见《史学思想史》讲义的相关档案记载：

李大钊编《史学思想史》讲义

---

① 傅振伦（1906~1999），男，河北省新河县人，1929 年毕业于北京大学史学系，历史学家，文物博物馆学专家，曾任北京大学研究所国学门助教兼北平大学女子文理学院史地系讲师、故宫博物院科员、国史馆编辑、北碚修志馆馆长、沈阳东北博物院筹委会专门委员、东北大学历史系主任兼图书馆馆长、沈阳长白师范学院史地系主任。1949 年到北平历史博物馆工作，担任保管部主任，兼任北京市文物调查研究组组长、故宫博物院学术委员，1959 年调到中华书局任编辑，1979 年回到中国历史博物馆任研究馆员。傅振伦研究领域十分宽广，涉及史学、目录学、档案学、方志学、文物考古、科技史、陶瓷史、军事史、民俗学、语言学诸方面。

文物级别：未定级

文物类别：古籍图书

尺寸：26.3 厘米×15 厘米

质料：纸质、铅印

现状：黄旧（仅有 12-63 页），封面污迹

来源：傅振伦捐赠

入馆日期：1980 年 1 月

根据此档案记载，李大钊编《史学思想史》讲义未定级，属于古籍图书类，尺寸是 26.3 厘米×15 厘米，纸质、铅印，保存状态黄旧，缺少前 11 页，封面有污迹，由中国历史博物馆傅振伦先生于 1980 年 1 月捐赠。

傅振伦先生还用毛笔在约 A4 大小的宣纸上以隶书题写："李大钊先生讲义；西洋史学思想史；傅振伦珍藏"，并加盖了傅振伦先生的篆刻姓名印章。此外，还附有傅振伦先生用蓝色墨水笔在笔记纸上书写的《李大钊烈士》一文，内容如下：

李大钊同志（1889-1927 年）是我国最早的马克思主义者之一，是中国共产党创始人之一，是中国工人阶级革命事业的先驱者。

李大钊同志，字守常，河北省乐亭县人。1913 年毕业于天津北洋法政专科学校，留学日本。在早稻田大学政治经济系学习。与志同道合的留学生组织神州学会，秘密进行革命工作。1914 年，窃国大盗袁世凯在帝国主义支持下，阴谋帝制，李大钊同志参加了反对袁氏帝制运动。次年，日本帝国主义向中国人民提出了灭亡中国的"二十一条"，李大钊同志代表了留日同学会，号召全国同胞，反对日本帝国主义和袁氏卖国政府。1916 年，李大钊同志返国，历任《晨钟报》总编辑及《新青年》编辑。1918 年应国立北京大学之聘，担任图书馆主任兼经济系教授，兼任研究所国学门委员会委员，史学系教授。同时任校长室秘书，评议会委员，学生事业委员会委员等。著有《史学要论》，编有《史学思想史》讲义，论文又见于北京大学《社会科学季刊》及其他革命刊物。

李大钊同志在苏联十月革命后，就接受和传播马克思主义。创办《每周评论》，积极领导了五四运动。1920 年，建立了北京共产主义小

组。1921 年中国共产党成立，负责北方党的工作，领导了工人运动。1927 年 4 月 6 日在北京为奉系军阀张作霖逮捕，28 日在司法部街高等法院后院英勇就义。

录自傅振伦《蒲斋随笔》

经查阅，此文与傅振伦先生著作《七十年所见所闻》（故学新知丛书）中收录的《革命先烈李大钊》一文基本相同。[①]

傅振伦于 1922 年考入国立北京大学预科，1925 年升入史学系本科。傅振伦 1925 年升入北大史学系时，该课程已经改为由陈翰笙讲授《欧洲史学史》，因此傅振伦没能亲聆李大钊讲授《史学思想史》，只能购阅《史学思想史》讲义，以期学习李大钊史学思想。傅振伦晚年回忆说："惟李大钊先生讲《欧美史学思想史》，我不及听讲，仅从讲义课购得其讲义而读之，始知道了'历史唯物主义'，后其讲义捐赠中国革命博物馆，是国内仅存的孤本了！"[②]

中国国家博物馆还收藏有 1933 年 8 月 15 日"周建人为友人编辑李大钊全集寻找'史学思想史'等资料事致张申府函"，相关内容为：

沪上有友人编辑守常先生全集，当有《史学思想史》未找到，知呈下从业在北大图书馆时，与李先生共事长久，不知有无是书。

1933 年 8 月 20 日后"周建人为寻找李大钊'史学思想史'资料等事致张申府函"，相关内容为：

但史学思想史篇幅较大，抄录比较费时，最好此稿能先行觅得。

周建人、方行、蔡尚思等在编录李大钊作品时四处寻找《史学思想史》，由此可见，在 20 世纪 30 年代初《史学思想史》讲义也就难觅得，傅振伦捐赠的这本《史学思想史》讲义铅印本，也只有北京大学档案馆和中国国家博物馆收藏。

---

① 傅振伦编著《七十年所见所闻》，华东师范大学出版社，1997，第 353～354 页。
② 傅振伦：《蒲梢沧桑九十忆往》，华东师范大学出版社，1997，第 52 页。原书名中有"欧美"二字。

二　《唯物史观》讲义与《李大钊全集》比较分析

中国国家博物馆藏的《唯物史观》讲义全书共 4 万多字，由北大出版部讲义科用铅字排印，分期印发，全书包括 7 篇文章，共 44 页（第 44 页只有右侧半页），篇尾为"使欲必不穷乎物，物必不屈于欲，两者相持而"，末尾句不完整，后面缺页。《唯物史观》讲义除《马克思的经济的历史观》之外的所有篇章均可在《李大钊全集》（2013 版）中找到同名文章。

现将中国国家博物馆藏《唯物史观》讲义铅印本与《李大钊全集》收录篇章进行对比，详见表 1。

表 1　收录《唯物史观》讲义篇章对比

序号	中国国家博物馆馆藏讲义		《李大钊全集》（2013 版）收录讲义	
	篇名	页码	篇名	卷号/页码
一	《唯物史观在现代史学上的价值》	1~5 页	《唯物史观在现代史学上的价值》1920 年 12 月 1 日	第三卷 274~281 页
二	《马克思的经济的历史观》	5~8 页	《我的马克思主义观》1919 年 9 月（第五部分去首尾段：马氏的经济论……是万万不可能的。）	第三卷 10~15 页
三	《物质变动与道德变动》	8~19 页	《物质变动与道德变动》1919 年 12 月 1 日	第三卷 129~152 页
四	《原人社会于文字书契上之唯物的反映》	20~29 页	《原人社会于文字书契上之唯物的反映》1920 年	第三卷 294~315 页
五	《东西文明根本之异点》	29~37 页	《东西文明根本之异点》1918 年 6~7 月	第二卷 308~328 页
六	《由经济上解释中国近代思想变动的原因》	37~41 页	《由经济上解释中国近代思想变动的原因》1920 年 1 月 1 日	第三卷 185~193 页
七	《中国古代经济思想之特点》篇尾为："使欲必不穷乎物，物必不屈于欲，两者相持而"	41~44 页	《中国古代经济思想之特点》1920 年篇尾为："使欲必不穷乎物，物必不屈于欲，两者相持而（长）……。（《荀子·礼论篇》）（未完，下缺）按（北新书局一九五〇年十月再版）《守常文集》校订刊印"	第三卷 286~293 页

注：中国国家博物馆藏《唯物史观》讲义只在正面（左侧）页标注了页码，平面展开为一页。

通过对比可以看到，《李大钊全集》收录讲义与《唯物史观》讲义铅印本中同名的文章有6篇，即《唯物史观在现代史学上的价值》《物质变动与道德变动》《原人社会于文字书契上之唯物的反映》《东西文明根本之异点》《由经济上解释中国近代思想变动的原因》《中国古代经济思想之特点》，其内容也基本一致。而《唯物史观》讲义中《马克思的经济的历史观》一篇，在《李大钊全集》中并未找到同名篇，而是源自《李大钊全集》第三卷《我的马克思主义观》第五部分内容，全文如下：

（二）马克思的经济的历史观

马氏的经济论，因有他的名著《资本论》详为阐发，所以人都知道他的社会主义系根据于一定的经济论的。至于他的唯物史观，因为没有专书论这个问题，所以人都不甚注意。他的《资论本》①，虽然彻头彻尾以他那特有的历史观作基础，而却不见有理论的揭出他的历史观的地方。他那历史观的纲要，稍见于一八四七年公刊的《哲学的贫困》，及一八四八年公布的《共产者宣言》。而以一定的公式表出他的历史观，还在那一八五九他作的那《经济学批评》的序文中。现在把这几样著作里包含他那历史观的主要部分，节译于下，以供研究的资料。

（一）见于《哲学的贫困》中的：

"经济学者蒲鲁东氏，把人类在一定的生产关系之下制造罗纱、麻布、绢布的事情，理解的极其明瞭。可是这一定的社会关系也和罗纱、麻布等一样，是人类的生产物，他还没有理解。社会关系与生产力有密切的连络。人类随着获得新生产力，变化其生产方法；又随着变化生产方法，——随着变化他们得生活资料的方法——他们全变化他们的社会关系。手臼造出有封建诸侯的社会。蒸汽制粉机造出有产业的资本家的社会。而这样顺应他们的物质的生产方法，以建设其社会关系的人类，同时又顺应他们的社会关系，以作出其主义、思想、范畴。"

（二）见于《共产者宣言》中的：

"凡以前存在的社会的历史都是阶级竞争的历史。希腊的自由民与奴隶，罗马的贵族与平民，中世的领主与农奴，同业组合的主人与

---

① 《李大钊全集》（第三卷），人民出版社，2013，第10页。此处应为印刷排版错误。

职工，简单的说，就是压制者与被压制者，自古以来，常相反目，而续行或隐然，或公然不断的争斗①总是以全社会革命的变革，或以相争两阶级的共倒，② 结局的一切争斗。③

"试翻昔时的历史，社会全被区别为种种身分者，社会的地位有多样的等差；④ 这类现象我们殆到处可以发见。在古代罗马则有贵族、骑士、平民、奴隶；在中世则有封建诸侯、家臣、同业组合的主人、职工、农奴，且于此等阶级内更各分很多的等级。

"由封建的社会的崩坏，产出来的近世的社会，仍没把阶级的对立废止。他不过带来了新阶级、新压制手段、新争斗的形式，以代旧的罢了。

"可是到了我们的时代，就是有产者本位的时代，却把阶级的对立简单了。全社会越来越分裂为互相敌视的二大阵营，为相逼对峙的二大阶级⑤就是有产者与无产者。

"……依以上所述考之，资本家阶级所拿他作基础以至勃兴的生产手段及交通手段，是已经在封建社会作出来的。此等生产手段及交通手段的发展达于一定阶段的时候，封建的社会所依以营生产及交换的关系，就是关于农业及工业封建的组织，简单一句话就是封建的所有关系，对于已经发展的生产力，久已不能适应了。此等关系，现在不但不能奖励生产，却妨阻生产，变成了许多的障碍物。所以此等关系不能不被破坏，果然又被破坏了。

"那自由竞争就随着于他适合的社会的及政治的制度，随着有产者阶级的经济的及政治的支配，代之而起了。

"有产者阶级，于其不满百年的阶级支配之下，就造出比合起所有过去时代曾造的还厚且钜⑥的生产力。自然力的征服，机械、工业及农业上的化学应用，轮船、火车，电报，全大陆的开垦，河川的开通，如同用魔法唤起的这些人类——在前世纪谁能想到有这样的生产力能包容在社会的劳动里呢？

---

① 《李大钊全集》（第三卷），第11页，此处有"，"号。
② 《李大钊全集》（第三卷），第11页，此处没有"，"号。
③ 《李大钊全集》（第三卷），第11页，此处没有另起一段。
④ 《李大钊全集》（第三卷），第11页，此处为"，"号。
⑤ 《李大钊全集》（第三卷），第11页，此处有"，"号。
⑥ 《李大钊全集》（第三卷），第12页，此处为"巨"。

"把这样伟大的生产手段及交通手段，像用魔法一般唤起来的资本家的生产关系及交通关系，——资本家的所有关系，——现代的资本家的社会，如今恰与那魔术师自念咒语唤起诸下界的力量，而自己却无制御他们的力量了的情事，① 相等。数十年的工商史，只是现代的生产力，对于现代的生产关系，对于那不外有产者的生活条件及其支配力的所有关系，试行谋叛的历史。我们但举那商业上的恐慌——因隔一定期间便反复来袭，常常胁迫有产社会的全存在的商业恐慌——即足以作个证明。……有产者阶级颠覆封建制度的武器，今乃转而向有产者阶级自身。

"有产者阶级不但锻炼致自己于已死的武器，并且产出去挥使那些武器的人——现代的劳动阶级，无产者就是。

"人人的观念、意见，② 及概念，简单一句话，就是凡是属于人间意识的东西，都随着人人的生活关系，随着其社会的关系，随着其社会的存在，一齐变化。这是不用深究，③ 就可以知道的。那思想的历史所证明的，非精神上的生产，④ 随着物质上的生产，⑤ 一齐变化而何？

（三）见于《经济学批评》序文中的：

"人类必须加入那于他们生活上必要的社会的生产，一定的、必然的、离于他们的意志而独立的关系，就是那适应他们物质的生产力一定的发展阶段的生产关系。此等生产关系的总和，构成社会的经济的构造——法制上及政治上所依以成立的，一定的社会的意识形态所适应的，真实基础，——物质的生活的生产方法，一般给社会的、政治的、及精神的生活过程，加上条件。不是人类的意识决定其存在，他们的社会的存在反是决定其意识的东西。

"社会的物质的生产力，于其发展的一定阶段，与他从来所在那里面活动当时的生产关系，与那不过是法制上的表现的所有关系，⑥ 冲突。这个关系，这样由生产力的发展形式，⑦ 变而为束缚。于是乎

---

① 《李大钊全集》（第三卷），第12页，此处为没有"，"。
② 李大钊：《李大钊全集》（第三卷），第12页，此处没有"，"。
③ 李大钊：《李大钊全集》（第三卷），第12页，此处没有"，"。
④ 李大钊：《李大钊全集》（第三卷），第12页，此处没有"，"。
⑤ 李大钊：《李大钊全集》（第三卷），第12页，此处没有"，"。
⑥ 李大钊：《李大钊全集》（第三卷），第13页，此处没有"，"。
⑦ 李大钊：《李大钊全集》（第三卷），第13页，此处没有"，"。

社会革命的时代来。巨大的表面构造的全部，随着经济基础的变动，或徐，或激，都变革了。

"当那样变革的观察，吾人非常把那在得以自然科学的论证的经济的生产条件之上所起的物质的变革，与那人类意识此冲突且至决战的，法制上、政治上、宗教上、艺术上、哲学上的形态，简单说就是观念上的形态，区别不可。想把那样变革时代，由其时代的意识判断，恰如照着一个人怎样想他自己的事，以判断其人一样，不但没有所得，意识这个东西宁是由物质生活的矛盾，就是存在于社会生产力与生产关系间的冲突，才能说明的。

"一社会组织，非到他的全生产力，在其组织内发展的一点余地也没有了，① 以后决不能颠覆了去。这新的，比从前还高的生产关系，在这个东西的物质的生存条件于旧社会的母胎内孵化完了以前，决不能产生出来。人类是常只以自能解决的问题为问题的。因为拿极正确的眼光去看，凡为问题的，惟于其解决所必要的物质条件已经存在，或至少也在成立过程中，② 的时会，才能发生。

"综其大体而论，吾人得以亚细亚的、古代的、封建的、及现代资本家的生产方法，为社会经济的组织进步的阶段。而在此中③资本家的生产关系，是社会的生产方法之採④敌对形态的最后。——此处所谓敌对，非个人的敌对之意，是由各个人生活的社会的条件而生的敌对之意，——可是在资本家社会的母胎内发展的生产力，同时作成于此敌对的解决必要的物质条件。人类历史的前史，就以此社会组织终。"

（以上的译语，从河上肇博士。）

据以上所引，我们可以略窥马克思唯物史观的要领了。现在更把这个要领简单写出，以期易于了解。

马克思的唯物史观有二要点：其一是关于人类文化的经验的说明；其二即社会组织进化论。其一是说人类社会生产关系的总和，构成社会经济的构造。这是社会的基础构造。一切社会上政治的、法制的、伦理的、哲学的，简单说，凡是精神上的构造，都是随着经济的

---

① 李大钊：《李大钊全集》（第三卷），第13页，此处"，"放在"以后，"。
② 李大钊：《李大钊全集》（第三卷），第14页，此处没有"，"应是印刷错误。
③ 李大钊：《李大钊全集》（第三卷），第14页，此处有"，"。
④ 李大钊：《李大钊全集》（第三卷），第14页，此处为"采"。

构造变化而变化。我们可以称这些精神的构造为表面构造。表面构造常视基础构造为转移。① 而基础构造的变动，乃以其内部促他自己进化的最高动因，就是生产力，② 为主动；属于人类意识的东西，丝毫不能加他以影响；③ 他却可以决定人类的精神、意识、主义、思想，使他们必须适应他的行程。其二是说生产力与社会组织有密切的关系。生产力一有变动，社会组织必须随着他变动。社会组织即社会关系，也是与布帛菽粟④一样，是人类依生产力产出的产物。手臼产出封建诸侯的社会，蒸汽造⑤粉机产出产业的资本家的社会，⑥ 生产力在那里发展的社会组织，当初虽然助长生产力的发展，后来发展的力是到那社会组织不能适应的程度，那社会组织不但不能助他，反倒束缚他、妨碍他了。而这生产力虽在那束缚他，妨碍他的社会组织中，仍是向前发展不已。发展的力量愈大，与那不能适应他的社会组织间的冲突愈迫，结局这旧社会组织非至崩坏不可。这就是社会革命。新的继起，将来到了不能与生产力相应的时候，他的崩坏亦复如是。可是这个生产力，非到在他所活动的社会组织里，发展到无可再容的程度，那社会组织是万万不能打破。而这在旧社会组织内，长成他那生存条件的新社会组织，非到自然脱离母胎，有了独立生存的运命，也是万万不能发生。恰如孵卵的情形一样⑦人为的助长⑧打破卵壳⑨是万万无效的⑩是万万不可能的。

　　《唯物史观》讲义中《马克思的经济的历史观》一篇与《李大钊全集》第三卷《我的马克思主义观》第五部分对比，去除《我的马克思主义观》第五部分首尾段之后，二者内容除个别标点和个别字（校对过程中出现的错误）有些出入外，其他内容完全一致。由此可见，《李大钊全集》

① 李大钊：《李大钊全集》（第三卷），第14页，此处为"，"。
② 李大钊：《李大钊全集》（第三卷），第14页，此处无"，"。
③ 李大钊：《李大钊全集》（第三卷），第14页，此处为"，"。
④ 李大钊：《李大钊全集》（第三卷），第14页，此处为"粟"字。
⑤ 李大钊：《李大钊全集》（第三卷），第14页，此处为"制"字。
⑥ 李大钊：《李大钊全集》（第三卷），第15页，此处为"。"。
⑦ 李大钊：《李大钊全集》（第三卷），第15页，此处有"，"。
⑧ 李大钊：《李大钊全集》（第三卷），第15页，此处有"，"。
⑨ 李大钊：《李大钊全集》（第三卷），第15页，此处增加"的行动，"。
⑩ 李大钊：《李大钊全集》（第三卷），第15页，此处有"，"。

没有收录《马克思的经济的历史观》一文，是为避免与《我的马克思主义观》的内容重复。

《李大钊全集》收录《唯物史观》讲义对应篇章中，有 5 篇曾公开发表，详见表 2：

表 2　《唯物史观》讲义收录篇章发表情况

序号	篇名	发表刊物	发表时间
1	《唯物史观在现代史学上的价值》	《新青年》第 8 卷第 4 号	1920 年 12 月 1 日
2	《马克思的经济的历史观》（出自《我的马克思主义观》）	《新青年》第 6 卷第 5 号	1919 年 9 月
3	《物质变动与道德变动》	《新潮》第 2 卷第 2 号	1919 年 12 月 1 日
4	《东西文明根本之异点》	《言治》季刊第 3 册	1918 年 7 月 1 日
5	《由经济上解释中国近代思想变动的原因》	《新青年》第 7 卷第 2 号	1920 年 1 月 1 日
6	《原人社会于文字书契上之唯物的反映》	专为讲授《唯物史观》课程而撰写	未见公开发表
7	《中国古代经济思想之特点》	专为讲授《唯物史观》课程而撰写	未见公开发表

《李大钊全集》是参照北新书局 1950 年 10 月再版的《守常文集》校订刊印，未公开发表的两篇文章篇尾都注明引自"一九二〇年北大讲义"[①]，此时间应是 1920 年李大钊开设《唯物史观》的最初授课时间，而中国国家博物馆藏《唯物史观》讲义则是韩述之 1922 年听李大钊讲课时所使用的讲义。

据方行回忆，他和周建人、蔡尚思等编录《守常文集》时"仅得在北大所讲的《唯物史观》和《史学思想史》印本两种"[②]，由此可知，编录《守常文集》是参照了两部讲义。并且通过《李大钊全集》与《唯物史观》讲义《中国古代经济思想之特点》一文的对比可以看到，二者结尾处缺失内容完全一致。由此可以断定，《守常文集》编录所参照的《唯物史观》讲义与韩述之所捐赠的讲义或为同样残缺的版本。

---

① 李大钊：《守常文集》，北新书局，1950，第 60 页。
② 方行：《先烈李大钊遗著编录经过》，唐弢《晦庵书话》，生活·读书·新知三联书店，2007，第 164 页。

三 《史学思想史》讲义与《李大钊全集》比较分析

中国国家博物馆藏《史学思想史》讲义全书共 6 万多字，由北大出版部讲义科用铅字排印，分期印发，共 63 页，其中前 11 页缺失，第 12 页《今与古》的内容从"（Royal Society）。该会在当时颇受攻击"开始。

《史学思想史》讲义由十篇文章组成，除《唯物史观在现代史学上的价值》于 1920 年 12 月 1 日就已发表在《新青年》第 8 卷第 4 号外，《史观》《今与古》《鲍丹的历史思想》《孟德斯鸠（Montesquieu）的历史思想》《韦柯（Giovanni Battista Vico）及其历史思想》《孔道西（Condorcet）的历史思想》《桑西门（Saint-Simon）的历史思想》《马克思的历史哲学与理恺尔的历史哲学》《唯物史观在现代社会学上的价值》九篇文章是李大钊为北京大学史学系开设《史学思想史》课程所写。其中，《今与古》于 1923 年 2 月发表在《社会科学季刊》第 1 卷第 2 号；《孔道西（Condorcet）的历史思想》于 1923 年 11 月发表在《社会科学季刊》第 2 卷第 1 号；《桑西门（Saint-Simon）的历史思想》于 1923 年 8 月发表在《社会科学季刊》第 1 卷第 4 号。

《李大钊全集》收录的《史学思想史》讲义相关篇章，除《唯物史观在现代史学上的价值》外，其余九篇均按北京大学图书馆收藏的《史学思想史》讲义影印本的目录编排顺序收入。①

现将中国国家博物馆藏《史学思想史》讲义铅印本与《李大钊全集》收录篇章进行对比，详见表 3：

表 3　收录《史学思想史》讲义篇章对比

序号	中国国家博物馆藏《史学思想史》讲义		《李大钊全集》（2013 版）收录《史学思想史》讲义篇章	
	篇名	页码	篇名	卷号/页码
一	《史观》	缺页	《史观》1923 年 9 月~1924 年上半年	第四卷 319~325 页

---

① 《李大钊全集》（第四卷），人民出版社，2013，第 323 页。

续表

序号	中国国家博物馆藏《史学思想史》讲义		《李大钊全集》（2013 版）收录《史学思想史》讲义篇章	
	篇名	页码	篇名	卷号/页码
二	《今与古》[（Royal Society）。该会在当时颇受攻击……为来者前驱。]	缺页，只有12、13 页	《今与古》1923 年 2 月	第四卷326～345 页
三	《鲍丹的历史思想》［其中包括《鲁雷（Louis Le Roy）的历史思想》]	13～22 页	《鲍丹的历史思想》［其中包括《鲁雷（Louis Le Roy）的历史思想》] 1923 年 9 月～1924 年上半年	第四卷346～364 页
四	《孟德斯鸠（Montesquieu）的历史思想》	22～35 页	《孟德斯鸠（Montesquieu）的历史思想》1923 年 9 月～1924 年上半年	第四卷365～390 页
五	《韦柯（Giovanni Battista Vico）及其历史思想》	35～38 页	《韦柯（Giovanni Battista Vico）及其历史思想》1923 年 9 月～1924 年上半年	第四卷391～397 页
六	《孔道西（Condorcet）的历史思想》	38～41 页	《孔道西（Condorcet）的历史思想》1923 年 11 月	第四卷398～406 页
七	《桑西门（Saint3Simon）的历史思想》	42～49 页	《桑西门（Saint-Simon）的历史观》1923 年 8 月	第四卷407～421 页
八	《马克思的历史哲学与理恺尔的历史哲学》	49～57 页	《马克思的历史哲学与理恺尔的历史哲学》1923 年 9 月～1924 年上半年	第四卷422～436 页
九	《唯物史观在现代史学上的价值》	57～61 页	《唯物史观在现代史学上的价值》1920 年 12 月 1 日	第三卷274～281 页
十	《唯物史观在现代社会学上的价值》	61～63 页	《唯物史观在现代社会学上的价值》1923 年 9 月～1924 年上半年	第四卷437～441 页

注：中国国家博物馆馆藏《史学思想史》讲义只在正面页（左侧）标注了页码，平面展开为一页，其中背面页（右侧）内缝处标注收稿日期及印出页数的信息。

通过对比可以看到，中国国家博物馆藏《史学思想史》讲义除"《桑西门（Saint-Simon）的历史思想》"一篇与《李大钊全集》"《桑西门

（Saint-Simon）的历史观》"名称有所差异之外，其他篇名称、结构及内容均是一致的，这与北京大学档案记载，将《鲁雷（Louis Le Roy）的历史思想》独立于《鲍丹的历史思想》，单列为一篇是不同的①。

《史学思想史》讲义每篇的内缝处都标注了收稿日期、印出时间和页数的信息，详见表4：

表4　《史学思想史》讲义收稿信息

序号	篇名	时间/页数
1	《史观》	无
2	《今与古》	五月三十日收稿十三页，六月二十日印出十页
3	《鲍丹的历史思想》	五月三十日收稿十三页，六月二十日印出八页
4	《孟德斯鸠（Montesquieu）的历史思想》	六月三日收稿五十三页，二十六日印出二十页
5	《韦柯（Giovanni Battista Vico）及其历史思想》	六月三日收稿五十三页，二十六日印出二十页
6	《孔道西（Condorcet）的历史思想》	六月三日收稿五十三页，二十六日印出二十页
7	《桑西门（Saint-Simon）的历史思想》	五月三日收稿五十三页，六月十四日印出八页
8	《马克思的历史哲学与理恺尔的历史哲学》	六月二日收稿五十三页，六月二十八日印出八页
9	《唯物史观在现代史学上的价值》	五月三日收稿五十三页，七月二日印出八页
10	《唯物史观在现代社会学上的价值》	六月三日收稿五十三页，七月二日印出八页

《史学思想史》讲义除《史观》外，其他各篇随着课程讲授于1924年陆续刊印出来。《桑西门（Saint-Simon）的历史思想》是1924年6月14日印出，《今与古》《鲍丹的历史思想》是1924年6月20日印出，《孟德斯鸠（Montesquieu）的历史思想》《韦柯（Giovanni Battista Vico）及其历史思想》《孔道西（Condorcet）的历史思想》是1924年6月26日印出，《马克思的历史哲学与理恺尔的历史哲学》是1924年6月28日印出，《唯物史观在现代史学上的价值》《唯物史观在现代社会学上的价值》是1924年7月2日印出。资料显示，《史观》于1923年12月8日（星期六）送北京大学出版部讲义科印刷，12月20日（星期四）印出。因此，《史学思想

---

① 北京大学图书馆、北京李大钊研究会编《李大钊史事综录》，北京大学出版社，1989，第208~209页。

史》讲义印出时间应是 1923 年 12 月 20 日至 1924 年 7 月 2 日之间。

解放军文艺出版社 1989 年出版的《李大钊（画册）》第 74 页刊有《唯物史观》讲义和《史学思想史》讲义的封面。北京大学、原北京市委党校党史教育研究室藏有《史学思想史》讲义抄本。1962 年，上海图书馆将珍本影印了 50 册，送各大图书馆。全书共 10 篇，其中 4 篇因为已收入《李大钊选集》，故仅印 6 篇，其他 4 篇有目录。1984 年，河北人民出版社出版了《李大钊史学论集》，将《史学思想史》讲义全部印出，其中《鲁雷的历史思想》单独列一章。2013 年由上海世纪出版股份有限公司和上海古籍出版社联合出版的《史学要论》（百年经典学术丛刊）中"增入《史学思想史》系列讲义 9 篇"①。

四　《唯物史观》和《史学思想史》授课时间考证

1917 年 12 月，李大钊到北京大学图书馆工作②。1918 年 1 月中旬正式任北京大学图书馆主任，但是不兼教授。1920 年 7 月 8 日，北京大学评议会特别会一致通过，将"图书馆主任改为教授"。详情如下：

北京大学评议会记录

北京大学评议会 7 月 8 日特别会：

到会者：校长蒋代、蒋、朱希、朱继、贺、黄、张贺代、何朱继代、陶、胡、沈、马夷、马幼（马夷代）。

……

（4）图书馆用助教事。议决：（马夷初先生修正案）图书馆添用助教，图书馆主任改为教授。全体通过。③

1920 年 7 月 23 日，北京大学文牍课给李大钊发出教授聘书④。此后，

---

① 李大钊：《史学要论》，上海古籍出版社，2013，前言。
② 杨琥：《李大钊年谱》，云南教育出版社，2020，第 443~444 页。
③ 《北京大学评议会议事录》第 2 册。参见北京大学图书馆、北京李大钊研究会编《李大钊史事综录》，北京大学出版社，1989，第 195 页。到会者：校长蔡元培、蒋梦麟、朱希祖、朱继、贺之木、黄侃、张大椿、何育杰、陶履恭、胡适、沈士远、马寅初、马叙伦。
④ 《文牍课九年七月二十三日收发文件事由单》记载，发出文件共十三件，其中包括"李大钊先生为本校教授聘书"。参见《北京大学日刊》1920 年 7 月 30 日（星期五），第 673 号，第 2 版。

李大钊"历在北京大学、朝阳大学、女子师范大学、师范大学、中国大学教授史学思想史、社会学等科。"①《国立北京大学职员录（民国九年十一月）》记载，李大钊在北京大学本科史学系、政治学系等系任课②，开设了《唯物史观》《史学思想史》《社会主义和社会运动》《社会问题》《现代政治》《社会学》《女权运动史》等多种课程。章士钊推荐李大钊担任图书馆主任，并评价说："守常一入北大，比于临淮治军，旌旗变色。"③李大钊担任教授后，在北京大学的工作开始从图书馆向教学转移。1920 年9 月他被北大聘为"本科政治学系教授兼史学系教授"，1921 年 9 月，改为专任"本科史学系教授"，一直到 1925 年上半年。④ 此外，他还经常应邀在校外各种场合发表讲演。⑤

李大钊 1914~1916 年在日本读书期间就开始接触马克思主义。据高一涵回忆："早在东京留学时，他就接触到马克思的学说了。那时，日本东京帝国大学的经济学教授河上肇博士已将马克思的《资本论》译成日文，河上肇博士本人也有介绍马克思学说的著作。守常接触马克思主义，就是通过河上肇博士的著作。"⑥ 1918 年 7 月 1 日，李大钊在《言志》季刊发表《法俄革命之比较观》，阐明俄国革命本质和对世界的影响，明确指出法国革命代表的时代已经过去，英法无力再向上发展，只有俄国代表世界新的向上的力量。11 月，在《新青年》第五卷第五号发表《庶民的胜利》《Bolshevism 的胜利》。12 月 6 日在中山公园以《庶民的胜利》为题进行演讲。两篇文章阐明了第一次世界大战对于德国的胜利，"是赤旗的胜利，是世界劳工阶级的胜利，是二十世纪新潮流的胜利"⑦。通过这三篇文章可以看到李大钊已经开始接受马克思主义。

1920 年 10 月，李大钊首次在北京大学讲授《唯物史观》课程，这门课在北京大学史学系共开设三次。第一次详情如下：

---

① 《李大钊全集》（第五卷），人民出版社，2013，第 297 页。
② 北京大学图书馆、北京李大钊研究会编《李大钊史事综录》，北京大学出版社，1989，第196 页。
③ 章士钊：《我所知道的守常》，《回忆李大钊》，人民出版社，1980，第 145 页。
④ 参见王世儒《李大钊同志受聘教授及开授课程考实》，载《北京大学学报》（社科版）1981 年第 4 期。
⑤ 北京大学图书馆、北京李大钊研究会编《李大钊史事综录》，北京大学出版社，1989，第172-173 页。
⑥ 高一涵：《回忆五四时期的李大钊同志》，《回忆李大钊》，人民出版社，1980，第 165 页。
⑦ 《李大钊全集》（第二卷），人民出版社，2013，第 363 页。

注册部通告

李大钊先生担任史学系唯物史观研究，自来周开始授课。此布。①

1920 年下半年，李大钊在北大讲授《唯物史观》，可以从多方面得到证实。章廷谦回忆说："从一九二〇年下半年到一九二一年上半年，他在北大讲授唯物史观和现代政治，我是他班上的学生。"② 根据李大钊给注册部写过请假条也可判断出，他在北京大学史学系开设《唯物史观》课程，此信约写于 1920 年 12 月 27 日。详情如下：

致注册部

（一九二〇年十二月二十七日）

启者：今日"唯物史观"，因事请假，乞宣布。此上注册部。

李大钊

二十七号③

第二次是 1922 年 10 月 31 日，《北京大学日刊》曾登载过注册部公告，李大钊在"政治、史学两系"开设《唯物史观》，详情如下：

注册部布告

李大钊先生所授政治、史学两系唯物史观本日上课，其社会主义史、社会立法两课均稍缓再行授课。④

第三次是 1923 年 5 月 10 日，《北京大学日刊》登载了注册部公告，李大钊再次开设《唯物史观》，详情如下：

李大钊先生刻已来校，所授唯物史观本星期起照常授课。⑤

《史学思想史》是李大钊在北大史学系讲授的课程，这门课程他在北

---

① 《北京大学日刊》1920 年 10 月 1 日（星期五），第 707 号，第 2 版。
② 章廷谦：《关于李大钊先生》，《回忆李大钊》，人民出版社，1980，第 109 页。
③ 《李大钊全集》（第五卷），人民出版社，2013，第 404 页。
④ 《北京大学日刊》1922 年 10 月 31 日（星期二），第 1095 号，第 1 版。
⑤ 《北京大学日刊》1923 年 5 月 10 日（星期四），第 1235 号，第 1 版。

大共讲授过两次。根据《北京大学日刊》1923 年 9 月 29 日发布的《1923
年至 1924 年度史学系课程指导书》记载,《史学思想史》是史学系第四学
年排定的选修科课程:"史学系第四学年:《史学思想史》,(每周)3 学
时,李大钊授。"① 所以,李大钊第一次讲授《史学思想史》课程是 1923
年 9 月至 1924 年上半年,每周 3 学时,第一学期可讲完。由此可见,张次
溪在其 1951 年编写的《李先生著述年表》中,将《史学思想史》开课时
间确定为"1920 年北京大学讲义"是不准确的。

授课期间,李大钊因参加在广州举办的国民党一大会议,于 1924 年 1
月 5 日至 2 月底请假近两个月。其余课程于 1924 年上半年"补讲"完成。
1924 年 1 月 5 日《北京大学日刊》发布注册部布告:

注册部布告(二)
李大钊先生因事离京,其所授史学系史学思想史及政治经济两系
之社会主义与社会运动暂时请假,俟回校后再行补讲。②

注册部布告(二)
李大钊先生刻已回校,下星期起照常授课。③

《史学思想史》讲义第一篇《史观》的收稿时间为 1923 年 12 月 8 日,
最后一篇的印刷日期为 1924 年 7 月 2 日。北大有明确规定要先讲课,后印
发讲义。因此,李大钊讲授《史学思想史》的时间实际上早于其讲义印发
时间,即 1923 年 9 月。

第二次开课时间为 1925 年。2 月 23 日至 26 日《北京大学日刊》连续
四天发布,详情如下:

注册部布告
李大钊先生现已回京,原授之史学思想史定于下星期一起开始讲
授,欲选此项目科目者望于本星期四内至注册部报名为要。
1. 此项课程于半年内讲完。
2. 讲授时间星期一第一时,星期六第一第二时,共三小时。

---

① 《北京大学日刊》1923 年 9 月 29 日(星期六),第 1302 号,第 3 版。
② 《北京大学日刊》1924 年 1 月 5 日(星期六),第 1378 号,第 1 版。
③ 《北京大学日刊》1924 年 2 月 29 日(星期五),第 1407 号,第 1 版。

　　3. 地点第一院十四教室。

十四年二月二十三日①

　　第二次开课，可能并未讲完，先生即因北京时局恶化而避入苏联使馆区。②

　　1932 年姜亮夫选注、上海北新书局印行的高级中学《北新文选》（第六辑）中，选用了《史观》和《唯物史观在史学上的价值》两篇文章，并注明这两篇文章选自李守常编《史学思想史》③。

五　余论

　　毛泽东说："一九二一年至一九二四年之间，李大钊继续宣传共产主义、唯物史观，那不是马列主义是什么主义？它不是基督教主义，也不是孔教主义，是马列主义，实实在在，有书为证。"④ 李大钊率先在中国传播马克思主义，他在北京大学讲授《唯物史观》《史学思想史》两门课程，运用马克思主义学说认识分析历史，推进中国近代史学研究。罗章龙于1918 年 9 月考入北京大学，据他回忆："入学以后，我选听了守常先生的《唯物史观》课程。过去的历史课，都不外是按旧史观，照本宣科，不出春秋义法和二十四史范围。而李先生讲授这门课程，在当年是件新鲜事物，这门课无现成教本可循，要自己编写讲义。他的讲义从科学的唯物史观出发，立意创新，内容精当，而且篇幅很多。他在课前亲自散发讲义，每次都有十张八张，的确开全校风气之先，足见他是经过了长期准备的。"⑤ 李大钊以授课和印发讲义的形式让学生直观了解马克思主义唯物史观基本理论，帮助青年学生充分认识到历史学的科学性质，即历史学也是一门科学。

　　李大钊在讲授《唯物史观》《史学思想史》课程中影响了大批青年，

---

① 《北京大学日刊》1925 年 2 月 23 日（星期一），第 1629 期，第 1 版。此公告连续刊载 4 天。

② 《李大钊全集》（第四卷），人民出版社，2013，第 323~324 页。

③ 姜亮夫选注《北新文选》（第六册），上海北新书局印行，1932，第 175、180 篇。

④ 转引自《李大钊（画册）》，解放军文艺出版社，1989，第 8 页。

⑤ 罗章龙：《亢斋回忆录——记和守常同志在一起的日子》，《回忆李大钊》，人民出版社，1980，第 29 页。

他将理论与推动中国社会发展实践结合起来，组织成立了马克思主义研究会、少年中国学会等，为中国共产党的建立和中国革命发展奠定了重要理论和实践基础。朱务善回忆说："我认识守常是在一九二〇年春天，到一九二五年末我出国以前，我们几乎朝夕未离。他那时是北大图书馆主任，我是北大学生。我受了当时新思潮的影响，一次到图书馆去找守常同志谈话，请他介绍几本关于马克思主义的著作。……第一次和守常同志见面，给我的印象非常深刻，他确是热爱青年，特别是热爱学习马克思主义的青年，同那时北大的一些所谓名流学者相较，截然不同。"[①] 李大钊还通过演讲、参加辩论会等形式，运用唯物史观分析问题，激发青年学生对马克思主义的研究兴趣，促进了马克思主义研究会等组织的发展。

李大钊讲授的《唯物史观》课程 1920 年就占据了北京大学等中国高等学校的历史学课堂，主要阐述了马克思主义经济基础与上层建筑、物质和精神相互关系等唯物史观基本理论，并努力运用唯物史观探讨研究中国历史，为中国历史学研究指出了正确的方向。李大钊 1923 年在北京大学历史系开设的《史学思想史》课程内容丰富，对欧洲资产阶级学者的史学思想做了全面且重点的考察，通过对欧洲重要思想家史学思想的发展，论述了唯物史观在现代史学上的价值，阐明马克思主义唯物史观产生的学术背景及必然性。不仅如此，李大钊作为中国最早的马克思主义研究者、传播者，通过课堂教学向青年学生传授马克思主义科学理论，而且开始自觉将马克思主义唯物史观作为分析解决中国经济、社会和文化、历史问题的理论工具，并且得出了许多符合中国经济社会发展实际的结论，对于推动近代中国社会革命活动也产生了积极影响。

在 20 世纪 20 年代，史学史、史学思想史在历史学界是一门对大家来说都很陌生的学科，关于西方史学和史学思想史的研究更是一片空白，李大钊的研究与探索在马克思主义史学发展史上具有特殊的价值。吕振羽先生曾说："马克思主义的史学史，首先要写李大钊同志"，[②] 凸显了李大钊在近代中国马克思主义史学发展过程中的奠基人地位。张广智在总结西方史学发展时说："中国的西方史学史，或许可以从李大钊开始。1920 年，李大钊在北京大学授课，由他所编纂的《史学思想史》讲义，究其内容，实际上是一门近代西方史学史课程，可称得上是我国史学史上第一本用马

---

① 朱务善：《回忆守常同志》，《回忆李大钊》，人民出版社，1980，第 158 页。
② 吕振羽：《中国历史讲稿》，人民出版社，1984，第 19 页。

克思主义理论为指导的西方史学史作品，为中国的西方史学史学科建设作出了开创性的贡献，对后世的史学史，尤其是西方史学史的研究产生了深远的影响。"① 李大钊在《史学思想史》讲义中的主要观点在《史学要论》中也得以传承，其关于历史、历史学以及历史认识的特点和历史学学科性质的科学界定和理论阐释，指明了近代中国马克思主义史学理论发展方向，实为"我国马克思主义史学的第一个奠基人"。②

李大钊先生作为中国共产党的主要创建人，还是我国马克思主义史学理论发展的拓荒者。20 世纪 20 年代，李大钊在北京大学开设的《唯物史观》《史学思想史》两门课程及为此编著印制的讲义，集中体现了以李大钊为代表的近代中国最早的马克思主义者关于马克思主义唯物史观基本问题的思考，不仅有力推动了马克思主义理论在青年大学生群体中的广泛传播，也为近代中国马克思主义史学学科建构和史学理论发展做出重大贡献。中国国家博物馆藏李大钊《唯物史观》和《史学思想史》讲义具有重要的史料价值，其校勘研究揭示了关于《唯物史观》讲义完整性与否的疑惑，对于深刻把握李大钊史学思想以及近代中国马克思主义史学理论的发展历程具有重要意义，也为构建具有中国特色的马克思主义史学理论体系提供了重要的方法借鉴和思想启示。

---

① 张广智：《关于西方史学史研究的开拓与创新》，《复旦学报》（社会科学版）2011 年第 6 期，第 1~2 页。

② 白寿彝：《中国史学史》（第 1 册），上海人民出版社，1986，第 106 页。

李大钊1923年武汉讲学史实考述

——附李大钊演讲记录

周文玖

（北京师范大学历史学院，北京　100875）

摘　要：朱希祖、李大钊1923年到武汉讲学的时间，《朱希祖等北大教授1923年到武汉讲学时间辨正》确定为1923年2月初，而不是11月；但对"绕道上海"拜谒孙中山是发生在去武汉时还是离开武汉后则没有涉及。本文从《钱玄同日记》及李大钊回忆中找到证据，确定该事发生在离开武汉后。李大钊在武汉演讲的"进步的历史观"没有收入《李大钊全集》，笔者在1923年印、已成孤本的《湖北寒假讲演会讲演集》中找到它，经整理和校对，予以刊布。

关键词：李大钊　武汉讲学　进步的历史观

笔者撰写的《朱希祖等北大教授1923年到武汉讲学时间辨正》发表于《史学理论与史学史学刊》2023年上卷，结论是："朱希祖、李大钊等北大教授到武汉讲学的时间是在1923年2月初，不是1923年11月。"① 此文的意义是辨明了朱希祖长子、著名的文史学者朱偰先生所作《先君逖先先生年谱》中的记事时间之误。该年谱于1923年条写道："十一月，应武昌高等师范之请，与北京大学教授多人，南下讲学，适京汉铁路工人罢工，乃绕道上海，代表北京大学各教授谒国父中山先生，于是北方文化界

---

① 周文玖：《朱希祖等北大教授1923年到武汉讲学时间辨正》，《史学理论与史学史学刊》2023年上卷，社会科学文献出版社，2023，第273页。

与国民党之合作，遂益行密切。"① 笔者找到当时武汉的《江声日报》对此次寒假讲演会的报道，并根据此报道及朱希祖1932年10月9日日记对在上海与李大钊一起拜谒孙中山的追忆，得出这个结论。这个结论到目前为止，笔者仍认为是确凿的。

然而，笔者忽略了一点，朱偰先生说"适京汉铁路工人罢工，乃绕道上海"，是去武汉时绕道上海，还是讲学之后绕道上海？也就是说，在上海拜谒孙中山这件事是去武汉途中发生的，还是讲学完之后发生的？由于朱偰先生年谱中说的是"南下讲学"，而拙文辨析的是讲学的时间，若拙文不提出这一点，自然会给人一种"绕道上海"是发生在南下的路途中之印象。而且笔者受朱偰先生行文影响，也确实有这样的认识。但《钱玄同日记》中的一则记述，可以说推翻了这一认识：绕道上海不是发生在南下的途中，而是发生在武汉讲学之后。

钱玄同1923年2月16日日记云："上午九时，逷先来电话，他说前天晚上由上海到北京；今天上午，他约我们——士远、尹默、兼士、幼渔、叔平、百年、凤举……在尹默家中谈话。我于十时到那边。下午一时，回家。"② 2月16日为大年初一。也就是说，朱希祖是春节前两天从上海回到北京的。京汉铁路大罢工从1923年2月4日开始，而此时朱希祖、李大钊已经到达武汉。所以去武汉时，他们不可能舍近求远绕道上海，而只能是离开武汉后去的上海。李大钊次年的回忆也说明这一点。李大钊说是"在船上又知道流血的事情"③。流血事件发生于2月7日，表明他们是2月7日前乘船离开的武汉。"二七"惨案发生后，北京政府发布了对李大钊、陈独秀和共产国际代表马林等人的通缉令，不久中共中央和马林等都由北京迁回上海。李大钊在上海停留的时间较长，除了从事政治活动，他还在上海大学、复旦大学分别作了《史学概论》《史学与哲学》的学术演讲，4月底才回到北京。

李大钊在武汉的中华大学和武昌高等师范学校作了三次演讲，题目均是"进步的历史观"。三次演讲是连续的，即第一讲、第二讲、第三讲。此外，他还应湖北女权运动同盟会的邀请，发表了题为"现在世界四种妇

---

①　朱偰：《先君逷先先生年谱》，《文史大家朱希祖》，学林出版社，2002，第157页。

②　《钱玄同日记》，北京大学出版社，2014，第512页。

③　李大钊：《在广州追悼列宁并纪念"二七"大会上的演讲》，中国李大钊研究会编注《李大钊全集》第4卷，人民出版社，2006，第393页。

女运动之潮流及性质并中国妇女运动进行之方法"的演讲①。

　　笔者 2023 年春通过读秀搜索了解到，当时湖北省教育厅编了《湖北寒假讲演会讲演集》，1923 年印。从读秀搜索提供的目录看，该书包含 19 篇讲演记录稿，其中就有李大钊的《进步的历史观》。但在读秀找不到该书电子版。在国家图书馆、湖北省图书馆、武汉大学图书馆、上海图书馆，笔者本人或托人均未找到该书纸质版和电子版，推断该书已成孤本。湖北省图书馆有该书的索书号，但咨询管理员，回复是找不到书。后来在友人的帮助下，在湖北省图书馆终于找到它。因为不让复印和拍照，华中师范大学尤学工教授委托研究生为笔者抄录了李大钊的《进步的历史观》。它是一个记录稿，内中有些人名明显有误。笔者发现该演讲与李大钊此后发表的《今与古》② 内容多有关联，于是据《今与古》对记录稿中的明显错误作了校改。《进步的历史观》没有收入《李大钊全集》，可谓一篇重要的佚文，附在这里，想必具有文献价值。

进步的历史观

　　　　李守常先生讲演　段兴泉　洪为法　顾仁铸　张弓　记

　　第一讲

　　我在讲进步的历史观之前，必得将"进步""历史""历史观"三个名词加点解释。

　　理想有两种：一是意识的。如自由、平等、社会主义等，或已实现，或未实现，我们批评他，只有好坏的问题，没有所谓真假的问题，譬如世界上人类要信从社会主义，那人类就可连合起来，求其实现，这是靠着人之意识的。还有一种，是关于命运的。不是靠着我们人类，可以来决定。我们若要批评这种理想，便得要论到真假的问题了。

　　"进步"的理想，在从前是属于命运的。以为在一个范围以内，可以求望进步。若超越过这个范围以外，那就难于进步了。我们人类

---

① 　关于这个演讲的主要内容，拙文《朱希祖等北大教授 1923 年到武汉讲学时间辨正》（《史学理论与史学史学刊》2023 年上卷）曾根据《江声日报》的报道作了摘录。

② 　李大钊发表过两篇《今与古》。第一篇发表于 1922 年 1 月 8 日《晨报副刊》，署名李守常。此文是李大钊为北京孔德学校学生作的一次课外讲演，由吴前模、王淑周笔记。具体讲演日期不详。第二篇发表于北京大学《社会科学季刊》第 1 卷第 2 号，署名李大钊，出版于 1923 年 2 月 12 日。与《进步的历史观》内容相近的是第二篇。

在百年或七八十年以内，当然可以改善我们的生活。但是若要将生命延长到百年以外，可就不能了。又世界上各种科学固然是日有进步，不过我们不能断定他永远是如此。这并非我们智识有限，因为我们研究方法会有穷尽的原故，就像天文学，我们在地球上，终有些观察不到，准据这些事体，故以前能释进步是命运的。但是这样一来，就要发生真假的问题了。后来根据历史上的观察，知道进步的理想，原来是和自由、平等、社会主义一样，是属于意识的，只有好坏的问题，没有真假的问题。

又进步的观念之成立，第一就是时间。倘是如今假定十年或百年之后，地球就会毁灭，那进步的观念，就根本的动摇。所幸天文学上能予我们确实的保障，于时间上可不发生问题。

"历史"是什么？前人多说他是过去一切的记录。这是谬误的。原来历史是指人类生活演进的全行程而言。不仅包括过去的社会，而且要包括将来的社会。这和进化论包括人类过去和未来的生活是一样的。

"历史观"就是历史的解释。研求过去的历史，是如何发展，以及未来的历史，又应当如何发展。

历史观的进化的过程：一，是退化的历史观；二，是循环的历史观；三，是进步的历史观。另有一种分法：一，是神权的：退化的和循环的两历史观属之。二，是人生的：进步的历史观属之。

再详细讲起来，更有：

一，神造的历史观——以为历史是非人所造，无与于人事。

二，宗教的历史观——以为历史是由一种宗教造成。如回教，我国孔教都是的。

三，天才或英雄的历史观——以为历史是由少数英雄或是天才造成的。

四，政治的历史观——这是亚里士多德（Aristotle 纪元前384-322）所倡始。他著有政治进化论，这种史观，像人类历史先前是君主政治，而后是贵族政治，再后是民主主义，如此推演下去皆是。

五，智识的历史观——这是圣西门（Siant Simon 1790-1825）、孔德（Anguste Comte 1798-1857）所倡。孔氏分智识为三个阶段：一是神话阶段，二是玄学阶段，三是科学阶段。

六，经济的历史观——这是马克司（Karl Marx 1818-1883）所倡，他以为人类历史，是由经济造成的。

再综合以上所说：一是神权的。神造的、宗教的、英雄或天才的历史观属之。二是人生的。政治的、智识的、经济的历史观属之。前者是旧的，后者是新的；前者是退化和循环的，后者是进步的。

新的历史观，自然和旧的历史观不同。旧的历史观，是将特种阶级托于神权下面，是一种愚民主义。不问历史是如何变更，人间是如何冷酷，这是全由天命造成。对于过去因不能怀疑，对于现在发生的，如是不好的事，也只有认为自家命运不好。倘是不然，必要加以反抗，那连将来的幸福必也跟着牺牲了。这种历史观，只不过是为特种阶级而设，专来压制民众的罢了！

至于新历史观就不然。他是将全社会的事实，放在一处，没有甚么阶级。或用智识或用经济之解释，指示将来人生应走的道路。这可以告诉我们人类的历史，是人造出来的，不是人以外的势力所造成物。

"进步的历史观"，亦可叫做进步论。从西方历史上考察起来，起初这种观念是不甚明了。直到十六世纪进步论才萌芽，到现在才正式成立。往初希腊有些神话，说神告诉我们是如何的生活。看来似乎有点进步论的观念；但不过很是贫弱，到柏拉图（Plato 纪元前429？－348？）他的历史观，是说世界是神造的，是神安排好的。但是在这创造之中，含有毁灭的种子。他说世界存在期有七万二千年。又分为两半：前半是支配于神之下；达到中间某一点时，就中止前进，开始向后退。退化到第二期末了，倘是没有人来理他，世界就会毁灭。但是神却又使他回复起来，在前半可说是黄金时代。过此，人类便逐渐退化，他不主张变动。以为越变动是越退化、越坏。后来亚里士多德也是如此。主张保守——在这种学说之下，进步论是不会成立的。

再后来有司脱伊司（Setoes）说人类时间，经过越久是越坏。也是主张退化历史观。又有伊辟奇勒司（Stoics Epicurus 纪元前342－270）以为世界不是神造的。但因他是悲观的人生观，这进步论也不能因此发生。直到十六世纪末，有一个人起来，才竖起进步的旗子。这人就叫鲍丹（Jean Bodien 1530－1596），他的《君政论》很有名，他所说的进步论，很可供我们参考。在中世纪历史界流行的，有所谓黄金时代说（Theory of Golden Age）。这是说古代最好，是黄金时代，其后便降而为银，最后就降而为铁时代。这是最坏。如我国人说甚么

"人心不古"，"世风日下"，诗歌中常常回忆三皇五帝尧舜禹汤，就是我国人的黄金时代说。他对于这种说法，极端表示反对。他说，自然动力是不灭的。这时代如此，那时代也可如此。他们所谓黄金时代，因为时间环境不同，和现今比较起来，或者他倒反是铁的时代哩。历史是由人们意识造出来的，是永在变动中的。但于此中也可找出一个规律，就是"震动的法则"，一步一趋的前进。可是这不是下降的，是升高的。因为我们若承认人类是日渐退化，那恐怕早就到了穷途没有嚼类了。古人的发明固然能使我们人类加以赞叹。但是今人的新发明，其伟大的功绩也是一样的，足以令人赞叹，足以抗颜古人而无愧。

继鲍丹而起的有培根（Francis Bacon 1561-1626）。他认定古人的威权于科学之进步上颇有妨碍，真理不是于任何时候寻到的，是从经验中得来的。古人的知识，因为经验不多，很是贫乏。他们除去他们一小部分国家以外，就不知道甚么。他又指出 Antiquity 一语的误解。他说，古代固然是好。但就人类全生命讲起来，我们普通之所称为古代的，只是少年时期。我们才真值得称作古人。那些希腊人、罗马人，都要比我们少年得多。知识是由经验与考察增积起来的。时间更是伟大的发明者。我们的知识当然较古人多，当然较古人可贵。他又以为循环历史观，也非打破不可。这实在是智识上的大阻碍。

其后今古之论渐烈。他的舞台，是在法国。蔓延到英国。而学生则在意大利。首先提出这争论的是意之诗人塔桑格（Alessandro Tassoni 1565-1635），他攻击 Petrarch（1304-1374）、Homer（纪元前一千年在世）、Aristotle（纪元前384-323）。他在一六○二年刊行古今人功绩的比较，批评古今人的优劣，很是透澈。后来他所著的《思想》一书，译成法文。法人白也士罗伯（Boisrobert 1592-1662）很受他影响。白氏是位戏曲家。当法兰西学院（Academie Francaise）于一六三五年二月二十六日开成立会时，发表一番议论，猛烈的攻击荷马。这一来到法国遂煽起了轩然争论的大波。那时崇今派专以攻击荷马为事。以为荷马一被攻击倒了，那甚么都没有了。

及至笛卡儿（Descartes 1596-1650）科学方法论出，他又是一个崇今派，于是反对古人的权威，更加严重而坚决。他和培根不同。对于古典文学也不加尊敬，且以忘却幼年所习之希腊文为荣。这个一般人很受他的影响。又有巴士克儿（Pascal 1623-1662）是个科学家。

而又是信从笛氏学术者。他说人类可当着一个人全生命的经过，前一阶段的福利，在后一阶段才可享受他。古时未必比今时好，今时更不必比未来好。同时很有人拥护古人，责备笛卡儿反抗古人为不敬。巴氏特为他辩护，说我们反抗古人的权威，并非不尊敬古人。正是按照他们所创造的精神前进，比那一般只知尾随古人的要好得多。且我们却也感念古人。因为他们给了我们许多知识，我们可由少量的时间，得到较多的知识。

过后好多年，有法人圣少林（Saint Sorlin）又起来做崇今派的战士。圣氏是个梦想派的基督教徒。他很推崇圣经中的诗篇，说比 Homer 及 Sophocles（纪元前 495？ -406？）的功劳大，感动人多。他也反对古人。其时他所看到的范围是很大，不仅限于艺术方面，他以为现今如同秋天，是结果时期。古代如同春光，只是开花时期。因此引起白伊卢（Poilean 1636-1711）来迎敌。争论颇烈。后圣氏至死，争论还未停止，因将作战之责任，很郑重的托了一位青年帕劳尔（Charles Perrault 1628-1703）。在一六八七年帕氏刊布他《路易大王时代诗歌集》。现代的启蒙，优于古代，这是他唯一的论旨。他说古人在古代当畴有相当的价值。若他们生在今世，所成就的或者更好。后来他又继续发表《古人与今人比较论》（一六八八——一六九六年间分四部发表的），一样的推崇现今。——这是一怀古派与崇今派在法国争论的情形。还有英国的，就留在下次讲吧。

第二讲

今天讲英国的怀古派和崇今派的争论。崇今派是黑格威尔（George Hakewill），是一位神学家。著有六百多页的一本书。其目的在批评当时普通的错误。因为彼时以为物质宇宙，天体原子，会渐渐消灭衰朽。其于物质的、精神的、道德的各方面，都正在退落。他以为如这说是对的，那末人类的精神，必变了麻痹；人类的希望，必变了消沉了。我们不能让衰朽的虚影，站在我们的道路上，使我们既不能顾及过去，又不能谋及将来。前辈给我们很多美好的成绩，我们应同样地延续交给后世。后世究竟这样延续下去，我们不难可知道；却是我们必须现在就代他们创造，正如前辈代我们创造一样。不过他还有神学的气味，他说假使世界到了末日必定受制于神。不过这时期离现在很远。——这种说法也使我们志气消沉。他原来是包含循环论的分子的。

　　其后希腊格兰维尔（Glanvill 1636-1680）也是个崇今派。他著有《亚氏以后智识之发展》，于一六六八年出版。意在拥护皇家学会（Royal society），因为当时有许多守旧派、古典派攻击皇家学会，说他有害于宗教，及真实学问的兴趣。他很是不平，所以出来拥护他，他以为感佩发明罗盘针的人，比一千个亚力山大与凯撒，一万个亚里士多德还深得多。他说皇家学会的职分，在普遍人类的惠利，将人类的智识，扩到极点。这事业要逐渐造成，要大家逐渐造成的。在我们的时代，只能做成一点，将道路上的阻碍物去了些。我们定须收集寻求观察、考验，安排些新的材料，供将来人类发展的基础。又有斯普拉特（Sprat 1636-1713）是个牧师。在格氏的书出版以前，刊有《皇家学会史》。这书中承认科学可以扩张到世界，这全靠西方文化扩张其领域。他以为基督教文化是最好，可传播到已开化的各国，使其文化发达到更好的地步，做到"青出于蓝"的古训，希腊人胜过他们东方的先师，现今欧人由罗马收受了文明，而其所得幸福却倍于他们。

　　现在我再顺便将皇家学会与科学院的历史略提一提。皇家学会于一六六〇年，在英之伦敦成立。科学院于一六六六年在法之巴黎成立。所以物质科学，当时流行于伦敦巴黎两处。伦敦巴黎的各阶级人民，很受他的感化。如"骑士""圆颅党""清教徒""法律家""政治家"……各阶级都同声一致赞成培根的学术。培根的学术至此时方完全成立。以上是英国怀古派崇今派激战的情形。结果总是崇今派战胜了。

　　那末，经过许多年之后，进步论既然成立。究竟依何法则去进行呢？牛顿（Newton 1642-1727）发明引力法则，以整齐物质世界的现象。学术界受可了他的影响，一般历史界的人也想如牛顿一样，在社会历史现象上也发现一种整齐他的法则。康德（Kont 1724-1804）说，在物理学界 Kepler，Newton，在历史界上也应有这类的人。后来有傅立业（Kourier 1727-1837）圣西门孔德三人，就自命为循求整理社会历史的法则的人，谋所以发展新时代，解释旧时代。傅氏的学说，是另竖一帜，与圣西门孔德都不同。孔德是圣西门之弟子。而圣西门又是继孔道西（Condercer 1743-1794）而起的。圣西门有两种学说：一为智识的历史观，一为经济的历史观。前者由孔德承继之。后者由马克斯承继之。现在我们再分下来讲。傅立业自命为历史学界的牛顿。而且在过去没有人做先导，觉得他的功绩还要加乎牛顿之上。其学说要点，是以产业合作为组织社会之基础的理想。在他使用实际计划以外，有他的宇宙观、人生观。但是太偏于空想，等于"痴人说梦"。又他因受了牛顿的影响，想以一法则整理道德界、社会界。在一八〇八年，他发现一种"情欲引力的法则"。他说过去的历史，都是情欲不和的历史。人类乃是求幸福的，非寻痛苦的。那末，既要去苦寻乐，我们必定要有一方法，去支配人类的情欲，由此方法，可以实现一新的社会。满足调和人类的情欲。他说要组织一种新村。这种新村，是以大家的合作来保持生活。村里可容一万八千人。新村中的私有财产制度并不废止。财物支配，以各会员资本劳力才能高下来定。但亦有最低额数，以维持生活。一八三二年他在森林 Ramboviller 中曾实现过他的理想。后来美国新村运动中也有他这么一派。他又说，人类在地球上的生存期为八万一千年。四万年进步之后，便有四万年退化。过去的几千年，是情欲不调和的。未来的是循环而前进的。过去的不必可怜，未来的也不必悲观。他的学说，本无多大价值。倘不因他门徒众、学术奇，思想史上怕还不能得到现在的位置呢。

　　孔道西为法国百科全书少年编辑。当时社会很是专制。思想稍新的一点的人，常常会送到断头台上去。他就是个在断头台下为人民进步的历史而奋斗的人。徒尔高（Turgot 1727–1781）是他的良友。他的学术，受徒氏的暗示不少。他吸收徒氏的学说的原则，再加上些新的分子。徒氏是在考究者的冷静的精神中来著作，带有悲观的色彩。而孔氏则含有预言家的热诚，带有乐观的色彩，在他的著作里面，有《人类精神史景撮要》一书。他感觉他所处的环境不好，希望将来以安慰自己。他承认将来必然有一个新兴时代。那时太阳可以全照着自由平等的人民。所谓阶级等等，都归没有了。他不但承认社会的将来是光明的，并且进一步研究人类进步的法则。他把文明的时代，分为十期。前三期是原始社会的行程牧畜时代，耕稼时代，至希腊拼音字母发生时为止。第四期是希腊思想史至亚里士多德科学上有限的分类。第五期智识进步，在罗马遭逢厄难。第六期是黑暗时代，至十字军起为止。第七期是在人类精神上作革命时代的预备。第八期因印刷发明而开始革命。第九期笛卡儿学术发生后引起科学上的革命。自法共和国成立以后，便转入第十期。孔氏以为文化的历史即是启蒙的历史。文化至何程度，即人类发达至何程度。智力的进步，与自由和道德的进步等有不可分之连合。他又主张科学的效果。以为政治上或伦理上的错误，皆生自虚伪的理想，物理上的谬误。他更以为研究文明史有二功用：（一）能使人类建立进步的事实，（二）能使人类决定行进方向，以增加进步速率，在其史观上有二：一为废止战争，二为两性平等。至于两性平等，在文明国家亦已实现。废止战争，亦为世界政治家所共认。他又说历史须注意人类众庶，不宜注意特殊的阶级。劳动阶级，是很重要的。社会发展不是专靠天才英雄的。现在政治家历史家轻视劳动者，真是大错特错。一个社会断不是少数不劳而食的特殊阶级做中心的，实在是生产阶级的民众做中心的。

孔氏又冥想世界人类当一律平等。已开化的民族与未开化之民族，须渐次平等。凡一个民族，都有一个时间能发挥他本族的文化。他且预言后进的未开化的民族，将来或能越过欧美的文化。他还下个冒险的推测，以应如现在医药发达，亦可使人的生活得一相当的延长。他又相信革命的事，是有益于科学艺术。且因此开辟出一个新世代，继他而起的是圣西门。社会主义有两派：（一）理想，（二）科学，从马克斯，安格儿（Friedrich Engels 1820－1895）起，科学的社会主义方才成立。在马氏以前的皆是思想的。普通人都说思想主义不如科学主义。前者为低级的，后者为高级的。其实在社会主义思想上说，两派实有同样的价值。且科学的，原是思想的产儿。此两种的派别是很多。若是总起来说，这两种的不同，只是他们的历史观上。思想的以为人类的历史专由理想而造成的。如英国思想社会主义者涡文（Robbert Owen 1771－1858）说人类思想向上，须趋向理性方面，始可开一个新纪元。科学社会主义的历史观，是经济的，唯物的历史观。是由人类发展的过程中，寻出发展将来的法则。自科学社会主义出，才增加一般人民实现社会主义的信念，由思想的达到科学的，其过渡的代表就是前面所说的圣西门了。他说在宇宙中一切的现象中，可定一个统一的法则。各科学在其特言的范围内，寻找这种统一的点。——依人类现象而寻其因果关系——以前的历史是无系统的，专注政治战争方面。这不是研究历史学者的态度。历史的任务，除记事以外，当寻出因果的关系，与研究其他自然科学相同。这种历史现象如能明了，历史法则即可成立。历史不但说明过去，并可说明现在及将来。这都是属于历史范围以内的。——这是圣西门的基本观念。他要寻找出历史依何法则而发展，于是找出两个法则：

（一）智识的——最初的主张

（二）经济的——后来的主张

所谓智识的历史观，就是在历史过程的下面，可以智识的进展来决定他。一时代的推易和变迁，我们都可在智识的变迁中寻得。科学与宗教、政治皆有密切的关系。其实宗教也是一种科学。是满足人类意向的需要的。一国政治与宗教有密切关系。如希腊起初是多神教。在政治发生的现象，就是政治不统一。自苏格拉底（Socrates 纪元前470？—399）出来，谋思想之统一。于是生出罗马末季时社会的混乱。直到基督教成立后其乱方止，后来阿剌伯的科学输入到欧洲，于是基督教内部又发生混乱。至马丁路得改革宗教时其乱乃止。他的智识观的学术不甚完全，因为这还不是根本的法则。

经济的历史观。圣氏鉴于法国革命，前后约二十五年，有十次变动。但每次变动，而人类生活并不生变化。盖政治的变动，与人类生活无大意义。除非经济组织有了变更，那才能于人民生活发生影响。不从产业根本上变化，不能够改造社会。这就是他的经济史观。如法国革命是中产阶级利用无产阶级推倒贵族阶级。但是社会仍然混乱。第二次革命是无产阶级起而又谋推倒中产阶级。劳动阶级——无产阶级——有管理产业的当然性。故劳动阶级实为社会的中心。又一千八一四年在他小册里表示对于黄金时代的意见是人幻想黄金时代，往往以为黄金时代是置人民于摇篮中。——像中国陶渊明等常歌吟黄金时代——蔑视现在的铁时代。他以为这是不对的。他说黄金时代是在我们前面，不是在我们后面。所谓黄金时代，就是社会秩序完全的时代。我们先辈是看不见的。但是我们的后人中一定可以看得见。我们现在只是代他们开一条路罢了。他是一个富于自由平等的思想而同情于革命的精神的一个人。

第三讲

圣西门 Saint Simon 从史中抽出法则——（一）期组织时代，（一）期（或批评）革命时代，递相演进，如欧洲中世纪是组织时代，其后到了革命时代，及圣西门时，革命时代，将告结束，又入组织时代，就是圣氏（SS）的理想时代。在中世纪时，诸如宗教势力，——将来新时代当以科学代宗教。中世纪，僧侣占重要位置；新时代，科学家占重要位置，改造教会的目的在为大多数人谋幸福，而大多数人为劳动阶级，所以要谋多数幸福，必须改造劳动阶级生活，解决底方法惟有实行社会主义自由、平等……等主义，实在是无用的。又说人类所表现的趋势有一定步骤，盖由孤立而趋向联合，由战争趋向和平，由反抗趋向协和，将来新组织时代定为科学时代，就是定为科学组织，协和旧教，给他以例证；社会大联合，前日立在普遍教义的大组织，今不立在教义上，当必改立在科学上，旧握精神威权的是僧侣，现下是指导社会的学者。"完全平等"，是无稽之说。按工作底高低而生差别，实是合理的，必要的。

设若提出伟大的理想，在进步路上谋革新，定须借重一种威权，因此必要信任国家威权，否认这说的是谬误的。

弟子 Bazard 说：圣西门（SS）的社会主义认全人类为集合的生物，在内代经过很长，可发见按进步定则以进步的叫做"人种的物理学的法则"。就是圣氏的组织、批评之说。

圣氏（SS）说：在历史上，血统问题是很重要的，联合之力，因之一天扩张一天，由家族扩充为社会，更由社会扩为世界，将来且包含全人类底大联合，史上记事虽有不完全的地方，而强的压迫弱的，要算是主要事实，任便何时何地，总是不能免的，——但是压迫的势力，渐趋和缓，如野人食人肉之习，逐渐改为奴隶制，渐改为农奴制，又改为资本家压迫劳动者，他们底压力，全由产业权发生，要得除去，必须实行把产业化私为公的"社会主义"。

社会主义，不是仅仅靠着教育立法去传播，必须藉重宗教。基督教是立精神、物质二元论，新的宗教，是一元论，圣西门主张上帝是唯一的，就是全体，上帝是博爱，表现精神物质，像科学，物质，产业，都是博爱的表现。现在此种学说，虽已消灭，可是影响还很大。

他底史观有两种：（一）智识的；（二）经济的。有两个人分别继承他。

（一）孔德 Auguste Comte 是承继智识的——为社会学创始者——圣西门学说是决定社会进步之法则，以为一时代之社会现象为一时代智识所决定，科学，宗教，政治，实在有交互的关系，Auguste Comte 氏藉重此说——他是实验哲学底创始者，在 1822 年著《实验哲学体系》等书。说：——"谋社会改造必须的工作，里面含实验哲理，计有三阶级法（Law of the three stage）。这种理法由史发生，分段如下：（一）神学的（thological）；（二）玄学的（Metaphysical）——形而上学的；（三）实证的（Positive）——科学的，凡百科学，皆必经这三级，如"天文学可以为例。在前一二百年，所有科学，并不是一律入某时期，或入神学，或入玄学，或入实验，不等，要都循着此过程的顺序，不得紊乱的。"

Auguste Comte 又说："理想可支配历史，人类历史由人类意识造成的，人史，就是人的，人史，就是人的意识历史，这是三阶级法的大略。今日（指当时）社会现象，正在第二阶级（玄学），希望进入第三阶级（实验）上！"

后人称 Marx 史观有四名：（一）史的经济解释；（二）史的唯物概念；（三）史的唯物要素；（四）经济决定论。马氏学说，受以下四人影响（1）Hegel 辨证哲学，（2）Lenerbark 人类学的唯物论，（3）Saint Simon 史观。（4）Waruin 进化论。Darwin 达尔文 Feuerbach 费尔巴哈

M. 氏学说，在历史、经济、社会学：各科学上皆有重要价值。他以为说明社会底全体制度，与其分类的，不若综合的，不但应用现在，且可解释过去，为具体的观察，盖人类史观，不限于政治的，是全体的——如宗教、经济、科学……并不是孤立的，确是联合的，全体的，所以须知社会，历史，各方面，皆是互相关系，可是社会底根本法则，在社会学上面。Auguate Comte 等所说的三时期智识，还是结果，背后尚有原动力——经济——就是 M 氏的经济史观。Auguate Comte 却没有能够寻出。

社会的生存，全仗经济，没有经济生活，社会决不能存在，人类生存，全受社会限制，非有生活条件，就不能够生存，如消费，生产之于社会，好像个人之于生存条件，是不可离的，所以经济是关系社会全体的。经济史观，是圣氏（S.S.）创始，到 M 氏才集大成。

在史上搜寻经济关系社会全体的证据很多，法律不能左右经济，经济倒能左右法律。如美托辣斯煤油的集合，努力很大，虽以严法禁止，到底无效；又经济可决定理想，理想不可决定经济。如美国人高唱人道主义的宗教解放黑奴，有人把奴隶制度输入欧洲，从此可见经济说是较完备于智识说的。所以综观 M 氏学说，确是合乎科学原理的。

今再讲历史观与人生观的关系，史与人生，最有关系，旧史仅利用神权做特种阶级护符，其余的一概委天任命，教人生如海上孤舟，随风漂流，麻醉人底精神，抹杀人生。抱了这种史观，那末人在史

上，毫无自动力，必陷于悲观的，被动的，消极的。

M 氏是具新的史观。或误会说："社会进化，依阶级必然达到物的法则，坐守他底结果。"这种人生观，教人陷于消极。社会发展，非由英雄创的，非由上帝赐的，是由群众造的，史固然可以依法发展，社会主义，将来总有达到之日，可是在经济下，在社会下，仍必须如此运动，才可达到，否则断无坐得之理，所以 M 氏学说是积极的。

人于生活略有意义的都各有世界观，宇宙观，人生观，依态度可分为二：（一）保守的（世界宇宙观人生）——消极的，悲观的；（二）进步的（世界宇宙观人生）——日渐进步，史的，乐观的，奋斗的。

从史的方面说来，也有两派：（一）怀古；（二）崇今。宇宙生命与人底历史，实如无始无终的潮流，过去之一波一波，永不复返，将来还滔滔不绝。因而凡科学，艺术，宗教，政治……皆分古今，争端便起了！

有的怀古。说："今物都是恶劣的，污浊的，各项远不如古。"常发伤时之论，抒怀古之情，咏歌过去是黄金时代。（如采薇歌，获麟歌，——歌咏古代，陶渊明诗——歌咏唐虞时代。）

有的崇今。对于将来抱乐观。中分三派：（一）认现状为尽善的——不思古，也不创造将来，满足现状，安然享福。——安于现在，也是妨碍进步；（二）厌今的——厌恶现境，梦想将来，以为现在无事可为，兼想定有天国实现——是忘却史是连续的，将来进境，是今日努力之结果——无大助于进步；（三）用今的——认今日是很好，将来当更好，但是并不梦想将来，认古有回顾的价值，今有努力的必要，必利用现在光阴拿古代文化作基础，要创造将来，努力，奋斗，——此由 M 氏经济学说造成，予吾人以努力乐观的人生观。

今古之争里，有一重要问题，就是艺术，欧洲此种战争很烈，科学当然今胜于古，但是文艺似未必如此，有人说："艺术以长久经验而益进，今自胜古。"

Tassoni 塔桑尼——说："此说不甚强固，文艺不永是为最高天才所追求，有时传入劣者，所以不免退落，甚至消灭，如罗马帝国亡时之意大利有很多世纪，觉文艺降在平凡以下。换言之，只有假定没有连续的断裂，此说尚可承认。"

Perrault 帕劳尔氏主张一切学科，都是今胜于古。有反问他说：

"这话能适用于艺术么？"他答复很巧，"诗歌雄辩……等，作用在娱人性情，要有以娱之，必有以知之，洞察人心的秘奥，如同洞察自然秘奥，洞察自然秘奥，须经久长时间的研究，洞察人之性情，也须长时间之探索，从此看来，今人底经验多于古人，文艺自然较高。"

Auguste Comte 说："艺术纯在天才，古人有具天才的，今人也有具天才的，今人且于天才外，能得科学法则，所以艺术较高。艺术之美，是心理作用。如戏剧家不常登台奏技，所以保守他底神秘性。盖某时艺术，必含一时之质素，现时之质素，因为习见，每觉平凡，古的含古之特性，有神秘性，所以觉着比较美些。其实在当时感美之程度必不及今，因为习见平凡性，后人对于今，未尝不犹今人之于古，古人假如得见今之艺术，也未尝不觉今比古美。"

怀古思想之成因有三：（一）不满现在——厌今固然不错，但不当回愿古代，以致消极，普通人皆厌现在，此派特别不求进步，追慕古代；（二）崇拜祖先——因崇祖先，引起怀古之念；（三）时间距离很远——一时间距离远，易使古代人的渐渐神秘化，这实是心理关系，如孔子之道，诚有为吾人所不及的地方，但是吾人智识，却比他高，（如孔子说："登泰山而小鲁。"以泰山为最高山，吾人现在知泰山外还有西马拉雅是最高之山。这是地理智识，不如吾人之明证。）还群尊之为大圣，是空间距离，也是如此。（四）创造力不能遗传——艺术每随实业而发达，中国自古为农业国，艺术特别发达，可是艺术的创造力不能遗传，所以这项也为崇古成因之一。

M 氏所贡献之新史观如此，我们处新时代，应当做适于新时代运动，我国现受国际资本主义影响，我们当急起反抗，以增进社会主义，无论何时何地，根据科学史观和快乐、奋斗的人生观，勇猛进行，求圆满的成功。

武汉为民力发原地，自辛亥革命以来，积验日多，较前当愈进步，昨登黄鹤楼，见有张文襄题联曰："圣贤整顿乾坤，缔造都从江汉起。"不觉生无限感慨！还恭望诸君不让圣贤擅美，迅速发挥卓越的本能，在优势天成的江汉，毅然负责，联络各界，共由 M 氏底史观创造伟大的新的国家，也就是改造全世界的准备啊！

《武汉大学校史新编（1893-2013）》对李大钊的演讲作了征引，与上文有明显的差异，内有：

"宇宙的运命，人间的历史，都可以看作无始无终的大实在的瀑流，不断的奔驰，不断的流转，过去的一往不返，未来的万劫不已。"①

"社会进化，是循环的，历史的演进，常是一盛一衰，一治一乱，一起一落。人若生当衰落时代，每易回思过去的昌明。其实人类历史演进，一盛之后又一衰，一衰之后尚可复盛，一起之后有一落，一落之后尚可复起。而且一盛一衰，一起一落之中，已经含着进步，如螺旋式的循环。"

"如现在中国国势糟到此等地步，我们须要改造，不要学张勋因怀古而复辟，要拿新的来改造。他们是想过去的，我们只是想将来的。历史是人创造的，古时是古人创造的，今世是今人创造的。古时的艺术，固不为坏，但是我们也可以创造我们的艺术。……古人有古人的艺术，我们有我们的艺术，要知道历史是循环不断的，我们承古人的生活，而我们的子孙，再接续我们的生活。我们要利用现在的生活而加创造，使后世子孙得有黄金时代，这是我们的责任。"

"历史的道路，不全是坦平的，有时走到艰难险阻的境界，这是全靠雄健的精神才能冲过去的。"

"中华民族现在所逢的史路，是一段崎岖险阻的道路。在这一段道路上，实在亦有一种奇绝壮绝的景致，使我们经过此段道路的人，感得一种壮美的趣味。但这种壮美的趣味，是非有雄健的精神的，不能够感觉到的。……目前的艰难境界，哪能阻抑我们民族生命的前进。我们应该拿出雄健的精神，高唱着进行的曲调，在这悲壮歌声中，走过这崎岖险阻的道路。"②

《武汉大学校史新编（1893—2013）》征引的上面的文字，没有被目前收李大钊著作最全的《李大钊全集》（中国李大钊研究会编注）编入，其依据何在，该书没有出注，笔者尚不知其所本，故列在这里存疑，并供智者探讨。

---

① 这几句话也见于李大钊《今与古》（《社会科学季刊》第1卷第2号，1923年2月），中国李大钊研究会编注《李大钊全集》第4卷，第257页。
② 转引自《武汉大学校史新编（1893-2013）》，武汉大学出版社，2013，第43~44页。

《周易》与史学

论《三国志》中的易学思想[*]

凌俊峰

（北京师范大学，历史学院，北京　100875）

摘　要： 陈寿师从蜀汉硕儒谯周，深受《周易》学术沾溉。《三国志》的撰史旨趣与史学思想对《周易》颇多取鉴。陈寿在撰写《三国志》的过程中多次引用《周易》为其立论，《三国志》的易学思想展现出变易思想、道德思想的内涵。陈寿借助《周易》变易思想对三国历史盛衰演变的趋势加以解释，揭露了曹魏、蜀汉政权盛衰演变的历史趋势。陈寿运用《周易》的道德思想评价历史人物，他大力表彰善政贤臣，重视婚姻道德。《三国志》以《易》解史呈现四个特点。第一，陈寿重视以史为鉴，以易学的理论结合历史事件为人们提供经验教训的指导。第二，陈寿重视以盛观衰，运用见微知著的易理解释历史。第三，陈寿运用易理对三国历史中人物穷通否泰的命运予以关切。第四，《三国志》中的易学思想与谶纬预言紧密相连，陈寿运用易学思想解释历史发展演变的趋势，展现出浓厚的宿命论色彩。

关键词： 陈寿　《三国志》　易学　史学

　　《三国志》是中国史学史上重要的史学著作，被列为前四史之一。以往学者对陈寿的研究集中于学术渊源、史学思想、撰史笔法、撰史取材、

---

　　* 本文系国家社科基金冷门绝学研究专项学术团队项目"《永乐大典》易学典籍辑校与研究"（21VJXT010）的阶段性成果。

详略之笔、历史记述对统治者的曲笔回护等内容①，而涉及陈寿与易学的讨论较少。陈寿撰写该著作时多次引用《周易》，成为该著作的一大特点。曾有学者在讨论汉唐史学时指出《三国志》思想的形成以及对历史人物的评价往往取资于易学，展现出身、家、天下相互依赖且极具历史色彩的政治关系，轻天命、重人谋的历史观念，借助易理对主要人物做出合乎历史情境的评价，阐论贤明的君主、权臣对治国兴邦所起到的重要作用，陈寿通过以史解易的方式，深化了易理。② 我们认为《三国志》的易学思想，值得单独进行研究。笔者将重点结合陈寿对《周易》的学习与研究、《三国志》的撰述宗旨与易学内涵、陈寿以《易》解史的特点展开讨论。

一 陈寿对《周易》的学习与研究

陈寿与易学有密切关系。陈寿在《晋书》中有传，这篇史传较为简略，并没有详细介绍陈寿与《周易》的学术关系。有学者论述陈寿的学术渊源时指出陈寿的父亲为马谡的参军，了解军事。陈寿曾经受教于谯周，精研《六经》，善于经史、子学、图纬之学。谯周曾经师事秦宓，秦宓精通经史，善于《周易》。汉末三国时期巴蜀特有的学术氛围培养了一批博学洽闻的乡贤，这些同僚对陈寿研究、传承学术颇多帮助。③ 这对我们思考陈寿的《周易》的学术渊源颇多启示。

谯周是蜀汉著名的易学、经学家。吴怀祺先生说陈寿认为谯周是硕儒④，他善于《周易》。根据《三国志·谯周传》可知，谯周"研精六经，尤善书札"，在蜀汉曾任光禄大夫。谯周虽不具体处理政事，但在统治者有重要问题请教时，就根据经义予以解答。有学者指出，在建兴年中诸葛亮任命他为劝学从事，其后大将军蒋琬又升任其为典学从事，负责蜀汉的教育。蜀汉末年，邓艾南下攻打蜀国时，谯周引用《周易》乾卦"亢之为言，知得而不知丧，知存而不知亡，知得失存亡而不失其正者，其惟圣人

---

① 参见李纯蛟《三国志研究》，巴蜀书社，2002；金生杨《陈寿的学术渊源》，《史学史研究》2004 年第 1 期；白寿彝《白寿彝史学论集》（下），北京师范大学出版社，1994，第914 页。

② 张涛、任利伟：《汉唐时期的以史解〈易〉》，《史学史研究》2016 年第 1 期，第 26 页。

③ 金生杨：《陈寿的学术渊源》，《史学史研究》2004 年第 1 期，第 20 页。

④ 吴怀祺：《中国史学思想史》，商务印书馆，2007，第 171 页。

乎"的经义建议刘禅投降魏国①。谯周对《周易》的研习运用以及淡泊名利、潜识内敏的个性对陈寿的个性、易学思想颇多影响。谯周善《易》，陈寿在求学过程中耳濡目染，对《周易》颇有学习与研究。参考学者制作的年表可知，陈寿出生于公元233年，蜀汉灭亡时他三十一岁。大约于晋武帝太康元年即公元280年，陈寿四十七岁前后开始撰《三国志》，太康十年左右完成撰写②。因此在《三国志》中《周易》成为陈寿最常引用的经学典籍是颇为合理的，《周易》思想对《三国志》的撰述产生多方面的影响。

二　《三国志》的撰述宗旨与易学内涵

既往学者讨论重要史学家的易学思想时，对易学与史学著作的撰述宗旨讨论颇多。如张涛先生将司马迁看作重要的易学家，其继承、发挥了《易传》的天人合一的思想主张，和推天道以明人事的整体思维方式以及董仲舒的天人之学，力求通过历史记载来"究天人之际"。他志在"通古今之变"，是以《周易》通变思想为基础的。《周易》的忧患意识、革故鼎新思想、德治精神与尚贤、养贤思想在司马迁那里均有所反映。易学是司马迁史学的哲理基础。③汪高鑫先生认为，欧阳修的史学成就与其丰富而深邃的史学思想密不可分，而史学思想又以其易学思想为哲理基础。在历史变易观上，欧阳修从"《易》道占其变"，变通是"天地之自然"，物极必反是万物变通的规律，肯定历史的变异性，坚持以"本末"的观点看待历史，强调历史变易有过程，进而提出具体的改革时弊主张。在历史盛衰观上，欧阳修认为《易》之为说是"止于人事"，认为人事决定了历史盛衰。在道德史观上，欧阳修肯定了"道德仁义，所以为治"，以道德作为评价历史的标准，历史编纂秉持道德标准。④汪高鑫、陶有浩先生讨论《汉书》以易解史时认为，以易学思维认识历史、评论历史是传统史学的显著特点，班固史学深受《周易》和汉代易学的影响，《汉书》重视以易解史，根据《易传》的"一致百虑"思维，确定儒家六经为诸子之源、易

①　陈寿：《三国志》卷四十二，《蜀书·杜周杜许孟来尹李谯郤传》，中华书局，1982，第1031页。
②　李纯蛟：《陈寿行年勾陈》，《史学史研究》1989年第3期，第61页。
③　张涛：《司马迁的易学思想》，《史学史研究》1999年第8期，第37页。
④　汪高鑫：《易学视域下的欧阳修史学思想》，《史学史研究》2022年第3期，第16页。

经为六经之首的地位。同时肯定诸子学说相反相成，需要舍短取长、兼收并蓄。受到好言灾异的汉代象数易学影响，大力宣扬神意史观，将自然灾害与人事祸患解释成一种必然的联系；受易学天人一体思维的影响，肯定人事必须遵循天道，重视调节天地自然和人类社会的平衡关系，强调上下有序、德配天地对于人与人相互和谐的重要性；受易学忧患意识的影响，积极阐发"安不忘危、盛必虑衰"的思想，不为汉讳，重视史鉴。① 可见既往学界对于重要史学家的易学思想多有探索，尤其指出史学家的史学宗旨多取资于易学，为当下研究提供了颇多启示。

《三国志》的撰写较为简略。不同于《史记》《汉书》，《三国志》并没有类似于作者自叙的篇章，这让我们探索其撰述旨趣与史学思想较为困难。既往学者对《三国志》特点讨论颇多，认为该书有以下特点：善叙事，有良史之才；辞多劝诫，明乎得失；有统揽全局的视野。② 而这些思想与《周易》经传思想都有密切关系。陈寿撰写《三国志》时较为简略，惜墨如金。陈寿叙事简洁，一方面是史料有限，同样与《周易》中易简之道有颇多共通之处。《周易·系辞传上》中说："易则易知，简则易从。易知则有亲，易从则有功。有亲则可久，有功则可大。可久则贤人之德，可大则贤人之业。易简而天下之理得矣。"《易传》主张至诚简易、掌握规律道理而不繁复。另一方面，与《周易》易简的精神颇为接近，其撰写内容虽简略，但对重要的历史事件如魏代汉、三国的兴起灭亡等有所介绍，没有遗漏，做到了简约而不简单。《三国志》一书辞多劝诫，有益风化。陈寿借助撰写《三国志》阐述了自己的政治思想与道德理想，在入晋仕宦时以历史撰述积极参与晋室政治的建构，其思想内核源于《周易》的道德教诲。《周易》象传中多有"天行健，君子以自强不息""地势坤，君子以厚德载物"的劝诫，鼓励人们提升道德修养，影响社会风气与政治。《三国志》有统揽全局的视野，将三国历史分为三国叙述的撰史方式与《周易》贯通天地人三才、知周乎万物、弥纶天地之道的易道智慧有较为紧密的理论联系。《周易》广泛联系的观点启发陈寿统筹三国历史的记载，对三国的建立与衰亡、历史盛衰演变的关键之处多着笔墨。所以虽然陈寿没有自叙其学术观点与撰述宗旨，但可以看到《三国志》的撰述宗旨与易学

---

① 汪高鑫、陶有浩：《〈汉书〉的以易解史》，《南开学报》（哲学社会科学版）2019 年第 11 期，第 105 页。

② 瞿林东：《中国史学史》第 3 卷，上海人民出版社，2006，第 99 页。

之间有密切的关系。《三国志》撰述的史学思想以陈寿的易学思想为重要基础。

陈寿在撰述《三国志》的过程中，多次引用《周易》为自己立论。其易学展现出变易思想、道德思想等多重内涵。《周易》思想为《三国志》中诸多历史事件提供了合理的解释。

变易思想是《周易》的重要思想。《周易正义》记载："夫易者，变化之总名，改换之殊称。"《周易·系辞传下》里说："《易》之为书也，不可远。为道也屡迁，变动不居，周流六虚，上下无常，刚柔相易，不可为典要，唯变所适。"事物的不断变化是《周易》揭露的特性之一，事物发展到顶点后不久就会转向反面，这一规律提醒人们要充分发挥主体性，促使事物向好的方面转化，避免其不良发展倾向。学者们认为史学通变思想本质有四点：一是把握趋势的宏观意识，对历史变化有明确的分期意识，并且由阶段性地把握发展为具有法则性的看法。古人认为历史运行有法则，法则与变化趋势是可知的；二是深入探究，在对变理的研究中，人们看到了与历史变化相关的诸多因素，如时势的影响、天时地利人和在历史转变中的作用等；三是见盛观衰的辩证色彩；四是为世典式的致用特色①。《三国志》中易学变易思想对历史演变趋势的颇多解释，弥补了史料不足的缺点。陈寿借助《周易》的变易观，结合史事对历史盛衰演变的趋势加以解释，实现了理论自洽。

通过《三国志》，陈寿记载了曹魏政权的演进趋势。曹操"运筹演谋，鞭挞宇内。揽申、商之法术，该韩、白之奇策，官方授材，各因其器。矫情任算，不念旧恶，终能总御皇机，克成洪业者，惟其明略最优也。抑可谓非常之人，超世之杰矣。"②曹丕"天资文藻，下笔成章，博文强识，才艺兼该，若加之以旷大之度，励之以公平之诚，迈志存道，克广德心，则古之贤主，何远之有哉！"③明帝"沉毅断识，任心而行，盖有人君之至概焉。于时百姓雕弊，四海分崩，不先聿修显祖，阐拓洪基，而遽追秦皇、汉武，宫馆是营，格之远猷，其殆疾乎！"④魏国由盛而衰，陈寿对曹氏帝王的评价也呈现出由褒扬到批评的变化趋势。从《三国志》的史评可知，陈寿认为曹操是"非常之人，超世之杰"，所以能在汉末天下大乱的背景

①　许殿才：《通变思想的理论特点》，《史学月刊》2004 年第 9 期，第 8 页。
②　陈寿：《三国志》卷一，《魏书·武帝纪》，第 55 页。
③　陈寿：《三国志》卷二，《魏书·文帝纪》，第 89 页。
④　陈寿：《三国志》卷三，《魏书·明帝纪》，第 115 页。

下奠定魏国的基础。对曹丕评价较为婉转，指出其虽然"博文强识"，但在统治方略上离古之贤主仍有距离。曹叡虽大概有人君之度，但统治之下，百姓凋瘵，统治方针上出现了失误。可见曹魏的政权统治呈现由盛而衰的演进规律，展现了《周易》由盛而衰的历史变易观。

陈寿运用《周易》变易思想解释了蜀汉的兴起。巴蜀本为刘璋统治的土地，但是刘璋昏庸无能，陈寿说："璋才非人雄，而据土乱世，负乘致寇，自然之理。其见夺取，非不幸也。"① 陈寿化用《周易》解卦六三爻"负且乘，致寇至；贞吝"评价刘璋，要求从政者德位一致，刘璋在东汉末年承继父业，在乱世之中统治着富饶的益州，却没有管理好土地的能力、德行与进取的志向，最终被有雄心的刘备夺取是必然的，就像《周易》解卦六三爻说乘着车子，背负重物，会引来盗贼，是理数之常而不是刘璋的个人不幸，对刘璋事业的失败做了合理的解释。

《周易》的变易思想主张随时变通，陈寿撰写史书继承了这一精神。比如，陈寿灵活处理刘备称汉中王时面对的一个重要问题。刘备进位汉中王的时间为219年，是由刘备僚属劝进，当时汉献帝虽无实权，却依旧为名义上的天子。东汉诸侯王只有自上而下册封之例而无自下而上自立的先例。虽然刘备确实有实力称王，但其僚属的劝进之举，难免有僭越之嫌。陈寿若记载刘备不经汉献帝册封而自立为王，则汉中王和蜀汉政权的合法性成疑，若说刘备是汉献帝册封的汉中王则并非实录，所以他记载了刘备向汉献帝上书的内容。书中说："（刘备）常恐殒没，孤负国恩，寤寐永叹，夕惕若厉。臣退惟寇贼不枭，国难未已，宗庙倾危，社稷将坠，成臣忧责碎首之负。若应权通变，以宁靖圣朝，虽赴水火，所不得辞。"② "应权通变"就是《周易》变易思想的具体展现。陈寿认为刘备称汉中王是僚属劝进，且劝进表描述了一个特殊情境即曹操擅权。曹操杀害了皇后和皇子，显示出篡盗之迹。汉朝处于危难之中，刘氏宗室力量薄弱，需要权变地先封刘备为汉中王增强刘氏的力量再表奏汉献帝。陈寿引用的文书尽可能消弭了人们对刘备政权合法性的质疑。曹丕代汉称帝后，传言汉献帝被害。陈寿记载了大臣们劝刘备称帝的劝进表，文中说"愿大王应天顺民，速即洪业，以宁海内"，"《易》九五'飞龙在天'，大王当龙升，登帝位

① 陈寿：《三国志》卷三十一，《蜀书·刘二牧传》，第870页。
② 陈寿：《三国志》卷三十二，《蜀书·先主传》，第886页。

也"①，即继承汉统而晋帝位。陈寿引用这些史料虽然没有直接表达《周易》的变易之道，却暗含曹丕篡汉后政治局势已变，刘备要顺应客观环境的变化，效法《周易》乾卦九五爻之变化而称帝之意。蜀汉在刘备、诸葛亮去世后渐渐走向衰落，刘禅从循理之君变成昏庸之主，陈寿说他"任贤相则为循理之君，惑阉竖则为昏暗之后"②。陈寿运用变易思想为刘禅走向昏庸、蜀汉走向衰落与灭亡做出合情解释。

通过上述史事可知，在史料有限、记载简略的前提下，陈寿运用《周易》的变易、变通之道对魏国、蜀汉盛衰演变的历史进行解释。

《周易》注重道德在社会中的作用，它主张人应该重视并不断完善自己的德行修养。《周易》大畜卦中说"君子多识前言往行以畜其德"，主张君子要了解历史，不断提升自己的道德修养。《文言传》中以"与天地合其德"为一大宗旨，四库馆臣指出，"夫六十四卦，大象皆有'君子以'字，其爻象则多戒占者，圣人之情见乎词矣"。③ 通过阅读《周易》观象玩辞，人们可以领悟六十四卦中包罗深厚的道德内涵，为人生事业提供指导。《周易·系辞传下》中说："天地之大德曰生，圣人之大宝曰位，何以守位曰仁，何以聚人曰财。理财正辞，禁民为非曰义。"《系辞传下》强调仁德可以帮助人们维护自己的社会地位。《说卦传》中屡次强调"和顺于道德而理于义""立人之道曰仁与义"，这一思想深刻影响了史学家撰写历史。史学家撰写历史重视对人物的道德评价，褒扬有德之人，并对统治者的昏庸失德之举加以批评。

陈寿重视道德修养，他仕宦于蜀汉期间，宦官黄皓擅权，他却能保持高风亮节。蜀国灭亡后，因晋武帝让大家举荐贤才，陈寿的学友罗宪举荐了陈寿。陈寿在仕宦新朝时做到了廉洁勤政，同时撰述了《三国志》等著。整体上说，陈寿做到了人品端正，不屈附权臣。他在仕途上虽多波折，但最终还是得到了晋武帝、惠帝的认可。学者认为陈寿自强不息、勤治史学、著述甚丰。④ 这一评价是公允的。陈寿著史的论断是建立在史实之上的，学者已经对此有过论证。

《周易》的道德思想是陈寿撰写历史、评价人物的理论基础。《三国志》成书后，得到了时人的高度评价。梁州大中范頵称赞该书"辞多劝

---

① 陈寿：《三国志》卷三十二，《蜀书·先主传》，第888页。
② 陈寿：《三国志》，卷三十三，《蜀书·后主禅》，第902页。
③ 永瑢等：《四库全书总目》，中华书局，1965，第1页。
④ 李纯蛟：《三国志研究》，第43页。

诚，明乎得失，有益风化"①。在《三国志》中，陈寿运用《周易》经义表达对历史人物道德的评价，他大力表彰善政贤臣，重视婚姻道德，对违反道德行为多有批评。

魏明帝曹叡广营宫室，导致民生凋敝，动摇了统治根基。陈寿引用魏国大臣杨阜的谏言，对耗费民力之举颇多批评。杨阜的谏言中引用了《周易》丰卦上六爻辞"丰其屋，蔀其家，窥其户，阒其无人"②，陈寿表达了统治者要爱惜民力、施行善政的道德观。

陈寿重视诚实守信。汉少帝在位时，外戚何进想要诛杀宦官，计划召集四方猛将，引兵前往京城。何进的主簿陈琳进谏说："《易》称'即鹿无虞'，谚有'掩目捕雀'。夫微物尚不可欺以得志，况国之大事，其可以诈立乎?"③ 陈寿记录史事时引用《周易》屯卦六三爻，反对在政治中弄权欺诈、轻举妄动。曹操的儿子赵王曹干私通宾客，被官吏上奏，魏明帝曹叡便给他写书诫勉，书中说："《易》称'开国承家，小人勿用'，《诗》存'大车惟尘'之诫。"④ 以此劝诫曹干要恭慎处世、以贤良方正之士为辅弼，陈寿以记录此事表达了亲贤臣、远小人的道德观。"璋才非人雄，而据土乱世，负乘致寇，自然之理。其见夺取，非不幸也。"⑤ 陈寿评价刘璋直接化用《周易》解卦六三爻，要求从政者德才和政治地位一致，对统治者的道德有明确的要求。

陈寿为三国时期的后妃立传。《魏书·后妃传》中称："男正位乎外，女正位乎内;男女正，天地之大义也。古先哲王，莫不明后妃之制，顺天地之德，故二妃嫔妫，虞道克隆，任、姒配姬，周室用熙，废兴存亡，恒此之由。"⑥ 这一史传引用《周易》家人卦的象辞将婚姻道德上升到与统治兴废存亡密切相关的重要高度，并以此标准记录、评述了魏国的后妃。陈寿记载曹丕的夫人甄皇后家中颇有财力，时局混乱，百姓饥馑，只能变卖金银珠玉等财物换取粮食，而甄氏家族趁此机会大肆敛财。当时年仅十岁的甄皇后认为在混乱的局势下聚敛财富是惹祸上身，在百姓饥荒时应将粮

---

① 《晋书》卷八十二，《陈寿传》，中华书局，1974，第 2137 页。

② 陈寿:《三国志》卷二十五，《魏书·辛毗杨阜高堂隆传》，第 707 页。

③ 陈寿:《三国志》卷二十一，《魏书·王卫二刘傅传》，第 600 页。

④ 陈寿:《三国志》卷二十，《魏书·武文世王公传》，第 585 页。

⑤ 陈寿:《三国志》卷三十一，《蜀书·刘二牧传》，第 870 页。

⑥ 陈寿:《三国志》卷五，《魏书·后妃传》，第 155 页。

食用来赈济乡里、施恩于人①。陈寿记载此事虽不直接引用《周易》，但以史事表达了《周易》"损上益下"的价值观，鼓励统治阶层关注民间疾苦，借助《周易》表彰了优秀女性的道德。

陈寿运用《周易》赞赏"达则兼济天下，穷则独善其身"的政治道德。郤正在蜀汉中后期与宦官黄皓同朝为官，面对宦官弄权的局势，他无力改变，也没有与宦官同流合污。郤正表现出耽意文章、淡泊名利的姿态，与黄皓比屋周旋三十余年。他写文章表达了自己的道德理想，文章中说："《易》著行止之戒，《诗》有靖恭之叹。"②为官时当行人臣之责，尽力规谏统治者推行善政。若被统治者欣赏，则有所作为；若没有得到统治者认可，则乐天安命，静然守己。郤正在西晋时又任巴西太守，尽心干事，有治理之绩。陈寿引用该文赞赏了郤正的政治道德，主张为官要有权谋韬略，时机不成熟时则韬光养晦，时机成熟时就积极有为。陈寿的道德观展现在多个角度，而易学是其道德观的重要理论基础。

三　《三国志》以《易》解史的特点

《三国志》引用《周易》解释历史呈现出哪些特点？

第一，陈寿重视以史为鉴，以易学的理论结合历史事件为人们提供经验教训的指导。既往学者强调以史为鉴的重要性，将前代史事视为后人行事之师，突出历史经验对于人们行为的指导意义。只有牢记历史才能使自己的行为置于正确的基础之上，避免历史悲剧在新的环境下重演。治理国家应该贯通古今，将历史与现实结合起来，从历史大势中总结经验教训，用历史经验来评述治国施政，以社会变化审视国家盛衰。总结历代盛衰兴亡，应着眼于古今时事的变化，具体分析与正确判断统治者的行为，随着时间推移与情况变化而灵活处置，与时俯仰，适时变通以实现国家的长治久安。③《三国志》也贯彻了以史为鉴思想。赤壁之战后，孙权在江东的统治越发巩固，曹操短期内难以再次发动大规模攻势。而孙权给诸多军事将领下令："夫存不忘亡，安必虑危，古之善教。昔隽不疑汉之名臣，于安平之世而刀剑不离于身，盖君子之于武备，不可以已。况今处身疆畔，豺

---

① 陈寿：《三国志》卷五，《魏书·后妃传》，第159页。
② 陈寿：《三国志》卷四十二，《蜀书·杜周杜许孟来尹李谯郤传》，第1036页。
③ 庞天佑：《中国史学思想会通·历史盛衰论卷》，福建人民出版社，2017，第25页。

狼交接，而可轻忽不思变难哉？顷闻诸将出入，各尚谦约，不从人兵，甚非备虑爱身之谓。夫保己遗名，以安君亲，孰与危辱？宜深警戒，务崇其大，副孤意焉。"① 孙权引用《周易·系辞传下》提醒诸将要考虑政权常面临灭亡的危险，要以汉代名臣隽不疑为榜样，加强军事警戒，维护统治。陈寿引用这一史事，表达了以史为鉴的价值取向，是他借助书写历史积极参与晋代政治的举动。

陈寿将《周易》结合汉代史事，记述了蜀汉末期的投降之举。邓艾攻打蜀国时，蜀国败局已定，有大臣提议吴国和蜀国为联盟，可以去吴国避难，也有人认为可以到南中之地依托险峻地形防守，只有谯周提议刘禅投降。他借助历史经验，结合实际情况分析利弊。陈寿记载了谯周的建议。谯周提出自古以来没有寄居他国的天子，蜀国倘若投奔吴国，必然臣服于吴。若分析国家实力，魏国能吞并吴国，吴国却不能吞并魏国，倘若吴国失败，依然要面临投降的局面。若南下避难，则应该早谋划。结合蜀汉历史可知，南中之地荒蛮未开，几乎不是蜀汉统治的范围。南中自被诸葛亮击败，不得已而接受蜀汉的统治，为蜀汉提供军队、给养。南中之人一直以此为苦，若因局势困难前往依靠，必然要消耗南中财力，恐怕会激起反叛。参考西汉末期史事，王莽在邯郸称帝时，刘秀想要返回关中避难，大臣邓彤说如此则邯郸百姓一定不会拥戴刘秀，会导致起兵前功尽弃。刘秀因此放弃了避难计划，击败了王莽。谯周引用此史事，结合《周易》乾卦亢龙"知进而不知退，知存而不知亡，知得而不知丧，其唯圣人乎！知进退存亡而不失其正者，其惟圣人乎"的教诲，劝刘禅应当避免出现百姓不拥戴的情况，应该尽早投降以保太平。陈寿记载蜀汉投降的史事时，若空谈《周易》居安思危、知得失存亡的教训则显得迂阔，但若与汉代的历史教训结合，则蜀汉投降的决策显得合情合理，陈寿运用易学智慧充分解释了赤壁之战后东吴的励精图治与蜀汉晚期投降的明智之举。

第二，陈寿重视以盛观衰，运用见微知著的易理解释历史。《周易》坤卦六二爻说"履霜坚冰至"，通过自然界的变化揭露出事物演变有从小发展到大的趋势。《周易·系辞传下》中说"君子安而不忘危，存而不忘亡，治而不忘乱，是以身安而国家可保也"，可知安危存亡在特定的条件下有相互转化的趋势。《三国志》中记载了东吴政权兴起时统治者拥有的优秀品质，但从细节揭露了东吴必然衰落的道理。陈寿说孙坚"勇挚刚

---

① 陈寿：《三国志》，卷四十七，《吴书·吴主传》，第 1121 页。

毅，孤微发迹"，孙策"英气杰济，猛锐冠世，览奇取异，志陵中夏。然皆轻佻果躁，殒身至败"①。孙权"屈身忍辱，任才尚计，有勾践之奇英，人之杰矣。故能自擅江表，成鼎峙之业。然性多嫌忌，果于杀戮，暨臻末年，弥以滋甚。至于谗说殄行，胤嗣废毙，岂所谓贻厥孙谋以燕翼子者哉？其后叶陵迟，遂致覆国，未必不由此也"②。陈寿认为孙氏政权能够兴起，与孙坚、孙策的勇敢刚毅创业有密切关系，但他们在事业鼎盛之时轻佻果躁，被人杀害。孙权展现出屈身忍辱、任用人才、崇尚计谋的姿态，却性格猜忌，杀戮下属，在其晚年政治惨剧愈演愈烈。这段史评没有直接引用《周易》，却以统治者不得人心这一细节为东吴政权的由盛而衰演变做了铺垫。

吴国大臣诸葛恪曾给丞相陆逊写信，称赞他在国家困难之际勇担重责，维护孙吴政权的稳定，但诸葛恪在自己执政后期独断专行，引起民怨沸腾。陈寿说他"若躬行所与陆逊及弟融之书，则悔吝不至，何尤祸之有哉？"③ 这是化用《周易·系辞传上》，结合诸葛恪早期的表现批评其不得人心。孙皓统治时为人暴虐，对人施以残酷的刑罚，导致朝野动荡，在宫廷中甚至出现了数百人请求孙皓杀死宦官岑昏的事件。通观陈寿记载的东吴历史，孙权之杀戮与猜忌，使人心离散统治动摇。其后这一趋势愈演愈烈，君主与大臣都独断专行，在政治中猜忌杀戮，导致民心离散，就如《周易·坤·文言》所言"臣弑其君，子弑其父，非一朝一夕之故，其所由来者渐矣，由辨之不早辨也"，孙吴政权的衰落是一个渐变、长期的历史过程，早期出现的问题得不到修正与解决，发展下去必然动摇统治根基。如果没有《周易》见微知著、以盛观衰的思维方式，陈寿就难以解释东吴从建立时就存在并愈演愈烈的社会危机为何会发展到动摇统治根基的恶劣地步。

第三，陈寿运用易理对三国历史中人物穷通否泰的命运予以关切。《周易》中有吉凶得失的教诲，《周易·系辞传上》中说"吉凶者，言乎其失得也"，关注人的利益得失。《三国志》中记载了大量的历史人物，他们有不同的个人命运。吴怀祺先生曾说，陈寿评价历史人物有时候会把不同人物加以比较，采用了分类品评人物的方法，重视人物的才能、品德、

---

① 陈寿：《三国志》卷四十六，《吴书·孙破虏讨逆传》，第1113页。
② 陈寿：《三国志》卷四十七，《吴书·吴主传》，第1149页。
③ 陈寿：《三国志》卷六十四，《吴书·诸葛滕二孙濮阳传》，第1452页。

风貌，强调人事在历史盛衰中的作用①。在人物评价时，易学思维对人物比较、人物命运的评价颇多帮助。蜀汉的关羽、张飞、马超，都是武力高强、忠诚且有战功的猛将，他们又有不同的个性与命运。所以陈寿说关、张"皆称万人之敌，为世虎臣。……并有国士之风。然羽刚而自矜，飞暴而无恩，以短取败，理数之常也。"马超因父亲马腾被曹操杀害，"阻戎负勇，以覆其族，惜哉！"② 陈寿说他因命运之不幸而投刘备帐下建功立业，是"因穷致泰"。关羽、张飞虽为万人之敌，有国士之风，却因短处而取败，与马超比较，可知他们是"因泰致否"。东吴的吕范、朱桓在政治上有所越矩，却安享天年，吕据、朱异循规蹈矩却遭到祸患，陈寿说这是因为他们遇到的时机环境不同③。这一史评展现出《周易》时运观念对人富贵穷通命运的影响。《三国志》的许多人物有相似的特点，却在历史中展现出完全相反的命运，在当时这一现象只能借用《周易》的理论予以解释，易学智慧评价人物的背后展现出历史发展的朴素道理。

第四，《三国志》的易学思想与谶纬预言紧密相连，表现出浓厚的宿命论色彩。诚如四库馆臣所说："易道广大，无所不包，旁及天文、地理、乐律、兵法、韵学、算术，以逮方外之炉火，皆可援《易》为说，而好异者又援以入《易》，故《易》说愈繁。"④ 谶纬之说与易学紧密结合，成为《三国志》易学思想的一大特点。陈寿成长于川蜀之地，深受今文经学风气的影响，《三国志》中有许多史事的记载掺杂了谶纬之说。金生杨先生提出陈寿记载谶纬的具体内容，有谯周等人引用谶纬劝刘备称王以及引用谶纬预测蜀国将要灭亡、谯周告诫陈寿将被损折的史事⑤。笔者发现，除此之外，《三国志》中专门记载了诸葛亮去世后蜀汉大臣杨仪用《周易》占卜自己命运并默然不语的史事与魏晋之际管辂运用《周易》预测天下太平的言论。陈寿的易学思想夹杂着宿命论思想，宿命论思想是陈寿解释历史演变的重要资源。陈寿利用《周易》的神奇预言说明蜀汉中晚期的衰亡与晋取代魏是必然的结果。诸葛亮去世后，杨仪自认为劳苦功高，想要夺权成为蜀汉重臣。他借助《周易》占卜，得到家人卦，因此，他认为自己夺权无望，愤懑不满。此后，杨仪上书讥谤蜀汉朝廷，被关入监狱，最终

① 吴怀祺：《中国史学思想史》，第 172 页。
② 陈寿：《三国志》卷三十六，《蜀书·关张马黄赵传》，第 951 页。
③ 陈寿：《三国志》卷五十六，《吴书·朱治朱然吕范朱桓传》，第 1316 页。
④ 永瑢等：《四库全书总目》，第 1 页。
⑤ 金生杨：《陈寿的学术渊源》，《史学史研究》2004 年第 1 期，第 20 页。

自尽。陈寿借助《周易》的预言揭示了三国时期纷繁复杂的政治局势以及政局下压抑的人。术数家管辂引用《周易》"四九天飞，利见大人"的爻辞描述了晋室代魏的局势，不被时人理解，而曹爽被司马懿诛杀后，人们才明白预言所指为司马懿将取代魏。陈寿借此解释了三国社会的历史变化，揭露了蜀汉的衰落、魏晋之际纷繁复杂的权力斗争以及晋重新一统中国的命运。这些预言以《周易》的形式出现，陈寿将这些预言运用到历史的记载中去，成为解释历史演变的重要资源。

四 结语

陈寿生于蜀汉，师承硕儒谯周，对《周易》颇多研究。他撰写《三国志》在晋灭吴前后，他在创作过程中多次引用《周易》为自己立论，是其撰写史著的一大旨趣。《三国志》的史学思想以陈寿的易学思想为宗旨。《三国志》的史学思想展现出变易思想的内涵，陈寿运用《周易》的变易思想解释了历史演变的趋势，弥补了三国史料不足的缺点。《周易》的道德思想是陈寿撰写历史、评价人物的理论基础。陈寿运用《周易》经义大力表彰了善政贤臣，重视婚姻道德，鼓励统治者爱惜民力，施行善政。《三国志》的易学思想呈现以下特点。第一，重视以史为鉴，运用易理结合史事为人们提供经验教训的指导。第二，陈寿善于运用以盛观衰、见微知著的易理解释三国历史的演变趋势。第三，陈寿善于运用《周易》经义，对三国时期历史人物的个人命运予以关切。第四，《三国志》中的易学思想与谶纬预言紧密相连，陈寿运用易学思想解释历史发展演变的趋势，展现出浓厚的宿命论色彩。《三国志》善于运用易学思想撰写、解释历史，对中国史学产生了深远影响。

易学视野下的苏辙

——兼谈其易学与史学的互动

于子强

（北京师范大学历史学院，北京　100875）

摘　要： 两宋时期，易学的发展进入了一个新的阶段，苏辙嗣轨家学并与时代思潮相呼应，以其别具一格的易学解读融入了这一潮流。他以《易》为纽带，兼涉儒、道。其易学与史学的互动，以人的诉求为起点，论述社会法制、礼乐、道德、人心风俗的变革，并使易学思想融通于《三皇本纪》的历史诠释。最终，苏辙对易、史互动的思考导向对现实政治的讨论，就变法举措失当之处以及党争、"君子小人之辨"这些尖锐的政治问题进行再阐发。苏辙在易学领域内的理论创获，是审视、研究其思想的一个重要视角，借此亦可窥见"天水一朝"思想学术有别于前代的独到之处。

关键词： 苏辙　易学　史学

苏辙，字子由，生于宋仁宗宝元二年（1039），卒于宋徽宗政和二年（1112）。晚号颍滨遗老，与其父苏洵、其兄苏轼并称"三苏"。苏辙的思想可谓博大精深，几乎涉及当时知识分子所关注的每一个领域，在宋代思想史、史学史、文学史上，苏辙都占有举足轻重的地位。但令人颇为遗憾的是，易学史的著作中鲜有提及苏辙的易学思想；研究苏氏易学思想的成果，往往又将苏辙归于"三苏"一体的视野内考察，缺乏独立性与特征性；研究苏辙学术思想的著作，也并未系统阐发苏辙易学与其整体学术思想的内在关联，① 而一旦将易学"置于中国整个文化思想的大格局下进行全方位的审视，对易学的研究对象重新作了界定"，② 我们就会发现在宋代易学史上苏辙的地位不容忽视。

从宋初"学者不敢议孔安国、郑康成，况圣人乎"③ 到"庆历之际，学统四起"，④ 以义理阐释为核心的宋学逐渐迈向成熟，易学的诠释也在这一时期步入了新的转型期。蓬勃而出的荆公新学、苏氏蜀学和二程洛学等学派都对《周易》潜精研思。其中苏氏易学，《东坡易传》代表了一种与周敦颐、程颢的性命之学以及与李觏、欧阳修的经世之学迥然不同的学风特色而占据宋代学术史一席之地。苏氏蜀学开创者苏洵"始复读《易》，作《易传》百余篇。此书若成，则自有《易》以来，未始有也"。⑤ 苏洵的易学著作虽未能流传于后世，但其作《易》力求革新的文化意识却在二子身上得以映现，谓"家传易春秋，未易相秕糠"⑥ 并非妄言。二子承袭家学，日常往来书信之中皆交流各自学术体悟，相知甚深，在如此频繁的智慧交锋中，《东坡易传》的撰写在某种意义上也受到了苏辙学术思想的影响。据苏籀言，《东坡易传》中的《蒙卦》乃苏辙所阐释："公言先曾祖晚岁读《易》，玩其爻象，得其刚柔远近、喜怒逆顺之情，以观其词，皆迎刃而解。作《易传》未完，疾革，命二公述其志。东坡受命，卒以成书。初，二公少年皆读《易》，为之解说，各仕它邦。既而东坡独得文王、伏羲超然之旨，公乃送所解予坡，今《蒙卦》独是公解。"⑦ 可见，家风治学的传承使苏辙对《易》理熟稔于心，并有属于自身的学术见解。

① 朱伯崑：《易学哲学史》，华夏出版社，1995；高怀民：《宋元明易学史》，广西师范大学出版社，2007；谷建：《苏辙学术研究》，光明日报出版社，2009；金生杨：《宋代巴蜀易学研究》，四川大学博士学位论文，2007。

② 余敦康：《〈秦汉易学思想研究〉序》，张涛《秦汉易学思想研究》，中华书局，2005，第2页。

③ 王应麟：《困学纪闻》（全校本）卷八引陆游语，上海古籍出版社，2008，第1095页。

④ 黄宗羲著，全祖望补修《士刘诸儒学案》，《宋元学案》卷六，中华书局，1986，第251页。

⑤ 苏洵：《上韩丞相书》，《嘉祐集笺注》卷十三，上海古籍出版社，1993，第353页。

⑥ 苏辙：《次韵子瞻和陶杂诗十一首》，《苏辙集·苏辙佚著辑考》，中华书局，1990，第1420页。

⑦ 苏籀：《栾城先生遗言》，《丛书集成初编》81册，中华书局，2011，第440页。

一　苏辙的易学思想

苏辙虽无易学专著，但在流传的作品中，仍有不少涉及易学的内容。这位并不为世人所熟知的"易学家"其实对治《易》解《易》颇有造诣。

《易说三首》是苏辙少有专门论《易》的文章，颇具典范性。《易说三首》论"一阴一阳之谓道，继之者善也，成之者性也"，[①] 在解释《易传》对宇宙论意义上生成模式的描述时，苏辙尝试并达成一种主体性的转向，由是，原本超出经验直观且不免具有神秘主义色彩的宇宙论图示成为切实可感、反身可证的发生论机制。与此同时，俱为儒家经典的《易传》与《中庸》也迎来了它们在观念领域的交相呼应。那么，苏辙是如何达成这一转向和融通的？首先，他援引《中庸》重申"性"与"道"的定义，并肯定了二者的同一性。《中庸》言："喜怒哀乐之未发谓之中。发而皆中节谓之和。中也者，天下之大本也；和也者，天下之达道也。致中和，天地位焉，万物育焉。"对此他解释说，"中"便是性之异名，亦可视作性之所寓。而"在人为性"则是弥纶天地之道体的具象与表达。进而，已发未发不当割裂看待，喜怒哀乐未成表象之时原有其超越的根源，当其接物而现、更出迭用亦不失其节之际，皆是中和之善。那么，在苏辙看来，人类情感的生发如何同宇宙的化育之道相关联呢？也就是说，"未发之中、已发之和"该如何与"一阴一阳之谓道"相契合并获得圆融的解释呢？于是，紧随其后，他借由未发之际"可以喜，可以怒"的性体来彰显宇宙论意义上的"阴阳与道"。苏辙指出："所谓一阴一阳者，犹曰一喜一怒云尔。"这当然并非《易传》本义，但苏辙的解释亦有其精彩处。从日月明晦、万物消长而言，则只有此起彼伏、方生方灭的现象之流，并无当下可见可感的道体为人所觉，自此以往则难免陷于高蹈绝尘、空冥不切之玄想，点明阴阳与未发之际的性体的一致性，则无疑使上契天地之化有了切近可达的途径，人类道德行为也因此得以挺立彰显。苏辙借《周易》发挥"道"与"性"的观念，同样在《老子解》中有翔实的论述。

　　盖道无所不在，其于人为性，而性之妙为神，言其纯而未杂则谓

---

① 苏辙：《易说三首》，《苏辙集·栾城三集》卷八，第 1224 页。

之一，言其聚而未散，则谓之朴，其归皆道也，各从其实言之耳。①

　　夫道，非清非浊，非高非下，非去非来，非善非恶，混然而成其体，于人为性。②

　　性之为体，充遍宇宙，无远近古今之异。③

　　"道"赋予人体现为"性"，"性"之为体也具有普遍意义。"道"无善恶之别，推及"性"就是"无善相、无恶相"的"无善无恶"，即带有《周易》所谓"生之谓性"的自然意义上的"中性"。苏辙之所言"性"，南宋范应元就对其解析："愚伏读老氏此经，惟言心未尝言性，而子由注此经屡言性，何也？《易·系》曰：'一阴一阳之谓道，继之者善也，成之者性也。'《语》曰：'性相近也，习相远也。'《中庸》曰：'天命之谓性。'自是而下，言性者纷纷，故诸儒因孟轲性善之说，有复性之论。"④苏辙以"道"与"性"为据推出"复性"的观点。"道之大，复性而足"，⑤"复性"就是恢复到事物固有的本性状态。为了成就"复性"，则需进入无心无思的心灵状态。"心之用思，思则得之，不思则不得也。及其至也，无思无为，寂然不动，感而遂通天下之故，由思而至于无思。则复于性矣。"⑥进而，苏辙在解读《周易·系辞下》的文句时持续深化了"复性"这一命题，并以无心无思修养论为媒介将"易简"与"复性"相互关联，赋予了后者新的学术价值。《周易》原文说："夫乾，天下之至健也，德行常易以知险；夫坤，天下之至顺也，德行常简以知阻。"在解释此句时，他将乾坤之义返归于心，以无心之刚柔上契于乾坤之健顺，由是则一心之中便可知险阻、明进退而与天地之象所融通，遂达"易简积于中"的状态，他指出："健而无心者，其德易，其形确然；顺而无心者，其德简，其形隤然。易简积于中，而确然隤然者著于外，吾信之，物安之，虽险阻在前而无不知，知之至则涣然冰释，无能为矣。此则易简之功，而非健顺之所及也。《易》曰：'易简而天下之理得矣。天下之理得，而成位

---

① 苏辙：《老子解》卷一，《丛书集成初编》113册，中华书局，2011，第257页。
② 苏辙：《老子解》卷二，第274页。
③ 苏辙：《老子解》卷三，第292页。
④ 范应元：《老子道德经古本集注》"致虚极"第十六，华东师范大学出版社，2010，第27～28页。
⑤ 苏辙：《老子解》卷四，第308页。
⑥ 苏辙：《洪范五事说》，《苏辙集·栾城三集》卷八，第1227～1228页。

乎其中矣。'物得其理，则吾何为哉？亦位于其中而已矣。"① 通过无心的方式掌握宇宙"乾易坤简"的基本原理，触类旁通，最终成位于"中"复于"性"，这也呼应了苏辙前文所提出"中者，性之异名也"的观点。

相较于其兄推崇《庄子》，苏辙更笃信《老子》，认为："庄周多是破执言，至道无如五千文。"② 在苏辙的心中，《老子》短短五千文却大道至简，更胜一筹。虽然两兄弟在选择上有所分殊，但都将道家的自在与超逸会通于《周易》的精神内涵之中。朱熹的评价也可佐证这一判断，他认为二人的学术理路"乃以仪、秦、老、佛合为一人"，③ 这与以上所论不无相契之处。虽苏氏兄弟出入佛老，但本质仍是儒生，思想上的兼容并蓄也是因为他们在面对儒道衰微，人心浮动之际，采用了学求有济于天下的方式改造前人的学说，以《周易》为调和，"东汉以来，佛法始入中国，其道与老子相出入，皆《易》所谓形而上者"，④ 融摄佛老，亦无害于对儒学的推崇与返归。苏辙使《周易》中"无思无为"与孔子对《诗》"思无邪"的评价相吻合，以展现经义融通的可能，他指出：

> 《易》曰："无思无为，寂然不动，感而遂通天下之故。"《诗》曰："思无邪。"孔子取之，二者非异也。惟无思，然后思无邪；有思，则邪矣。火必有光，心必有思。圣人无思，非无思也。外无物，内无我，物我既尽，心全而不乱。物至而知可否，可者作，不可者止，因其自然，而吾未尝思。未尝为此，所谓无思无为，而思之正也。若夫以物役思，皆其邪矣。如使寂然不动，与木石为偶，而以为无思无为，则亦何以通天下之故也哉？故曰"思无邪。思马斯徂。"苟思马而马应，则凡思之所及无不应也。此所以为感，而遂通天下之故也。⑤

于理言，学者对《诗》《易》之教可并为涵摄，亦无先验之理以绝人并知二教之路。在此，以道家无执无为的玄妙心境为枢纽，通过对"无思

---

① 苏辙：《易说三首》，《苏辙集·栾城三集》卷八，第1226页。
② 苏籀：《栾城先生遗言》，《丛书集成初编》81册，第444页。
③ 朱熹：《答詹元善》，《朱子全书·晦庵先生朱文公文集》卷四六，上海古籍出版社、安徽教育出版社，2010，第2136页。
④ 苏辙：《梁武帝》，《苏辙集·栾城后集》卷十，第995页。
⑤ 苏辙：《论语拾遗》，《苏辙集·栾城三集》卷七，第1216~1217页。

无为"之玄理的体认与内化，苏辙尝试并完成了一种新的诠释理念。在他的思想世界中，《诗》《易》不唯互证，亦可互通。依他之见，唯于道家"外无物，内无我，物我既尽"之说有所通达，方可至于"有思有为，无偏无邪"的感通之境。

在苏辙那里，个体层面学术理路的探索与时代思想的困境婉转相通。在宋初"新义日增，旧说几废"① 的情景中，苏辙以融通三教的解《易》理念彰显他易学研究的新理路。无论是《易说三首》中"道"与"性"的阐发，还是《论语拾遗》中力图以《易》学为纽带会通儒道二家，都彰显出他在易学研究中的新理路，也揭示了宋代易学领域中旧说向新义周转之下呈现出新的发展风貌。当然这种己意抒经的新思潮不仅在苏氏蜀学显现，濂学、洛学等学派也都对汉唐章句之学有所革新。如周敦颐，"他提炼了《周易》阴阳变化的思想，提出了一个儒家的宇宙发展观纲要，他倡导了寻孔颜乐处的人生理想"。② 程颐的著名命题"体用一源，显微无间"③ 出自其《易传序》，如此鲜明的创新昭彰出宋代学者在易学上力求超越前贤的文化主体意识。

二　苏辙的易、史互动

在传统训诂之学向宋代义理之学转型的过渡期，存在以《易》学为基础的多元阐释并存。宋代儒者对经学的探索不仅停留在发明经旨的层面上，而且力求与史学结合。在易学领域内，欧阳修以"《易》道占其变"的易学思想为依据，认为变通是"天地之自然"，肯定历史具有变易特性，提出系统的历史变易观；从"止于人事"的易学思想出发，将"修人事"作为"《易》之为说"的中心思想，肯定人事决定历史盛衰，秉持"书人不书天"的历史编纂思想；以"事无不利于正"的易学思想为指导，强调家正、婚娶正进而人事正的重要性，肯定"道德仁义，所以为治"，大倡道德史观，历史编纂秉持道德标准。④ 欧阳修将经学当中的概念，尤其是《易》学中贯通思考天人古今的变化与发展的概念引入史学之中，极大地

---

① 永瑢等：《四库全书总目·经部十五·诗类一》卷一五《毛诗本义》提要，中华书局，1965，第 121 页。

② 陈来：《宋明理学》，生活·读书·新知三联书店，2011，第 63 页。

③ 程颐：《易传序》，《二程集》，中华书局，1981，第 689 页。

④ 汪高鑫：《易学视域下的欧阳修史学思想》，《史学史研究》2022 年第 3 期。

扩展了治史的道路。欧阳修如此，司马光、王安石、苏轼、苏辙等硕学鸿儒亦莫能外。

就以易、史互动的思维切入点而言，苏辙以人的诉求为出发点。他在《观会通以行典礼论》中论道："事物之变，纷纭杂出，若不可知，然而有至理存焉。……世之人不知至理之所在也，迷而妄行，于是有风波作于平地，亲戚化为仇怨者矣。圣人不然，虚心以待物，物至而情伪毕陈于前。"① 苏辙认为事物变化无常，但终究有"至理"规律可循，然而世人迷惑于事物表征。那么普通人又如何仿效圣人，寻到物之"至理"。苏辙主张从《周易》求索答案。他说："《易》曰：'圣人有以见天下之动，而观其会通，以行其典礼。系辞焉以断其吉凶，是故谓之爻。'会通者，理之所出也；典礼者，其所以接物也。《易》有八卦，重而为六十四卦，有六爻，爻之多至于数百，皆圣人指会通以示人，陈典礼以教人者也。"② 在苏辙眼中，圣人能体察万物变动的法理，在于会合变通推行应时的典章制度，而圣人又将这些经验智慧凝聚于卦爻之中，《乾》《坤》二卦的爻辞便是有力例证。"《乾》之初不潜则危其身，四不跃则丧其功，二不田则无以广其德，五不天则无以利于人。至于《坤》之初，警之以履霜，其上戒之以龙战，其三教之以无成，其四慎之以括囊。"③ 为了印证"观会通""行典礼"的可行性，苏辙以舜、周公的史实为例，言："舜之为庶人也，父顽，母嚚，象傲。艰哉，舜之处于其家也！周公之为冢宰也，外则管、蔡谗之，以为将不利于孺子，内则成王疑之。殆哉，周公之立于其朝也。"④ 舜与周公都处于艰难的环境中，却能遇繁而若一，履险而若夷，而这无疑就是"善观会通以行典礼"的典范。

《周易》卦爻"教人"的可贵之处不仅有助于个人修身，对于治理国家亦有裨益，苏辙在《形势不如德论》中以易、史互动的方式阐述了他对"法制"与德治的理解。

> 天下之形势，愚尝论之矣。读《易》至于《坎》，喟然而叹曰：嗟夫！圣人之所以教人者，盖详矣。夫《坎》之为言，犹曰险也。……天下之人，其初盖均是人也，而君至于为君之尊，而民至于

---

① 苏辙：《观会通以行典礼论》，《苏辙集·栾城三集》卷六，第1214页。
② 苏辙：《观会通以行典礼论》，《苏辙集·栾城三集》卷六，第1214页。
③ 苏辙：《观会通以行典礼论》，《苏辙集·栾城三集》卷六，第1214页。
④ 苏辙：《观会通以行典礼论》，《苏辙集·栾城三集》卷六，第1214页。

为民之卑。君上日享其乐而臣下日安其劳，而不敢怨者，是法制之力也。然犹未也，可以御小害，而未可以御大害也。……故至《坎》之六四而曰："樽酒簋贰，用缶，纳约自牖，终无咎。"夫六四，处刚柔相接之时，而乃用一樽、二簋、土盎、瓦缶相与拳曲俯仰于户牖之下，而终获无咎。此岂非圣人知天下之不可以强服，而为是优游从容之德，以和其刚强难屈之心，而作其愧耻不忍之意故耶？嗟夫！秦人自负其强，欲以斩刜齐天下之民，而以山河为社稷之保障，不知英雄之士开而辟之，刑罚不能绳，险阻不能拒。故圣人必有以深结天下之心，使英雄之士有所不可解者，则《坎》之六四是也。①

《周易》《坎》卦为两水连至之象，有险境之意。苏辙认为，法制乃人为设险，只可防小害，却无法永久维系国泰民安。秦人自负其强，妄图以严刑峻法、山川之险而握天下权柄，却终不过二世。故统治者当效法圣人之举，重教化、讲德治以结天下百姓之心。《坎》卦六四爻正暗含此理，六四阴爻居身得正，又有亲近本卦之尊爻九五之意，故称刚柔相济。"一樽、二簋、土盎、瓦缶相与拳曲俯仰于户牖之下"则象征六四爻向尊位九五爻行燕飨之礼，心怀诚意，开诚布公与九五爻交接，故称无咎。值得说明的是，苏辙承认德治至高，但也强调立法的重要性，认为"德""法""势"三者互补才是国家长治久安之道。"然秦得其势，而不免于灭亡，盖治天下在德不在势。诚能因势以立法，务德以扶势，未有不安且治者也。"②

分析易学与史学契然相合的内在联系以寻绎国家论治之道是苏辙始终坚守的学术理念，在其晚年所著的《历代论》中亦可显见。在《王衍》中，苏辙首先运用《易》理辨析"道、礼、刑"三者的关系：

圣人之所以御物者三，道一也，礼二也，刑三也。《易》曰："形而上者谓之道，形而下者谓之器。"礼与刑，皆器也。……夫道以无为体，而入于群有，在仁而非仁，在义而非义，在礼而非礼，在智而非智。惟其非形器也，故目不可以视而见，耳不可以听而知。惟君子得之于心，以之御物，应变无方，而不失其正，则所谓时中也。小人

① 苏辙：《形势不如德论》，《苏辙集·栾城应诏集》卷十一，第 1342~1343 页。
② 苏辙：《秦始皇本纪》，《古史》卷七，四川大学出版社，2016，第 70 页。

不知，而窃其名，与物相遇，辄捐理而徇欲，则所谓无忌惮也。……
君子由礼以达其道，而小人由礼以达其器。由礼以达道，则自得而不
眩；由礼以达器，则有守而不狂。①

　　道与礼、刑处于形而上与形而下两个不同层面。君子有礼为守，心得
其道，而此心湛然有定、辉光笃实，则往来事相虽纷纭无定，而礼仪三
百、威仪三千率由中出，是以自得不眩。小人之才有所不济，初不能由经
达权、体常尽变之事，则有礼为守、有仪为式，固远胜于无典章明宪为法
而悉凭妄动。随后，苏辙以史为证，谈历代君主、士大夫对于"礼""刑"
的践行，言："三代已远，汉之儒者，虽不闻道，而犹能守礼，故在朝廷
则危言，在乡党则危行，皆不失其正。至魏武始好法术，而天下贵刑名；
魏文始慕通达，而天下贱守节。相乘不已，而虚无放荡之论盈于朝野。何
晏、邓飏导其源，阮籍父子涨其流，而王衍兄弟卒以乱天下。……至唐始
以义疏通南北之异，虽未闻圣人之大道，而形器之说备矣。"② 在苏辙看
来，先王之道已湮灭无闻，汉唐儒者虽不明"道"，但崇礼遵法尚能守正。
反观魏晋时期，世风堕落，士人蔑弃礼法致使国家时常陷入动乱。可见，
礼乐与政刑虽为"器"，但不失为治国纲要。同时，苏辙反对时人忽略
"器"而对"道"展开近乎偏执的追求，认为这只会适得其反，流于道德
的伪善："然以其不言道也，故学者小之，于是舍之而求道，冥冥而不可
得也……然反而察其所以施于世者，内则谀谀以求进，外则聚敛以求售，
废端良，聚苟合，杜忠言之门，辟邪说之路，而皆以诗书文饰其为，要之
与王衍无异。"换言之，道、礼、刑三者缺一不可，舍礼乐、政刑而欲行道
于世，终究只是虚谈误国，最理想的治理天下状态应当是三皇五帝时期
"诚以形器治天下，导之以礼乐，齐之以政刑。道行于其间，而民不知，
万物并育而不相害，道并行而不相悖，泯然不见其际而天下化，不亦周、
孔之遗意也哉"。③
　　苏辙通过易、史互动的方式阐述了他对圣人之道的崇敬以及对三代政
治昌明、天下大同局面的向往，也正是这种"回向三代"理念促使他在撰
写《古史》时力求有所创见，"故因迁之旧，上观《诗》《书》，下考《春

① 苏辙：《王衍》，《苏辙集·栾城后集》卷九，第 985 页。
② 苏辙：《王衍》，《苏辙集·栾城后集》卷九，第 985～986 页。
③ 苏辙：《梁武帝》，《苏辙集·栾城后集》卷十，第 996 页。

秋》，及秦汉杂录，记伏羲、神农，讫秦始皇帝，为七本纪、十六世家、三十七列传，谓之《古史》。追录圣贤之遗意，以明示来世。至于得失成败之际，亦备论其故"。① 其增立《三皇本纪》重新书写三皇五帝的谱系，吸收《易纬》提出的宇宙历史观以及远古历史的三皇说。《三皇本纪》写伏羲氏："太昊伏羲氏，风姓。始观天地之象、鸟兽之文，近取诸身，远取诸物，以画八卦。"② 这一段的描述与《易纬·乾凿度》部分描写不谋而合，"黄帝曰：圣人索颠作天，索易以地。俯仰而象，远近而物，浩而功，然而立。"郑玄注曰："古圣人有巢氏求索颠危之意，若天之悬远，求平易之理，若地之顺道。又庖犠氏中圣，始画八卦，错文字契。仰观其乾象，俯察其地理，用器远近配物、画卦、立文书、垂训，后晚浩大之功成。然者，容易之立，不失其德位。"③ "庖犠氏"即伏羲，两段文字都言之凿凿强调伏羲画八卦的史实，显然《易纬·乾凿度》编造的带有理论色彩的古史系统为苏辙所认可。④ 从治史的"求真"角度而言，苏辙凭《易纬·乾凿度》与其他古书只言片语勾勒出的古史轮廓而增设《三皇本纪》未免过于冒失，所添《三皇本纪》自然也就落到"岂非以其识愈下则其称引愈远，其世愈后则其传闻愈繁乎？"⑤ 的怪圈之中。"古史"系统一旦失去其稳定性，就必然面对种种拓展的可能，而探索的得失也只有在学术辩驳与争论下才能得到最终的确认。

"在中国史学的优良传统中，人们最为注意、探讨最多的有两个：一是求真，二是致用。这是带有根本性质的两个传统。"⑥ 《三皇本纪》虽"求真"性有待商榷，但学为天下所用的"致用"性却不容置辩。苏辙对于古史系统的延展，一方面，寄托了他对上古三代理想政治的希冀，体现了知古明道的思想宗旨，"尧舜三代之遗意，太史公之所不喻者，于此而明"；⑦ 另一方面，在面对儒道式微，五代"礼乐崩毁，三纲五常之道绝，

---

① 苏辙：《古史叙》，第 3 页。

② 苏辙：《三皇本纪》，《古史》卷一，第 5 页。

③ 安居香山、中村璋八：《纬书集成》，河北人民出版社，1994，第 67 页。

④ 需要说明是，苏辙此举并非独创，前人谯周《古史考》、皇甫谧《帝王世纪》都在不同程度吸纳了《易纬》编造而出的古史。

⑤ 崔述：《补上古考信录》卷上《开辟之初》，《崔东壁遗书》，上海古籍出版社，1983，第 28 页。

⑥ 瞿林东：《再谈中国史学的优良传统》，《史学理论与史学史学刊》（2004～2005 年卷），社会科学文献出版社，2005，第 110 页。

⑦ 苏辙：《古史·书后》，第 470 页。

而先王之制度文章扫地而尽于是矣!"① 的残破情形,希望溯先王之道,仿效三代道德仁义之治,实现国家兴儒,追风三代的政治理想。易、史结合的论述虽为汉唐学者研究的旧课题,但宋初社会因循与变革共存的文化潮流为易道复兴提供了许多新的认识,而这些思维离开了苏辙所处的时代,也就无法判断新内涵的价值所在。

三 苏辙易、史互动的现实政治意义

苏辙学术体系中易、史互动的做法,既有在易、史领域更始求变的学术探索理念,也蕴含着以易道、史学精神关怀现实政治的文化自觉,其主要体现在以下两个方面。

其一,对变法举措的质疑。苏辙最初对王安石变法持支持态度,随着变法的深入开展,部分变法举措弊端显露,苏辙转而反对新法。他在《陈州为张安道论时事书》中力陈变法失当之处,言:"己酉之秋,新政始出。自是以来,凡所变革,不可悉数:其最大者,一出而为常平青苗;再出而为拣兵并营;三出而为出钱雇役;四出而为保甲教阅。四者并行于世,官吏疑惑,兵民愤怨,谏争者章交于朝,诽谤者声播于市。……而拣兵并营之策,其害先见,武夫凶悍,为怨最深,为患最急。"② 苏辙认为神宗皇帝"求治太切,用意过当",贸然启动青苗、助役、保甲等新法必定劳民伤财,劝谏皇帝应奉行"易简"之道,"《易》曰:'易则易知,简则易从。易知则有亲,易从则有功。有亲则可久,有功则可大。'向使陛下推行此道始终不变,则臣以为久大之功可得而致矣。"③ 苏辙援《周易》"易简"之道明政令简易之理。乾坤生生之道易知易从,依顺易简则能成就可久可大之德业,政令简易乃人心所向,上可使宗室和睦,下可安抚群臣、百姓。换言之,苏辙反对使用烦琐强硬的行政手段去干预民生经济。文章最后,苏辙推测神宗皇帝本心,认为皇帝只是受到权臣蛊惑,引《汉书·魏相传》中魏相规劝汉宣帝罢兵言和的历史典故,谏言皇帝认真听取群臣反对新法的缘由。

苏辙通过易、史互动的方式来匡正时弊在其著作中可谓屡见不鲜。在

---

① 欧阳修:《晋家人传论》,《新五代史》卷十七,中华书局,2013,第188页。
② 苏辙:《陈州为张安道论时事书》,《苏辙集·栾城集》卷三十五,第614页。
③ 苏辙:《陈州为张安道论时事书》,《苏辙集·栾城集》卷三十五,第614页。

史论《宇文融》中，苏辙运用《无妄》卦象辞分析开元之初的社会景象："开元之初，天下始脱于中、睿之乱，玄宗厉精政事，姚崇、宋璟弥缝其阙，而损其过，庶几贞观之治矣。在《易》：'天下雷行，物与无妄。'开元之初，无妄之世也。无妄之为言，无一不正之谓也。君子之处此也，亦全其大正，而略其小不正而已。盖详其小，必废其大。"①《无妄》卦，上卦乾为天行健，下卦震为雷为动，君子动而健，刚中应正，全其大，有道不必乎其小。苏辙认为开元之初，君臣励精图治，已有中兴之象，虽略带瑕疵，但大局稳定，不宜妄动。进而，苏辙批评宇文融在"无妄"之世行有妄之举，检田括户的财政变革确实增加了国家赋税，但与民夺利，特别是基层官员虚报数字，迎合玄宗皇帝开奢靡之风，终究为安史之乱埋下祸根："开元之初，虽号富庶，而户口未尝升降。监察御史宇文融得其隙而论之，请治籍外羡田逃户……然州县希旨，多张虚数，以正田为羡，编户为客，岁终籍钱数百万缗。其名似是，而实失民心。浅言之，则失在求详，深言之，则失在贪利。……群臣争为聚敛，以迎侈心。天宝之乱，实始于此。"② 随后，苏辙话锋一转，借古喻今，流露对当时变法中与民争利举措的不满："吾观近世士大夫多有此病。贤者不忍天下有小不平，而欲平之。小人侥幸其利，以为进取之计，故天下每每多弊。"③ 而苏辙对宇文融财政变革的批评也与他反对王安石青苗法的意见如出一辙："设青苗法以夺富民之利。民无贫富，两税之外，皆重出息十二，吏缘为奸，至倍息。"④

其二，对党争、"君子小人之辨"的反思。"君子小人之辨"一直是宋代士人最为关注的话题之一，尤其在宋代文人治国政治常态化背景下，文人身负参政与学术主体的双重人格特点，"君子小人"之争极易由学术争论演化为朋党政治。元祐之后，程颐入侍廷筵，苏轼为翰林院侍，洛、蜀二学早已存在的学术分歧终于化作意气朋党之争爆发于朝堂之上，"偏见异论之人各私其党，又有报复怨仇之意纷纷不已"⑤。党派倾轧、互相攻讦往往以学术批驳为先导，所谓"君子"对"小人"诘责比比皆是。关于"君子小人之辨"，早在仁宗时期，范、欧二公在面对"谤毁稍行，而朋党

① 苏辙：《宇文融》，《苏辙集·栾城后集》卷十一，第1004页。
② 苏辙：《宇文融》，《苏辙集·栾城后集》卷十一，第1004~1005页。
③ 苏辙：《宇文融》，《苏辙集·栾城后集》卷十一，第1005页。
④ 苏辙：《诗病五首》，《苏辙集·栾城三集》卷八，第1230页。
⑤ 黄以周等辑注《续资治通鉴长编拾补》卷十七，中华书局，2004，第639页。

之论浸闻上矣"① 的险恶政局时，没有选择退让避嫌，反而共同坚持"君子有党"论。范仲淹在回答仁宗时言："'方以类聚，物以群分'，自古以来，邪正在朝，未尝不各为一党，不可禁也，在圣鉴辨之耳。诚使君子相朋为善，其于国家何害？"② 范公引申《周易·系辞传》，将易学的哲学原理运用于"君子小人之辨"当中，以易学为学术先导而相联系的朋党概念一直处于不间断的更新之中。

自王安石主持变法以来，党争越发激烈。苏辙虽没有直接卷入朋党之弊导致的"以诗治人"的祸端，但兄长多舛的仕途与自身多年宦海沉浮也使他对"君子小人之辨"有了清晰的认知。元祐更化，苏辙得以入主中枢，发表政见，驳斥旧党欲起复新党吕惠卿、章惇、蔡京等人而明哲保身之举，上奏言："右臣闻天下治乱，在君子小人进退之间耳。冰炭不可以一器，枭鸾不可共栖。"③ 君子小人势同水火而必相害之。在此之后，他连上两道奏章《乞分别邪正札子》《再论分别邪正札子》，引《周易》而明之。

> 昔圣人作《易》，内阳外阴，内君子外小人，则谓之《泰》；内阴外阳，内小人外君子，则谓之《否》。盖小人不可使在朝廷，自古而然矣。但当置之于外，每加安存，使无失其所，不至愤恨无聊，谋害君子，则泰卦之本意也。④
>
> 至于《周易》所论，尤为详密，皆以君子在内，小人在外，为天地之常理；小人在内，君子在外，为阴阳之逆节。故一阳在下，其卦为《复》，二阳在下，其卦为《临》。阳虽未盛，而居中得地，圣人知其有可进之道。一阴在下，其卦为《姤》，二阴在下，其卦为《遁》，阴虽未壮，而圣人知其有可畏之渐。若夫居天地之正，得阴阳之和者，惟《泰》而已。《泰》之为象，三阳在内，三阴在外。君子既得其位，可以有为；小人奠居于外，安而无怨。故圣人名之曰《泰》。《泰》之言安也，言惟此可以久安也。方《泰》之时，若君子能保其位，外安小人，使无失其所，则天下之安未有艾也。惟恐君子得位，因势陵暴小人，使之在外而不安，则势将必至反覆。故《泰》之九三

---

① 脱脱等：《范仲淹传》，《宋史》卷三一四，中华书局，2013，第 10275 页。
② 司马光：《涑水记闻》卷十，中华书局，1989，第 185 页。
③ 苏辙：《乞责降韩缜第七状》，《苏辙集·栾城集》卷三十七，第 657 页。
④ 苏辙：《乞分别邪正札子》，《苏辙集·栾城集》卷四十三，第 757 页。

则曰："无平不陂，无往不复。"①

　　两篇文章都是论《泰》卦爻布局的合理性。苏辙将阴爻比作"小人"，阳爻比作"君子"，分列《复》卦至《临》卦，阳爻递增规律"☳—☱"；《姤》卦至《遁》卦，阴爻递增规律，"☴—☶"。《临》卦"二阳在下"与《遁》卦"二阴在下"都只达到"可进之道"与"可畏之渐"的状态，未达到理想的层次。唯有《泰》卦下乾上坤，"三阳在内，三阴在外"，"得阴阳之和"，"君子"与"小人"各安其位。既有"三阴在外"的处置，可见苏辙对"小人"并不是持一概摒弃的理念："故臣前所上札子，亦以谓小人虽决不可任以腹心，至于牧守四方，奔走庶务，各随所长，无所偏废，宠禄恩赐，彼此如一，无迹可指，如此而已。"② 强调物尽其用，发挥"小人"的优势，这一点与其兄苏轼《东坡易传》《泰》卦诠释不谋而合。"阳皆在内，据用事之处；而摈三阴于外，此阴之所不能堪也。阴不能堪，必疾阳；疾阳，斯争矣。九二，阳之主也，故'包荒，用冯河'。'冯河'者，小人之勇也；小人之可用，惟其勇者。'荒'者，其无用者也；有用者用之，无用者容之不遐弃也，此所以怀小人尔。"③ 以"用"为着眼点，使"小人"有用武之地，否则两股力量势必反复冲突，就如《泰》卦九三"无平不陂，无往不复"。并且，苏辙为强化自身的论点，引《晋书》谢安以三桓分莅三州的史实来说明"君子""小人"各安其位的重要性，"然臣窃谓谢安之于桓氏，亦用之于外而已，未尝引之于内，与之共政也。向使安引桓氏而置诸朝，人怀异心，各欲自行其志，则谢安将不能保其身，而况安朝廷乎？"④

　　不过令人惋惜的是，苏辙的政见并没有被皇帝重视采纳。崇宁之后，蔡京专权，动辄焚毁"异党"学术。"丁巳，诏焚毁苏轼《东坡集》并《后集》印板"；"乙亥，诏：三苏集及苏门学士黄庭坚、张耒、晁补之、秦观及马涓文集，范祖禹《唐鉴》……悉行焚毁。"⑤ 政治斗争采用了非常规的手段，其激烈程度已远超学者所预想的"凡物之类，有邪有正，邪之

① 苏辙：《再论分别邪正札子》，《苏辙集·栾城集》卷四十三，第761页。
② 苏辙：《再论分别邪正札子》，《苏辙集·栾城集》卷四十三，第761页。
③ 苏轼：《泰》卦，《东坡易传》卷二，上海古籍出版社，1989，第25页。
④ 苏辙：《乞分别邪正札子》，《苏辙集·栾城集》卷四十三，第757页。
⑤ 黄以周等辑注《续资治通鉴长编拾补》卷二一，第739、741页。

于正不同而必相害"①。若宋代士人始终以"君子以同而异"的易道精神观照现实政治,保持"以为士生于世,治气养心,无恶于身,推是以施之人"②的健康心态,心中易道的践行也总是关乎救治时弊与兼济天下,那么学术纷争,朋党对立等或许不会超越传统意义的学派范畴,更不会被如蔡京等世俗弄权之辈恶意利用,立德、立功、立言的"三不朽"精神也将不再是单一的触不可及。

总之,苏辙尝试在易道、史学与现实政治之间构建起一种和谐而高效的内在关联,重释《易》理的同时,也秉承易学"推天道以明人事"③的传统思维。"君子不党,于辙见之。"④其易道的实践方式也因个人隐微的学术理念和为人处世的具体方式而产生不尽相同的结果。

四　结语

自欧阳修开一代风气以来,北宋学者逐步摆脱汉唐以来经学思维固化的窘境,进入自由宽松的学术氛围之中。尤为庆历之后,随着宋学"义理"不断深化与拓展,易学的主体内涵得到了极大的丰富。就苏辙的易学而言,他在易理中阐发道学思维,延展了《老子解》的思想脉络,也圆满自身整个学术框架。其易学与史学的互动,以人的诉求为起点,论述社会法制、礼乐、道德、人心风俗的变革,《三皇本纪》的历史观正是与易学微言精义互通的产物。以《易》理阐释辅之史学论证拉近与现实政治的距离,力求有资于治道,重释"君子小人之辨"。要之,以苏辙易学思想为窗口,以期为研究梳理其学术体系的建构提供新的视角。

---

① 朱熹:"或问十八章之说"条,《四书或问》卷二二,《景印文渊阁四库全书》197册,台湾商务印书馆,1986,第495页。
② 苏辙:《历代论一》并引,《苏辙集·栾城后集》卷七,1990,第958页。
③ 永瑢等:《四库全书总目·经部一·易类一》,第1页。
④ 脱脱等:《苏辙传》,《宋史》卷三百三十九,第10837页。

中国古代史学研究

《史记·循吏传》撰人考辨

——兼驳崔适"妄人伪托说"

牛子晗

（北京师范大学珠海校区法治发展研究中心，广东珠海　519087）

摘　要： 崔适《史记探源》断言《循吏传》为"妄人伪托"。考《太史公自序》《汉书·司马迁传》，《循吏传》篇目、编次皆出于司马迁，且与今本合。《循吏传》所记人物事迹源自先秦、汉初文献，经司马迁整合、综括、选择、处理，重新书写入传。而且《循吏传》在材料取舍、详略上与《滑稽列传》《郑世家》《十二诸侯年表》相互照应，又与《酷吏传》在编撰宗旨上相颉颃，处处显示出司马迁的纂修思想、撰史特点和风格，且与司马迁"人本""刑名""法治"思想相合。这些都是后世"妄人"无论如何都难以模仿假托的。崔适不细品《循吏传》思想内容，不根寻《循吏传》史源，仅仅根据"麟止""先别传、后总传"等例，便断言《循吏传》为伪。把"个例"当凡例，自设史例规则衡量《史记》，合则真，不合则疑，疑则伪，据疑定罪，制造"《史记·循吏传》妄人伪托"之冤假错案，实属自我假设、自我定罪的套路。

关键词： 司马迁　《史记·循吏传》　崔适　《史记探源》

　　《史记》首设《循吏传》记春秋循吏良治，为后世正史所仿效，并成为历代正史编纂的一项重要内容。崔适撰《史记探源》，称《循吏传》"篇目、篇文皆非太史公所有……为妄人所伪托"。[①] 崔氏之论受到中外

---

①　崔适著，张烈点校《史记探源》，中华书局，1986，第212页。

《史记》研究大家的讥刺，泷川资言称其"求奇竞新，务为异说，以惊人耳目"，① 然对崔适"异说"未有考辨。张大可云："崔氏为论…不足为据。"② 其何以"不足为据"也没有说明。崔适为清末民初著名学者，《史记探源》又经中华书局梓世，流行甚广。其"《史记·循吏传》伪书说"如雾霾缠绕学人心头，阴影不散。近三年来，笔者专注历代正史《循吏传》系统研究，必欲正本清源，辨明《史记·循吏传》撰人，消除崔氏"伪托说"之影响，并进一步戳穿崔氏淆乱史实、制造冤假错案的套路。

《史记·循吏传》是司马迁所撰还是妄人伪作？

首先，要问司马迁。司马迁是当事人，须看他怎么说。司马迁撰成《史记》又作《太史公自序》，叙述其经历，撰写《史记》之宗旨，成书过程及篇目、内容、结构等。讲到《循吏传》，曰："奉法循理之吏，不伐功矜能，百姓无称，亦无过行。作循吏列传第五十九。"③ 今本《史记》列《循吏传》为列传第五十九，仍保留了司马迁的编次，并未经"妄人"篡改。东汉班固撰《汉书》，为司马迁立传，记述司马迁行事及《史记》撰作，论及《史记》篇目，亦曰"《循吏列传》第五十九"。④ 所记《循吏传》篇目与编次前与《史记·太史公自序》相符，后与今本一致。自班固直至明清，没有学者怀疑《循吏传》篇目为后人伪作。崔适自设套路，断言《史记·循吏传》为"妄人所伪托"。那么，《史记·太史公自序》《汉书·司马迁传》有关《循吏传》的记述又该如何解释呢？难道也是"妄人"所撰或篡改的吗？或是司马迁、班固自相混乱？崔适如此妄断，颇有几分"蛮横"之嫌。

其次，《史记·循吏列传》文本本身也处处透发出司马迁的纂修思想、撰史特点与风格。《循吏传》开篇"太史公曰：法令所以导民也，刑罚所以禁奸也。文武不备，良民惧然身修者，官未曾乱也。奉职循理，亦可以为治，何必威严哉？"⑤ 明确法令、刑罚、理法、循吏与致治的关系，特别强调循吏的作用，突出体现了其"人本思想"⑥，在"人本思想"基础上，

---

① （汉）司马迁撰，〔日〕泷川资言考证，杨海峥整理《史记会注考证》，上海古籍出版社，2015，第 4403 页。

② 张大可：《〈史记〉残缺与补窜考辨》，《兰州大学学报》（社会科学版）1982 年第 3 期。

③ 《史记》卷一百三十《太史公自序》，中华书局，1982，第 3317 页。

④ 《汉书》卷六十二《司马迁列传》，第 2722 页。

⑤ 《史记》卷一百一十九《循吏列传》，第 3099 页。

⑥ 司马迁为侠客、医卜、商贾、俳优、博徒、渔夫、猎户、妇女等下层人物作传，使《史记》具有丰富的人民性，并将民心向背视为国家兴亡的决定因素。参见张大可　（转下页注）

确定了《循吏传》传人标准，即依据"奉职（法）循理"达到治世。紧接着又附加了一反问句"何必威严哉？"道出其撰写《循吏传》的用意，即面对汉武帝酷吏社会之弊，欲以先秦循吏良治校正之。① 《循吏传》记先秦循吏事迹，也是一篇针对西汉武帝社会现实的作品。岂后世"妄人"所能为？

《循吏传》记载了孙叔敖、子产、公仪休、石奢、李离五位循吏，在整齐先秦文献、材料选择与处理方面处处显示出司马迁的撰史风格。

其一，整齐先秦、汉初文献所载相关史实，在宏观视野与全局运筹下综括、提炼，重新建构历史书写。《史记·循吏传》曰："（孙叔敖）三得相而不喜，知其材自得之也；三去相而不悔，知非己之罪也。"② 这是综括了《荀子》《韩诗外传》《列子》《庄子》的有关记载从而归纳出来的。《荀子·尧问》曰："缯丘之封人，见楚相孙叔敖曰：'吾闻之也：处官久者士妒之，禄厚者民怨之，位尊者君恨之。今相国有此三者而不得罪于楚之士民，何也？'孙叔敖曰：'吾三相楚而心愈卑，每益禄而施愈博，位滋尊而礼愈恭，是以不得罪于楚之士民也。'"③ 孙叔敖与隐士高人的对话又见《韩诗外传》《列子·说符》，内容相同，文字表述不同。孙叔敖所遇高人，《荀子》曰"缯丘之封人"，《韩诗外传》《列子》记为"狐丘丈人"。④ 《庄子·外篇·田子方》则将孙叔敖的谦逊归因于其合乎道、顺乎

<hr>

（接上页注⑥）《论司马迁的历史观》，《兰州大学学报》（社会科学版）1984年第3期；卜超、金家诗《司马迁对先秦人本思想的继承与发展》，《青岛大学师范学院学报》2006年第3期；赵玉柱《用史实阐释的"人本"哲学——略论司马迁〈史记〉的"人本"思想》，《德州学院学报》（哲学社会科学版）2003年第5期。

① 参见 William H. Nienhauser, Jr., "A Reexamination of the Biographies of the Reasonable Officials in the Records of the Grand Historian", *Early China*, Vol. 16 (1991)。

② 《史记》卷一百一十九《循吏列传》，第3100页。

③ （清）王先谦撰，沈啸寰、王星贤整理《荀子集解》，中华书局，2012，第534页。

④ 《列子·说符》："狐丘丈人谓孙叔敖曰：'人有三怨，子知之乎？'孙叔敖曰：'何谓也？'对曰：'爵高者人妒之，官大者主恶之，禄厚者怨逮之。'孙叔敖曰：'吾爵益高，吾志益下；吾官益大，吾心益小；吾禄益厚，吾施益博。以是免于三怨，可乎？'"叶蓓卿译注《列子》，中华书局，2011，第226页。《韩诗外传》卷七："孙叔敖遇狐丘丈人。狐丘丈人曰：'仆闻之：有三利，必有三患，子知之乎？'孙叔敖蹴然易容曰：'小子不敏，何足以知之！敢问何谓三利？何谓三患？'狐丘丈人曰：'夫爵高者人妒之，官大者主恶之，禄厚者怨归之，此之谓也。'孙叔敖曰：'不然。吾爵益高，吾志益下；吾官益大，吾心益小；吾禄益厚，吾施益博。可以免于患乎？'狐丘丈人曰：'善哉言乎！尧舜其犹病诸。'《诗》曰：'温温恭人，如集于木；惴惴小心，如临于谷。'"（西汉）韩婴撰，许维遹校释《韩诗外传集释》，中华书局，2020，第242~243页。

理的心境。曰："肩吾问于孙叔敖曰：'子三为令尹而不荣华，三去之而无忧色。吾始也疑子，今视子之鼻间栩栩然，子之用心独奈何？'孙叔敖云：'吾何以过人哉！吾以其来不可却也，其去不可止也，吾以为得失非我也，而无忧色而已矣，我何以过人哉！且不知其在彼乎？其在我乎？其在彼邪亡乎我，在我邪亡乎彼。方将踌躇，方将四顾，何暇至乎人贵人贱哉！"① 司马迁整齐故事，揭示孙叔敖道法自然，循理而行，以身作则，因而达到"不教而民从其化"② 的效果。

《循吏传》记子产"为相一年，竖子不戏狎，斑白不提挈，僮子不犁畔。二年，市不豫贾。三年，门不夜关，道不拾遗。四年，田器不归。五年，士无尺籍，丧期不令而治。治郑二十六年而死，丁壮号哭，老人儿啼，曰：'子产去我死乎！民将安归？'"③ 此综括了《左传》《韩诗外传》相关记载。《左传·襄公三十年》曰："子产使都鄙有章，上下有服，田有封洫，庐井有伍，大人之忠俭者，从而与之，泰侈者，因而毙之。"④ "从政一年，舆人诵之，曰：'取我衣冠而褚之，取我田畴而伍之，孰杀子产，吾其与之。'及三年，又诵之，曰：'我有子弟，子产诲之，我有田畴，子产殖之，子产而死，谁其嗣之。'"⑤《韩诗外传》记子产治郑"一年而负罚之过省，二年而刑杀之罪亡，三年而库无拘人。故民归之如水就下，爱之如孝子敬父母。子产病将死，国人皆吁嗟曰：'谁可使代子产死者乎？'及其不免死也，士大夫哭之于朝，商贾哭之于市，农夫哭之于野。哭子产者，皆如丧父母。"⑥ 子产治政，先立规则，由法治循序入德治仁政，使士民心悦诚服。《左传》《韩诗外传》记其治郑变化过程，《史记·循吏传》在此基础上突出社会风习的改变。

公仪休为相"奉法循理，无所变更，百官自正。使食禄者不得与下民争利，受大者不得取小。客有遗相鱼者，相不受。客曰：'闻君嗜鱼，遗君鱼，何故不受也？'相曰：'以嗜鱼，故不受也。今为相，能自给鱼；今受鱼而免，谁复给我鱼者？吾故不受也。'"⑦ 司马迁采《韩非子》以为

---

① （晋）郭象注，（唐）成玄英疏，曹础基、曹兰发点校《庄子注疏》，中华书局，2011，第386~387页。

② 《史记》卷一百十九《循吏列传》，第3100页。

③ 《史记》卷一百十九《循吏列传》，第3101页。

④ 李梦生译注《左传译注》卷十九，上海古籍出版社，2016，第1069页。

⑤ 李梦生译注《左传译注》卷十九，第1070页。

⑥ （西汉）韩婴撰，许维遹校释《韩诗外传集释》，第103页。

⑦ 《史记》卷一百十九《循吏列传》，第3101~3102页。

此说。《韩非子·外储说右下》记公仪休曰：“夫即受鱼，必有下人之色；有下人之色，将枉于法；枉于法则免于相，虽嗜鱼，此不必能自给致我鱼，我又不能自给鱼。即无受鱼而不免于相，虽嗜鱼，我能长自给鱼。”[1]《韩诗外传》用此事证《老子》：“后其身而身先，外其身而身存。非以其无私乎？故能成其私。”[2] 司马迁借此说明“使食禄者不得与下民争利，受大者不得取小”[3] 之官德，取小必失大，是对老子“无私成其私”的具体发挥。《史记·循吏传》本“奉法循理”，整合、综括、提炼材料，说明“奉职循理，亦可以为治”的道理。“妄人作伪”能达到这样的思想境界吗？

其二，在材料选择上，司马迁本“奉职循理为治”之核心命题。先秦文献记孙叔敖、子产等内政、军事、外交等功绩，《史记·循吏传》仅取其治民之功绩。孙叔敖相楚，

> 庄王以为币轻，更以小为大，百姓不便，皆去其业。市令言之相曰：“市乱，民莫安其处，次行不定。”相曰：“如此几何顷乎？”市令曰：“三月顷。”相曰：“罢，吾今令之复矣。”后五日，朝，相言之王曰：“前日更币，以为轻。今市令来言曰‘市乱，民莫安其处，次行之不定’。臣请遂令复如故。”王许之，下令三日而市复如故。[4]

> 楚民俗好庳车，王以为庳车不便马，欲下令使高之。相曰：“令数下，民不知所从，不可。王必欲高车，臣请教闾里使高其梱。乘车者皆君子，君子不能数下车。”王许之。居半岁，民悉自高其车。[5]

法令宜便民，或有不便民者则弃王命而就民便。此颇能反映孙叔敖的全局观念与长远打算。

孙叔敖曾借“螳螂捕蝉，黄雀在后”的寓言，劝楚庄王在作决策前要全面考量，不可徒顾眼前而忘后害。他说：“臣园中有榆，其上有蝉，蝉方奋翼悲鸣，欲饮清露，不知螳螂之在后，曲其颈，欲攫而食之也。螳螂方欲食蝉，而不知黄雀在后，举其颈，欲啄而食之也。黄雀方欲食螳螂，

---

[1] （清）王先慎撰，钟哲点校《韩非子集解》，中华书局，2013，第335页。

[2] （西汉）韩婴撰，许维遹校释《韩诗外传集释》，第99页。

[3] 《史记》卷一百十九《循吏列传》，第3101页。

[4] 《史记》卷一百十九《循吏列传》，第3100页。

[5] 《史记》卷一百十九《循吏列传》，第3100页。

不知童挟弹丸在榆下，迎而欲弹之。童子方欲弹黄雀，不知前有深坑，后有掘株也。此皆贪前之利，而不顾后害者也，非独昆虫众庶若此也，人主亦然。"① 其中包含的道理与司马迁《循吏传》要表现的思想完全契合。孙叔敖守臣道："内足使以一民，外足使以距难，民亲之，士信之，上忠乎君，下爱百姓而不倦。"② 司马迁仅取其"内足使以一民"之事迹写入《循吏传》，并由此表现其"民本"思想。

《左传》记子产内政、外交均有佳绩，善择贤才，不毁乡校，铸刑书于鼎③等，而《史记·循吏传》只取他作为"循吏"的政绩。如冯班言："太史公叙子产、孙叔敖，二君有政事勋业，皆不述，阔略仅数语，若曰'为吏当如此'也。"④ "妄人"伪撰岂能如此通悟司马迁撰史之道？

其三，司马迁在材料处理上注意与其他相关列传、世家互相照应。《韩非子·外储说左下》记孙叔敖廉洁品行，"栈车牝马，粝饭菜羹，枯鱼之膳，冬羔裘，夏葛衣，面有饥色，则良大夫也，其俭逼下"。⑤ 对此，《史记·循吏传》未述，但《滑稽列传》中有所反映。曰："楚相孙叔敖……病且死，属其子曰：'我死，汝必贫困。若往见优孟，言我孙叔敖之子也。'居数年，其子穷困负薪，逢优孟，与言曰：'我，孙叔敖子也。父且死时，属我贫困往见优孟。'优孟曰：'若无远有所之。'即为孙叔敖衣冠，抵掌谈语。岁余，像孙叔敖，楚王及左右不能别也。庄王置酒，优孟前为寿。庄王大惊，以为孙叔敖复生也，欲以为相。优孟曰：'请归与妇计之，三日而为相。'庄王许之。三日后，优孟复来。王曰：'妇言谓何？'孟曰：'妇言慎无为，楚相不足为也。如孙叔敖之为楚相，尽忠为廉以治楚，楚王得以霸。今死，其子无立锥之地，贫困负薪以自饮食。必如孙叔敖，不如自杀。'因歌曰：'山居耕田苦，难以得食。起而为吏，身贪鄙者余财，不顾耻辱。身死家室富，又恐受赇枉法，为奸触大罪，身死而家灭。贪吏安可为也！念为廉吏，奉法守职，竟死不敢为非。廉吏安可为也！楚相孙叔敖持廉至死，方今妻子穷困负薪而食，不足为也！'于是庄

---

① （西汉）韩婴撰，许维遹校释《韩诗外传集释》，第347~348页。
② （清）王先谦撰，沈啸寰、王星贤整理《荀子集解》，第243页。
③ 参见《左传·襄公三十一年》《左传·昭公六年》，李梦生译注《左传译注》卷十九，第1083、1177~1178页。
④ （西汉）司马迁撰，〔日〕泷川资言考证，杨海峥整理《史记会注考证》，第4043页。
⑤ （清）王先慎撰，钟哲点校《韩非子集解》，第302页。

王谢优孟，乃召孙叔敖子，封之寝丘四百户，以奉其祀。"① 《滑稽列传》
在表现优孟聪颖智慧善辩的同时，述孙叔敖廉洁，与《循吏传》材料参错
互见，彼此相补，丰富了孙叔敖的形象。

　　这种相互照应也见于《史记·循吏传》《史记·郑世家》中对子产的
描述。《郑世家》对子产的评价为"人仁爱人，事君忠厚"，② 所选材料为
子产与郑简公、晋平公、楚灵王等国君，以及子孔、子皮、子大叔、公子
札、韩宣子等士大夫的交往事迹，记述了子产如何以忠厚、知礼、博学的
品质修养，冷静、客观的政治智慧在郑国乱政中游刃有余，拨乱反正，最
终成为国相，帮助郑国在晋、楚等大国的夹缝间生存。如："（郑简公）三
年，相子驷欲自立为君，公子子孔使尉止杀相子驷而代之。子孔又欲自
立。子产曰：'子驷为不可，诛之，今又效之，是乱无时息也。'"③ "十
九年，简公如晋请卫君还，而封子产以六邑。子产让，受其三邑。二十二
年，吴使延陵季子于郑……谓子产曰：'郑之执政者侈，难将至，政将及
子。子为政，必以礼；不然，郑将败。'"④ "二十五年，郑使子产于晋，
问平公疾……"⑤ "二十八年，郑君病，使子产会诸侯，与楚灵王盟于申，
诛齐庆封。"⑥

　　但是，对于子产治郑的社会效果，《郑世家》中仅有一句"子产卒，
郑人皆哭泣，悲之如亡亲戚"。⑦ 却未回答为什么郑人如此爱戴子产。可是
对子产的描述没有结束，其社会治理事迹记在《循吏传》中。《循吏传》
首先介绍子产治政的复杂背景"国乱，上下不亲，父子不和"，⑧ 与《郑世
家》"（简公）二十三年，诸公子争宠相杀"⑨ 相合，接着介绍子产的政
绩。《循吏传》与《郑世家》相关记载针线缝合，没有重复，两相结合，
勾勒出子产完整的形象。说明太史公撰《史记》时有通盘考量，前后内容
遥相呼应，全书是结构紧密的有机整体。"妄人伪托"能有这样严格而能
照顾全局的书写方法吗？

---

①　《史记》卷一百二十六《滑稽列传》，第 3201~3202 页。
②　《史记》卷四十二《郑世家》，第 1775 页。
③　《史记》卷四十二《郑世家》，第 1771 页。
④　《史记》卷四十二《郑世家》，第 1771 页。
⑤　《史记》卷四十二《郑世家》，第 1772 页。
⑥　《史记》卷四十二《郑世家》，第 1774 页。
⑦　《史记》卷四十二《郑世家》，第 1775 页。
⑧　《史记》卷一百一十九《循吏列传》，第 3101 页。
⑨　《史记》卷四十二《郑世家》，第 1772 页。

其四，还可用"他校"的方法证《史记·循吏传》为司马迁所撰。《史记·循吏传》记孙叔敖治水："秋冬则劝民山采，春夏以水，各得其所便，民皆乐其生。"① "春夏以水"即楚地水利工程。西汉《淮南子·人间训》也记："孙叔敖决期思之水，而灌雩娄之野，庄王知其可以为令尹也。"② 西汉文献记有孙叔敖治水之事，而未言明其水利工程名称，说明此时工程尚没有确切的命名。而东汉史书将此水利工程称作"芍陂"。《东观汉记·传十三·王景》《后汉书·循吏传》记孙叔敖"起芍陂稻田"。③ 西汉文献皆不言"芍陂"，而东汉文献出现"芍陂"，可证《史记·循吏传》撰人必为西汉司马迁。

其五，《循吏传》的选材体现了司马迁的"刑名""法治"思想。司马迁没有将"刑名之术""法治"等同于苛政。《史记·老子韩非列传》曰："申子之学本于黄老而主刑名。"④ "（韩非）喜刑名法术之学，而其归本于黄老。"⑤ 司马迁认为申韩之学"原于道德之意"。⑥《韩非子·解老》云："道者，万物之所然也，万理之所稽也。理者，成物之文也；道者，万物之所以成也。"⑦ 其思想将"奉法循理"中的"法"与"理"通过"道"联系了起来。法与理皆生于道，它们独立存在，不依附于君主，更不应因君主的意志而改变。执法者应"不引绳之外，不推绳之内；不急法之外，不缓法之内；守成理，因自然；祸福生乎道法而不出乎爱恶，荣辱之责在乎己而不在乎人"。⑧ 这也与孙叔敖"三得相而不喜""三去相而不悔"的品质相合。

韩非欲"修明法制"；⑨ 恶"儒者用文乱法，侠者以武犯禁"；⑩ 悲"廉直不容于邪枉之臣"。⑪《史记·循吏传》记载了两位法官石奢和李离，

---

① 《史记》卷一百一十九《循吏列传》，第 3099 页。
② （西汉）刘安著，陈广忠译注《淮南子译注》，上海古籍出版社，2017，第 842 页。
③ （东汉）刘珍等撰《东观汉记校注》，中华书局，2008，第 803 页；《后汉书》卷七十六《循吏列传》，中华书局，1965，第 2466 页。
④ 《史记》卷六十三《老子韩非列传》，第 2146 页。
⑤ 《史记》卷六十三《老子韩非列传》，第 2146 页。
⑥ 《史记》卷六十三《老子韩非列传》，第 2156 页。
⑦ （清）王先慎撰，钟哲点校《韩非子集解》，第 146 页。
⑧ （清）王先慎撰，钟哲点校《韩非子集解》，第 208 页。
⑨ 《史记》卷六十三《老子韩非列传》，第 2147 页。
⑩ 《史记》卷六十三《老子韩非列传》，第 2147 页。
⑪ 《史记》卷六十三《老子韩非列传》，第 2147 页。

都非常符合韩非的理念。《史记·循吏传》记石奢"坚直廉正，无所阿避"，①正是韩非欣赏的品质。"行县，道有杀人者，相追之，乃其父也。纵其父而还自系焉。使人言之王曰：'杀人者，臣之父也。夫以父立政，不孝也；废法纵罪，非忠也。臣罪当死。'王曰：'追而不及，不当伏罪，子其治事矣。'石奢曰：'不私其父，非孝子也；不奉主法，非忠臣也。王赦其罪，上惠也；伏诛而死，臣职也。'遂不受令，自刎而死。"②

李离"过听杀人，自拘当死。文公曰：'官有贵贱，罚有轻重。下吏有过，非子之罪也。'李离曰：'臣居官为长，不与吏让位；受禄为多，不与下分利。今过听杀人，傅其罪下吏，非所闻也。'辞不受令。文公曰：'子则自以为有罪，寡人亦有罪邪？'李离曰：'理有法，失刑则刑，失死则死。公以臣能听微决疑，故使为理。今过听杀人，罪当死。'遂不受令，伏剑而死。"③君主器重石奢、李离，希望他们脱罪免死，晋文公更是玩起了偷换概念的文字游戏，而二人拒绝"用文乱法"，符合韩非"以法为本"的思想。

反观武帝时期，"是时上方乡文学，（张）汤决大狱，欲傅古义，乃请博士弟子治《尚书》《春秋》补廷尉史，亭疑法。奏谳疑事，必豫先为上分别其原，上所是，受而著谳决法廷尉絜令，扬主之明。奏事即遣，汤应谢，乡上意所便，必引正、监、掾史贤者，曰：'固为臣议，如上责臣，臣弗用，愚抵于此。'罪常释……所治即上意所欲罪，予监史深祸者；即上意所欲释，与监史轻平者。所治即豪，必舞文巧诋；即下户羸弱，时口言，虽文致法，上财察。于是往往释汤所言……汉大兴兵伐匈奴，山东水旱，贫民流徙，皆仰给县官，县官空虚。于是丞上指，请造白金及五铢钱，笼天下盐铁，排富商大贾，出告缗令，锄豪强并兼之家，舞文巧诋以辅法"。④

张汤以君主的好恶、意图，制定、解释、执行法律，甚至依仗皇帝的宠信，说服皇帝违背法律诬陷无罪，宽释有罪，操弄法律。法律不再是客观的自然法则，而沦为君主、官吏为达目的而设计、使用的政治工具，不再值得尊重。因此，官吏可以无所顾忌地编织法网、舞文巧诋、重刑严

---

① 《史记》卷一百一十九《循吏列传》，第3102页。
② 《史记》卷一百一十九《循吏列传》，第3102页。
③ 《史记》卷一百一十九《循吏列传》，第3102~3103页。
④ 《史记》卷一百二十二《酷吏列传》，第3139~3140页。

判，结果"官事浸以耗废"。① 相比之下，石奢、李离以生命维护法律尊严，不惜违抗君主，使"楚昭名立"，"晋文以正国法"。②

泷川资言《史记会注考证附校补》引陈仁锡曰："汉之循吏，若吴公、文翁，不为作传，亦一缺事。奢、离二人得事，未见为循吏。"③ 然而司马迁借石奢、李离之口说："不私其父，非孝子也；不奉主法，非忠臣也。王赦其罪，上惠也；伏诛而死，臣职也。"④ "理有法，失刑则刑，失死则死。"⑤ "寓论断于序事"⑥，阐明了"法""道""君权"之间的关系，忠臣忠于国法、道德而非王权，而道德、王命都不是枉法的借口。《循吏传》与《酷吏传》对比，表达了司马迁对"治政""法治"的理解，并试图劝谏当朝。既符合"通古今之变，成一家之言"的写作主旨，又表现出极强的社会使命感。从各方面分析，《循吏传》必出自司马迁。

崔适妄标异说，曰："《循吏传》非太史公所有……《循吏传》为《酷吏传》而作，《酷吏传》伪托，则《循吏传》可知。酷吏皆今人，循吏皆古人，太史公非爱古薄今者，不宜由此。"⑦ 此论忽略了太史公"原始察终，见盛观衰"⑧，"稽其成败兴坏之理"⑨ 的撰史目的。司马迁身受腐刑，遭酷刑苛政之害，希望用先秦循吏的"行事"阐发为吏的道义，"述往事，思来者"，⑩ 反思、批判当时的酷吏苛政。《酷吏传》《循吏传》皆为愤世之作。忍垢含耻著史，何来《循吏传》为《酷吏传》而作，因《酷吏传》伪作，再假托一篇《循吏传》？

崔适以"列传次第先别传、后总传"⑪ 为定规，认为《史记》"别传至淮南终，总传自儒林始"。⑫《循吏传》《酷吏传》"中隔汲郑、儒林二传，亦甚不伦"，⑬ 为妄人伪作，《汲郑列传》也是妄人"据汉书张冯汲郑

① 《史记》卷一百二十二《酷吏列传》，第 3154 页。
② 《史记》卷一百一十九《循吏列传》，第 3103 页。
③ （西汉）司马迁撰，〔日〕泷川资言考证，杨海峥整理《史记会注考证》，第 4040 页。
④ 《史记》卷一百一十九《循吏列传》，第 3102 页。
⑤ 《史记》卷一百一十九《循吏列传》，第 3103 页。
⑥ 顾炎武撰，黄汝成集释《日知录集释》，上海古籍出版社，2013，第 1429 页。
⑦ 崔适著，张烈点校《史记探源》，第 212 页。
⑧ 《史记》卷一百三十《太史公自序》，第 3319 页。
⑨ 《汉书》卷六十二《司马迁列传》，第 2735 页。
⑩ 《史记》卷一百三十《太史公自序》，第 3300 页。
⑪ 崔适著，张烈点校《史记探源》，第 213 页。
⑫ 崔适著，张烈点校《史记探源》，第 213 页。
⑬ 崔适著，张烈点校《史记探源》，第 212 页。

列传窜入"。① 然而，其笔下"妄人"行事逻辑不通。若"先别传、后总传"之法创自《史记》，"各史皆然"。② 那么，"妄人"作伪也必然依此造假，不应在编次上自相混乱。假若《循吏传》是"妄人"为对应《酷吏传》而作为真，那么将《循吏传》《酷吏传》列在一起更为合理。为何将二传分列《汲郑列传》《儒林列传》前后授人以柄？若《循吏传》出现在先，《汲郑列传》"作者"何故将其作品置于总传之中？若《汲郑列传》出现在先，《循吏传》"作者"又为何将总传插入别传之中？崔氏徒顾"妄人"为伪而伪，却不考虑"妄人"何以为伪。

　　《太史公自序》云："正衣冠立于朝廷，而群臣莫敢言浮说，长孺矜焉；好荐人，称长者，壮有溉。作汲郑列传第六十。"③《汉书·司马迁传》亦记："《汲郑列传》第六十。"④ 与今本《史记》一致，可见编次未被篡改。内容上，《汲郑列传》与《循吏传》也存在联系。汲黯、郑庄的政治理念与政绩与循吏颇为相似。"黯学黄老之言，治官理民，好清静，择丞史而任之。其治，责大指而已，不苛小……岁余，东海大治。称之。"⑤"庄廉，又不治其产，仰奉赐以给诸公……每朝，候上之间，说未尝不言天下之长者。"⑥ 以至叶梦得曰："《循吏传》后即次以黯，其以黯列于循吏乎？而以郑当时附之。"⑦ 然而，他们却不像古循吏一样受到重用，"两人中废，家贫，宾客益落。及居郡，卒后家无余赀财。"⑧ 太史公慨叹："悲夫！"⑨ 并阐发了对武帝时期败坏的社会风气的不满，"夫以汲、郑之贤，有势则宾客十倍，无势则否，况众人乎！"⑩《汲郑列传》接续《循吏传》，以春秋时期的循吏对比汲、郑二人在从政过程中所经历的被厌弃，被罢官，被上层社会抛弃，表明武帝时期的政治生态已经从汉初清静无为转变为急功近利，而这种进取功利的政治系统必然导致大量酷吏的出现。

　　"先别后总"是后人依据《史记》总结得出，但是，太史公修史时，

①　崔适著，张烈点校《史记探源》，第 212 页。
②　崔适著，张烈点校《史记探源》，第 212 页。
③　《史记》卷一百三十《太史公自序》，第 3317～3318 页。
④　《汉书》卷六十二《司马迁列传》，第 2722 页。
⑤　《史记》卷一百二十《汲郑列传》，第 3105 页。
⑥　《史记》卷一百二十《汲郑列传》，第 3112 页。
⑦　（西汉）司马迁撰，〔日〕泷川资言考证，杨海峥整理《史记会注考证》，第 4047 页。
⑧　《史记》卷一百二十《汲郑列传》，第 3113 页。
⑨　《史记》卷一百二十《汲郑列传》，第 3114 页。
⑩　《史记》卷一百二十《汲郑列传》，第 3113 页。

并无此规。此规则是否符合太史公的本意，也未可知。"高明的史家必然是要让史例服从内容，而不能削足适履，让生动变化的史实迁就于刻板的史例。"① 司马迁本人完全有可能不受"先别后总"影响，而依自己的想法编排各传顺序。以《循吏传》《汲郑列传》《酷吏传》之编排顺序为证据，认定《循吏传》为妄人伪作，罔顾《太史公自序》《汉书》记载，以及各传内容的联系，以后人之规，评前人之作，岂不是本末倒置？

崔适云："孙叔敖为霸佐，子产为良相，列之循吏，转为降格矣。"② 然，司马迁合传并非以官职为标准，而依传主"行事"。郭嵩焘《史记札记》曰："案史公列传……有随事为类者，如《扁鹊仓公》及《刺客传》是也。鲁仲连、邹阳以书说显，屈原、贾谊以词赋显，亦随事为类者也。"③ 赵翼在《廿二史札记》中论及《后汉书》编次规律时云："至其编次卷帙，如《循吏》《酷吏》《宦者》《儒林》《文苑》《独行》《方术》《逸民》《外戚》等传，既各以类相从矣，其他列传自应以时代之先后分别编次。乃范《书》又有不拘时代而各就其人之生平以类相从者。此亦本之《史记》，如：老子与韩非同传；屈原与贾谊同传；鲁仲连与邹阳同传。但以类相从，不拘时代。《汉书》黄霸为丞相，朱邑为大司农，而皆入《循吏传》，以其长于治郡也。"④ "以类相从""随事为类"，落脚点皆在"事"。⑤ 司马迁撰《循吏传》，以传主行事治绩符合"奉法循理"为入传标准，而非官职地位。

崔适曰："太史公每述一人分见数传者，其世次、其事迹皆相密合，惟仲尼弟子传宰我之事迹与此传子产之世次乖异特甚，其为妄人所伪托，正如一辙也。"⑥ 《循吏传》中子产生平与《郑世家》、《十二诸侯年表》（以下简称《年表》）不合。《循吏传》曰："郑昭君之时…以子产为相，治郑二十六年。"⑦ 而《郑世家》云："子产者，郑成公少子也。"⑧ 成公乃厉公五世孙，厉公乃昭公之弟，子产不可能事昭公。《年表》记简公十二

① 陈其泰：《贯通古今 交光映衬——司马迁如何出色地实现"通古今之变"》，《史学理论研究》2022 年第 4 期。
② 崔适著，张烈点校《史记探源》，第 212 页。
③ （清）郭嵩焘：《史记札记》卷五上《鲁仲连邹阳列传》，商务印书馆，1957，第 287 页。
④ （清）赵翼著，王树民校证《廿二史札记校证》卷四，中华书局，1984，第 80 页。
⑤ 曲柄睿：《整齐世传——前四史人物列传编纂研究》，中华书局，2022，第 54 页。
⑥ 崔适著，张烈点校《史记探源》，第 212 页。
⑦ 《史记》卷一百一十九《循吏列传》，第 3101 页。
⑧ 《史记》卷四十二《郑世家》，第 1775 页。

年，"子产为卿"，而声公五年"子产卒"。① 由此推算子产为卿五十九年，与《循吏传》所记治郑二十六年不合。

但是，不能以此认定《循吏传》为伪作。《循吏传》与《郑世家》《年表》中子产生平不合，逻辑上有三种可能：一是《郑世家》《年表》真，《循吏传》假；二是《循吏传》真而《郑世家》《年表》假；三是三书皆假。梁玉绳云："《左传》子产以鲁襄公十九年为卿，三十年相郑，至昭公二十年卒……以为相之年计是二十二年……《年表》及《郑世家》谬谓子产卒于定十四年，为声公五年。"② 《循吏传》所记二十六年亦有误，但相差不多。又《清华简·良臣》简九载"郑定公之相有子皮，有子产，有子大叔"。③《循吏传》记子产事郑昭公为误，而《年表》《郑世家》云子产卒年亦为误，若子产卒于声公五年，则子大叔不可能为定公相。钱穆认为《年表》《郑世家》中的子产卒年为妄造，"妄者误以是年为孔子过郑之年，因书子产之卒于是年。曰：《年表》孔子过宋在郑声公九年，何以过郑又误在五年？曰：此据孔子过匡而误。孔子过匡本在长垣，为卫邑，而误者以为在扶沟，为郑邑。因以孔子之过匡为过郑。遂误谓孔子适郑都，因有独立郭东门与弟子相失之事。因又有交子产之说。而孔子畏匡，则在鲁哀公十四年，即郑声公五年。遂误谓孔子是年过郑，又误为子产以是年卒也，故《郑世家》因《孔子世家》而误，《年表》又因《郑世家》而误"。④ 可见，《循吏传》《年表》《郑世家》皆或有误，以二者不合而定《循吏传》为伪，未免失之偏颇。

太史公笔法互文相参，兼存异说，所记前后不一之处甚多，并非世次、事迹皆相密合。如，《孝景帝本纪》云："孝文在代时，前后有三男，及窦太后得幸，前后死，及三子更死，故孝景得立。"⑤ 而《外戚世家》云："代王王后生四男。先代王未入立为帝而王后卒。及代王立为帝，而王后所生四男更病死。"⑥《秦始皇本纪》记"秦始皇帝者，秦庄襄王子也。庄襄王为秦质子于赵，见吕不韦姬，悦而取之，生始皇"。⑦ 而《吕不

① 《史记》卷十四《十二诸侯年表》，第638、670页。

② （西汉）司马迁撰，〔日〕泷川资言考证，杨海峥整理《史记会注考证》，第4044页。

③ 李学勤主编《清华大学藏战国竹简（壹一叁）文字编》（修订本），中西书局，2014，第443页。

④ 钱穆：《先秦诸子系年》，九州出版社，2011，第47~48页。

⑤ 《史记》卷十一《孝景帝本纪》，第439页。

⑥ 《史记》卷四十九《外戚世家》，第1972页。

⑦ 《史记》卷六《秦始皇本纪》，第223页。

韦列传》云："遂献其姬。姬自匿有身，至大期时，生子政。"① 在证据不统一的情况下，太史公对难以求证的事实，皆予以记录，并不追求前后相合之形式统一。《循吏传》云子产治郑二十六年，此论必然经过司马迁的考证。且先秦文献对子产生平记载不一，因此他又在《郑世家》留有不同记录以供后人思考。《郑世家》以记载郑国王侯世袭轮替为主，《循吏传》以记载循吏奉法循理行事为主，皆非子产专传，重点在于描述子产的"行事"，寓理于事，以事说理。子产生卒、世次不是记述重点，自然也无须枉费大量笔墨叙述对其生平的考证。崔适不去考虑先秦文献有关子产记载的歧异以及司马迁如何折中异说，就断言《循吏传》为伪作，实属武断。

崔适对《史记·循吏传》预设了一个完全理性的历史记录者"司马迁"所应遵守的规则：不厚古薄今；严格遵循"至于麟止"；"先别传、后总传"；以官阶地位高下编排传记；一人分见数传者，世次、事迹必须密合；等等。凡不符合这些规则的，皆为"后世妄人所增"。怀疑《史记》内容有被后世篡改的情况无可厚非。但是，崔适在未找到可靠证据，未排除合理怀疑情况下，就以自己设定的史例规则为依据，直接认定《循吏传》为妄人伪作。以"嫌疑"为"定罪"，无异于在刑事审判中不经侦查、取证、质证就将"犯罪嫌疑人"直接宣判为"罪犯"，造成冤假错案，此实属自我假设、自我定罪的套路。

---

① 《史记》卷八十五《吕不韦列传》，第 2508 页。

宋代诸帝论史官修史、史学名著与"史才三长"

操宇晴

（北京市社会科学院历史所，北京　100101）

　　摘　要：宋代皇帝大多关注史学活动，有的是一般关注，有的可以说是十分关注。这些关注，如关于史官的选择、史官修史的要求，关于史学名著与政治统治、国家治理的关系，怎样看待刘知幾"史才三长"论等，有的反映了史学与政治的密切关系，有的则属于史学自身的发展问题。其影响力的大小，因问题的重要而有所不同，但都与宋代史学乃至后代史学有所关联，是中国史学史研究不可回避的研究对象。

　　关键词：宋代皇帝　史官修史　史学名著　国家治理　史才三长

　　在中国封建社会时期，从最高统治者皇帝到学人以至于普通民众，都从不同的视角与诉求，表示出对史学的关注和重视。就皇帝而言，如汉献帝、唐高祖、唐太宗、宋神宗、辽兴宗、金世宗、元世祖、明太祖、清高宗等，都是重视史学的最高统治者中的突出人物，他们的相关言论对史学的发展产生了种种影响，在历代皇朝中是有代表性的。

　　以两宋而论，宋太祖、宋太宗、宋真宗、宋仁宗、宋神宗、宋高宗、宋孝宗等皇帝均发表过有关史学的言论。概括说来，这些言论集中在论史官与史官修史、论阅读史学名著与国家治理以及论"史才三长"以"识"为先等，都不同程度地产生了史学影响和社会影响，在史学理论与史学史研究上有一定的参考价值。

一　论史官与史官修史

自唐代设立史馆修史，历代沿袭制度。宋代皇帝重视史馆、史官的作用，对史官修史有明确的要求。宋太宗认为"良史"当做到"务撮实而去爱憎"。淳化五年（994），宋太宗读唐史后，有感而发，而对身边左右大臣说道："大凡帝王举动，贵其自然。朕览唐史，见太宗所为，盖好虚名者也。每为一事，必豫张声势，然后行之，贵传简册，此岂自然乎！且史才甚难，务撮实而去爱憎，乃为良史也。"①《新唐书》成书于宋仁宗时期，这里说的"唐史"，当指《旧唐书》。宋太宗对唐太宗的批评，主要集中在他做事过于注重声势和虚名，不符合"自然"之道。这一评价反映了宋太宗对帝王行为的看法，也体现出他对历史记载的要求，即史官应在记录历史时追求真实，避免受个人情感和政治因素影响造成的偏见，以保持历史记载的真实性和客观性。

宋太宗还批评时人胡旦《春秋》"褒贬出于胸臆"。史官胡旦编两汉事为"春秋"，言于太宗，愿给借馆吏缮写，太宗对侍臣说："《吕不韦春秋》，皆门下名贤所作，尚悬千金咸阳市，曰：'有能增损一字者与之。'如闻旦所撰，止用其家书，褒贬出于胸臆，岂得容易流传耶？俟其功毕，且令史馆参校以闻。"胡旦因惧而止。② 这说明，宋太宗对时人撰述，持谨慎态度，对胡旦的撰述在采撰和议论上的不当提出严厉批评。

宋神宗颇有宋太宗风范，他强调史官修史重在"实录事迹"，"去取褒贬"当留待于贤人。《续资治通鉴长编》卷三一五神宗元丰四年八月庚申条中，载宋神宗与大臣王珪的一段对话，很有代表性：

> 诏（曾）巩专典史事，更不预修两朝史。上曰："修史最为难事，如鲁史亦止备录国史，待孔子然后笔削。司马迁材足以开物，犹止记君臣善恶之迹，为实录而已。"王珪曰："近修唐书，褒贬亦甚无法。"上曰："唐太宗治僭乱以一天下，如房（玄龄）、魏（微）之徒，宋祁、欧阳修辈尚不能窥其浅深，及所以成就功业之实。为史官者，材

---

① 《续资治通鉴长编》卷三五《太宗淳化五年》，中华书局，2004，第779~780页。
② 《续资治通鉴长编》卷七四《真宗大中祥符三年》，第1697~1698页。

不足以过其一代之人，不若实录事迹，以待贤人去取褒贬尔。"①

这一段关于史官才能的对话，是因宋神宗命曾巩修《五朝国史》而引发的。神宗举孔子、司马迁、房玄龄、魏徵、宋祁、欧阳修等古往今来的史家为具体参照，指出史官倘若"材不足以过其一代之人"者，当据实直书历史事迹，而不可妄加褒贬和评论。

总体上看，这是宋神宗对史官修史提出的一个原则性要求。具体而言，这也是神宗对于曾巩编修《五朝国史》的指导性意见。显然，神宗认为曾巩只当"实录事迹"即可。

此前，早在熙宁十年（1077），宋神宗诏修仁宗、英宗两朝正史。② 元丰四年（1081），宋神宗又命曾巩待《两朝国史》修成后，同太祖、太宗、真宗《三朝国史》合编，通修为《五朝国史》。他于当年七月下达手诏，诏文称："朝散郎、直龙图阁曾巩素以史学见称士类，方朝廷叙次两朝大典，宜使与论其间，以信其学于后。其见修《两朝国史》将毕，当与《三朝国史》通修成书。宜与巩充史馆修撰，专典史事，取《三朝国史》先加考详，候两朝国史成，一处修定。"③ 宋神宗亲择"素以史学见称士类"的曾巩"专典史事"，足见其对本朝国史修撰、史官人选的重视，而这种重视更是突出地反映在他对史官修史原则的强调。

然而，曾巩却未能达到神宗的要求，对宋太祖本纪有过多浮夸评论，直接影响了宋神宗于元丰五年（1082）四月罢曾巩修五朝史之职的决定。史载：

> 曾巩上《太祖本纪》篇末论，所论事甚多，而每事皆以太祖所建立胜汉高祖为言。上（宋神宗）于经筵谕蔡下曰："巩所著乃是太祖、汉高孰优论尔。人言巩有史材，今大不然。"于是罢巩修五朝史。④

---

① 《续资治通鉴长编》卷三一五《神宗元丰四年》，第7619页。
② 《续资治通鉴长编》卷二八二《神宗熙宁十年》，第6903页。
③ 《续资治通鉴长编》卷三一四《神宗元丰四年》，第7609页。
④ 《续资治通鉴长编》卷三二五《神宗元丰五年》，第7830页。近代学者余嘉锡利用《玉海》《续资治通鉴长编》《元丰类稿》相关史料，对神宗罢曾巩修五朝史事做过考证。他指出，《长编》载曾巩《进太祖皇帝总序》的时间是元丰四年十月，而罢曾巩修"五朝史"时间是元丰五年四月，两者相去半年，《长编》作者李焘对此已心生疑惑，自注云："当考求所以罢修之故"。而且神宗阅《总序》后尚谆谆以修史之体式义例问巩，何尝如《玉海》所言以"'总论'不称上意，遂罢修五朝史也哉？"他考证相（转下页注）

这表明，宋神宗对曾巩所撰《太祖本纪》篇末所论极为不满，直指"人言巩有史材，今大不然"。曾巩《进太祖皇帝总序》今尚存，通览全文，确如神宗所言，极为不当。曾巩从建国、立法、对待功臣、征伐、后宫等诸多方面，论汉高祖十个方面"不及"宋太祖，[①] 进而表明："自三代以来，拨乱之主，未有及太祖也。"甚至说"维太祖创始传后，比迹尧舜；纲理天下，轶于汉祖；太平之业，施于无穷，三代所不及。成功盛德，其至矣哉！"[②] 这样的歌功颂德，达于极致，岂能成为信史！显然，神宗的看法和处理是合情合理的。

曾巩的这种喜作夸张的弊病，也反映在他的"良史"观上。他曾这样写道："尝试论之，古之所谓良史者，其明必足以周万事之理，其道必足以适天下之用，其智必足以通难知之意，其文必足以发难显之情，然后其任可得而称也。"[③] 这里提出的"明""道""智""文"四个标准在理论上是可以成立的，而他把这种理论的实现放大到"天下"和"难知""难

（接上页注④）关史料后，认为"（曾）巩进太祖《总论》之后，神宗阅之，虽不称意，然未尝停其史职"。他进而提出，曾巩被罢修"五朝史"是因为"言者所攻击也"的看法。同时他也认为这和神宗读曾巩所上太祖《总论》后早已心生不悦有关，"惟其神宗之意已缓，故谗毁之言易入。此所以徐禧之疏甫上，而五朝史即罢修矣"（余嘉锡：《四库提要辨证》卷五《史部三》，见曾巩撰，王瑞来校证《隆平集校证·附录一》，中华书局，2012，第663页）。另可参见熊伟华《宋神宗罢修〈五朝国史考〉》，《湖北社会科学》2010年第3期。作者认为，神宗罢曾巩修《五朝国史》的真正原因，实际上是神宗与曾巩的修史观有较大差异。

① 曾巩《进太祖皇帝总序》中所论汉高祖对比宋太祖的"十不及"："世以为太祖不世出之主，与汉高祖同。盖太祖为人有大度，意豁如也，知人善任使，与汉高祖同，固然也。太祖承自天宝以后，更五代二百余年极敝之天下；汉祖承全盛之秦，二世之末，天下始乱，所因之势既殊。太祖开建帝业，作则垂宪，后常可行；汉祖粗定海内而已，不及一。太祖立折杖法，脱民榜笞死祸，定著常刑，一本宽大；汉祖虽约法三章，然肉刑三族之诛，至孝文始去，不及二。太祖功臣，皆故旧等夷，及位定，上下相安，始终一意；汉祖疑间诸将，夷灭其家，不及三。太祖削大弱强，藩臣遵职；汉祖封国过制，反者更起，累世乃定，不及四。太祖征伐必克；汉祖数战辄北，不及五。太祖文武自出，群臣莫及；汉祖非得三杰之助，不得无失，不及六。开宝之初，南海先下；赵陀分越而帝，汉祖不能禁，不及七。太祖不用兵革，契丹自附；汉祖折厄白登，身仅免祸，不及八。太祖后宫二百，问愿归者，复去四之一；汉祖溺于衽席，女祸及宗，不及九。太祖明于大计，以属天下；汉祖择嗣不审，几坠厥世，不及十也。汉祖所不能及，其大者如此。"（曾巩撰，陈杏珍、晁继周点校《曾巩集》卷十《进太祖皇帝总序》，中华书局，1984，第173~174页。）

② 曾巩撰，陈杏珍、晁继周点校《曾巩集》卷十《进太祖皇帝总序》，第173~174页。

③ 曾巩：《南齐书目录序》，《南齐书》卷末，中华书局，1972，第1037页。

显"的极致范围和程度，不免言过其实了，不仅他自己达不到这些要求，即使在中国史学上也难以找到这样"全能"的良史。这就进一步证明了宋神宗的看法和做法的合理。

南宋理宗同样提倡不以己意议论是非、优劣的修史原则。景定二年（1261），宋理宗对修史做出这样的要求："诸书将备，进呈有日，只照凡例修纂，不必用己意，置议论其间，他日自有史官任删润之责。"① 这同样是强调直书史事，排除史官以"己意"评史，几乎成为宋代诸帝的共识。

二　论阅读史学名著与国家治理

两宋诸帝论史学而涉及史学名著的内容甚为丰富。原因有三：一是在史学传统中，史学名著的影响力更为显著，易于受到后人的关注；二是史学名著包含丰富的哲理尤其是治国之道，统治者希图从中获得治国理政的历史借鉴；三是知名学者多对史学名著有深入研究，更易于同皇帝对话、讨论，形成政治理念上的共识。两宋君臣经常论及的名著有《尚书》《资治通鉴》《通鉴纪事本末》等。

评论《尚书》："主言治世之道。"《尚书》是宋代皇帝在经筵讲席上很重视的一部书。宋太宗曾令大臣孙奭讲《尚书·说命》三篇，听罢，宋太宗评论道："《尚书》主言治世之道，《说命》最备。"② 足见宋太宗君臣对此书的重视。《尚书·说命》见于《古文尚书·商书·说命》，分上、中、下三篇，记载了商王武丁为振兴商朝而苦心寻求贤人傅说，以及傅说尽心辅佐武丁的种种谏言和措施，使商朝得以复兴。文中多有武丁、傅说君臣相敬相知的对话，尤其是傅说的"惟木从绳则正，后从谏则圣"（《说命上》）、"非知之艰，行之惟艰"（《说命中》）、"人求多闻，时惟建事，学于古训乃有获"（《说命下》）③ 等语，对后世影响、启迪尤为突出。宋朝诸帝如此重视《尚书》，这同《尚书》相关内容和宋代所处的历史形势都有密切的关联。

---

① 汪圣铎点校《宋史全文》卷三六《宋理宗六》，中华书局，2016，第 2901 页。
② 钱若水：《宋太宗皇帝实录校注》附录一《辑佚·淳化五年》，范学辉校注本，中华书局，2012，第 931 页。
③ 孔颖达等：《尚书正义》，《十三经注疏》标点本，北京大学出版社，1999，第 249、252、253 页。另见袁行霈主编，钱宗武解读《中华传统文化百部经典·尚书》，国家图书馆出版社，2017，第 198~212 页。

宋真宗在东宫时便喜读《尚书》，命大臣邢昺反复讲读至十四遍，即真宗自谓"唯《尚书》凡十四讲"①，表明他对这部经典的深度挖掘和钻研精神。建炎初年，宋高宗以御书《尚书》一帙赐予贤相赵鼎，并说："《书》所载君臣相戒饬之言，所以赐卿，欲共由斯道。"② 宋高宗对《尚书》的评价分量极重，由此也可见宋高宗时君臣关系的融洽及宋高宗本人的态度。在宋代皇帝看来，《尚书》是政治上的指导方针，君臣都应当恪守、遵行，以达到和实现《尚书》所要求的思想境界和政治局面。

评论《资治通鉴》（或简称"通鉴"）："正可为谏书耳。"中国史书所记历代盛衰治乱之故，极为后人所重，引为鉴戒的传统。而《资治通鉴》由于贯通古今，着眼于历代统治的盛衰，有益于国家治道，在历史鉴戒作用上有更突出的成就。故从撰述之初就受到皇帝的重视，最具代表性的言论当首推宋神宗的序文。这篇序文，是宋神宗在史学批评方面的一篇宏论，具有鲜明的理论色彩和深远的历史影响。

神宗序文强调了史书对于政治统治的鉴戒作用。他明确指出史书具有垂鉴后世的功用，并从《诗》《书》《春秋》最早的历史典籍讲起，反映了他对史学功用乃是史学本质属性有深刻认识。他在序文末尾道出了赐名的深意，即"《诗》云：'商鉴不远，在夏后之世。'故赐其书名曰《资治通鉴》，以著朕之志焉耳"，③ 正是强调此书在政治统治中重要的资治价值。

元丰七年（1084），《资治通鉴》书成。神宗对辅臣说："前代未尝有此书，过荀悦《汉纪》远矣。"④《汉纪》是东汉史学家荀悦奉汉献帝之命编撰的一部编年体史书特点是"辞约事详，论辨多样"而撰，其中心和主旨在于："明主贤臣，规模法则，得失之轨，亦足以鉴"⑤，故而受到历代最高统治者的重视。唐太宗曾赐大臣李大亮《汉纪》，并下书说："此书叙致既明，议论深博，极为治之体，尽君臣之义。"⑥ 这突出反映了《汉纪》的社会价值及其在史学上的地位。而宋神宗说《通鉴》远过《汉纪》，既表明了两书在主旨上存在连续性，又强调前者在内容的广度、史料的丰赡上远甚后者。宋神宗的话不过寥寥数语，分量是极重的。

---

① 范祖禹：《帝学》，远方出版社，1998，第152页。
② 《宋史》卷三六〇《赵鼎传》，中华书局，1985，第11290页。
③ 宋神宗：《资治通鉴序》，见《资治通鉴》，中华书局，1956，第33页。
④ 《续资治通鉴长编》卷三五〇《神宗元丰七年》，第8390页。
⑤ 荀悦：《汉纪·孝平皇帝纪》，中华书局，2002，第547页。
⑥ 《旧唐书》卷六二《李大亮传》，中华书局，1975，第2388页。

此后，宋高宗对大臣说："《资治通鉴》首论名分，其间去取有益治道，即知司马光雅有宰相器。若《通鉴》正可为谏书耳。"① 这一评价，着眼点在于《通鉴》的鉴戒功用，这也是皇帝与思想家、史学家对《通鉴》评论相比较中显示出的最突出特点。宋高宗把它视为"谏书"，足见他对《通鉴》内容的高度重视。可以认为，从《资治通鉴》中吸取历代治理的经验教训，成为宋代君臣关于此书的一种普遍的认识。

评论《通鉴纪事本末》："治道尽在是矣。"南宋孝宗乾道九年（1173年），袁枢撰成《通鉴纪事本末》。关于袁枢编写此书的情况，《宋史》本传记载："枢常喜诵司马光《资治通鉴》，苦其浩博，乃区别其事而贯通之，号曰《通鉴纪事本末》。"② 在史书体裁上，袁枢易编年体为纪事本末体，使此书具有"文省于纪传，事豁于编年"③ 的特点。当参知政事龚茂良将《通鉴纪事本末》奏呈于上："孝宗读而嘉叹，以赐东宫及分赐江上诸帅，且令熟读，曰：'治道尽在是矣。'"④ 宋孝宗评价史书的着眼点在于"治道"，对于皇帝来说，史书的重要价值莫过于此。

此外，南宋史家李焘编撰的《续资治通鉴长编》也受到皇帝的重视。《续资治通鉴长编》980卷，上起建隆，下迄靖康，是一部仿《资治通鉴》体例的续作，而所记则为本朝史。李焘以垂四十载的心血，著成此书，自谓"精力几尽此书"。⑤ 如果说他对续作《资治通鉴》的执着追求和作为史家的历史责任感是他专心撰述的主观动因，那么，宋孝宗对其著述的肯定和相关诏令，则是此书在撰述与流传的政治保证。李焘曾举汉石渠阁、白虎观故事，"请上称制临决，又请冠序，上许之，竟不克就"⑥。淳熙十一年（1184），李焘离世，孝宗赠其光禄大夫称号，以示尊荣。但宋孝宗对作序未成之事，颇感遗憾，他对大臣宇文价说："朕尝许焘大书'续资治通鉴长编'七字，且用神宗赐司马光故事，为序冠篇，不谓其止此。"⑦ 总之，《续资治通鉴长编》因其翔实的特点和宋孝宗的推崇而广为流传。

宋代皇帝重视史学名著，其内在因素是他们对史学功用的深刻认识。

① 汪圣铎点校《宋史全文》卷一九下《宋高宗九》，第1467页。
② 《宋史》卷三八九《袁枢传》，第11934页。
③ 章学诚：《文史通义》卷一《书教下》，叶瑛校注本，中华书局，1985，第51页。
④ 《宋史》卷三八九《袁枢传》，第11934页。
⑤ 马端临：《文献通考》卷一九三《经籍考·史·编年》，中华书局，2011，第5612页。
⑥ 《宋史》卷三八八《李焘传》，第11918页。
⑦ 《宋史》卷三八八《李焘传》，第11919页。

概括来说，以下几个方面是比较突出和重要的。

第一，皇帝读史与政治统治的以史为鉴。历史的鉴戒作用，是史学功用反映在政治统治上的重要方面，也是中国古代政治家历来关注的重要内容。春秋时期，楚国大夫申叔时在论关于太子教育时，指出："教之春秋，而为之耸善而抑恶焉，以戒劝其心。"① 这表明，在史学发展早期，人们就已经认识到史学对政治人物具有鉴戒作用。唐代杰出的政治家唐太宗强调要以历史上的鉴戒作为政治统治的参照，他说："朕睹前代史书，彰善瘅恶，足为将来之戒。"故而表明"欲览前王之得失，为在身之龟镜"。② 唐太宗的史学观对盛唐而下的政治家产生了积极而深远的影响，宋代皇帝进一步发挥了这一认识。宋太宗淳化二年（991），秘书监李至进呈新校御书三百八十卷时，宋太宗真诚地说："朕他无所欲，但喜读书，多见古今成败，善者从之，不善者改之。"③ 宋太宗所说的读书，自是包含了经史的广泛内容，反映了他自觉的鉴戒意识。

这种自觉的历史鉴戒意识，在宋真宗时更被赋予"典法"的意义。景德三年（1006），宋真宗在谈到修撰《编修君臣事迹》的意图时，对史臣王钦若、杨亿说："朕此书盖欲著历代事实，为将来典法，使开卷者动有资益也。"④ 这句话至少有两方面的含义：一是宋真宗认为记载过去事实的史书，不仅对现实有所借鉴，而且可为将来的"典法"，从而把史学影响的广度延展到更长远的未来；二是他指出"开卷者"都能从中得到教益，这就阐明了史学具有的广泛社会功用。次年，宋真宗赐王钦若手札时，强调："朕于此书，匪独听政之暇，资于披览，亦乃区别善恶，垂之后世，俾君臣父子有所监戒。"⑤ 这些话，再次强调了史学的鉴戒功用。《编修君臣事迹》于宋大中祥符六年（1013）修成，凡一千卷，真宗赐名为《册府元龟》，并亲自作序。所谓"元龟"，正是强调了此书对于现实和未来的借鉴作用，可谓意味深长。

第二，皇帝读史与经世致用。政治家通过读史，从纷繁复杂的史事

---

① 《国语·楚语下》，上海古籍出版社，1978，第 132 页。
② 王钦若等：《册府元龟》卷五五四《国史部·恩奖》，周勋初等校订本，凤凰出版社，2006，第 6348 页。
③ 钱若水修《宋太宗皇帝实录校注》附录一《辑佚·淳化二年》，范学辉校注本，中华书局，2012，第 888 页。
④ 《续资治通鉴长编》卷六二《真宗景德三年》，第 1394 页。
⑤ 《续资治通鉴长编》卷六七《真宗景德四年》，第 1509~1510 页。

中，总结历代兴亡治乱之故，从中得到启示作为政治统治的鉴戒。其关键在于，把历史经验和现实政治结合起来。在这方面，宋代皇帝有清晰的认识。太平兴国七年（982），宋太宗对近臣说道："朕每退朝，不废观书，意欲酌前代成败而行之，以尽损益也。"① 可见，他认为读书的目的必着眼于政治统治的参考。而现实政治在吸取借鉴历史经验教训时，参照前代的制度、政治措施等，有所损益。这实际上是讲史学致用于政治的过程中，要加以辨别，择善而从。对此，宋真宗又有进一步的阐释和发挥。他对大臣王旦等说："经史之文，有国家之龟鉴，保邦治民之要，尽在是矣。然三代之后典章文物、制度声名，参古今而适时用，莫若《史》《汉》。"② 这段话，说明了人们从经史中认识到的前代政治文化遗产，要根据现实政治的实际，对承袭而来的种种制度和措施加以调整。这就把宋太宗讲的"以尽损益"的内涵进一步丰富了。这些认识，都显示出历史与现实相结合的求实、致用的精神。宋高宗也有类似的言论，绍兴十二年（1142），他对大臣们说："朕于宫中无嗜好，惟好观书，考古人行事，以施于政，凡学必自得乃可用。"③ 这些话，同前文只是口气上稍有差异，实际上表达了同一含义。这几个皇帝分别以"行""用""施"三个动词，强调了皇帝读史的初衷和归宿。

第三，皇帝是否学史与国之治乱密切相关。如果把皇帝读史的重要意义归结为一点，那么就是其学与不学同国之兴亡治乱有密切关系。北宋史家范祖禹在上宋哲宗《劝学札子》中写道：

> 自古以来，治日常少，乱日常多，推原其本，由人君不学故也……陛下今日学与不学，系天下他日之治乱，臣不敢不尽言之。陛下如好学，则天下之君子皆欣慕，愿立于朝，以直道事陛下，辅助德业，而致太平矣。陛下如不好学，则天下之小人皆动其心，欲立于朝，以邪谄事陛下，窃取富贵，而专权利矣。④

---

① 《续资治通鉴长编》卷二三《太宗太平兴国七年》，第528页。
② 李攸：《宋朝事实》卷三《圣学》，文渊阁四库全书本，第608册，台湾商务印书馆，1986，第31页。
③ 李心传：《建炎以来系年要录》卷一四四《绍兴十二年》，中华书局，1988，第2305页。
④ 范祖禹：《劝学札子》，见曾枣庄、刘琳主编《全宋文》第九八册·卷二一二九，上海辞书出版社、安徽教育出版社，2006，第56～57页。

这道札子，范祖禹是以历史上的教训为出发点，从"君子"与"小人"辅佐皇帝治国的区别，来说明皇帝"学"与"不学"而影响全国的学风乃至社会风气，进而对皇朝治乱兴衰产生影响。所谓"陛下今日学与不学，系天下他日之治乱"，看起来未免有些夸张，但也并非毫无根据。倘若结合上文所述的前两个方面论点来看，关于皇帝好学与否同国家治乱有密切关系的观点，并非虚言。范祖禹还认为宋朝之所以形成"太平兴盛"局面，就是由于历朝皇帝都很好学的缘故，他说："以海内承平百三十年，自三代以来，盖未之有，由祖宗无不好学故也。"① 当然，历史上影响国家治乱的原因是多方面的，但这确是其中一个重要因素。

以上是宋代君臣关于皇帝读史的几点认识。概而言之，从读史主体上看，这一时期皇帝重视读史更具有普遍性；从认识的深度上看，皇帝论读书颇具理论色彩；从目的性上看，皇帝读史着眼于联系现实政治实践。这些，都反映了皇帝对史学功用的认识和思考。

三　论"史才三长"以"识"为先

两宋时期，有的皇帝谈到唐人刘知幾的"史才三长"论而以"史识"居首，这一见解值得关注。

宋高宗绍兴二十八年（1158），下诏修纂神宗、哲宗、徽宗三朝正史。② 至绍兴三十一年（1161），高宗向宰执问道："'《三朝国史》，何日可进？'陈康伯曰：'帝纪已成，列传未就。'上曰：'史官才难，刘知幾谓必具才、学、识，卿宜谨择之。'"③ 宋高宗针对《三朝国史》编修进展发表的言论，话不多却意味深长。一方面，宋高宗确曾读过《新唐书·刘子玄传》，对刘知幾本传中提出的才、学、识"史才三长"论了然于心，并以精练概括的语言表达出来，可见宋高宗对史学和史家提出的史学理论的重视。另一方面，宋高宗十分关心《三朝国史》的修纂进展，委任宰臣陈康伯慎选史官人才。陈康伯时任同中书门下平章事，兼管史院，被宋高宗称赞为"静重明敏，一语不妄发，真宰相也"④ 的贤相。高宗明确要求他按照才、学、识的标准谨慎择选史官，以促进国史的顺利纂修。

---

① 范祖禹：《帝学》，第 132 页。
② 李心传：《建炎以来系年要录》卷一八〇，第 2978 页。
③ 李心传：《建炎以来系年要录》卷一八八，第 3141 页。
④ 《宋史》卷三八四《陈康伯传》，第 11808 页。

据目前所见史料，这是较早由皇帝引用刘知幾"史才三长"论作为朝廷择选史官的标准的记载。这表明史家提出的自我修养综合素质要求，因受到最高统治者的认同和重视，成为皇家择选史官的依据，具有权威性的作用和意义，从而拓展了"史才三长"论的运用范围，扩大了其在史学理论上的影响。

宋孝宗对"史才三长"论又有进一步理解。他的这一认识，是在经筵讲席上同翰学刘珙谈论《三朝宝训》时提出的。据《皇宋中兴两朝圣政》记载：

> 乾道三年（1167）九月丁丑，翰学刘珙进读《三朝宝训》（按：三朝是指太祖、太宗、真宗三朝），至淳化五年（994），太宗谓近臣曰："《太祖实录》或云多有漏落，当命官重修。"因叹史官才难。苏易简曰："大凡史官，宜去爱憎。近者扈蒙修史，蒙为人怯懦多疑忌，故其史传多有脱落。"上曰："善恶无遗，史臣之职。"
>
> 珙奏云："史官以学、识为先，文采次之。苟史官有学、识，安得爱憎怯懦疑忌。"
>
> 上曰："史官要识、要学、要才，三者兼之。"①

这一段经筵讲读的记载，首先是刘珙所进读《三朝宝训》中的具体内容，即宋太宗同大臣苏易简关于《太祖实录》重修问题的对话。宋太宗感慨"史官才难"，苏易简则道出了史官扈蒙"为人怯懦多疑忌"的弱点，以致造成"史传多有脱落"等等，由此太宗作了这样的结论："善恶无遗，史臣之职。"接着，刘珙在进读这段史事后，阐释了"学、识"和"文采"在史官素养重要性上的次序，按照他的说法，"学、识为先，文采次之"是"学、识、才"的顺序，强调了"学、识"在史官修史时做到去爱憎、善恶必书的重要作用。继而，宋孝宗郑重地总结道："史官要识、要学、要才，三者兼之。"显然，这一认识的提出同刘知幾"史才三长"论的影响、经筵讲席上君臣关于史官素养的讨论密不可分。宋孝宗按其重要性对才、学、识，再做新的排序，把史识列为首位，其后依次是史学、史才，并明确指出史官必须同时具备这三种能力，这也同宋神宗强调史识相呼

---

① 佚名：《皇宋中兴两朝圣政》卷四六《孝宗皇帝六·乾道三年》，孔学辑校本，中华书局，2019，第1035页。

应，但宋孝宗把史识的重要性讲得更清楚了，反映了他深刻的史学见识，在古代史学批评史上具有一定的理论价值。

宋孝宗对"史才三长"论的重新排序，是其在"史才三长"论流传中一个重要的创新和发展。在此之前，尽管吴埰、魏了翁等人尤为强调史识，但明确地把刘知幾所述"才、学、识"三长按重要性作排序，是宋孝宗可和翰学刘洪在经筵讨论中率先提出的。此后，历代学人亦有对"三长"重新排序的。如元人冯福京认为："故作史者，必擅三者之长，曰学，曰识，曰才，而后能传信于天下。"① 近人梁启超说的"史家四长"，包括了刘知幾说的史才、史学、史识以及章学诚补充的"史德"，他认为这四者的排列次序，当是"先史德、次史学、又次史识、最后才说到史才"。② 这或许可以认为是宋孝宗对"史才三长"论发展的后世影响。

总之，在宋朝君臣那里，刘知幾提出的"才、学、识"史才三长，受到广泛的重视，有的遵循刘知幾的说法，有的改变为"学、识、才"的顺序，有的则进而改变为"识、学、才"，反映了对于"三长"之重点的不同认识。从笔者的粗浅认识看，刘知幾是从自觉的史家修养的角度，提出"史才三长"论，把驾驭文献的能力和表述能力排在首位，同时指出史家要有学问有见识，所强调的是史家综合素养的积累过程。而宋孝宗在讲到"史才三长"论时，突出了史家的史识，这是因为皇帝是在既有的史学人才中选拔史官，自然首先看重史识。换言之，只有史识突出的史学人才，才会受到政治人物的称赞和重用。由此可见，刘知幾的"史才三长"论的提出，引发宋代君臣的这些讨论在史学上和政治上都产生了积极的影响。

两宋诸帝对史官修史、史学名著及"史才三长"等方面的评论，涉及史学发展的诸多方面，其影响的力度和范围固然因问题的重要程度而有所不同，但这种影响是客观存在的，既不能因其是最高统治者的身份而有所夸大，也不能因此而予以忽略。正确的做法，是把这一史学现象置于相应时代之史学发展中给予适当评价，使之成为向前可以追踪唐高祖、唐太宗、唐高宗与史学的关系；向后可推及清代顺治、康熙、乾隆与史学的关系；等等，从而成为中国史学史演进过程中的一部分。

---

① 李修生主编《全元文》卷一〇二八《冯福京·昌国州图志前序》，凤凰出版社（原江苏古籍出版社），1998，第277页。

② 梁启超：《中国历史研究法》，东方出版社，2012，第155页。

炎黄文化与中华意识[*]

——以辽夏金元时期为中心

陈俊达　陈　鹏

（吉林大学文学院中国史系，吉林长春　130012）

摘　要： 辽夏金元时期是炎黄祖先内化为各民族共同的历史传统、文化传统、精神标识的关键时期。契丹和党项效法北朝，重塑或凸显炎黄祖先记忆，皆是中华意识形成的体现。女真、蒙古等民族在追溯族源和祖先时，不再刻意强调炎黄子孙身份，但他们都认同"中华"，继承炎黄以降的历史传统与文化传统。辽夏金元以来，"中华"渐成为超越族属和血缘的、包含中国各民族的政治—文化共同体，各民族渐自觉意识到彼此皆为"中华"，"炎黄祖先记忆"或"炎黄子孙身份"，作为边裔族群形成中华意识的媒介作用或标志意义下降，"炎黄文化认同""炎黄历史传统"开始成为各民族共同的精神标识。这一时期的炎黄文化认同对明清两朝产生深远影响。明清政权渐抛弃"华夷之辨"观念，在承认民族多元的基础上，确立多民族大一统的中华意识。炎黄祖先记忆亦为明清各民族、各阶层普遍接受。这些为近代以来中华民族意识自觉和中华民族共同体意识铸牢奠定了重要的历史基础。

---

* 本文系吉林省教育科学"十四五"规划 2023 年度重点课题"铸牢中华民族共同体意识视阈下吉林省高校历史学知识体系建设研究"（ZD23072）、2023 年度吉林省教育厅科学研究项目"古代东北亚监察制度与廉政文化研究"（JJKH20231120SK）、2023 年度吉林省教育厅科学研究重点项目"汉魏南北朝炎黄祖先记忆与'中华'认同"（JJKH20231119SK）阶段性成果。

关键词：中华民族共同体意识　炎黄文化　中华意识　辽夏金元时期

　　十至十三世纪，古代中国正处在一个大变革的时代。随着公元907年唐王朝的崩溃，在唐王朝的废墟上，先后出现多个地方割据政权，如五代十国以及辽、宋、西夏、金、西辽、喀喇汗、大理等。其中辽与北宋、金与南宋，又构成中国历史上的第二次南北朝时期。直到公元1279年元朝灭亡南宋，古代中国才再次重回大一统。然而三百余年的分裂割据，不仅未能阻挡"分久必合"的脚步，而且为中华民族及今日国家版图的形成奠定重要基础，元朝实现大一统后，历经元、明、清三朝，古代中国再也不曾陷入分裂。从政治历程上看，如果说十至十三世纪向我们展现了中华民族不断克服分裂，不断走向巩固统一的历史过程，那么，构成这一过程的深层原因，则是各民族心灵深处不断增强的、深沉的相互认同的"中华意识"。

　　费孝通先生指出："中华民族作为一个自觉的民族实体，是近百年来中国和西方列强对抗中出现的，但作为一个自在的民族实体则是几千年的历史过程所形成的。"① 在中国古代，"中华民族"虽然尚属于"自在的民族实体"，甚至未出现"中华民族"这一概念，但存在中华意识。其中，作为中华文化标识和根源的炎黄文化，为我们探索中国历史上的中华意识提供了关键线索。

　　关于炎黄文化的研究，伊沛霞（Patricia Buckley Ebrey）注意到唐宋时期一些非汉家族通过将炎帝或黄帝追溯为始祖、远祖而成为汉人；② 王明珂论及唐代以来北方民族的炎黄子孙身份认同；③ 赵永春指出契丹人号称"炎黄子孙"是"中国"认同形成的表现；④ 罗炳良论及炎黄文化传统促使辽夏金元历史认同观念产生。⑤ 据此看，目前学界并未系统关注辽夏金元时期各民族、各族群的炎黄文化与中华意识，亦未注意到契丹、党项与

---

① 费孝通主编《中华民族多元一体格局》（修订本），中央民族大学出版社，1999，第3页。
② Patricia Ebrey, "Surnames and Han Chinese Identity," in Melissa J. Brown, ed., *Negotiating Ethnicities in China and Taiwan*, Seattle: University of Washington Press, 1996, pp. 11-36.
③ 王明珂：《论攀附：近代炎黄子孙国族建构的古代基础》，《中央研究院历史语言研究所集刊》第73本第3分册，2002，第600~602页。
④ 赵永春：《契丹自称"炎黄子孙"考论》，《西南大学学报》（社会科学版）2012年第6期。
⑤ 罗炳良：《炎黄文化传统与辽夏金元历史认同观念》，《史学史研究》2012年第3期。

女真、蒙古之间炎黄文化认同的区别，以及十至十三世纪炎黄文化认同对此前北朝诸族的继承、发展和变革，及其对后世明清的影响。故本文拟在前贤研究的基础上，充分利用传世典籍和出土文献，考察辽夏金元时期的炎黄文化认同，借以反映中华民族共同体意识发展的阶段特征，进而呈现其发展的深度与广度。

一　辽夏的炎黄祖先叙事与中华意识

契丹，本为宇文鲜卑别部。宇文鲜卑被慕容鲜卑所破，契丹和库莫奚"俱窜于松漠之间"。① 北魏以来，契丹诸部与中原王朝交往较多。唐末天祐四年（907），耶律阿保机成为契丹可汗，后于916年称帝建国（契丹国）；② 大同元年（947），契丹攻克后晋都城开封，契丹皇帝耶律德光（辽太宗，阿保机子）改国号辽。契丹立国后，吸收中原制度和文化，渐形成"中国"认同。③

契丹族源记忆，原有"青牛白马"传说，谓白马神人与青牛天女相遇于木叶山，配偶后生八子，是为契丹八部。④ 然伴随契丹"中国"认同形成，契丹族源记忆也发生改变。《辽史·世表·序》曰：

> 庖羲氏降，炎帝氏、黄帝氏子孙众多，王畿之封建有限，王政之布濩无穷，故君四方者，多二帝子孙，而自服土中者本同出也。考之宇文周之《书》，辽本炎帝之后，而耶律俨称辽为轩辕后。俨《志》晚出，盍从周《书》。盖炎帝之裔曰葛乌菟者，世雄朔陲，后为冒顿可汗所袭，保鲜卑山以居，号鲜卑氏。既而慕容燕破之，析其部曰宇文，曰库莫奚，曰契丹。契丹之名，昉见于此。⑤

① （北齐）魏收：《魏书》卷一〇〇《契丹传》，中华书局，2017，第2408页。
② 关于契丹开国年代，存在一定争议。参见刘浦江《契丹开国年代问题——立足于史源学的考察》，《宋辽金史论集》，中华书局，2017，第10~32页。
③ 参见赵永春《从复数"中国"到单数"中国"：中国历史疆域理论研究》，黑龙江教育出版社，2014，第390~421页。
④ （元）脱脱等：《辽史》卷三七《地理志一·上京道》"永州"条，中华书局，2016，第504页。参见刘浦江《契丹族的历史记忆——以"青牛白马"说为中心》，《松漠之间：辽金契丹女真史研究》，中华书局，2008；苗润博《"青牛白马"源流新论——一种契丹文化形态的长时段观察》，《北京大学学报》（哲学社会科学版）2022年第3期。
⑤ （元）脱脱等：《辽史》卷六三《世表》，第1051~1052页。

从上引文字来看，辽天祚帝朝史官耶律俨撰《皇朝实录》，称契丹为"轩辕后"；而元朝官修《辽史》之际，依据契丹出自宇文鲜卑，故取《周书》宇文鲜卑号称炎帝后裔之说，认为契丹"本炎帝之后"。《辽史·太祖纪》史官"赞"亦称："辽之先，出自炎帝"。①

从辽代墓志来看，契丹为黄帝子孙，当是契丹人共识。辽圣宗统和二十七年（1009）《萧氏墓志》称志主丈夫耶律污斡里"其先出自虞舜"。②虞舜为黄帝八世孙、昌意七世孙。可见，至晚辽圣宗朝，契丹人已自称黄帝子孙。不过，《萧氏墓志》称耶律氏出自虞舜，与耶律俨《皇朝实录》"称辽为轩辕后"略异，可能辽朝官方尚未确定耶律氏在黄帝子孙谱系中的具体位置。辽道宗寿昌元年（1095）《永清公主墓志》曰："盖国家系轩辕黄帝之后。"③永清公主为辽景宗第三子耶律隆裕（辽圣宗弟）孙女，此墓志所言堪称契丹宗室自称"黄帝之后"之铁证。综合《萧氏墓志》《永清公主墓志》和耶律俨《皇朝实录》的完成时间，契丹（耶律氏）为黄帝之后，作为辽朝官方说法，大抵是在景宗至道宗时期定型的。另外，契丹宗室耶律氏多以漆水为郡望、封爵，似与他们自称黄帝子孙有关；而从耶律氏封漆水郡王时间看，契丹"黄帝子孙"心理认同萌发，或许不晚于辽世宗朝。④

契丹人自称轩辕黄帝之后，当受到鲜卑影响。契丹源出鲜卑，而鲜卑自北朝以来即祖述炎黄。⑤契丹长期与中原王朝交往，尤其归附唐朝后，渐以"化内人"自居，当了解其先鲜卑人自称炎黄子孙。受此影响，契丹自诩炎黄子孙就很自然了。⑥而且，契丹在唐朝受羁縻府州管理，渐成为"化内人""唐人"，应当也了解其他入唐北方民族祖述炎黄的情况，立国后祖述黄帝，可能也受到各入唐北族之影响。

那么，辽代契丹人为何自居轩辕黄帝之后，而未像元代史官所论一般，以炎帝为先祖呢？冯家昇曾推测耶律俨《皇朝实录》："《太祖纪》前

---

① （元）脱脱等：《辽史》卷二《太祖纪下》，第 26 页。

② 向南、张国庆、李宇峰辑注《辽代石刻文续编》，辽宁人民出版社，2010，第 48 页。

③ 向南、张国庆、李宇峰辑注《辽代石刻文续编》，第 226 页。

④ 参见都兴智《契丹族与黄帝》，韩世明主编《辽金史论集》第 10 辑，中国社会科学出版社，2007，第 3~4 页。

⑤ 陈鹏、蒋晓斐：《北朝炎黄祖先记忆与"中华"认同》，《赤峰学院学报》（哲学社会科学版）2022 年第 8 期。

⑥ 参见赵永春《契丹自称"炎黄子孙"考论》，《西南大学学报》（社会科学版）2012 第 6 期。

亦有《序纪》，如魏收《魏书》者耶？"① 温拓进一步提出契丹参考北魏拓跋氏先世传说，改造本族先世传说，"使得拓跋之'鲜卑—黄帝'说与契丹之'鲜卑—黄帝'说相勾连"。② 可见，辽代契丹祖述黄帝，可能是效法北魏拓跋氏。

契丹立国后 130 余年，同为游牧民族的党项建立西夏国，与辽、宋并立。党项人对自身祖先的追述，同样存在效法北朝的一面。较诸契丹，党项人确立黄帝祖先记忆有个优势，即西夏君主拓跋氏，与北魏皇族同姓，为其祖述黄帝提供了中介。党项拓跋氏、西壁氏、独孤氏、折氏等，似皆与鲜卑存在渊源。③ 这一情形出现，可能是鲜卑（尤其西部鲜卑）融入羌人后的结果。

公元 1038 年（北宋宝元元年/西夏天授礼法延祚元年），李元昊称帝立国。次年，他遣使宋朝上表，自称"祖宗本后魏帝赫连之旧国，拓跋之遗业也"，④ 俨然以北魏拓跋氏后裔自居。他甚至曾因袭北魏孝文帝"改姓元氏"之举。⑤ 李元昊使党项拓跋氏接续北魏拓跋氏，也是间接承认党项拓跋氏为黄帝子孙。

研究者提出李元昊祖述拓跋氏乃至黄帝，是"欲效仿拓跋鲜卑建立北魏政权而称帝建国"。⑥ 不过，党项拓跋氏祖述"黄帝—北魏拓跋氏"，早见于唐五代党项拓跋氏墓志。⑦ 比如《拓拔驮布墓志》曰："其先黄帝子昌意之后。昌意少子受封朔土，因轩辕氏以土德王，北俗谓土拓，谓后拔，故以拓拔而命氏焉。当有魏握符建元，历祀数百，典章文物，备在良

① 冯家昇：《〈辽史〉源流考》，《冯家昇论著集萃》，中华书局，1987，第 119 页。
② 温拓：《多重层累历史与双重正统建构：宇文部、北周与契丹先世史叙述的考察》，《民族研究》2020 年第 2 期。
③ 拓跋氏、独孤氏，源自鲜卑姓族；西壁氏，即鲜卑氏；折氏，很可能源自鲜卑折掘氏。参见唐嘉弘《关于西夏拓跋氏的族属问题》，《四川大学学报》（社会科学版）1955 年第 2 期；赵海霞《鲜卑折掘氏与党项折氏》，《西北民族研究》2011 年第 2 期。
④ （宋）李焘：《续资治通鉴长编》卷一二三，宋仁宗宝元二年（1039）正月辛亥条，中华书局，2004，第 2893 页。按：上引表文，《宋史·夏国传》作："臣祖宗本出帝胄，当东晋之末运，创后魏之初基。"参见（元）脱脱等《宋史》卷四八五《夏国传上》，中华书局，1985，第 13995 页。
⑤ （宋）欧阳修：《归田录》卷一，李伟国点校，中华书局，1981，第 6 页。
⑥ 赵永春、王观：《10—13 世纪民族政权对峙时期的"中国"认同》，《陕西师范大学学报》（哲学社会科学版）2018 年第 1 期，第 22 页。
⑦ 尹波涛：《党项拓跋氏族属研究述评》，周伟洲主编《西北民族论丛》第 20 辑，社会科学文献出版社，2019，第 319~325 页。

史……其后，有蒿头川王是称党项，徙湟中故地，与浑部杂居。"① 党项拓跋氏以鲜卑拓跋氏为中介，上溯至昌意和黄帝。可见，西夏党项人祖述黄帝，远承鲜卑拓跋氏，近袭唐代党项祖先记忆。

西夏党项人祖述黄帝，更典型的案例来自西夏文《宫廷诗集》。《宫廷诗集》大抵写作于夏仁宗乾祐十六年（1185）至神宗光定十一年（1221）间，② 其中甲种本诗集第 8 首《严驾山行歌》有云：

> 详载始于过去祖轩辕，我等言说何时终？
> 故袭位自北魏拓跋氏，无土筑城圣教导。③

正如彭向前指出，诗文明确将党项拓跋氏先祖上溯至北魏拓跋氏，进而"上溯到华夏初祖黄帝"。④

西夏君主祖述"黄帝—北魏拓跋氏"，还见于宋人之说。北宋范仲淹镇抚西北之际，曾致书李元昊曰："大王又以拓跋旧姓之后，且尧、舜、禹、汤固有后裔，复可皆立为帝。若大王之国，有强族称单于鲜卑之后，俱思自立，大王能久安乎？"⑤ 从范仲淹之说来看，李元昊自居北魏"拓跋旧姓"，当有着借此祖述黄帝为称帝建国塑造正统性的目的。南宋罗泌《路史》更明确将党项置于"黄帝后姬姓国"中，称"党项，悃之后"；⑥而悃，《路史》载为黄帝少子昌意季子，"悃迁北土，后为党项之辟，为拓跋氏"。⑦ 可见，西夏党项人祖述黄帝，已得到宋人认可。

概言之，契丹和党项塑造黄帝祖先记忆，皆效法北朝，尤其是北魏拓跋氏。他们通过祖述黄帝，促使本族"中华化"，推动辽、夏政权"中国化"，标榜政权合法性、正当性。就此而言，十至十三世纪，契丹（辽）

---

① 段志凌、吕永前：《唐〈拓拔驮布墓志〉——党项拓拔氏源于鲜卑新证》，《中国国家博物馆馆刊》2018 年第 1 期，第 51 页。
② 参见梁松涛《西夏文〈宫廷诗集〉整理与研究》，上海古籍出版社，2018，第 16~17 页。
③ 彭向前：《西夏文献所见黄帝形象研究》，《民族研究》2022 年第 1 期，第 130 页。原文为西夏文，此据彭氏新译，原文及其汉文对译，参见梁松涛《西夏文〈宫廷诗集〉整理与研究》，第 143 页。
④ 彭向前：《西夏文献所见黄帝形象研究》，《民族研究》2022 年第 1 期，第 130 页。
⑤ （宋）李焘：《续资治通鉴长编》卷一三〇，仁宗庆历元年（1041）正月条，第 3087 页。
⑥ （宋）罗泌：《路史》卷二四《国名纪·黄帝后姬姓国》，《景印文渊阁四库全书》第三八三册，台湾商务印书馆，1986，第 264 页。
⑦ （宋）罗泌：《路史》卷一四《后纪五·疏仡纪·黄帝纪上》，第 126 页。

和党项（夏）的黄帝祖先记忆确立，存在着现实政治需求考量。

不过，辽、夏政权，毕竟与十六国北朝有所不同。契丹、党项在唐朝皆曾受羁縻府州管理，当已萌生胡汉诸族皆属"中华""中国"之观念。辽、夏立国后，契丹、党项虽祖述黄帝，却仍保留了强烈的本族意识，而二者又自称"中华""中国"。[①] 边裔族群自称"中华"，北朝政权或边疆政权以"中国"自居，意味着族属、族源不再是"中华"意识的主要依据或标准。"中华意识"开始迈向一个新的阶段。

二　金元的炎黄文化认同与中华意识

学界一般认为，在历史认同内涵的血缘方面，就边疆民族来说，无论是多民族政权分立时期的辽、西夏、金等政权的统治民族，还是中华民族多民族统一时期的元、清大一统王朝时期的统治民族，多将自己或其他民族的祖源追溯至炎黄二帝。然而，以金元时期为分界线，中国古代边疆民族的炎黄文化认同呈现出前后两期明显的发展变化。

早在东周时代，炎帝、黄帝即被描述为华夏和一些边裔族群的祖先。至西汉司马迁撰《史记》，将文献记载和调查的边裔传说予以整合，构建"华夷同源"说，将华夏与边裔族群皆描述成炎黄苗裔。[②] 十六国北朝，边裔族群匈奴、鲜卑等渐自觉确立炎黄祖先记忆，推动本族"中华化"和确立政权合法性。尤其西魏北周时期，鲜卑、氐羌诸族既保持本族认同，又祖述炎黄，令炎黄二帝成为"华夷共祖"。隋唐时期，炎黄祖先记忆得到延续和扩展。一方面，北朝以来进入中原的鲜卑、匈奴诸族，维持炎黄祖先记忆。另一方面，新入华胡族，如铁勒、粟特等，不乏接受炎黄子孙身份者。[③]

辽宋夏时期，契丹、党项皆效法北朝，祖述黄帝，自称中华。宋朝士大夫也继承和发展了司马迁、魏收以来史家之民族史观，认可炎黄为"华

---

① 参见赵永春、王观《10—13世纪民族政权对峙时期的"中国"认同》，《陕西师范大学学报》（哲学社会科学版）2018年第1期；史金波《论西夏对中国的认同》，《民族研究》2020第4期。

② 赵永春、刘月：《多民族"中国"的构建：司马迁〈史记〉的"中国"观》，《西南民族大学学报》（人文社会科学版）2020年第2期，第10页。

③ 详见陈鹏、蒋晓斐《北朝炎黄祖先记忆与"中华"认同》，《赤峰学院学报》（哲学社会科学版）2022年第8期。

夷共祖"。南宋罗泌《路史》整理此前文献，描述了一套完整的"炎黄古史系统"：

> （黄帝）元妃西陵氏，曰嫘祖，生昌意、玄嚣、龙苗。昌意就德，逊居若水，有子三人，长曰乾荒，次安，季悃。乾荒生帝颛顼，是为高阳氏；安处西土，后曰安息，汉来复者为安氏延、李氏；悃迁北土，后为党项之辟，为拓跋氏。至郁律二子，长沙莫雄，次什翼犍，初王于代，七子。其七窟咄生魏帝道武，始都洛，为元氏。十五世，百六十有一年。①

罗泌在司马迁"炎黄古史系统"的基础上，吸收十六国北朝、隋唐以来形成的"华夷共祖"认同，将北魏等北方民族纳入这一系统之中。将汉人（华夏）和拓跋鲜卑、党项、安息（粟特安国）等皆纳入黄帝子孙之列。

不过，辽夏之"中华"意识、"中国"认同，呈现出新的面貌。他们虽祖述炎黄，但明显保留了本民族意识和文化认同，却又不妨碍他们认同"中华""中国"。张博泉提出，辽宋金时期，民族关系和民族意识"发生了重大的转折性的变化，不仅'华夷'不能从'天下一体'中分割，而各族在'中国'中亦不可分割"，"宋是'中国'，辽、金也是'中国'，在辽、金统治下的中国正在朝着有利于'中华一体'发展"。② 可以说，辽金以来，"中华"得以"再造"，渐成为超越族属和血缘的、包含中国各民族的政治—文化共同体。在这种情形下，"炎黄祖先记忆"或"炎黄子孙身份"，作为边裔族群形成中华意识的媒介作用或标志意义下降，"炎黄文化认同""炎黄历史传统"成为各民族共同的精神标识。

金元时期，女真、蒙古等民族在追溯族源和祖先时，不再刻意强调炎黄子孙身份。金宣宗贞祐四年（1216）曾发生过一次关于女真先世的讨论。《金史·张行信传》曰：

> 时尚书省奏："辽东宣抚副使完颜海奴言，参议官王浍尝言，本朝绍高辛，黄帝之后也。昔汉祖陶唐，唐祖老子，皆为立庙。我朝迄今百年，不为黄帝立庙，无乃愧于汉、唐乎。"又云："本朝初兴，旗

---

① （宋）罗泌：《路史》卷一四《后纪五·疏仡纪·黄帝纪上》，第126页。
② 张博泉：《"中华一体"论》，《吉林大学社会科学学报》1986年第5期，第8页。

帜尚赤，其为火德明矣。主德之祀，阙而不讲，亦非礼经重祭祀之意。臣闻于浍者如此，乞朝廷议其事。"诏问有司，（张）行信奏曰："按《始祖实录》止称自高丽而来，未闻出于高辛。今所据欲立黄帝庙，黄帝高辛之祖，借曰绍之，当为木德，今乃言火德，亦何谓也。况国初太祖有训，因完颜部多尚白，又取金之不变，乃以大金为国号，未尝议及德运。近章宗朝始集百僚议之，而以继亡宋火行之绝，定为土德，以告宗庙而诏天下焉。顾浍所言特狂妄者耳"。上是之。①

当时，汉人王浍认为金朝上承高辛氏（帝喾），高辛氏为黄帝曾孙，故金朝当为"黄帝之后也"，理应"为黄帝立庙"；又据金朝初兴"旗帜尚赤"，认为金朝当为火德。女真人完颜海奴听闻此说，上书"乞朝廷议其事"；尚书省上奏给金宣宗。王浍"本朝绍高辛"，大概是因金朝完颜氏声称始祖函普"初从高丽来"，②而王浍误以为高丽为高辛氏之后，③遂得出此说。金宣宗"诏问有司"，时任礼部尚书、兼同修国史的张行信，即明确提出"按《始祖实录》止称自高丽而来，未闻出于高辛"，并称金倘"绍高辛"，"当为木德"，与王浍所言火德不合，可见王浍之说自相矛盾。最终，张行信的观点，得到了金宣宗的认可。从这次金朝先世争议来看，尽管尚有个别士人有意从血缘和谱系上将女真（完颜氏）与黄帝建立起联系，但整体而言，金朝皇帝、贵族和汉人士大夫已不再执着于令女真必须祖述炎黄了。在时人看来，无论女真祖述炎黄与否，女真均为中华民族之一员，金朝均为中国历史之延续。

　　元朝君臣，同样未刻意塑造蒙古的炎黄祖先记忆。元朝统一中国后，仍以"苍狼白鹿"作为蒙古祖先传说。研究者提出金元以降女真、蒙、满等族，未祖述炎黄，"在于这些民族都有自己的语言文字和民族历史，如果记忆过于深刻，不易遗忘，也就不便于重新书写和建构。而且，正值当时中原积弱，吸引力不强，因此各族融入华夏正统的动力也略显不足"。④

---

① （元）脱脱等：《金史》卷一〇七《张行信传》，中华书局，2020，第2505页。
② （元）脱脱等：《金史》卷一《世纪》，第2页。
③ 高句丽高氏，文献或载为"高辛氏"之后（［高丽］金富轼：《三国史记》卷二八《百济本纪五·义慈王》，杨军校勘，吉林大学出版社，2015，第332页）；但（王氏）高丽与高句丽有别，并非相继的两个政权，君主族属也不同。
④ 王志平：《黄帝子孙与族群认同》，香港浸会大学孙少文伉俪人文中国研究所主办《学灯》第2辑，上海古籍出版社，2017，第37页。

语言文字和民族历史的存在，固然是女真、蒙、满等族不能轻易祖述炎黄的理由之一；但考虑到唐代回鹘和辽代契丹亦有着自己的文字和历史，却均祖述炎黄，可见边裔民族进入中原，吸收汉文化后，将炎黄祖先嫁接到本族祖先记忆之上，并非难事。金元以降，边裔民族不再刻意祖述炎黄，关键在于华夷内外之别已被打破，时人已承认汉人和边裔民族都是"中国"之民，皆属"中华"，不必刻意强调祖先或血缘了。

当然，金元以降，祖述炎黄的观念并未彻底消失。元修《辽史》讨论契丹应祖述黄帝还是炎帝，即其遗风。金元以来，北族君主、贵族不再刻意祖述炎黄，但无不自称中华正统，承认本朝为炎黄以来中国历史之延续。炎黄历史传统，实为金元以来各政权、各民族塑造中华意识的重要知识。

金朝自称中华正统，利用"五德终始说"论证金朝统绪，编成《大金德运图说》。《大金德运图说》安排金朝德运，上承庖牺、神农、黄帝以来历代德运，显然自视为炎黄以来历史之延续。① 而且，正如赵永春指出的，金人编制王朝德运，同时承认南北朝，"将'五德终始'学说的单线性发展模式改为复线性发展模式"；对唐、宋、辽三朝历史"均具有认同意识"，形成一种"中国历史复线性发展观念"。② 金朝不仅自称中华正统，而且将此前胡汉政权均纳入中国历史谱系中。金朝还上承唐、宋，祭祀三皇五帝等前代帝王。《金史·礼志》称，金朝祭祀前代帝王，"三年一祭，于仲春之月祭伏牺于陈州，神农于亳州，轩辕于坊州，少昊于兖州，颛顼于开州，高辛于归德府，陶唐于平阳府，虞舜、夏禹、成汤于河中府，周文王、武王于京兆府"。③ 祭祀前代帝王，自是表明金朝自认为接续了炎黄以来中国帝王统绪。

元朝时期，"五德终始说"不再流行，④ 但祭祀三皇五帝以来先代帝王则得到延续和发展。元朝上承宋、金，继承了中原王朝祭祀先代帝王的传统。⑤ 元世祖中统三年（1262），即"修河中禹庙，名建极宫；五年，建帝

---

① 《大金德运图说》，《大金集礼》，任文彪点校，浙江大学出版社，2019，第602～624页。
② 参见赵永春《中华民族共同体视域下金人的"中国"历史认同——以〈大金德运图说〉为中心的讨论》，《陕西师范大学学报》（哲学社会科学版）2022年第1期，第26页。
③ （元）脱脱等：《金史》卷三五《礼志八·前代帝王》，第874页。
④ 宋金以降，"五德终始说"渐趋终结。参见刘浦江《"五德终始"说之终结——兼论宋代以降传统政治文化的嬗变》，《正统与华夷：中国传统政治文化研究》，中华书局，2017，第61～87页。
⑤ 参见马晓林《元代国家祭祀研究》，南开大学博士学位论文，2012，第420～421页。

尧庙于平阳，以田十五顷供祭祀"；① 其后，元朝各代皇帝先后敕建过伏羲、女娲等先代帝王庙。这正体现了元朝对先代帝王的崇敬和对中国历史、中华文化的认同。另外，元朝州县通祀三皇庙。《元史·祭祀志》曰："元贞元年（1295），初命郡县通祀三皇，如宣圣释奠礼。太皞伏羲氏以勾芒氏之神配，炎帝神农氏以祝融氏之神配，轩辕黄帝氏以风后氏、力牧氏之神配。黄帝臣俞跗以下十人，姓名载于医书者，从祀两庑。有司岁春秋二季行事，而以医师主之"。② 元朝祭三皇，将之视作医家始祖，可能上承宋、金民间信仰或地方祭祀；但州县通祀三皇，是元朝新制。③ 此举扩大了三皇的影响，亦反映了元朝统治者在医学领域对中华文化的认同。

三　辽夏金元炎黄文化与中华意识的影响

历经辽夏金元时期，以炎黄文化为纽带确立的中华意识，对明清两朝各阶层、各民族产生了深远影响。

其一，炎黄祖先记忆扩展到各个阶层，获得各民族、各阶层的普遍接受，成为日后中华意识发展和"中华一体"凝聚的重要基础。清朝君臣虽未刻意塑造满洲的炎黄祖先记忆，如清朝官修《满洲源流考》考辨"肃慎—挹娄—勿吉—靺鞨—女真—满洲"的族群发展源流，亦不将满洲上溯至炎黄。④ 但祖述炎黄的观念不仅未消失，反而更加深入人心。鲁迅先生曾说："我没有看过《清史》，不得而知，但据老例，则应说是爱新觉罗氏之先，原是轩辕黄帝第几子之苗裔，遁于朔方，厚泽深仁，遂有天下，总而言之，咱们原是一家。"⑤ 从中可见长期以来在人们印象里边裔民族往往祖述炎黄。又如康有为曾说："满洲云者，古为肃慎，亦出于黄帝后"；⑥

① （明）王圻：《续文献通考》卷一一四《宗庙考》，《续修四库全书》第七六四册，上海古籍出版社，2002，第190页。
② （明）宋濂等：《元史》卷七六《祭祀志五》"郡县三皇庙"条，中华书局，1976，第1902页。
③ 参见马晓林《元代国家祭祀研究》，第419~425页；汤勤福《人神之际：古代中国五帝祭祀的变迁（下）》，《河北学刊》2019年第6期，第145~146页。
④ 参见武文君《"我"与"他"的重构：清朝的女真源流观》，《郑州大学学报》（哲学社会科学版）2022年第1期。
⑤ 鲁迅：《伪自由书·文章与题目》，《鲁迅全集》第五卷，人民文学出版社，2005，第128~129页。
⑥ 汤志钧编《康有为政论集》，中华书局，1981，第669页。

严复认为，满汉"同是炎黄贵种，当其太始，同出一源"。① 在追溯满族的先祖时，皆将其追溯至"炎黄子孙"。

更为关键的是，明清以降，民间家谱往往同样祖述炎帝、黄帝等先代帝王。② 清人龚自珍曰"民之生，尽黄帝、炎帝之后也，尽圣者之后也"，③ 孙治曰"今之氏族，莫非黄炎之后"，④ 即由此发出的感慨。就此来讲，炎黄祖先实得到了更广泛的接受。

其二，金元确立的炎黄祭祀文化，被明清两朝继承和发展。明、清二朝，将此前于各地分祀先代帝王的方式，改为于京师立历代帝王庙祭祀。明洪武六年（1373），监察御史蒙古人答禄与权进言明太祖，称"我朝继正统而有天下"，倡议皇帝"躬祀三皇之礼"。⑤ 明太祖受此启发，于京师立庙祭祀三皇、五帝、三王和汉、唐、宋、元创业之君；其后，明朝皇帝对庙中祭祀皇帝及相关礼仪有所调整，但历代帝王庙得到长期保存。⑥ 明朝立历代帝王庙，无疑认可明朝为三皇五帝以来中华历史之延续。值得注意的是，倡议明朝皇帝"躬祀三皇"者，是蒙古族官员；明太祖定历代帝王庙祭祀帝王，包括元世祖忽必烈。可见，明朝蒙古人认同"中华"，明朝皇帝承认元朝为中华王朝。

清朝上承明制，延续了历代帝王庙祭祀制度。在历代帝王庙中，"圣作明述之君，守文继体之主"一脉相承、先后相继，呈现出完整的统绪。研究者指出："对包括黄帝在内的历代帝王的奉祀，既表明了清统治者以正统自居的立场，也反映出一代王朝对自古相传的中华统绪的认同和接续。"⑦ 清朝历代帝王庙，较诸明朝，扩大了祭祀范围，更充分展现了历代

---

① 王栻主编《严复集》，中华书局，1986，第 1245 页。
② 王志平：《黄帝子孙与族群认同》，《学灯》第 2 辑，第 39 页。
③ （清）龚自珍：《龚自珍全集》第三辑《怀宁王氏族谱序》，王佩净校，上海古籍出版社，1999，第 230 页。
④ （清）孙治：《孙宇台集》卷六《序·张氏宗规序》，清康熙二十三年（1684）孙孝桢刻本，叶 4 下。
⑤ 《明太祖实录》卷八四，洪武六年（1373）八月乙亥条，"中央研究院"历史语言研究所，1962，第 1497 页。
⑥ 邓涛：《明清帝王民族观和历史观的异同——从历代帝王庙帝王祭祀角度出发》，《烟台大学学报》（哲学社会科学版）2017 年第 4 期，第 84～85 页。
⑦ 黄爱平：《清代的黄帝祭祀与文化认同》，故宫博物院主编《故宫学刊》第 4 辑，紫禁城出版社，2009，第 291～292 页。

中华王朝的前后承继。① 尤其清朝将明太祖、明成祖、明孝宗（崇祯）等纳入历代帝王庙，展现了明清二朝的承继关系。清朝还将北魏、辽、金等北族政权皇帝纳入祭祀帝王范围，充分肯定了北族政权的中华王朝属性，也是清朝以中华正统自居的体现。②

金元以来，历朝祭祀先代帝王，尤其明清立历代帝王庙，表明各王朝无论胡汉，皆自称炎黄以来中华历史之延续，各政权、各民族皆认同"中华一体"的理念。清乾隆帝说"中华统绪，不绝如缕"，③ 认为"中华"或者"中国"从未灭亡或中断，中华历史和文化延续了数千年，而清朝也在延续"中华统绪"。这正是"中华一体"的典型表现。

其三，清朝藏文史籍亦受辽夏金元炎黄文化与中华意识影响，记述三皇五帝以来中原王朝历史，并将三皇事迹区分为"王统史"和"文明史"。④

"王统史"，即中原王朝历代史。藏文史籍将之上溯至三皇五帝，并接受汉文史籍中"华夷同源"的"炎黄子孙"观念。《汉区佛教源流记》称："颛顼高阳氏乃少皞长子昌意之子……其小弟被北方一邦国推戴为王，其后裔乃后期魏国之诸王也。"⑤《如意宝树史》称："高阳氏弟弟的后裔为鲜卑王族。"又称："第二皇炎帝苗裔建霍尔契丹国，共出九帝，国号大辽。"⑥ 将二者与《魏书》《辽史》比对，不无谬误；但二书显然接纳了拓跋鲜卑系出昌意子、契丹源出炎帝之说。鲜卑、契丹等族的炎黄祖先记忆，"潜移默化地影响着藏族史学的历史认识"。⑦

---

① 邓涛：《明清帝王民族观和历史观的异同——从历代帝王庙帝王祭祀角度出发》，《烟台大学学报》（哲学社会科学版）2017年第4期，第86~88页。

② 参见姚念慈《再评"自古得天下之正莫如我朝"——〈面谕〉、历代帝王庙与玄烨的道学心诀》，《康熙盛世与帝王心术：评"自古得天下之正莫如我朝"》，生活·读书·新知三联书店，2018，第195~224页；邓涛《明清帝王民族观和历史观的异同——从历代帝王庙帝王祭祀角度出发》，《烟台大学学报》（哲学社会科学版）2017年第4期，第91页。

③ 《清朝文献通考》卷一一九《群庙考》，浙江古籍出版社，1988，第5886页。

④ 石硕、曾现江、黄博等：《共同书写的历史：藏文史籍的中原历史记叙研究》，四川人民出版社，2022，第46~47页。

⑤ （清）贡布嘉：《汉区佛教源流记》，罗桑旦增译，中国藏学出版社，2005，第18页。

⑥ （清）松巴堪布·益西班觉：《如意宝树史》，蒲文成、才让译，甘肃民族出版社，1994，第742页。

⑦ 石硕、曾现江、黄博等：《共同书写的历史：藏文史籍的中原历史记叙研究》，第53~54页。清代藏文文献的这一特点上承元代，元代蔡巴司徒·贡噶多杰著《红史》，即构建出一个以周朝为起点、粗具体系、相对完整的"中原王统世系"，并最终为明清时期藏文史籍所继承。参见石硕、曾现江、黄博等《共同书写的历史：藏文史籍的中原历史记叙研究》，第11~12、29页。

"文明史"，即物质文明和精神文明的发明史。先秦以来，三皇五帝被华夏人群描述为各种典制文物的发明者。藏文史籍在一定程度上接受此类"文明史观"，特别是在医学方面。《汉区佛教源流记》称炎帝神农氏首撰医学论典；①《土观宗派源流》认为藏医源于"汉土"，而医学起源于"最初三皇中的第二炎帝神农氏首作《本草经》"，"此为天竺及其他地方皆没有的特法"。②

从藏文文献来看，藏族与蒙古族类似，并未刻意祖述炎黄；但其并不否认炎黄二帝的"华夷共祖"身份，更认可炎黄二帝的"文化初祖"地位。边裔民族已自觉认同"中华"，将中华历史看作多民族共同创造、共同书写的历史。"中华一体"意识，已深入"中国"的内地和边疆。

余　论

综上所述，在中国历史的长河中，炎黄文化作为"中华文明的精神标识"，成为凝聚各民族的精神纽带。而辽夏金元时期正是炎黄祖先内化为各民族共同的历史传统、文化传统、精神标识的关键时期。

研究者指出，族源记忆"作为伴随一个民族起源的叙事，'变化'与'修正'之中必然有'根本'所遵，重构应出于民族'自我'意识，并基于现实的族群融合背景，唯其如此，才能成为聚合民族共同体的精神纽带"。③ 中国北方民族之炎黄祖先记忆，或基于"根本"，或基于现实族群融合。亦有民族祖述炎黄，兼顾根本和现实，例如契丹祖述黄帝，既上承鲜卑，又考虑到辽代契汉融合。

北族进入中原后，"改变"或"修正"族源，重塑或凸显炎黄祖先记忆，皆是中华意识形成的体现。但辽夏金元以来，各民族渐自觉意识到彼此皆为"中华"，不必仅依据族源记忆、祖先记忆来判定是否为"中华"。金元以来，进入中原的诸民族，包括女真、蒙、满等族，不再祖述炎黄。但他们都认同"中华"，承续炎黄以来的中国历史传统，接受炎黄以来的中华文化传统。金元以降明清等政权，渐抛弃以往较狭隘的"华夷之辨""夷夏之防"观念，在承认民族多元的基础上，继承炎黄以降的历史传统

---

① （清）贡布嘉：《汉区佛教源流记》，第16页。

② （清）土观·罗桑却吉尼玛：《土观宗派源流》，刘立千译注，民族出版社，2000，第205页。

③ 祁美琴、王苏佳：《解构"攀附"：民族起源的多源性与族源记忆中的华夏叙事根由》，《中国边疆史地研究》2021年第4期，第138页。

与文化传统，确立多民族大一统的中华意识。此种"中华一体"观念，促使中华意识发展成超越胡汉华夷各族之上的高层次认同，推动了历史上中华民族共同体意识的自觉和发展，为近代以来中华民族意识自觉和中华民族共同体意识铸牢奠定了重要的历史基础。

地方儒学专题碑刻及其文献价值[*]

——以明代广东儒学碑记为中心的研究

黄晓丹

（广东第二师范学院历史与社会发展学院，广东广州　510303）

摘　要： 明代广东儒学兴盛，儒学观念影响着社会生活的方方面面，由此产生了丰富的儒学碑记。本文尝试以明代广东为时空切入点，以记载内容较为完整、信息较为丰富的碑记为中心，构建地方儒学碑刻专题文献，探讨儒学碑刻文献的义界和分类、载录与分布以及其文献价值，为地方儒学专题碑刻文献的整理和研究提供一定的范式。据不完全统计，明代广东儒学碑记680多篇，主要有儒学教育碑记、儒教祠庙碑记和儒林碑志几大类，其中府州县学碑记数量最多，宗祠、书院碑记次之。碑记地域分布上以广州、潮州、肇庆、琼州为多。这些碑记与儒学典志文献互证互补，为儒学研究提供新视角和史料支撑，反映明代广东儒学传播与教化的效应和特色。

关键词： 儒学碑记　明代广东　儒学传播

儒、释、道是影响中国文化的三大重要思想。儒学在中国三大主流思想中居于首要地位，尤其在明清专制王权极度发展的时代，是居于统治地位的学术，不仅在形而上的理论思维方面继续发展，而且在形而下的社会

---

* 本文系广州市哲学社会科学发展"十四五"规划2022年度课题"'海滨邹鲁'：儒学的传播与教化——以明代广东儒学碑记为中心的研究"（2022GZLW03）、广东省哲学社会科学规划2022年度课题"明代潮州宗祠碑记整理与研究"（GD22CZZ17）的阶段性成果。

层面广泛影响民众的生活，儒学传播和教化举措众多，由此而产生数量丰富、分布广泛的儒学碑刻文献。历来，佛教和道教碑刻文献的价值为学界所重视，已产生了大量的整理和研究成果，而儒学碑刻文献则尚缺乏系统整理和深入的研究利用。

以"儒"为专题集结碑刻文献的代表著作，一般提到的是曲阜儒家碑刻文献辑录，已有相当显著的学术成果。如《石头上的儒家文献——曲阜碑文录》①《曲阜儒家碑刻文献集成》② 等。曲阜儒家碑刻记载一系列尊孔崇儒举措，集中展现了儒学与中国历代政权的互动，但是其产生地理范围小，主要集中于孔庙、孔府、孔林，撰写、刻立者身份特殊，一般是帝王、中央及地方各级官员、孔裔，其文献解读和研究方法难以为其他地方儒学碑刻文献的整理研究提供范式。此外，有一些地区零星可见对儒学相关碑刻文献的收集整理，如《常熟儒学碑刻集》③《泉州府文庙碑文录》④《台湾教育碑记》⑤《白鹿洞书院碑记集》⑥《杭州儒学碑碣》⑦ 等，反映儒学碑刻文献在全国各地的广泛分布。不过这些碑刻汇集，所涉地域范围较小，碑刻文献类别单一，对儒学碑刻文献特色和研究价值未做深入探讨。总体来说，目前学界对儒学碑刻文献的整理成果尚属薄弱，整理方法粗简，研究和利用的成果更是鲜见。

广东地区是儒学在边海地区传播的一种典型，因而也产生了不少与儒学相关的著名碑刻。如宋苏轼撰《潮州韩文公庙碑》，明陈献章撰《慈元庙碑》、湛若水《心性图说碑》等。入明以后，随着国家大一统力量推进，广东融入儒学主流文化，在儒学发展史上扮演重要角色，儒学价值观念广泛渗透至社会生活中，产生众多反映儒学传播与教化的碑刻。碑刻文献具有明显的地域性和民间文献特征，对于儒学思想影响下地方制度、道德风尚、礼仪习俗的研究尤具价值，因此有必要从儒学研究的角度集结碑刻文

---

① 骆承烈编《石头上的儒家文献——曲阜碑文录》，齐鲁书社，2001。该书汇集汉魏到民国孔子故里曲阜的 1 万多件与孔庙和儒学相关的碑刻。

② 杨朝明主编《曲阜儒家碑刻文献集成》，齐鲁书社，2022。该书著录曲阜地区重要碑刻近700 块。

③ 陈颖主编《常熟儒学碑刻集》，苏州大学出版社，2017。

④ 泉州府文庙文物保护管理处编《泉州府文庙碑文录》，海潮摄影艺术出版社，2009。

⑤ 夏德仪编《台湾教育碑记》，载周宪文等编《台湾文献史料丛刊》（影印本）第九辑第175 册，人民日报出版社，2009。

⑥ 李才栋、熊庆年编《白鹿洞书院碑记集》，江西教育出版社，1995。

⑦ 王光斌主编《杭州儒学碑碣》，杭州出版社，2019。

献，为儒学研究提供新的研究视角和史料支撑。本文尝试以明代广东为时空切入点，以记载内容较为完整、信息较为丰富的碑记为中心，构建儒学碑刻专题文献，探讨儒学碑刻文献的义界与分类、载录与分布以及文献研究价值，为地方儒学专题碑刻文献的整理和研究提供一定的范式。

一 明代广东儒学碑记的义界与内容分类

"儒学"一词，一般认为包含三层意思：一指儒家思想教义，二指传统的府州县学，三指儒家学者。而目前学术界的地方儒学碑刻汇集成果，其收录范围一般以府州县学为中心，旁及与之相关的碑刻。[①] 学界对地方儒学碑刻应包括和涉及哪些内容，并没有统一的说法。大体来说，庙学、书院、社学、义学、贡院、试舍、科举题名等儒学教育场所的碑刻，称之为儒学碑刻是没有异议的。但是如果从广义上来看，儒学的传播和教化除通过学校教育外，还通过神道设教的方法广泛影响社会生活。明代儒学呈现深入基层、走向民间、向化外之地辐射的趋势，儒学具有明显的"践履"性格。所以，除集中于儒学教育场所的碑刻，那些散布于其他场所，如名儒祠、忠义祠、乡约所、宗祠、儒林墓地等以传播儒学思想教义、记录颂扬儒学人物为主体内容的碑刻，有可能从更广阔的社会空间体现儒学的发展和特征，也应纳为考察对象。

基于以往学界对儒学碑刻文献的整理和研究成果，结合明代广东儒学发展和碑刻文献的实际，本文提出明代广东儒学碑记大致包括以下内容。一为儒学教育碑记，包括儒学经典碑、府州县学碑记、书院碑记、社学义学碑记、科举题名碑记五类；二为儒教祠庙碑记，包括文庙碑记、先贤祠碑记、忠孝祠碑记、名儒祠碑记、文昌祠文塔碑记、宗祠碑记六类；三为儒林碑志。下文分类详述之。

（一） 儒学教育碑记

地方的儒学教育系统由府州学、县学、书院、社学、义学等各级学校组成。这些教育场所的鼎建、历代重修，常有相关碑记详述其始终。从各

---

① 《泉州府文庙碑文录》以泉州府文庙为中心汇集碑文，也包含少数与儒学密切相关而不在文庙内的碑刻。如位于文庙东门外和文庙前的祠庙碑以及不在文庙范围内的考试院碑。《常熟儒学碑刻集》收录范围则更为广泛，包括了常熟府学、书院、社学、科举题名及与庙学兴建有关官师的祠庙碑和德政碑。

类学校的性质和等级来分，可将儒学教育碑记分为府州县学碑、书院碑、社学碑、义学碑等。除此，地方学校的学规、产业等情况，也常需刻碑宣扬，以起到训诫、宣示的作用。所以，从碑刻的内容和功能上看，又可将儒学教育碑分为建设碑、学规碑、学田碑等。

在地方的府州县学或书院中，还有一种儒学经典碑，多是由朝廷挑选具有重要指导思想的儒学经籍或篇章，颁示天下学校刻石传颂，这类碑刻多为皇帝御制，在地方志的编纂中，为显示对皇帝翰宸的恭敬，常被置于金石或艺文志最前部分。此外，在科举时代，考取功名者往往为一方人杰、一地荣誉，地方的科举题名碑记表彰先进，记录地方历次科考成果，其数量也不少。

结合碑刻所涉教育场所及内容，可将儒学教育碑记分为儒学经典碑、府州县学碑记、书院碑记、社学义学碑记、科举题名碑记五类。以下详述其分类情况。

1. 儒学经典碑

一个朝代立石传颂的儒学经典，是这个时代经学的标准文本，儒学思想的主流读物，代表中央王朝统治思想的风向。石刻被用于儒学经典的传播自汉代《熹平石经》起，此后，中国历史上还有多次著名的儒经刻石活动。这些石经多刻立于太学或历代国子监里。

明代广东的儒学经典碑，主要有明宣宗御制《洪范叙碑》，明世宗御书的《宋儒范氏新箴碑》《程子视听言动四箴碑》，明世宗御制《敬一箴言碑》，这些碑刻是当时颁行天下地方庙学的御制碑，是中央王朝对儒学经典的解释，代表着中央王朝提倡的学术风向。此外，成化年间广东按察司副使涂棐在琼山县刻朱子《感兴诗碑》，[①] 嘉靖年间湛若水在增城明诚书院刻《心性图说碑》，[②] 此类碑的内容为儒学名家阐释其儒学思想的代表篇目，亦可视之为儒学经典的石刻版本。

2. 府州县学碑记

府州县学也称地方庙学或地方儒学，作为官方的儒学教育机构，府州县学在地方儒学教育系统中居于最重要的位置。府州县学碑记，在地方志中有时也被称为"学记"或"学宫碑"，以区别于其他文体。明代广东儒学教育普及，修学工程频仍，因此，此类碑记的数量规模为最大。地方志

---

① 咸丰《琼山县志》卷29《金石》，第34页。
② 嘉庆《增城县志》卷19《金石录》，第13~14页。

的编纂将之立为类目，也正反映了这种文类的数量巨多。像丘濬、陈献章、湛若水等名儒，都为广东各地学宫撰有大量的碑记，记录其修建情况，阐述他们关于儒学教育的思想。府州县学碑记，大部分是综合叙述学校的修建情况。明中后期，各府州县的儒学在教学设施的配套上逐步完备，也出现了专门为明伦堂、尊经阁、射圃等配套建设所写的碑记，反映了地方儒学教育制度的逐步完善。

3. 书院碑记

书院碑记记载建院始末与书院规模、阐明建院宗旨、申发教学思想，是研究书院儒学教育的重要文献。有些历史悠久的著名书院，其历代碑记数量众多，连缀而成便可见书院的历史沿革，如李才栋、熊庆年编《白鹿洞书院碑记集》，集中收录宋至清碑记文 100 多篇，其类型包括了修建碑、院产碑、教思碑、祠庙碑、膏火碑、捐助碑等，是研究白鹿洞书院历史的不可多得的文献。

明代为广东书院发展的兴盛期，达 207 所，居全国第二位，[①] 因此产生了大量书院碑记。成化、弘治年间，广东大儒陈献章设帐授徒，其弟子湛若水广建书院，讲学四方，标榜心学。湛若水还亲自撰写碑记以述书院创办过程和办学思想，其《泉翁大全集》[②] 中就收录有广东书院碑记 11 篇之多。南海的西樵山、广州的白云山、惠州的罗浮山等是明代广东书院汇聚之地，在当时获得理学名山、道学名山的称誉。这些地方人文荟萃，讲学活动频繁，产生了一批书院碑记。如湛若水在南海大科书院讲学时，南海籍名臣方献夫建石泉书院，霍韬建四峰书院，三所书院汇聚西樵山，生徒聚集，从游者众，学风大盛。现尚存有吕柟《大科书院记》[③]、方献夫《石泉书院记》[④]，可印证当时儒学教育盛况。

4. 社学义学碑记

社学和义学是地方儒学教育中最基层的机构，有启童蒙、兴教化之用。明初，朱元璋为从根本上教化百姓，整齐民俗，命天下立社学。明代社学成为各类学校中数量最多的一种。据统计，明代广东社学数量达 970 所，在全国排第三，仅次于南直隶和浙江省。[⑤] 又据正德《琼台志》载，

---

① 邓洪波：《中国书院史（增订版）》，武汉大学出版社，2012，第 279 页。

② （明）湛若水：《泉翁大全集》，"中研院"中国文哲研究所，2017。

③ 乾隆《广州府志》卷 55《艺文》，第 45 页。

④ 道光《南海县志》卷 23《古迹略》，第 11 页。

⑤ 丁淑萍：《明代社学之研究》，硕士学位论文，台湾师范大学，2002，第 72 页。

成化十年（1474），地处偏远的琼州府共建社学179所，[①] 足见明代广东社学之普及性，由此也产生了不少社学碑记。义学多为一乡或宗族开设的书塾，明代也有个别社学对学生免收学费，亦可称义学。明代广东地区的宗族发展迅速，一些世家大姓为使子弟能连绵科举，兴旺宗族，往往创办义学加强族人文化教育。方志、文集等文献中尚存的社学义学碑记，具体记录其建设背景和过程，有利于了解基础教育的普及情况及儒学在最基层社会的教化成果。

5. 科举题名碑记

科举题名是对科举及第者的精神奖励。进士题名立碑制度始于唐代，新进士榜后于慈恩寺塔下题名立碑。宋以后，建碑于国学，按诸进士甲第先后，刻姓名、籍贯于上，以示对科名的重视。明朝制度，进士登科后逾月，勒名太学门外，而天下郡县因又广而为之，各详其人者。[②] 太学立碑是国家制度，而地方儒学立碑没有明确的制度规定。因此，地方立科举题名碑的行为，可视为本地崇文重教、重视科举的象征。科举题名碑文内容一般包括序言和题名，也有的只有题名而无序言。序言阐发本地文教和科举情况，交代题刻的背景，常常传达一些重要的历史信息。地方科举题名碑一般立在地方庙学中，但也有些立于他所，如潮州西湖雁塔仿慈恩寺塔，塔下有潮州明代科举题名碑刻多件。不只是进士有题名碑，有些地方也给贡士、举人立题名碑。科举题名碑记是明代广东科举考试的实物例证，是研究举业发展情况和科举人物的重要原始文献。如永乐年间，广东多地在学宫立科举题名碑记，反映此期士人读书应举之风开始兴盛。

（二）儒教祠庙碑记

历代儒者依据儒经确立儒家祭祀的神灵和仪式，并依时依地不断修订，发展成一整套儒教祠祭系统，产生出许多儒教神祠、神庙，同时也出现大量祠庙碑记。宋元以后，庙学的祭祀空间不断得到拓展，出现了名目众多依附于庙学的祠庙，如乡贤祠、名宦祠、启圣祠、忠义孝悌祠等。其中，名宦、乡贤之祀至明中期得以全面制度化和普遍化。[③] 另外，有些祭

---

① 正德《琼台志》卷17《社学》，第7页。
② （明）叶盛：《广东进士题名碑记》，《菉竹堂稿》卷5，《四库全书存目丛书》集部35册，齐鲁书社，1997，第43页。
③ 赵克生：《明代地方庙学中的乡贤祠与名宦祠》，《中国社会科学院研究生院学报》2005年第1期，第118页。

祀场所，虽不一定在庙学范围内，却与儒学关系紧密，如文昌祠、文塔等建筑，也可列入儒学祭祀系统中。

全面地认识儒学的社会影响，不仅要看学校教育方面，而且要看祭祀礼教上的内容及演变。由于儒教的祭祀对象名目众多，且各地在正祀与淫祀之间，根据不同的需求升降调整祭祀对象，因此儒教的祠庙碑记种类较为复杂。结合明代广东儒教祠庙碑记的实际，可分列六类做基本的梳理。

1. 文庙碑记

文庙是指地方庙学中祭祀孔子的祠庙。庙学时代的校园由教学与祭祀两个空间构成，其建筑格局有前学后庙、前庙后学、左庙右学、右庙左学等形式。明清时期，规定全国府州县学内都要建孔庙。明代的文庙建筑配有先师庙、大成殿、启圣祠等一系列祭孔和配享从祀体系。明代，国家的祭孔制度几经修改，落实到地方，文庙的祭孔建筑也多随国家制度而有所添设或变更，因此出现了不少专门为文庙建设撰写的碑记。与记载学校建设和运行管理的"学记"相比，这类碑记更多反映地方祭孔礼制的落实情况。如成化八年（1472）丘濬《琼州府府学祭器碑记》[1] 和万历十五年（1587）梁必强《琼州府儒学正乐碑记》[2]，反映了琼州府祭孔礼制的不断规范过程。

2. 先贤祠碑记

先贤祭祀在中国有古老传统。上古时期，有道有德之士殁则祭于瞽宗，乡先生殁而祀于社。宋元时期，祭祀先贤有些设立专祠，有些则隶属于学校或书院。先贤祠祭祀对象包括名宦和乡贤。生于其地而德业、学行著于世者谓之乡贤。仕于其地而有政绩、惠泽千民者谓之名宦。将名宦祠、乡贤祠纳入庙学祭祀并普及化是在明代。洪武二年（1369），朱元璋诏令"天下学校各建先贤祠，左祀贤牧，右祀乡贤"，[3] 将先贤祭祀法令化和制度化。

儒家在先贤崇拜对象的选择上依时依地而改变，各地先贤的祠庙碑明显地体现了地方儒学的特殊性。明代广东先贤祠碑记，记载先贤祠的创建递修、先贤事迹、选贤标准、祠产维护申明等内容，反映先贤祭祀制度和地方文化认同演变过程。如天顺五年（1461）两广巡抚叶盛修广州府学先

---

① （明）丘濬：《琼州府府学祭器碑记》，万历《琼州府志》卷11《艺文志》，第24~25页。

② （明）梁必强：《琼州府儒学正乐碑记》，民国《琼山县志》卷15《金石》，第58~61页。

③ （明）李之藻：《泮宫礼乐疏》，景印文渊阁四库全书第651册，台湾商务印书馆，1986，第301~302页。

贤祠，刻吏部尚书王直撰《广州府学仰高祠记》①，叙修祠过程，碑阴则刻
广州知府沈琼撰《仰高祠事状》②，一一详述先贤事功。

3. 忠孝祠碑记

忠孝祠奉祀的是忠义之士、慷慨义民、孝子顺孙等人。忠义孝悌祠附
于地方庙学的祭祀制度是在清雍正时才建立的。③ 此前，忠祠虽未普遍附
于地方庙学，但各种祭祀忠义人物的专祠却是广泛存在的。"忠"的内涵
随历史时代而演变。明代广东地方动乱时有发生，在这种背景下，官方更
加需要利用忠义祠的建设，褒忠恤义，加强对民众忠义意识的培养，拉近
地方与王朝之间的关系。明代是广东地区忠祠建设和忠义崇拜广泛传播的
朝代，以广州新会县崖山为中心的"大忠"祠庙群建设，以潮州府潮阳县
东山为中心的"双忠庙"建设，都是突出代表。由于递修扩建工程频繁，
产生为数不少的碑记，为忠义之士树碑立传，记功显忠。如现新会崖门大
忠祠古碑廊仍存明碑 7 通，记载明代崖山忠义祭祀圈的建构过程，阐释忠
义的内涵。

4. 名儒祠碑记

名儒祠或依附于地方庙学之内，或附设于书院之中，也有的独立发展
为专祠。名儒祠的祭祀对象，一般是在本地区起着重要文化影响的大儒。
如潮州韩文公祠，新会白沙祠，分别崇祀韩愈和陈献章，是广东名儒祠代
表。名儒祠的营建修缮，文人雅士的瞻仰拜谒，往往留有碑记叙述其事。
如潮州韩文公祠自苏轼撰《潮州韩文公庙碑》后，名声大扬，此后历代官
员凡有修祠则必刻碑，形成立碑传统，这些碑记是考察祠庙历史沿革和名
儒思想传播的重要史料。

明代广东讲学之风盛行，学派林立，名儒祠碑记反映名儒祭祀情况，
标榜名儒学术风向，传播名儒思想。如湛若水，一生讲学所到之处，多建
书院奉祀其师陈白沙，并亲自撰写碑记阐明白沙之学的内涵，弘扬师学。
又如潮州王门弟子薛侃在潮州建怀惠祠奉祀阳明，其同门邹守益撰《怀惠
祠记》，④ 详述潮州阳明祠建设及祭祀情况，是考察王学在潮州传播的可贵
资料。

---

① （明）王直：《广州府学仰高祠记》，同治《番禺县志》卷 30《金石》，第 42~47 页。
② （明）沈琼：《仰高祠事状》，同治《番禺县志》卷 30《金石》，第 49~50 页。
③ 雍正元年（1723），诏天下建立忠义孝悌祠和节孝祠，见《钦定大清会典则例》卷 71
《风教》，景印文渊阁四库全书第 622 册，第 349~350 页。
④ （明）邹守益：《怀惠祠记》，嘉靖《潮州府志》卷 4《祠祀志》，第 9~10 页。

5. 文昌祠、文塔碑记

文昌祠、文塔是儒释道三教融合的产物，在宗教信仰多元的广东地区易为流行。文昌祠祭祀的文昌神，又称梓潼帝君，原为道教神祇，元仁宗时受封为"辅元开化文昌司禄宏仁帝君"，有倡引教化、宏扬仁德的神职，已具有明显的儒学内涵。文昌神执掌文衡，由官立学校供奉和官方祭祀，无疑是对正统儒教信仰的一种挑战，因此一开始受到正统儒者的质疑，理学家曹端就曾发出"梓潼主文衡，孔子主何事"的疑问。① 但由于其平实易懂的教化手段，文昌信仰在明中后期还是得到迅速发展，在寻常百姓中有很大的影响。现存的文昌祠碑记显示，广东各地学宫建立文昌祠主要集中于明后期。

塔原为佛教建筑，随着佛教的中国化，塔的信仰内涵也不断中国化。入明之后，塔与风水之学结合密切，又随着科举的发展，各地出现文塔建设的高潮，塔的功能与本地文运、科举发展、儒业盛衰密切相关。广东现存古塔300多座，是全国古塔大省。② 明代广东文塔占塔建筑种类的大部分，载录于地方志的文塔碑记，数量众多，是考察明代广东儒释关系的文献资料。

6. 宗祠碑记

中国具有悠久的宗法制度，祭祀祖宗祠庙之碑也产生得很早，传统称为"家庙碑"或"祠堂碑"，是碑刻文献的一个重要门类。宋明以后，家庭、宗族成为儒学在基层社会展开的重要领域，而作为祀先之所的宗祠不仅是宗族活动的中心，而且是儒学在基层社会的道场，是儒家礼教下渗产生的创造性结果。

广东是中国宗法制度比较浓厚的地区之一。屈大均《广东新语》描述了明末清初广府地区宗祠之盛，其言："岭南之著姓右族，于广州为盛……每千人之族，祠数十所；小姓单家，族人不满百者，亦有祠数所。其曰大宗祠者，始祖之庙也。庶人而有始祖之庙，追远也，收族也。追远，孝也；收族，仁也。"③ 明代广东宗祠发展迅速，产生了数量众多的宗祠碑记，反映明代广东家礼发展与礼仪变迁，阐释宗族儒学教化内涵与目标，为考察儒学宗族渗透提供文献依据。

---

① （明）曹端：《曹月川先生遗书》，载沈乃文主编《明别集丛刊》第1辑第31册，黄山书社，2013，第492页。
② 陈泽泓：《广东塔话》，广东人民出版社，2004，第9页。
③ （清）屈大均：《广东新语》卷17《宫语》，中华书局，1985，第464页。

（三） 儒林碑志

儒林碑志指儒学人物的碑志，如墓碑、墓志、墓表、颂赞碑、德政碑、教思碑等，这些碑志含有丰富的人物传记资料，反映儒学人物的生平、言行、思想及传道情况。例如有关陈献章的墓志资料，较为重要的有其门人张诩《白沙先生墓表》、李承箕《石翁陈先生墓志铭》、林光《明故翰林院检讨白沙先生墓碣铭》、湛若水《明故翰林院检讨白沙先生改葬墓碑铭》等。① 有些儒者虽然在全国缺乏知名度，但对当地的儒学传播与教化却发挥了关键作用，当地为其树碑以述生平，以表敬意。如唐胄撰写的《重修赵考古先生墓碑记》② 记叙"海南夫子"赵考古生平事迹及其对明代琼州文教的重要影响。

二　明代广东儒学碑记的载录和分布

碑刻文献非常丰富，具有其他文献所不能替代的独特功能，但往往却因其载录分散而研究利用不便。因此，根据上文对明代广东儒学碑记的界定和内容分类，弄清其载录方式，摸清其数量及存世情况，并在此基础上了解其分布特点，是研究利用的基础。

（一） 儒学碑记的载录

1. 实物碑石及拓片

虽然在清人看来，明代的碑石还不足为贵，但在社会变迁如此快速的当代，明代的碑石至今留存于世的已经相当稀罕，保存完好的更是难能可贵。现存的原始实物碑石，提供了相对可靠的史料依据。比如，众多的史料记载表明明代广东的宗祠数量非常丰富，但地方志中存录的明代各氏宗祠碑记却很有限。在史籍阙载的情况下，实物碑石作为唯一史料来源，更显珍贵。如《广东碑刻铭文集》③ 收录广东明代宗祠碑 22 件，现主要存于各氏宗祠之内，大多保存基本完好。这些碑文只有 4 篇载录于现存的地方志或明人文集中。虽然实物碑石及拓片保存至今的数量有限，但它们作为

① 以上 4 篇碑记收录于（明）陈献章撰，黎业明编校《陈献章全集》附录二，上海古籍出版社，2019，第 1180~1194 页。
② 咸丰《琼山县志》卷 25《艺文》，第 30~32 页。
③ 陈鸿钧、伍庆禄编著《广东碑刻铭文集》，广东高等教育出版社，2019。

一手文献，其价值是最高的。

2. 地方志的载录

现存的 1949 年以前广东地方志计 400 多种，① 是儒学碑记的主要载录文献。地方志中的金石略、艺文志载录碑记文最多。清道光以后，在兴盛的金石学学风影响下，地方志编撰普遍设立金石门，对本区域碑石进行实地考核、石史互证，留下了宝贵的资料。在这之前修纂的方志对碑记文的载录主要集于艺文一门中。此外，方志中的建置、学校、祠庙、古迹、氏族等类目中，也可能载有儒学碑记文，尤需注意。如嘉靖《广东通志》"礼乐志"存录府县学记、书院碑记全文多篇；嘉靖《潮州府志》"祠祀志"存录祠庙碑记全文多篇；宣统《高要县志》"学校篇"存录书院碑记文多篇。这些碑记文有一些为艺文志、金石志所未录，价值不容忽视，但由于载录较为分散，也常被以往研究者所忽略。

3. 文集、总集的收录

本地区的师儒是儒学碑记的重要作者群，因此，明代粤人文集中，收录为数不少的儒学碑记文，这些文章以人存文，反映了作者的儒学实践。此外，清人编纂的本地区前代总集中，如屈大均《广东文选》、张邦翼《岭南文献》、吴道镕《广东文征》、温汝能《粤东文海》、翁辉东《潮州文概》等粤地总集，也存录有一些儒学碑记文。这些总集收录的碑记文，多是在当时的编者看来具有较大价值或当时具有一定影响的名人名篇，因此也值得作为重点考察的篇目。

（二）儒学碑记的地域分布

对明代广东儒学碑记地域分布的统计分析，有利于揭示不同地理条件、文化气氛、族群分布下的儒学发展的区域差别及特色。以下根据广东方志载录、明人文集、总集的收录以及对实物碑石的调查收集，对现已经掌握的 680 多篇明代广东碑记文的地域分布作统计分析。

明广东布政使司辖境包括 10 府 1 直隶州，即广州、肇庆、韶州、南雄、惠州、潮州、高州、雷州、廉州、琼州和直隶罗定州。就明代广东的文化地理而言，广东辖境大致可分为四个区域，即粤中地区，包括广州

① 1985 年中国科学院北京天文台主编出版的《中国地方志联合目录》著录全国保存的 1949 年以前历代方志，其中广东 447 种。2006～2010 年，广东省地方史志办公室主编出版的《广东省历代方志集成》包含 1949 年以前历代编撰、现存且可查、分散收藏在国内外的广东省方志 433 种。

府、肇庆府、罗定州；粤东地区，包括潮州府、惠州府；粤北地区，包括韶州府、南雄府；海北海南地区，包括高州府、雷州府、廉州府、琼州府。下文列表对这几个区域所包括州府的儒学碑记分布情况作概貌介绍。

明代广东儒学碑记文的地域分布一览表

地区	类别	儒学经典	府州县学	书院	社学义学	科举题名	文庙	先贤祠	忠孝祠	文昌祠、文塔	名儒祠	宗祠	儒林碑志	总计
粤中	广州	6	55	22	4	7	6	11	23	9	10	65	12	230
	肇庆	4	38	9	0	2	3	4	5	8	0	1	2	76
	罗定	0	2	2	0	0	0	0	0	1	0	0	0	5
粤东	潮州	0	47	7	5	15	6	4	8	6	11	34	3	146
	惠州	0	16	2	0	1	0	1	5	3	1	4	0	33
粤北	韶州	1	10	3	2	1	1	4	1	0	1	2	0	26
	南雄	0	9	3	0	0	1	3	1	0	0	0	0	17
海北	高州	0	8	3	0	0	0	5	2	1	0	0	0	19
	雷州	0	9	2	1	0	3	3	1	1	0	5	0	25
	廉州	0	6	6	3	0	0	5	0	0	0	0	2	22
海南	琼州	1	33	11	8	2	6	5	1	2	3	5	6	83
总计		12	233	70	23	28	26	45	46	32	26	116	25	682

从上表的统计结果可以看到，府州县学碑记数量最多，有233篇，宗祠碑记次之，多达116篇。其次，书院的碑记文也为数不少，共70篇。碑记地域分布上以广州、潮州、肇庆、琼州为多。其中广州最多，为全省之冠且占绝对优势，而粤北地区的儒学碑记数量最少，反映了明代广东的儒学中心已经彻底转移至广府即珠江三角洲地区。而且宗祠碑记也集中在广府地区，反映了宗族礼教在该地区的广泛影响。潮州儒学碑记数量居第二位，潮州在宋元时期便有"海滨邹鲁"之称，文教在广东省内一直居于领先水平，明代继续保持发展的态势。肇庆在嘉靖四十三年（1564）后是两广总督府所在地，相关文教措施也较多，因而产生的儒学碑记亦不少。琼州则后来居上，宋元时期还是岭外海岛、化外之地，儒学碑记的增多反映

了明代儒学的传播与教化已经深入琼岛地区。

三　明代广东儒学碑记的文献价值

明代广东儒学碑记数量众多，类型丰富，但目前相关的研究和利用成果还较少，主要停留在对个别碑刻或某些州县的个案研究，明代广东儒学碑记的文献价值还有待挖掘，以下对其文献特点和研究价值做进一步分析。

（一）与传世儒学典志文献互证互补

碑刻文献在与典志文献互相印证发明，解决疑难困惑问题，增强研究可信度方面的价值已为世公认。尤其是在地方社会中，重要人物、事件、制度乃至公共设施，通常都会勒碑记之，而典志文献却不一定有所收录和记载。比如儒学教育碑记，其记载内容丰富，对于机构建制与历史沿革、办学宗旨、教学思想、教学与管理机制以及教育参与人员叙述甚详，较为详细地反映了儒学教育情况，可与方志学校志、书院志及儒学典志文献互补互证，填补史料空白，有利于订正经典文献的疑误。

湛若水《心性图说碑》即是典型的例子。《心性图说》是湛若水对其心学思想的解说，是甘泉心学的精髓。正德十五年（1520），湛若水在其家乡所建的明诚书院讲授《心性图说》，增城县令朱文简将《心性图说》并湛若水像刻之于石，作为明诚书院儒学教育的重要宗旨。此后，《心性图说》以碑刻形式流传于众多书院。虽然明诚书院的《心性图说碑》碑石现已不存，但可以借助现存湖南和河北新发现的两块石碑窥见一斑。今湖南岳云中学原址为明代的甘泉书院，其内甘泉亭中还保存有《心性图说碑》碑石，上刻说文，下刻湛若水像。2019 年河北宁晋县又出土《甘泉湛先生心性图碑》，其中所刻画的心性图，与传世文集刻本常见的心性图并不完全一致。其上下两个“心”字不是在大小圆圈之内，而是成为大圆圈的开端和终端，图中“心”的位置更切合湛若水的图说对“心”的解释，即“心也包乎天地万物之外，而贯乎天地万物之中者”。碑本的心性图，形象地表达了湛若水关于心包含和贯通宇宙万物的心学思想，证明了传世刻本的心性图存在舛误。可以说，将“心”置于何处，是湛若水与王阳明心学思想分歧的根本所在。因此，碑本“心性图”澄清印证了湛若水心学思想，具有重要文献价值。

又如，关于人物传记，儒学人物碑志与常见的儒林传、儒林学案等史传就有不同的文献价值。有些儒学人物传记在经过多次史传书写和塑造后，与原始人物形象有所出入。而由于碑志撰写时间离传主逝世时间较近，当时人写当时事，往往能够对于传主生平提供较为原始的材料。两种文献对读，即见差异。如黄宗羲《明儒学案》，历来作为研究明代儒学学术思想史的首要文献，然而近来学者陆续发现该书的文本存在问题。出于学术立场和文体剪裁的需要，《明儒学案》的文本与其所据原始文献之间时有出入，尚需进行史源验证。以《白沙学案》为例，黄宗羲《文恭陈白沙先生献章》一节，叙三而论七，对白沙生平事迹陈述十分简化，语焉不详，甚至容易致人误解。对于影响白沙思想的重要事件，如为遗腹子而特倡孝道，会试遭有司算计而更加绝意科举，倡诗教而不著述，倡建大忠祠、慈元庙等地方社会建设举措皆未有所提及。而有关陈献章的碑志，对白沙生平叙述甚详，对于理解白沙思想形成和社会影响甚有意义。而白沙逝后，其后学先后在新会、广州、增城、中山、高州等地都建过白沙祠，这些祠庙碑记则是研究白沙思想传播的重要依据。

（二）为儒学研究提供新视角及史料支撑

当代儒学研究显示出跨学科、多视角发展趋向，儒学的研究方法除了思想史研究法，还有历史研究法、社会学研究法、社会文化史（new cultural history）研究法等。[①] 不同的文献特性往往激发研究者采用不同的视角和研究方法。儒学碑记具有与传世四部文献、儒学典志文献不同的特性，其开发与利用为儒学研究展现了新研究视角。

一是展现儒学的社会史研究视角。儒学作为一种"入世"的学说，最大的关切就是"社会"问题。尤其是通过宋明理学家的社会实践，儒学更是影响社会生活的方方面面。通过广泛分布于各种场所的儒学碑记，可以更大限度地考察儒学的社会功能、儒学传播与教化的实施路径。儒学碑记所展现的儒学社会史研究视角，也可弥补当前社会史研究重社会结构、社会经济分析，轻意识形态研究的缺陷。如宗祠建设是儒家的礼治实践，具有悠久的儒学传统。但目前学界宗族研究则表现出重社会经济利益关系研究而忽视宗族意识形态研究的趋势。借助对宗祠碑记的考察，可探讨宗法礼制传承变革、宗族儒学内涵，挖掘宗族儒学精神价值，弥补学界研究的

---

① 陈来：《儒学研究的方法》，《陈来讲谈录》，九州出版社，2014，第60~77页。

不足。

随着当代中国管理体制转型的发展，中国"社会治理"话题日益升温。儒学碑记所展现的儒学社会史研究视角，恰恰反映了儒学作为国家意识形态，在地方社会进行一整套治理体系的构建，并向下渗透到民众日常生活的过程，提供了传统儒家社会治理的历史经验。

二是展现儒学的物质化、制度化研究视角。古人认为"君子之教，因物以示"，[①] 儒学的传播与教化活动必须依托一系列物质载体作为媒介，因此，儒学不只是抽象的意识形态，还具有可视的物质化外观。儒学文化景观是儒学物质化表现形式，是儒学的文化符号。在明代广东，学宫、书院、贡院、试舍、社学、义学、义仓、乡约所、文塔、坊楼、名儒祠、先贤祠、忠义祠、节孝祠、宗祠等建筑构成了一系列可视的儒学文化景观，是儒学传播与教化的物质载体。可贵的是，由于岭南地区多山石，而中国传统又有碑石传播的独特心理，故凡有兴作必刻碑立石，以求传之久远。明代广东儒学文化景观的建构，几乎都有相应的碑记详其始末。从儒学的物质载体着手，客观地研究儒学传播与教化，大量的儒学碑记提供了史料依据。

现代学者普遍认为自20世纪初期以来，随着政治、社会、教育制度的改变，儒学对社会文化的影响与宋明以来的儒学根本不能相比，儒学成为无体可附的游魂。这方面，以余英时的"制度—游魂"说为代表，其认为儒学建制随着辛亥革命的到来而迅速瓦解、崩溃，因此，"建制既已一去不返，儒学遂尽失其具体的托身之所，变成了'游魂'"。[②] 从碑记入手，恰恰可以探寻儒学精神价值、思想观念托身的物质载体，这些载体是儒学建制的外观体现，它们共同构成了儒学传播与发展的基础。由于各地文化发展状况不同，儒学传播和教化的物质载体同样具有较大时空差异。由此，基于碑记史料，对于全门类儒学物质载体的调查及系统性的研究，探寻儒学历史建制，传承儒学精神价值，在未来还将具有很大的学术研究价值和空间。

（三）反映明代儒学在广东传播与教化的效应和特色

叶昌炽《语石》提出"求碑宜因地"，从地域的角度考察碑刻文献，

---

① （明）叶春及：《肇庆文昌浮屠记》，徐志达等编《惠州文征》卷6，广东人民出版社，2013，第305页。

② 余英时：《现代儒学论》，上海人民出版社，1998，第37页。

有利于对碑刻文献的分布情况、地域特征有全面的把握，从而更有效地利用碑刻文献从事专项研究。明代广东学宫、书院、社学等各类学校碑记叙述了明代广东儒学教育的发展与儒学教化的推广。韩愈、周敦颐、白沙、阳明等崇祀碑记弘扬名儒学行和道德，阐述名儒学说及其特点，揭示明代广东儒学传播的渊源脉络。忠义祠碑记反映明代广东忠祠建设与儒学忠义观念的传播，集中体现明代广东儒学对忠义内涵的阐释，以及在儒学观照下忠义崇拜对象和形式的变化。宗祠碑记具体记载了儒学的宗族礼法制度在明代广东地区的传播和变迁，显示宗族儒学教化的地域特色。碑记显示，明代广东儒学通过地方各类儒学建制化广泛渗透至社会。借此，讲学、科举、崇师、举贤、忠祀、祭祖等多种活动得以展开，共同推动儒学渗透至社会的方方面面，深入"人伦日用"之中。

明代广东儒学碑记反映了国家文化认同和广东地方文化认同的建构过程。将儒家思想作为官方意识形态，崇儒重道、移风易俗向来是各朝政权获得人民认同的重要途径。儒学传播与教化的过程也是推进地方和人民对于国家共同核心价值体系和行动准则的认同，这个过程也是对儒家"大一统"的追求。广东偏踞南海一隅，远离中央王朝，尽管从秦代开始，已经处于中央王朝管辖之下，但一直到明中叶，该地仍有大量的"猺""畲""疍""黎"等"化外之民"。要让所有百姓接受朝廷的教化与德化，达到"治海滨为邹鲁"的境界，需要很长的复杂过程。儒学碑记表明明代广东官师和儒士为推动国家认同，采取多种举措，通过儒学教育、忠义观念的传播、阐释儒学经典、对标国家礼制等方式构建国家认同。

明代广东儒学获得长足的发展，得益于明代文治教化一体化，使得虽遐方之地，声教所及，与中州无异。不过在国家认同通过儒学传播教化得以推进的同时，对本地文化的认同也在悄然建构。在儒学教育碑记中，可以看到相对于岭北官师以文化差势为前提推行儒家政治教化，广东的学者则用"孔子乘桴""孔子居夷"来形容明代广东儒学的发展契机。丘濬引用孔子"道不行，乘桴浮于海"之语；① 湛若水说"求夫子乘桴浮海之趣，怅快乎当时居夷之怀"；② 他们用平等的眼光、文化自信的心态来看待儒学在边海地区的传播和教化，并且以传圣人之道为己任，希望"乡乡有义

① （明）丘濬：《崖州学记》，乾隆《琼州府志》卷9中《艺文》，第39页。
② （明）湛若水：《甘泉洞修造书馆记》，《泉翁大全集》卷29，"中研院"中国文哲研究所，2017，第785页。

学，家家行古礼，人人读儒书，使中州之士，不以荒鄙待吾人，天下之人，皆以文献称吾邦"，① 不遗余力地推进乡里的儒学传播与教化。在名儒崇祀碑记中，还可以看到本籍儒者对广东道学传统的建构和自觉的传承使命。在理学传承的脉络中，他们挑战权威，越过程朱藩篱而直追韩愈、周敦颐，以道德性命之学、道体之学为学术志趣；心学方面，则大力弘扬本地学者陈白沙、湛若水的学术思想，提高其在儒学道统中的历史地位。这种别开生面的学术精神不仅促成了儒学思想的革新，也充分显示了本籍儒者对地方文化的重视和自信。

结　语

综上，广东作为中国"极南"之地，边海地区的代表，是儒学南传的重要地区。明代广东儒学碑记数量众多、类型丰富、分布广泛，承载了丰富的历史信息，与典志文献互相印证发明，展现儒学研究的社会史和物质化、制度化新视角，有利于更大限度地考察明代广东儒学的社会功能、儒学传播与教化的实施路径，弥补社会史研究重社会结构、社会经济分析，轻意识形态研究的缺陷，探寻儒学历史建制，传承儒学精神价值。明代广东儒学碑记反映儒学在明代广东传播与教化的效应和特色，有利于重新审视儒学在岭南历史文化进程中的角色和作用，理解大一统中国与地方文化的密切关系。明代广东儒学碑记具有独特的文献特点及研究价值，将散落于各处的儒学碑记专题化，可为碑刻文献专题研究开发新的增长点。儒学碑刻文献广泛存在于东亚儒学文化圈，对明代广东儒学碑记的界定、分类，以及文献的解读方法和分析工具，可为儒学地域研究提供参照。

---

① （明）丘濬：《石门义学记》，咸丰《琼山县志》卷25《艺文》，第25页。

清代私家辽史学研究[*]

武文君

（吉林大学文学院，吉林长春 130012）

摘　要： 清代私家辽史学研究指对《辽史》和辽朝历史进行的书写与研究，包括对《辽史》本身或增补表、志，或搜辑史料、遗文，或考证史籍、纠谬订误；对于辽朝历史进行的专门研究。清代私家辽史学发展是学术思潮和社会政治互动的结果，具有明显的考据学特征。其史学经世思想贯穿有清一代，即使在朴学鼎盛时期，仍表现出史学的经世思想，反映出儒生对社会与国家命运的现实关怀。清代私家对辽史学研究的反思、改进和创新，将北方民族史学研究推上一个新高度。清代私家辽史学者站在大一统王朝立场进行的史学研究，展现出各民族共同书写中国的历史，以及中华文明发展具有的统一性与连续性。

关键词： 清代　私家撰述　辽史学　经世思想

　　私家史学自孔子开其先河以后，便与官方史学一起发展起来，其在统治者预设的思想框架内"生存"，但更注重"成一家之言"，富有个人特征。[①] 清代私家民族史学在当时特殊的学术和社会政治氛围之下，不仅具有私家史学的特征，也有其独特的发展路径，清代私家辽史学即是如此。

---

* 本文为国家社会科学基金青年项目"'大一统'视阈下清代辽金历史书写与研究"（23CZS041）、吉林省教育厅社会科学研究优秀青年项目"清代辽金历史书写与铸牢中华民族共同体意识研究"（JJKH20241238SK）阶段性成果；本研究成果由"国家资助博士后研究人员计划"（GZB20230264）资助。

① 王记录：《在官方史学与私家史学之间——从清代学者的活动看官、私史学的联系与冲突》，杨共乐主编《史学理论与史学史学刊》上卷，社会科学文献出版社，2017，第171页。

以往学界对清代私家辽史学问题的研究作简要概述或就单方面问题讨论①，未能将其作为一种史学现象作深入探讨。基于此，本文拟对清代私家辽史学进行整体研究，包括清人对《辽史》和辽朝历史进行的书写与研究，涉及史书编纂、史事考订与评价，及其所体现的史学思想与历史认同等，以期厘清清代私家辽史学的发展脉络与时代特征。

一　清代私家辽史学著述

清代私家辽史著述大致可分为两类：一类是针对《辽史》本身或增补表、志，或搜辑史料、遗文，或考证史籍、纠谬订误；另一类是对辽朝历史进行的专门研究。

关于第一类《辽史》增补表、志的问题，梁启超曾言，清代学者补充《辽史》表、志"在史学界极有价值，盖读史以表志为最要，作史亦以表志为最难……凡此皆清儒绝诣而成绩永不没者也"。② 清代私家在增补辽朝史表上取得较大成就者，当首推万斯同。由万斯同编撰的《历代史表》补有《辽诸帝统系图》和《辽大臣年表》。《辽诸帝统系图》标明辽朝九帝及让国皇帝耶律倍之间的亲属关系，基本反映了辽朝帝位的传承脉络。《辽大臣年表》记载辽朝自太祖元年（907）至天祚帝保大五年（1125）间历年大臣的更替、升迁变化，对辽史研究颇具参考价值。不过，万《表》存在诸多可商榷之处。如关于辽朝"大臣"的界定，表中分为于越、宰相群体、南北院大王、惕隐、夷离毕、其他六类。万斯同所列的"大臣"为辽朝的高级别朝官（中央官），地方官如五京留守等皆不在整理之列。事实上，辽朝实行捺钵制度，行朝才是其政治中心，区分辽代朝官与

---

① 整体研究上，暴鸿昌对清代的辽金史学进行了简要概述，认为其成就表现在搜集史料、考订史籍、补史等方面（《清代的辽金史学》，《史学集刊》2000 年第 4 期）。专门针对辽金史学研究者，如崔文印《纪事本末体史书的特点及其发展》，《史学史研究》1981 年第 3 期；魏良弢《关于西辽纪年问题》，《新疆社会科学》1983 年第 4 期；张修桂、赖青寿《〈辽史·地理志〉汇释》，安徽教育出版社，2001；焦杰《赵翼在宋辽金三史研究上的成就》，硕士学位论文，安徽大学，2012；屈红梅《〈补辽金元艺文志〉〈补三史艺文志〉著录小说集解》，硕士学位论文，华中师范大学，2012；郭芳《浅论辽金史纪事本末的史实考异》，周少川主编《历史文献研究》第 31 辑，华东师范大学出版社，2012；单冬冬《李有棠与〈辽史纪事本末〉》，硕士学位论文，安徽大学，2012；等等。其他研究皆将在文中有所涉及，关注某一方面。
② 梁启超著，俞国林校《中国近三百年学术史》第十五讲《清代学者整理旧学之总成绩（三）》，中华书局，2020，第 475~476 页。

地方官的标准为是否随同皇帝捺钵。① 万《表》涵盖的辽朝高级别朝官显然不够全面，至少缺少宣徽使一类。宣徽使作为辽代内朝高官，执掌朝廷礼仪，负责契丹皇帝御前事务，② 且随同皇帝四时捺钵，应纳入统计之列。史料上，万《表》的选择来源较为单一，仅为《辽史》，且主要依据《辽史》"本纪"内容。

后有汪远孙作《辽史纪年表》《西辽纪年表》。前者表起自太祖元年（907），止于天祚帝保大五年（1125）。其创建之处在于发现《契丹国志》与《辽史》中辽朝纪年存在的矛盾，故以《辽史》中辽朝纪年为纲，按年编次，采五代十国及北宋、金朝纪年与《辽史》中的辽朝纪年相对应，将《契丹国志》诸异说列为附录，以为比勘。③ 汪远孙注重将辽朝与五代十国、北宋、金朝的重要事件与时间节点一一对应，以保证《纪年表》的准确性。后者表起西辽德宗耶律大石延庆元年（1124），止于末主耶律直鲁古天禧三十四年（1211），依据《天祚纪》等史料，参考钱大昕研究，使西辽八十七年间耶律氏世系及其更迭情况得以了然。

清人增补志者，则因辽、金、元三《史》皆无《艺文志》，故辑三史《艺文志》颇多。黄虞稷《千顷堂书目》关于辽代的相关著述分散于各部④，后清代藏书家吴骞从此书中专采宋、辽、金、元相关内容，辑成《四朝经籍志补》。倪灿、卢文弨在《千顷堂书目》的基础上，补录辽、

---

① （元）脱脱等：《辽史》卷 32《营卫志中》，中华书局，2016，第 426 页。

② 关树东：《辽朝宣徽使初探》，《昭乌达蒙族师专学报》（汉文哲学社会科学版）1994 年第 1 期，第 13 页。

③ （清）汪远孙：《辽史纪年表》，二十五史刊行委员会：《二十五史补编》第六册，中华书局，1955，第 8033 页。

④ 经部卷 2 "礼乐书" 辽耶律庶成、萧韩家奴《礼书》《辽朝杂礼》，金陈大任《辽礼仪志》。史部卷 4 "国史类" 辽耶律俨《皇朝实录》七十卷、萧韩家奴、耶律庶成同撰《遥辇可汗至重熙以来事迹》二十卷、室昉《统和实录二十卷》；"正史类" 金萧永祺《辽纪三十卷志五卷传四十卷》、金陈大任《辽史》，元脱脱等修《宋史》四百九十六卷、《辽史》一百十六卷、《金史》一百三十五卷。卷 5 "别史类" 明杨循吉《辽小史》一卷、辽王鼎《焚椒录》一卷、《大辽事迹》，叶隆礼《契丹国志》二十七卷；"史学类" 元杨维桢《史义拾遗》二卷、《宋辽金正统辨》一卷、《历代史钺》；"史抄类" 明祝萃《宋辽金元史详节》、霍鹏《宋史抄节》十四卷、《辽史抄节》二卷、《金史抄节》六卷、《元史抄节》七卷。卷 9 "仪注类" 辽耶律庶成、萧韩家奴《礼书》《辽朝杂礼》，金陈大任《辽礼仪志》。卷 10 "传记类" 辽《七贤传》。子部卷 13 "五行类" 辽《王白百中歌　兴国军节度使占卜书》《耶律纯耶律学士星命秘诀》五卷。（清）黄虞稷撰《千顷堂书目》，景印文渊阁四库全书，台湾商务印书馆，1986。

金、元"四部"图书"一千七百十家、二万二千二百二十卷"。① 倪灿所撰四史艺文志原为一册，后卢文弨"得其底稿"，以"宋有《（艺文）志》而补之，辽金元本无志，故今所录，各自为编"，将倪灿所著拆分为《宋史艺文志补》1 卷与《补辽金元艺文志》1 卷②，开启了清代学者补修史志的工作，补辽、金、元三代史志蔚为一时风气。

金门诏《补三史艺文志》按照经、史、子、集分类，大类之下以小类编排。与倪灿《补辽金元艺文志》相同，辽朝部分史源皆以《辽史》为主，对《辽史·艺文志》的整理有奠基之功。此后，缪荃孙辑《辽文存》6 卷，附录《辽艺文志》《辽金石目》2 卷。《辽文存》以文体为类，分诗、诏令、策问、文、表、奏疏、铭、记、序、书、碑、墓志、塔记、幢记、杂著等 16 类，《辽艺文志》据《辽史》《宋史》等史籍，依照小学、译语、实录、起居注、杂史、仪注、地理、政书、传记、史钞、五行、医书、释道、别集的分类，共整理辽朝书目 51 种。王仁俊辑《辽文萃》7 卷、《辽史艺文志补证》1 卷，凡缪书收录者皆去，剩 100 余篇，编为 4 卷，又《补遗》1 卷，《作者考》《逸目考》各 1 卷。分类编次与《辽文存》大体相同，虽未必科学，但辑录范围除辽代史籍与碑刻墓志外，涵盖五代、北宋、金朝、高丽等史料，对于辽史研究有材料价值。《辽史艺文志补证》汇集倪灿《补辽金元艺文志》、缪荃孙《辽艺文志》、厉鹗《补辽史经籍志》、钱大昕《补元史艺文志》（附有辽金著述）、金门诏《补三史艺文志》等书中的辽代部分，又补录赵志忠《虏廷杂记》等书三十余种。

表、志之外，补辑《辽史》者，有厉鹗《辽史拾遗》24 卷，征引书籍三百余种，或注或补。《拾遗》本纪摘录原文为纲，志、传、国语解，旧有者标其名目，补缀事实，新增者另立名目，下系"补"字。所引史料，皆注出作者、书名，有异则分析考证，加以按语。在国语解后，辑补辽境四至及风俗物产诸条附之。因厉鹗作《辽史拾遗》时，《旧五代史》尚未从《永乐大典》中辑出，对《契丹国志》《宋元通鉴》资料弃置亦多，故杨复吉以此三书为纲，以散见于其他书中的资料附益，共得 400 余条，成《辽史拾遗补》5 卷。两书相较，《拾遗》参考了大量的方志和考据书目，《拾遗补》则更侧重于考据书目，基本未有方志之增。研究内容

① （清）倪灿撰，（清）卢文弨订正《宋史艺文志补》，丛书集成初编本，商务印书馆，1936，第 54 页；（清）倪灿撰《补辽金元艺文志》，丛书集成初编本，商务印书馆，1937，第 120 页。

② （清）倪灿撰，（清）卢文弨订正《宋史艺文志补》，丛书集成初编本，第 1 页。

上，《拾遗补》进行了补充，但未超出厉著范围。史书编纂上，《拾遗》较为烦琐，存在取材有失、考证不足、补充过滥等问题，《拾遗补》更侧重于史料选取的精简与相关程度，删除了与辽史不相关的内容。《拾遗补》引用著述时，首次出现则注明作者与书名，便于读者阅读和查找文献来源。

清代私家专门针对辽朝历史的研究，大致可以分为综合研究、礼制研究、历史地理研究、其他研究四类。综合研究者，如赵翼①、钱大昕②的系列研究。礼制研究者，如徐乾学《读礼通考》"丧葬"一门涉及辽代丧葬制度③，以

---

① 相关内容包括：《廿二史札记》卷23《宋辽金史》"宋辽金三史""宋辽金三史重修"；卷25《宋史》"宋辽金夏交际仪"；卷26《宋史》"岁币"；卷27《辽史金史》"辽史""辽史二""辽史立表最善""辽史疏漏处""辽帝皆有简便徽号""辽后族皆姓萧氏""辽正后所生太子多不吉""辽官世选之例""辽族多好文学""辽燕京""辽金二史各有疏漏处"；卷28《金史》"辽金之祖皆能先知""金代文物远胜辽元"。《陔余丛考》卷13"宋辽金三史""辽宋二史相合处""辽宋二史不相合处""辽金二史不相合处""宋金二史不相合处""宋辽金史旧本""辽史"；卷15"辽复号改号"、"夏人辽人"。见曹光甫校点《赵翼全集》，凤凰出版社，2009。

② 钱大昕《廿二史考异》卷83《辽史》《宋奉使诸臣年表》。《诸史拾遗》卷5《辽史》，补充了《廿二史考异》所未完备的内容。《十驾斋养新录》卷8"辽史""寿隆年号误""西辽纪年"。《潜研堂文集》，以碑刻文字考证辽金史。《潜研堂金石文跋尾》卷17等辽代墓志考证。《宋辽金元四史朔闰考》，起宋太祖建隆元年，终宋恭宗德祐二年，凡三百一十六年。以宋纪元为纲，辽、金、元相应附之于后。凡《宋史》有缺，则依据《辽志》朔考，同用金石碑刻考证。《元史艺文志》"小学类"僧行均《龙龛手鉴》四卷；"译语类"《辽译五代史》重熙中翰林都林牙、萧韩家奴译，《辽译贞观政要》重熙中萧韩家奴译，《辽译通历》重熙中萧韩家奴译，《辽译方脉书》耶律庶成；"正史类"萧永祺《辽史》七十五卷，纪三十、志五、传四十，太常丞皇统八年四月成，陈大任《辽史》泰和中翰林直学士，《辽史》一百一十六卷，都总裁中书右丞相脱脱、总裁官中书平章政事铁睦尔达世、中书右丞贺惟一、御史中丞张起岩、翰林学士欧阳原功、侍御史吕思诚、翰林侍讲学士揭傒斯、史官兵部尚书廉惠山海牙、翰林直学士王沂、秘书著作佐郎徐昺、国史院编修官陈绎曾，至正四年三月进；"实录类"耶律俨《皇朝实录》七十卷，《室昉统和实录》二十卷；"杂史类"《辽遥辇可汗至重熙以来事迹》二十卷，萧韩家奴、耶律庶成撰，《大辽古今录》《大辽事迹》皆金时高丽所进；"仪注类"《辽礼书》三卷，重熙中萧韩家奴等撰；"传记类"王鼎《焚椒录》一卷，辽观书殿学士，《七贤传》不著撰人名，七人皆辽世名流，耶律吼其一也；"五行类"王白《百中歌》，冀州人，兴国军节度使，耶律纯《星命总括》三卷；"医书类"直鲁古《脉诀针灸书》；"别集类"辽道宗皇帝《清宁集》，平王《耶律隆先阆苑集》，萧柳《岁寒集》诗千篇，萧孝穆《宝老集》，萧韩家奴《六义集》十二卷，耶律良《庆会集》，耶律资忠《西亭集》，耶律孟简《放怀诗》一卷，耶律庶成《诗文》，杨佶《登瀛集》。见陈文和主编《嘉定钱大昕全集》（增订本），凤凰出版社，2016。

③ 如卷19《丧期十九》、卷70《丧仪节三十三·国恤五》"南宋大丧通仪下附辽金二代仪"、卷92《葬考十一》等。见景印文渊阁四库全书，台湾商务印书馆，1986。

"乾学案……"表达自己的考述内容与结果。《辽史》之外，徐乾学考证《契丹国志》等史籍中的辽朝凶礼，指出《契丹国志》为后人假托叶隆礼之名所撰，但又不完全否定《契丹国志》的史料价值。秦蕙田继徐乾学之后作《五礼通考》，其中辽代五礼相关制度，如吉礼中的庙制、庙享、私亲庙、祭先圣先师、功臣配享、贤臣祀典，嘉礼中的上尊号、朝礼、正旦朝贺、昏礼、宴飨、巡狩、体国经野、设官分职，宾礼中的蕃使朝贡、辽宋遣使，军礼中的校阅、田猎、马政等皆收录在内。《五礼通考》广泛搜集与辽朝礼志相关史料，将前人关于辽朝礼志的记载与研究详加搜罗，分门别类予以整理。通过"蕙田案"的形式发表自己的观点。

清代对辽朝历史地理的研究与外部形势有关。咸丰皇帝时期，沙俄时刻威胁清朝边境的安全，何秋涛敏锐地觉察到中俄边界犬牙交错，却未有专著论述弄清两国边界的历史和现状。为解决这一问题，他采官私史籍撰成《北徼汇编》80卷，咸丰皇帝赐名《朔方备乘》。其中卷33"辽金元北徼诸国传叙"论述辽朝北部边疆属国属部中的辖戛斯、乃蛮，强调"皆今俄罗斯境"①，从历史上的中国疆域的角度思考沙俄侵占中国领土的问题。后李慎儒作《辽史地理志考》5卷，以《辽史·地理志》原文为纲，中间加小字考注，在继承《嘉庆重修一统志》及其他学者考注成果的基础上，对辽代五京、州县地望、山川地理位置予以考核，并附有《辽地附录》《天祚播迁处考》《西辽地考》。除去时代局限中的考订不足或错误外，此书的价值在于，定《辽史·地理志》记载辽朝府、州、军、城、县以及山川、河流等所在地，发现并纠正《辽史·地理志》中的错误。民国以后，刘师培《辽史地理志考》、陈汉章《辽史索隐》、谭其骧《〈辽史·地理志〉补正》等，皆是在李慎儒的基础上继续深入研究。

其他辽史研究如汪辉祖《辽金元三史同姓名录》40卷，包括《辽史同名》5卷。《辽史同名》部分，以名为纲，以异姓者分列在后，将《辽史》中出现的同名者归类列举，标出《辽史》所在卷数。此书开整理辽代人名之先河，对辽代人名研究具有奠基之功，今人如曾贻芬、崔文印等编著《辽史人名索引》便在其基础上继续深入研究。曾入四库馆编修的邵晋涵著《南江文钞》卷12《辽史提要》②，保留了邵晋涵对《辽史》最初的

① （清）何秋涛：《朔方备乘》卷33《传三·辽金元北徼诸国传叙》，《续修四库全书》七四一，上海古籍出版社，1996，第549~550页。
② （清）邵晋涵著，李嘉翼、祝鸿杰点校《南江文钞》卷12《辽史提要》，《邵晋涵集》第7册，浙江古籍出版社，2016，第2066~2067页。

评论。相较于文渊阁四库全书本《辽史》卷前提要①，邵晋涵对于《辽史》的批评更为严厉，毫不避讳对元朝史臣的痛斥。

清代私家新编修辽史最为重要者，无疑为《辽史纪事本末》两种。李有棠《辽史纪事本末》于光绪十九年（1893）首次刊成，书起自"太祖肇兴"，迄于"耶律达宾之立"，共有40卷。全书以四库本《辽史》为底本，以事件为中心，叙述辽代的重大事件和兴亡过程。全书分为叙事和考异两部分，考异占据了全书内容的一半以上；叙事部分皆据正史，考异部分则综合诸家进行考证。谭宗浚《辽史纪事本末诸论》，原本分太祖开国规模、太祖诸弟谋逆、人皇王归唐、石晋立废始末、世宗即位被弑、穆宗荒淫、与宋连和、圣宗善政、高丽叛服、萧后专政、太叔重元谋逆、伊逊（耶律乙辛）擅政、西夏叛服、藩部叛服、辽亡、西辽始末等16卷，每卷各为论一篇，稿未成刊而亡佚，仅存各卷之论，汇为《辽史纪事本末诸论》。1979年，台湾文海出版社出版的《辽史纪事本末》附有谭宗浚《辽史纪事本末诸论》。诸论致力于探究辽代治乱兴衰、政事得失之故，借以借古鉴今，抒发谭宗浚的政治思想；赞扬了辽太祖耶律阿保机用人、理财、治兵之才，及其统一各部、建立辽朝的文治武功②；强调应以文治国、以文化俗，认为随着辽朝"选儒臣，崇圣学，敦礼让，修文章"，最终使得篡逆之风遂息③；强调因果轮回，借评价辽朝历史以告诫后人以史为鉴。有别于李有棠《辽史纪事本末》偏重考据，论赞较少，谭宗浚基本秉持着客观公正的态度，为读者提供了其对于辽朝历史的看法与认知。

清代私家辽史学研究涵盖诸多方面，以传统史学为主，即使在新史学已出现萌芽之时，私家辽史学依然更多地表现为传统史学发展的余绪。进入新史学产生发展阶段，私家修史仍有黄任恒《辽文补录》《补辽史艺文志》、罗福颐《辽文续拾》等著作。

二　反思与创新：清代私家辽史学之编纂思想

就清代私家辽史学的研究内容来看，其关注《辽史》编纂本身存在的

---

① （元）脱脱等：《辽史》卷前，景印文渊阁四库全书，第19～21页。

② （清）谭宗浚：《辽史纪事本末诸论》，赵铁寒主编《宋辽金元四史资料丛刊·辽金史纪事本末》，台湾文海出版社，1977，第223～224页。

③ （清）谭宗浚：《辽史纪事本末诸论》，赵铁寒主编《宋辽金元四史资料丛刊·辽金史纪事本末》，第239页。

问题，也重视辽史书写体例的改进与创新。这些皆可称得上是清代史学发展进步的表现。

关于《辽史》编纂的反思，钱大昕秉持修史应精简，治史应实事求是，不能单求卷帙之富的原则①，尽其所能指出《辽史》存在的问题。他指出《辽史》本纪的问题主要在于史书编纂内容的缺失，列传的部分则编排不严谨，存在"子先于父"②等情况。钱氏指出《辽史》编修虽然简略，但一些无关紧要的内容不应加进来，如《历象志》大量抄录《大明历》，《皇子表》"功罪"条，表中所述义宗耶律倍、章肃皇帝李胡、顺宗耶律浚、耶律重元的功罪与其本传大致相同③。钱氏还注意到《辽史》虽有《世表》《皇子表》《公主表》《部族表》《属国表》等诸表，却无辽与宋之间的使臣交聘表，亲自编成《宋奉使诸臣年表》，占据了卷83"辽史"三分之二的篇幅。

继钱大昕之后，赵翼对《辽史》编纂做了进一步反思。赵翼提出《辽史》纂修简略的主要原因在于"契丹之俗记载本少"，另有一层赵翼未明说的原因，即统治者的授意。前有辽圣宗"诏修日历官毋书细事"，后有辽道宗"并罢史官预闻朝议，俾问宰相书之"。④ 辽朝统治者对本朝史官的要求颇严，不可纪事太细，亦不用预闻朝议，故有耶律俨"语多避忌"⑤之说。体例方面，赵翼认为《辽史》"开卷即作《太祖本纪》，而其祖宗递传之处，反附见于本纪赞内，故所叙太简"。⑥ 关于一国之先祖事迹历代正史基本皆有追述，而《辽史》仅将其置于本纪末尾的"赞"内，不仅叙述简单，而且不够重视，不似《金史》开篇即以《世纪》来叙述祖宗递传。尽管《辽史》立表最善，赵翼却也指出《辽史》所记与宋朝交涉之事前后记载不一致，并且澶渊和盟之后，两朝遣使往来频繁，且有记载，当

---

① （清）钱大昕：《廿二史考异》卷83《辽史》，"历象志"，陈文和主编《嘉定钱大昕全集》（增订本），第1365页。
② （清）钱大昕：《廿二史考异》卷83《辽史》，"萧阳阿传"，陈文和主编《嘉定钱大昕全集》（增订本），第1368页。
③ （清）钱大昕：《廿二史考异》卷83《辽史》，"皇子表"，陈文和主编《嘉定钱大昕全集》（增订本），第1366页。
④ （清）赵翼：《廿二史札记》卷27《辽史 金史》，"辽史"，曹光甫校点《赵翼全集》，第495~496页。
⑤ （元）脱脱等：《辽史》附录《进辽史表》，第1714页。
⑥ （清）赵翼：《廿二史札记》卷27《辽史 金史》，"辽史二"，曹光甫校点《赵翼全集》，第496页。

同《金史·交聘表》一样列有《交聘表》。① 于内容方面，赵翼认为有所疏漏。比如，辽朝曾于太宗建国大辽，圣宗改大辽为大契丹，道宗又改大契丹为大辽。赵翼据此认为"改号复号，一朝大事，而《辽史》不书"。② 又如，皇太妃萧胡辇，"有辟土之大功，且有靖边之长策"，应单独立传。③ 于史法方面，赵翼指出《辽史》多有隐讳之处，"有善则书，有恶则讳"。通过梳理辽宋战争相关文献，赵翼总结"历观数事，宋之胜也，辽不言败，辽之胜也，宋亦不言败，彼此各夸其功而讳其辱。盖国史本如此"。"各言胜而不言败"，"交战则讳言败，请和则讳言先"。④ 在赵翼看来，《辽史》乃至其他国史纂修的隐讳与曲笔，违背了史书编纂中史家需"直笔"的原则。他一针见血地提出"圣宗诏修日历官毋书细事，道宗并罢史官预闻朝议，俾问宰相书之"，对辽朝修史产生"隐讳苟简"的影响。⑤

赵翼主张作史不必隐讳、曲笔，其对待民族政权的态度也较为客观平和。如《陔余丛考》"夏人辽人"条，赵翼对文献中出现的"辽人"和"夏人"的称呼，以及明朝史家对此的理解做出评价。原文如下：

> 哲宗元符元年，夏人寇平夏城，章楶大败之。《发明》云："夏称人，贬之也。夏人轻举入寇，不为无罪，曲在夏而直在宋矣"。二年，辽人为夏请和。《发明》云："辽有救灾恤邻之意，故特进而称人。予在夷狄，则责在中国矣"。夫曰"曲在夏"，则既以宋之应兵为无过；曰"责在中国"，又似以宋之加兵为不仁。何其予夺之靡常也！且一人字耳，于夏曰贬，于辽曰进。然则夏人来归永乐之俘，（元祐元年。）斯何罪而贬之？辽人复来议疆事，（神宗熙宁八年。）又何德而进之哉？盖夏人、辽人皆恒辞也，周氏之说转凿矣。⑥

① （清）赵翼：《廿二史札记》卷27《辽史 金史》，"辽史二"，曹光甫校点《赵翼全集》，第498~499页。
② （清）赵翼：《廿二史札记》卷27《辽史 金史》，"辽史疏漏处"，曹光甫校点《赵翼全集》，第499页。
③ （清）赵翼：《廿二史札记》卷27《辽史 金史》，"辽史疏漏处"，曹光甫校点《赵翼全集》，第499~500页。
④ （清）赵翼：《陔余丛考》卷13，"辽宋二史不相合处"，曹光甫校点《赵翼全集》，第201~202页。
⑤ （清）赵翼：《廿二史札记》卷27《辽史 金史》，"辽史"，曹光甫校点《赵翼全集》，第495~496页。
⑥ （清）赵翼：《陔余丛考》卷15，"夏人辽人"，曹光甫校点《赵翼全集》，第248页。

《发明》指明代沈瑶所撰《周礼发明》，其对文献所载的夏人和辽人加以区分，认为"夏称人，贬之也"，而"辽有救灾恤邻之意，故特进而称人"。赵翼对这种区分不以为然，他认为仅仅是一字，与贬、进无关，只是习惯用语而已。这一论断基本符合实际，就《宋史》等记载的原文文献看，并无《发明》所解释的含义和区别。赵翼对文献记载不妄自揣度或曲解其中含义的客观态度，值得称赞。

清代私家辽史研究的改进与创新，如万斯同借鉴《汉书·百官公卿表》与《新唐书·宰相表》，以时间为纲，将辽朝每一年度担任相应官职的大臣分列其下，编成《辽大臣年表》。区别在于《百官公卿表》与《宰相表》以时间为列、职官为行，《辽大臣年表》则将万斯同认为辽代重要的职官以"［某官］"的形式列于年度之后，将"大臣"姓名列于职官之下。虽然万《表》一开始并未区分辽代官制中的"职"与"官"，只是想当然认为带左、右仆射以及后文出现的吏部尚书、太尉等"官"者应为辽朝重要大臣。实际上，三公、三师、仆射等至辽朝，已成为仅象征官员身份品级的散官（即唐宋之检校官），并无实际执掌。随着万斯同对辽朝实际官制情况的了解，仆射、尚书等逐渐不在万斯同整理范围之内，造成辑录内容前后不一致。但是，《辽大臣年表》补充了辽朝中央官无表的史学空白，万斯同在表中注明大臣的到任与离职，使读者一目了然地掌握辽朝历年大臣的任职及迁转。受其影响，万斯同之后，有吴廷燮《辽方镇年表》、罗继祖《辽汉臣世系年表》、张亮采《补辽史交聘表》等成果问世。正如朱端强所言，万斯同的《历代史表》具有填补空白、增加内容、创新体例、图表性强四点成就，"堪称清代和近代史表补续的开路之作"。①

汪远孙在万斯同和钱大昕研究基础上作成《西辽纪年表》。他指出万斯同《纪元汇考》以宋朝纪年，载西辽七十七年史事，与《辽史·天祚纪》言西辽"几九十年"不合。参考钱大昕研究，汪远孙《西辽纪年表》

---

① 朱端强：《万斯同史学平议》，《云南师范大学学报》（哲学社会科学版）1992 年第 4 期，第 42~43 页。按：梁启超亦言："自万斯同力言表志之重要，自著历代史表，此后表志专书，可观者多，顾栋高有《春秋大事表》，钱大昭有《后汉书补表》，周嘉猷有《南北史表》《三国纪年表》《五代纪年表》，洪饴孙有《三国职官表》，钱大昕有《元史氏族表》，齐召南有《历代帝王年表》，林春溥著《竹柏山房十五种》，皆考证古史，其中《战国纪年》、孔孟《年表》诸篇最精审，而官书亦有《历代职官表》。"梁启超著，俞国林校《清代学术概论》，中华书局，2020，第 92 页。

以西辽纪年和宋朝纪年两行分注，记八十七年间耶律氏世系及其更迭情况。① 不过，《西辽纪年表》的两行分注不同于朱熹《资治通鉴纲目》"一岁两系"之法："凡正统之年岁下，大书；非正统者，两行分注②。"汪远孙首书甲子纪年，另起书两行分西辽和宋朝纪年，意在承认西辽政权与宋朝的平等地位。

其实，早在奉康熙帝之命编撰《御定历代纪事年表》时，已经将西辽在内的民族政权视为中国，只是处于非正统地位。汪远孙为嘉庆皇帝时人，清朝的大一统思想已经深入人心，辽史学等北方民族史学研究像其他朝代的研究一样具有普遍性，以西辽政权系年自然也不例外。类似变化如康熙时期的《资治通鉴后编》以宋朝为正统，叙述宋辽并立史事时立足于宋朝视角，除澶渊之盟等重大事件外，涉及辽朝内容较少。而乾隆时期《续资治通鉴》则重视辽金史的记述，"辽金二史所载大事无一遗落，又据旁籍以补其逸"③，虽仍以宋朝为正统，将辽金史事附于宋朝纪年之下，但在宋年号之下同时书写辽金年号（如宋建隆二年下书辽应历十一年），以此表明辽、金两朝的合法地位，体例上较之《资治通鉴后编》更进一步。

表之外，志书体例也有所发展。如《辽史艺文志补证》将前人已辑录辽朝书目予以注明，方便读者区别前人已有著录与作者新增添书目，并且，在每种书目之下，考证此书之成书过程与内容，极大改善了前人《辽史艺文志》仅见书名而不知内容的不便。

清朝辽史学研究的一大创新，即出现独立的纪事本末体史书。从纪事本末体的发展来看，自《通鉴纪事本末》之后，有明朝陈邦瞻《宋史纪事本末》《元史纪事本末》，清朝高士奇《左传纪事本末》、张鉴《西夏纪事本末》等。可以看出，存在于辽、宋、金时期的西夏政权都已出现纪事本末体史书，辽、金两朝却没有。对此，李有棠仲弟李有棻曾解释："昔四库馆臣以《宋史纪事本末》颇及辽、金，谓当称《三史纪事》，不得独以宋标名，诋其偏见。"④ 四库馆臣以《宋史纪事本末》为《三史纪事》，大概是辽、金二史纪事本末一直未受重视的原因。至清朝晚期，随着大一统

① （清）汪远孙：《西辽纪年表》，二十五史刊行委员会：《二十五史补编》第六册，第8041页。
② 饶宗颐：《中国史学上之正统论》，中华书局，2015，第140页。
③ 梁启超著，俞国林校《中国近三百年学术史》，中华书局，2020，第469页。
④ （清）李有棠：《金史纪事本末》卷末《校刻辽金纪事本末原叙》，中华书局，1980，第877页。

观念深入人心，辽史学研究像其他民族史研究一样具有普遍性，辽史出现单独的纪事本末体史书亦在情理之中。

《辽史纪事本末》能够博采众家，征引广泛，一方面是与清代考据学的结合，另一方面是纪事本末体的发展。南宋时期纪事本末的编撰，皆取资于一部编年体史书，至清朝谷应泰《明史纪事本末》开合众家之长为一炉的先河，自宋、明纪事本末之后，纪事本末在正文之外，又增加了史实考辨等。① 比如，清朝高士奇所撰《左传纪事本末》，成书于康熙二十九年（1690），此书在正文之外，增添了"补逸""考异""辨误""考证""发明"等项。清朝张鉴《西夏纪事本末》杂采诸史，并间有按语，对史实异同进行了考订。关于纪事本末体的特点，章学诚曾总结道："按本末之为体也，因事命篇，不为常格；非深知古今大体，天下经纶，不能网罗隐括，无遗无滥。文省于纪传、事豁于编年，决断去取，体圆用神，斯真《尚书》之遗也。"② 很显然，章学诚所言纪事本末体的特点，特别是"网罗隐括，无遗无滥"，更多的是发展到清朝的纪事本末体。而《辽史纪事本末》凡例言其"区别条流，各从其类，均以正史为主。间与他史及各传记，事有异同，词有详略，兼仿裴世期补注《三国志》，及胡身之注《通鉴》，取温公所著《考异》三十卷散入各条例，小注双行，分载每条之下，名曰《考异》，以便观览，而资质证"。③ 据此，《辽史纪事本末》的撰写与考据学相结合，符合清代纪事本末体发展完善后的特点，亦是能够博采众家的重要原因。

清代私家的辽史学研究既有对史书编纂的反思，也有内容和体例上的创新和改进。私家辽史研究注重著述内容的考订，具有明显的考据学特征，在编修体例上表现出鲜明的时代特征。可以说，清代私家辽史学的研究是清代学术发展思潮与社会政治互动的结果。

三　儒生的现实关怀：清代私家辽史研究之经世思想

经世致用是中国史学的优良传统，将这一理念融入史学研究是一定时

---

① 崔文印：《纪事本末体史书的特点及其发展》，《史学史研究》1981 年第 3 期，第 9～13 页。
② （清）章学诚著，叶瑛校注《文史通义校注》卷 1《书教下》，中华书局，2014，第61 页。
③ （清）李有棠：《辽史纪事本末》"凡例"，中华书局，2015，第 1 页。

期内的学术发展特点。通常认为清朝初期和晚期的史学具有明显的经世致用思想，中期的史学更注重考据之学。事实上，乾隆帝时期，"那些争议颇大、分属不同领域的学问类别如义理、考据、词章、经世均有合流于朝廷一统框架的趋向。许多表面上观点歧义的学问，都被清帝最终整合进了'正统性'的综合思想体系之中加以安排和利用。在皇家的思想系统中，'经世'一词经常散见于各种不同学问类别的表述之中，羽翼着乾隆帝对'大一统'思想的构建方式"。① 即使在考据鼎盛之时，史学与社会政治或者说统治观念的互动，就是史学经世的体现。清代私家辽史学研究也具备这一特征。其多数史论能够切中时机，意存殷鉴，借辽朝史事而措意于经世致用之学。②

初厉鹗成《辽史拾遗》，全祖望为其作"序"称："余尝微窥作者之用心，非特订谬补亡已也，盖别有旨趣存焉。今日车书混一，八荒在宥。大同，国之屏翰；关东，国之根本。幽、蓟、涿、易，实畿甸洪基，万年永赖。辽之旧疆，视汉扶风、冯翊③为尤重，前事之不忘，后事之师也。注史之意，其在斯乎！其在斯乎！"④ 全祖望指出清朝在当时已经完成了疆域上的大一统，大同、关东、幽、蓟、涿、易等地皆占据重要位置，这些恰是辽朝的战略要地。厉鹗作史之意，大概即是为了借鉴辽朝旧疆的经验教训。厉鹗成书与全祖望作序皆在乾隆八年（1743），清朝已经基本上完成了疆域大一统，"大一统"思想体系构建也趋向成熟。无论是于全祖望，还是厉鹗而言，此时清朝统治者的大一统观念已经在很大程度上得到了认可。《辽史拾遗》虽未明确"经世"二字，在大一统思想熏陶之下，却着实透露出经世思想。

受大一统思想影响的经世史学代表还有赵翼。赵翼认为古代中国的范围，在汉武帝时期已经包括了西域、朝鲜、南越等边远地区，且"永为中

---

① 杨念群：《"天命"如何转移：清朝"大一统"观的形成与实践》，上海人民出版社，2022，第378~379页。

② 暴鸿昌：《清代的辽金史学》，《史学集刊》2000年第4期，第29页。

③ 汉扶风县、冯翊县。扶风县，隶属今陕西省宝鸡市，地处关中西部，为佛教圣地法门寺所在地，是宝鸡市的东大门，因"扶助京师、以风化行"得名。古冯翊郡，三国魏改左冯翊，置冯翊郡，治临晋（今大荔）。大荔县位于陕西省关中平原东部，有"三秦通衢""三辅重镇"之称。"三辅"，又称"三秦"，指治理长安京畿地区的三位官员：左冯翊、京兆府、右扶风。

④ 全祖望：《辽史拾遗》，中华书局，1985，序第1页。

国四至，千万年皆食其利"。① 在《陔余丛考》卷 25 "历代正史编年各号"
"历代僭窃各年号"中，梳理辽朝继承皇位诸帝的年号，并将辽人皇王倍
甘露、辽末东京详稳大延琳天庆，渤海将高永昌隆基，奚王回离保天复，
耶律淳建福，淳妻萧氏称制德兴，梁王耶律雅里神历，萧干天嗣，耶律大
石延庆、天德、康国，大石妻塔不烟咸清，子夷列绍兴，其妹速普完崇
福，夷列次子直鲁古天禧，耶律留哥元统称为"僭窃"。"僭窃"意为越分
窃据上位。赵翼指出西辽处于南宋与金朝时期，可称为僭窃。② 换言之，
赵翼承认辽朝在中国历史上与北宋分立的历史地位，认为西辽接续辽朝，
是中国的一部分。

在大一统思想的影响下，赵翼将中国历代王朝的兴衰变化置于历史哲
学之中进行探讨。于王朝来讲，"地气"的兴衰转移往往意味着王气的转
移。赵翼借助地气运转来说明整个中国历史兴衰变动是自西北逐渐完全转
移至东北。③ 清王朝是由满族建立的，正是兴起于东北，故有"至我朝不
惟有天下之全，且又扩西北塞外数万里，皆控制于东北，此王气全结于东
北之明证也"④。因此，赵翼《廿二史札记》"长安地气"条实为证明清朝
得天下的合理、合法性。赵翼的辽史研究体现出对民族政权的"平和"态
度，其疆域观、地气转移的描述，所反映的正是清统治者的大一统思想。

赵翼作为一名史学家之所以有这样的思想高度，除却个人修养，与其
曾在史馆就职有密切关系。赵翼在乾隆十四年（1749），入《国朝宫史》
馆参与纂修，乾隆十九年（1754），被选入内阁，官中书舍人，又选为军
机章京，在军机处供职，随后入方略馆纂修《平定准噶尔方略》。"入直军
机处，进奉文字多出其手。每扈从出塞，戎帐中无几案，辄伏地起草，顷
刻千百言，不加点。大学士傅恒、汪由敦尤重之"。⑤ 乾隆二十九年

---

① （清）赵翼:《廿二史札记》卷 2《史记 汉书》，""《汉书·武帝纪赞》不言武功"，曹光
甫校点《赵翼全集》，第 29 页。

② （清）赵翼:《陔余丛考》卷 25，"历代正史编年各号""历代僭窃各年号"，曹光甫校点
《赵翼全集》，第 447 页，第 451 页。

③ 吴怀祺认为，这样的地气说带有神秘的性质，但它又是一种宏观的历史运动观。赵翼以
地气说，为中国历史划分两个大阶段，以唐之开元、天宝为转折点。这基本合乎中国历
史的实际，具有开阔的历史见解。（《中国史学思想史》第四编《历史的批判和史学求
变》，商务印书馆，2007，第 349～350 页）

④ （清）赵翼:《廿二史札记》卷 20《新旧唐书》，"长安地气"，曹光甫校点《赵翼全集》，
第 377～378 页。

⑤ 王钟翰点校《清史列传》卷 72《文苑传三·赵翼传》，中华书局，1987，第 5911 页。

（1764）至乾隆三十一年（1766），赵翼入《通鉴辑览》馆，参与《御批历代通鉴辑览》的改纂。正是参与官修史书编纂的经历，使其更接近官方的学术与政治思想。赵翼自言根据《御批历代通鉴辑览》修改其中的人名、官名、地名①，就是其对统治者思想和官方修史的追捧。

大一统思想之下史学的经世，还表现在普通史家身上。辽朝自建立以来，分别与五代的后梁、后唐、后晋、后汉、后周、宋共存，关于辽朝与诸政权之间的关系，孰为正统及正统何续，历来多有讨论。作为一名儒生，李有棠在《辽史纪事本末》中主张宋朝为"中国"，是正统，而辽朝是"偏闰"，并非正统。② 这应遵从了清官方思想。清高宗就曾明确指出："夫宋虽南迁，正统自宜归之宋。至元而宋始亡，辽金固未可当正统也。"③"夫辽、金虽称帝，究属偏安。"④ 可见官方思想对于私家撰史的影响，也是史家经世的一种体现。

《辽史纪事本末》所体现的史家经世最为鲜明者即对西辽的态度。本书卷四十《耶律达实之立》，记述了耶律达实建立西辽的过程及其变化。自天祚帝保大二年起立秦晋国王为帝，到西辽建立，再至奈曼（乃蛮）王据帝位，尊珠勒呼（直鲁古）为太上皇而终。自此"辽绝"。⑤ 篇目中论述至西辽王被乃蛮王（屈出律）代替，辽朝国祚遂绝。

其实，早先厉鹗的《辽史拾遗》、杨复吉的《辽史拾遗补》、钱大昕的《十驾斋养新录》中皆提及耶律大石建西辽，汪远孙有《西辽纪年表》，至李有棠则专为耶律达实（大石）命篇。西辽之所以受到关注，除去作为"契丹之余族"，承辽祚，还与清朝统治者的重视，及西北边疆史地研究的兴起与发展有关。

明清之际，准噶尔部蒙古崛起，17世纪下半叶控制了天山南北的广大地区。他们不断兴兵侵扰青海、西藏、漠北地区，还向康熙帝提出"圣上君南方，我长北方，我与中华一道同轨"⑥的主张。自康熙年间开始，清

---

① （清）赵翼：《廿二史札记补遗》，曹光甫校点《赵翼全集》，第734页。
② （清）李有棠：《辽史纪事本末》"凡例"，第3页。
③ （清）清高宗御制，董诰等奉敕编《御制诗四集》卷14《题〈大金德运图说〉》"序"，景印文渊阁四库全书第一三〇七册，台湾商务印书馆，1986，第483页。
④ 《清高宗实录》卷1154，乾隆四十七年（1782）四月辛巳，中华书局影印，第23册，中华书局，2008，第23991页。
⑤ （清）李有棠：《辽史纪事本末》卷40《耶律达实之立》，第697页。
⑥ （清）温达等奉敕撰《圣祖仁皇帝亲征平定朔漠方略》卷7，康熙二十九年（1690）七月，景印文渊阁四库全书，第568页。

朝多次出兵西北，最终于乾隆二十二年（1757）平定了准噶尔部叛乱。两年后，清朝又平定了大小和卓叛乱，重新统一西北。因战争与治理的需要，探究西北边疆史地成为现实之需，清代西北边疆史地学缘此迅速崛起。

清政府先后编纂了《西域图志》《西域同文志》《大清一统志》之"西域新疆统部"等一系列西北史地著作。至乾隆时期，"平定伊犁，拓地二万里，为自古舆图所未纪"，① 重修《大清一统志》，并根据《西域图志》等增修了"新疆"一门，至道光、嘉庆年间又有《嘉庆重修一统志》。② 新疆统部的范围"东至喀尔喀瀚海及甘肃界，西至右哈萨克及葱岭界，南至拉藏界，北至俄罗斯及左右哈萨克界，东南至甘肃省界，西南至葱岭拔达克山痕都斯坦诸属界，东北至俄罗斯界，西北至右哈萨克界，广轮二万余里，北为旧准噶尔部，南为回部，统辖天山南北，事务将军驻扎伊犁，至京师一万八百二十里"。其下包括了伊犁、库尔喀喇乌苏、塔尔巴哈台、乌噜木齐、古城、巴里坤、哈密、吐鲁番、喀喇沙尔、库车、阿克苏、乌什、喀什噶尔、叶尔羌、和阗、左哈萨克、右哈萨克、东布鲁特、西布鲁特、霍罕、安集延、玛尔噶朗、那木干、塔什罕、拔达克山、博洛尔、布哈尔、爱乌罕、痕都斯坦、巴勒提。③ 清朝西北边疆史地研究中，西域作为重要的地域受到相当的重视。并且，随着西北边疆史地研究的发展，出现了有关西北战事的各种"方略"。④ 如，康熙朝有《亲征平定朔漠方略》，道光年间有《平定回疆剿擒逆裔方略》。嘉庆至咸丰年间，私家西北边疆史地学逐步崛起，有祁韵士《西陲总统事略》、徐松《新疆识略》等。⑤ 在西北边疆史地研究发展的学术潮流之中，李有棠《辽史纪事本末》对西辽的重视也就在情理之中，是其经世致用史学思想的体现。

---

① （清）永瑢等撰《四库全书总目》卷 68《史部二十四·地理类一》，中华书局，1965，第597 页。
② 牛润珍、张慧：《〈大清一统志〉纂修考述》，《清史研究》2008 年第 1 期，第 136~148 页。
③ 《嘉庆重修一统志》卷 516《新疆统部》、卷 517《伊犁》、卷 518《库尔喀喇乌苏》、卷519《塔尔巴哈台》、卷 520《乌噜木齐 古城》、卷 521《巴里坤 哈密》、卷 522《吐鲁番》、卷 523《喀喇沙尔》、卷 524《库车 阿克苏》、卷 525《乌什》、卷 526《喀什噶尔》、卷 527《叶尔羌》、卷 528《和阗》、卷 529《左哈萨克 右哈萨克 东布鲁特 西布鲁特》、卷530《霍罕 安集延 玛尔噶朗 那木干 塔什罕》、卷 531《拔达克山 博洛尔 布哈尔 爱乌罕痕都斯坦 巴勒提》，四部丛刊续编史部影印本，上海书店，1984。
④ "方略"是清代创设的有关军功大政的纪事本末体史书。
⑤ 侯德仁：《清朝官修西北边疆史地著作的学术成就》，《苏州大学学报》2012 年第 3 期，第 179 页。

　　清代私家西北边疆史地学崛起并成为显学，私家对于辽代历史地理研究也纳入其中。正如王国维所言，"道咸以降，涂辙稍变，言经者及今文，考史者兼辽、金、元，治地理者逮四裔，务为前人所不为。虽承乾嘉专门之学，然亦逆睹世变，有国初诸老经世之志"。① 如果说何秋涛《朔方备乘》为发轫之作，则李慎儒《辽史地理志考》便是清人研究辽朝历史地理的集大成者。

　　何秋涛编写《朔方备乘》在厘清边疆的山川地理形势，总结并吸取历史经验教训，以加强清朝的边疆防卫，抵御沙俄侵略者。全书以"经世致用"思想为指导，论及与辽朝相关史事之时，围绕中俄关系展开。他在卷33"辽金元北徼诸国传叙"中指出："辽、金二史于外国仅载高丽、西夏二《传》，余皆阙之。其时东、南、西三方之国有通使于宋者，尚可以《宋史》参考，至北陲则惟与辽、金相接。二史俄空，殊属疏漏。今考辽之北陲接壤于辖戛斯、乃蛮，金之北陲有克烈部，皆今俄罗斯境。臣秋涛详考群书，补辑成《传》。至奇渥温氏，西北拓境极广，今俄罗斯东西二土，咸入版图，乃《元史》亦概从阙略，殊不可解。臣秋涛亦为补苴，以便观览。若报达即波斯，今其北境亦入罗刹，爰附著之。其他西域、印度诸国，事与北徼无涉，则不具录云。"② 其论述辽朝北部边疆属国属部中的辖戛斯、乃蛮，强调"皆今俄罗斯境"，也是从历史上中国疆域的角度思考沙俄侵占中国领土的问题。

　　同样出于"经世致用"目的，李慎儒编成目前已知清代唯一一部辽史地理研究专著《辽史地理志考》。他敏锐地发现，由于清朝的西北疆土与元朝相吻合，前人的关注点多集中在蒙元的西北历史地理研究，参之以汉唐各民族《传》，而中国历代中央王朝中，真正将内蒙古诸部、新疆天山南北地区纳入版图并经营者，实应上溯至辽朝（西辽）。其《序》中写道："辽金元三史并称，而近来讲地理者皆详于《元史·西北地附录》一篇。盖以天山南北为我朝开拓，雅克萨城、塔尔巴哈台以北，伊犁、喀什噶尔以西，又皆与外国接壤，所当从元西北地，以上溯汉唐《匈奴》《突厥》《回纥》《吐蕃》《西域》等《传》，为外攘内安之计也。辽金二史则鲜有措意者……夫内蒙古诸部收入版图，自我朝始与天山南北后先同揆，而经

①　王国维：《观堂集林》卷19《缀林一·沈乙庵先生七十寿序》，谢维扬、房鑫亮主编，谢维扬、庄辉明、黄爱梅分卷主编《王国维全集》第八卷，浙江教育出版社，2009，第618页。

②　（清）何秋涛：《朔方备乘》卷33《传三·辽金元北徼诸国传叙》，《续修四库全书》编纂委员会编《续修四库全书》七四一，第549~550页。

营缔造，辽实创之。今元西北地，略可指明，而读《辽史》者顾不详其所在，可乎？"① 李慎儒认为，仅研究蒙元的西北历史地理不足以还原中国西北疆域的发展全貌，不通晓辽朝西北便无法指明元朝西北疆域。李慎儒此举为清朝筹划边防、治理边疆提供了更为长远的历史依据。

综上所述，清代私家辽史学发展是学术思潮和社会政治互动的结果。私家辽史学的经世思想贯穿有清一代，即使在考据学盛行时期，私家辽史撰述仍表现出史学的经世思想，体现出儒生对社会与国家命运的现实关怀。清代儒生对辽史学研究的反思、改进和创新，推进了清代北方民族史学的发展。正是由于清朝统治者所努力构建的以"大一统"思想为主导的统治秩序逐渐深入人心，清代私家辽史学者才能站在大一统王朝的立场进行史学研究，展现出各民族共同书写的中国历史。

---

① （清）李慎儒：《辽史地理志考·序》，二十五史刊行委员会：《二十五史补编》第六册，第 8095 页。

清初北岳恒山改祀与恒山志编撰

陈 珍

（北京师范大学历史学院，北京 100875）

摘 要： 明中后期，朝廷官员提出将北岳从河北曲阳改祀于山西浑源，但并未成功。清初，粘本盛上疏请求北岳改祀浑源，经礼部考核，清廷最终同意。北岳改祀浑源实现天子居于天下之中的都城格局，体现了国家政权的正统性。张崇德随即修成的《恒岳志》宣扬清廷改祀盛举，力图塑造浑源恒山的合法地位。乾隆时期，桂敬顺的《恒山志》以还恒山真实之面目为要旨，发其未彰显之潜德。清廷对恒山所需功能的变化导致两部山志在立意方面的差异，由致用逐渐转向求真，前部山志注重恒山的政治功能与现实意义，后部山志调查考证，力在传信，真实性与学术性更强。

关键词： 北岳改祀 大一统 《恒岳志》 《恒山志》

北岳改祀的提议最早见于《金史·范拱传》，金大定七年（1167），有礼官提议重新定位五岳，范拱对此驳斥后作罢。[1] 明朝初期，山西地方官员以修缮祠庙，祭祀祈祷地方风调雨顺为始，初步表现出对浑源恒山岳庙的认同。明中后期，兵部尚书马文升上疏，请求北岳从河北曲阳改祀于山西浑源，之后不断有官员请求移祀，使得浑源北岳说在北岳话语权的争夺中逐渐占据优势地位，为清初北岳改祀奠定了理论来源。学界对于北岳改

---

① 《金史》卷 150，中华书局，1975，第 2313 页。

祀问题颇为关注：或考察北岳恒山传统地望①；或梳理明代北岳移祀事件全貌、探究其背后的军事原因②；或结合明清北岳移祀争议讨论地方认同③，研究成果较为显著，但对于清初北岳改祀之经过以及改祀成功后恒山山志的编撰涉足未深。本文在吸收已有成果的基础上，对清初北岳改祀成功经过展开具体论述，对比不同时期恒山志的纂修，揭示其旨趣及其特点。

一　清初北岳改祀浑源之经过

顺治十七年（1660），清廷同意刑科都给事中粘本盛之请，认定浑源恒山是自尧舜以来的古北岳，将北岳从河北曲阳移至山西浑源，历时一百多年的北岳恒山之争落幕。

明初，山西地方官员通过修缮浑源祠庙、建构飞石传说、刻碑记录其事的方式塑造浑源北岳之说的合法性，以尽守土之责为由向其祈祷，强调浑源恒山具有“参赞化育”“卫国庇民”④的功能。早在洪武十三年（1380），山西行都指挥使司都指挥使周立、王约以大同地区天气异常，雨雪不以时至，提出“今恒山在吾所统理，虽以飞石建祠于他所，然昔代褒崇之仪，固未始一日废也。予其坠不举，可乎？”⑤遂重修浑源恒山的北岳祠庙并行祭祀，流露出敬神勤民之意。浑源知州郑允先作碑记其事，文中首次建构了浑源恒山形象，提出浑源恒山为古北岳，舜帝在此巡守望秩，后有飞石东迁，遂在曲阳建祠，历代沿袭，使得浑源之庙废不复举。弘治

---

① 参见王畅《晋冀恒山之争与中国山岳文化》（《河北学刊》2002年第6期）一文指出从曲阳恒山到浑源恒山的变化是随着对恒山山脉主峰认识的变化而成的。梁勇《再论北岳恒山地望及其历史变迁——兼与王畅同志商榷》（《中国历史地理丛刊》2004年第2期）对北岳祭祀地点进行了梳理，指出清代之前北岳祭祀地点都在河北曲阳，并非山西浑源。韩成武《从河北曲阳北岳庙碑刻看北岳地点的沿革》（《史学月刊》2004年第12期）一文考证曲阳恒山的地望，论证今大茂山就是古恒山。
② 参见齐仁达《明清北岳祭祀地点转移之动态考察》（《史学月刊》2009年第9期）文中对明清之际北岳改祀事件进行爬梳，分析明代北岳移祀始末以及原因。牛敬飞《古代五岳祭祀演变考论》（中华书局，2020）一书对北岳移祀产生的知识背景、军事背景、争议过程进行详细梳理，分析背后的原因，是目前具有代表性的成果。
③ 曾伟：《明清易代之际的方志编纂与地方社会——以浑源州为例》，《中国地方志》2018年第2期。
④ 张崇德：《恒岳志》卷中，清顺治十八年刻本，第29页a。
⑤ 张崇德：《恒岳志》卷中，清顺治十八年刻本，第26页a。

二年（1489），浑源岳庙年久失修，山西巡抚以"北岳名山，祀典攸系"①同意对其修缮，浑源知州董锡请礼部尚书耿裕以记其事，再次建构飞石传说："恒山，北岳也。距大同浑源州南二十里，其巅有庙，秘造不知其始。按郡志云：有虞帝舜仲冬朔巡守至大茂山，阻雪，遥行望秩礼，忽庙旁飞一石堕帝前。又五载巡守，其石飞于真定之曲阳，故石旁亦有庙。"②明初浑源地方对北岳的争夺以修缮岳庙、建构飞石传说为主，这也逐渐抬升了浑源恒山的名气。

弘治六年（1493），兵部尚书马文升上《请厘正祀典疏》，主张将北岳之祀移于浑源，所依有三：其一，追溯历代沿革，宋朝时北方被契丹占据，失去云中之地，未能统一天下，始祭恒山于曲阳，此为不得已权宜之道；从都城方位来看，明成祖迁都北京后，曲阳真定在京师之南，礼官失职未曾厘正。其二，以《大明一统志》和地方州志为文本依据，志中记载恒山在浑源之南二十里。其三，关注现实情况，指出如今浑源庙址犹存。③在此之前，马文升作为治边名臣，曾任山西监察御史，对于镇守边关的将士"即有事于庙"④有目共睹，以成年三年（1467）为例，大同巡抚王越把老弱士兵战胜毛里孩归功于岳神庇佑⑤，马文升或已意识到北岳恒山因其特殊的地理位置对于镇守边关的军士具有一定的庇护安慰作用，于是对此试图强化。他巧妙避开经典注疏和传世文献，而采用《明一统志》作为文本依据，力图争得浑源恒山的正统地位。耿裕欲应允时遭到礼部侍郎倪岳反对。耿裕受邀撰写过《重修北岳庙碑铭》，无疑是浑源北岳说的支持者，而倪岳更加注重经典注疏，依据《禹贡》《尔雅》《史记》《通典》《文献通考》等传世文献和唐宋地方碑刻得出北岳之祀在定州的上曲阳，并非起于五代之际。⑥倪岳的驳斥也成为明中后期礼部官员继续驳回改祀的依据。终明一朝，北岳改祀未曾成功，究其原因，大抵与注重传统经典注疏和政权合法性建设有关，明朝取"天下与群雄之手，大统既正"⑦，对于政权的正统性建设在明初时期已建构成形。

①　张崇德：《恒岳志》卷中，清顺治十八年刻本，第 30 页 a。

②　张崇德：《恒岳志》卷中，清顺治十八年刻本，第 29 页 b。

③　马文升：《马端肃公奏疏一》《明经世文编》第 62 卷，中华书局，1962，第 513 页。

④　张崇德：《恒岳志》卷中，清顺治十八年刻本，第 28 页 b。

⑤　何出光：《北岳庙集》，万历十八年刊本，第 21 页。

⑥　倪岳：《青溪漫稿》卷 11，浙江古籍出版社，2019，第 183 页。

⑦　《元史》，中华书局，1976，第 4677 页。

　　顺治十七年二月，刑科都给事中粘本盛上疏题为《祀典系治统攸关恭请睿鉴厘正，以光盛治，以慰人心》，开篇以《礼记》所载天子祭天下名山大川为由，据《尚书》《广舆记》，主张浑源恒山是尧舜巡守的古北岳，飞石至于曲阳是荒诞不经之说。粘本盛在马文升改祀理由的基础上提出新的依据，并与"一统盛治""褆国庇民""大一统之义"的观念联系。从历代祭祀情况来看，后晋与宋时期，浑源不在国家版图之中，曲阳之祀是因陋就简之举，而非一统盛治之作为。以"辨方正位"说明浑源恒山地理位置，曲阳位于京师之南，浑源则在京师之北，"洞岩耸邃，信神灵之所窟宅，祐国庇民，莫大于此"。① 以礼制来看，虽称浑源为北岳，但缺相应之祀典，清朝"统一华夏，版图益前代，不祀浑源而祀曲阳，似为未协，伏乞睿鉴敕部，酌议厘正，以明大一统之义，于治理实有赖焉"②。粘本盛以天子居于天下之中的理想地理格局和"统一华夏""大一统之义"的政治观念占据高地，引起清廷对于自身正统地位的关注。

　　起初礼部并未同意改祀，表示自汉唐以来，历代皆祀于曲阳，并非仅有后晋与宋朝，且本朝已有祀于曲阳的先例，但同时也令山西抚按查访浑源恒山有无北岳祠庙遗迹，祭祀于何处为便。对此，公文到州后，浑源知州张崇德在粘本盛改祀奏议基础上，从北岳祭祀地点、飞石传说、浑源恒山现状三个方面展开细致论述，主张舜帝巡守北岳是在浑源恒山。他以"迄今四岳皆祀于山，惟恒久祭于庙"③ 发论，强调北岳祭祀应祀于山而非庙，将曲阳祭祀定性为望祀。梳理汉、魏、唐至明的祭祀地点，汉武帝之前祀于山，唐贞观后祀于庙，一直持续到明代。接着，批驳两种曲阳飞石的传说：一种是贞观年间，北岳有飞石坠于曲阳，遂移祀祭于庙；另一种是舜帝巡守北岳，至大茂山时有飞石坠于舜前，飞石名为安天王，五年后石飞至曲阳，便立庙祭祀。对此，指出飞石名为安天王的时间，飞石在前，封名在后，此为不妥；将曲阳飞石形状与恒山之飞石窟相较，形迹、尺寸大相径庭。进一步分析飞石传说是因为唐朝失河北、后晋弃燕云之地，未能登山祭祀，故而望祀于曲阳，以飞石之说"以神其事，文其辞，致后世以讹传讹"④。最后，对浑源现状进行调查，"今恒山则巍然，祠则

<hr />

① 张崇德：《恒岳志》卷下，清顺治十八年刻本，第2页b。
② 张崇德：《恒岳志》卷下，清顺治十八年刻本，第2页b。
③ 张崇德：《恒岳志》卷下，清顺治十八年刻本，第7页b。
④ 张崇德：《恒岳志》卷下，清顺治十八年刻本，第9页a。

焕然，不事更张之扰，无烦修建之劳，何难于复其祀，以举千秋之旷典"①，列举出恒山现有名胜古迹，绘制地图一起呈上。

大同府推官左图提出："自汉武祀北岳于曲阳，祀南岳于灊霍。今南岳之祀不于霍山，则北岳之祀亦可不于曲阳。"② 他强调历朝北岳祭祀于曲阳是受到时代所限，如今更应因时制宜，辨方正位，厘正祀典，成大一统之规制。大同知府蔡永华也补充了浑源恒山神奇事迹，"明弘治宣府大同延绥马灾，则有抚臣刘宇诣山祭岳而灾止。嘉靖三十五年，求真芝于真定，守臣不获后，于北岳得真芝十二本，以献斋祷祈雨，不止一端，神之有灵，信不诬已"③，以示"其间山灵之所效顺"④。粘本盛再次上疏，改祀理由更加充足。他以明代《恒岳志》三册为文本依据，指出明朝前事历历可考，并与大同令太仆少卿王度会一同考察恒山庙宇现状，认为岳庙胜迹犹在，稍加修葺，便可重焕全貌。山西巡抚白如梅紧跟其后，积极上疏北岳改祀一事，认为明代官员请求改祀，虽未成功，但有诏于浑源修庙，可见浑源恒山宜祀。如今天下统一，应该"事事度越古今，期与虞周比隆，未尝拘泥汉唐以来之制，应否改祀恒山，以正大礼。统乞睿鉴，裁定者也"⑤。

疏文上呈至礼部，礼部议得所言皆有可据，"北岳祀典，已经晋抚查明原在浑源州，应如科臣所请，嗣后停曲阳之祀，移祀浑源州，从之"⑥。官方正式承认浑源恒山才是舜帝祭祀的古北岳。明代官员频繁修缮浑源北岳祠庙，请求改祀的行为使浑源北岳说兴起。马文升的改祀依据也成为后世请求改祀的滥觞，粘本盛所提其实是明代改祀依据的延续和创新，他在此基础上将其与"一统盛治""辨方正位"和"大一统之义"联系起来，注重北岳恒山的政治功能，赢得清初统治者对王朝合法性和正统地位的关注，使之带有浓厚的政治现实意义。山西地方官员在其中起到重要的推动作用，他们从下至上积极配合，查证史料，实地考察，提出祀山不祀庙、定性曲阳之祀为望祀、批驳飞石传说、补充浑源恒山之灵验等具体论断，紧扣国家大一统之义，使改祀依据更加充足。清初北岳改祀成功解决了都

① 张崇德：《恒岳志》卷下，清顺治十八年刻本，第9页b。
② 张崇德：《恒岳志》卷下，清顺治十八年刻本，第13页b。
③ 张崇德：《恒岳志》卷下，清顺治十八年刻本，第14页b、第15页a。
④ 张崇德：《恒岳志》卷下，清顺治十八年刻本，第14页b。
⑤ 张崇德：《恒岳志》卷下，清顺治十八年刻本，第18页a。
⑥ 《世祖章皇帝实录》第138卷，顺治十七年七月丁卯，中华书局，1985，第1065页。

城与五岳方位关系问题，向北推动北岳方位，使天子居于天下之中的理想都城格局得以实现。唐晓峰指出：“由中原人起事的王朝与边疆异族入住中原而建立的王朝，在正统性的确立上，有'先天'的差别。中原起家的王朝，其华夏正统性无须申辩。而入住中原者，则需从各个方面表现正统的模样。”① 这恰恰说明明清两朝对于北岳改祀不同态度的根本原因，明朝国家政权的正统性无须辩驳，官员请求改祀注重北岳恒山的军事功能，而清初官员以大一统之义请求改祀，其中政治考量更为突出。

二　千秋旷典：张崇德与《恒岳志》的编撰

北岳改祀成功次年，清廷在浑源行北岳祭祀之典，张崇德作文赞扬清朝改祀盛举，“制超百代之卑，典复千秋之旷。功德侔隆于尧舜，礼乐媲美乎虞周”②。张崇德初任浑源知州时，浑源地区受“姜襄之乱”影响，“土满人稀，荒落殊甚”③，民生凋敝。他在职实心任事，“培士风，振颓俗”④，振兴文化，重构地方社会秩序，在地方多有政绩，曾就北岳恒山祭祀相关礼仪制度，向蔡永华提出改善恒山祭祀现状的六条举措⑤，涉及祭祀设施、用器、日期、经费等。蔡永华回复条陈六条，因缺乏钱粮，宜当略为删减，但也示意张崇德编修恒山山志，以示“幸蒙宪台厘正，仍祀恒山，千秋旷典，百世不易”⑥。张崇德搜检明代恒山旧志⑦，修成《恒岳志》三卷。他在序中赞扬清朝改祀盛举，“我朝定鼎来，于五岳四渎并名山川分布致祀，可谓诚且至。迨辛丑岁，有垣臣粘公疏请更正，宗伯考之，天子俞焉。爰遣少司空李公捧玉告虔，煌煌盛举，独见于我朝君臣

---

① 唐晓峰：《王都与岳域：一个中国古代王朝边疆都城的正统性问题》，《九州》第 4 辑，2007，第 212 页。

② 张崇德：《恒岳志》卷中，清顺治十八年刻本，第 49 页 b。

③ 顺治《浑源州志》，《中国地方志集成·山西府县志辑》第 7 册，凤凰出版社，2005，第 147 页。

④ 顺治《浑源州志》，《中国地方志集成·山西府县志辑》第 7 册，凤凰出版社，2005，第 173 页。

⑤ 曾伟《明清易代之际的方志编纂与地方社会——以浑源州为例》（《中国地方志》2018 年第 2 期）一文对张崇德提出的六条举措展开了详细论述。

⑥ 张崇德：《恒岳志》卷下，清顺治十八年刻本，第 24 页 b。

⑦ 明代万历年间赵之韩、王浚初纂修的《恒岳志》，今已佚失。参见曾伟《明清易代之际的方志编纂与地方社会——以浑源州为例》，《中国地方志》2018 年第 2 期。

矣"①，并请地方官员蔡永华、左图、罗森、赵开祺共同参订，为其作序。对于与《恒岳志》一同修撰的《浑源州志》，张崇德则希望后来者可以"披卷而指者曰：浑之土地如是，浑之人民如是，浑之忠臣、孝子、义夫、节妇，以迄乎时势殊异，事物变迁又如是，是亦眉列而展卷而可以了然者"②。其目的在保存浑源地方历史，重构地方社会秩序。

《恒岳志》承担着重建国家认同和宣扬北岳恒山正统地位的任务，张崇德每门以开篇按语或结尾赞语的形式，表述纂修目的和意图，力在塑造、巩固、宣扬浑源恒山合法地位。

（一）为浑源恒山正其名

《恒岳志》通过设置"岳纪""星纪""山纪""庙纪""祀纪""疏纪""考辨"类目，从历代五岳地点变化、天文分野、地理典籍、祭祀礼制、疏文考辨论证浑源恒山的合法地位。

"岳纪"一门为首，开篇指出五岳地点的转移变迁，"霍、华、嵩尝递为中岳，岍与华尝递为西岳，衡与灊霍又尝递为南岳，历代加封，岷山拟称西岳。其不变者，独东岱与北恒耳"③。将三代和汉朝相较，三代以前，西北广，东南郁。汉朝以后，东南逐渐开辟发展，所以中岳由霍山转移为嵩山，以示五岳地点随着朝代而变化是时势造就。张崇德认为明朝未曾改祀成功是政事之未善，而清朝"俞科臣请厘正祀事，洵于大典，有光发蒙万古矣"④。文末尾附有《大清五岳五镇图》《五岳真形图》。

"星纪"从天文分野入手，"恒山为玄岳，下镇玄州，上应玄天，当北方玄武七宿，辰星位焉。于方为北，于时为冬"⑤，并以《春秋元命苞》、唐《天文志》、晋《天文志》中所载为证，将天上星宿、星次与恒山地理区域形成完整的对应关系，以示恒山无论在地理方位还是星宿分野上都从属北方，契合恒岳位于京师之北，天子居于天下之中的理想格局。张崇德在按语中继续罗列了辰星、玄武、大梁、析木等的方位，强调与恒山的对应关系，指出恒岳分野，诸家所述不一，但"皆以其方之直北耳，要之地静而天动，难以方拘，故论配位当主辰星，论占候当主昴毕，

---

① 张崇德：《恒岳志》卷上《恒岳志序》，清顺治十八年刻本，第4页a、第4页b。
② 顺治《浑源州志》，《中国地方志集成·山西府县志辑》第7册，凤凰出版社，2005，第148页。
③ 张崇德：《恒岳志》卷上，清顺治十八年刻本，第2页a。
④ 张崇德：《恒岳志》卷上，清顺治十八年刻本，第2页a。
⑤ 张崇德：《恒岳志》卷上，清顺治十八年刻本，第5页a。

不可易也"①。

"山纪"开篇即指出:"恒山,五岳之北岳也。"② 引用《舜典》《禹贡》《尚书大传》《通志》《枕中书》《括地志》等史籍证明上述观点;简要记录恒山自然名胜,列举岭、洞、窟、峪、台等,以示西北之奇胜;强调恒山地理位置的重要性,攻守要害,障蔽邦国,"独恒山南包全晋,东跨幽燕,西控雁门,北缠代郡。都之南以肩背扼边疆,都之北以嗌吭制中原,形势甲天下,真常山蛇矣"③,强调山之正统,进而体现清朝北岳改祀的合理性。"庙纪"一门记录恒山岳庙的修建历史,将其追溯至元魏太武帝年间,列举各朝修缮情况,其中明代最为频繁。按语则是对恒山岳庙现状的迫切关注,张崇德希望更进一步对其修缮,使恒山可以"奉宸翰而驻皇"④。"祀纪"一门重在宣扬清朝改祀成功,以期重现尧舜时期祭祀之盛况,并在按语中提及改善恒山祭祀现状的六条举措,意在引起人们对恒山岳庙现实的关注。

"考辩"与"疏纪"两门是明人对浑源恒山的认识和清初北岳改祀疏文的搜检。"考辩"一门中尹耕的《三曲阳辩》对上曲阳、下曲阳、曲阳县三个地方进行考辨,指出古代祭祀恒山皆在上曲阳,自唐失河北,祭祀北岳即在下曲阳,最终表明北岳宜祀于浑源恒山,可修正曲逆飞石之谬。同样,王潗初在《恒岳志旧序》中表现出对浑源恒山的认同。"恒山偕岱、华、衡、嵩咸称重镇。"⑤ 明代恒山旧志对曲阳祠庙的制敕、碑碣之文未曾收录,张崇德强调顺治帝圣德,厘正北岳,"以昭圣治而隆岳祀也"⑥,特对此悉数采入。"疏纪"一门记载清初北岳改祀浑源事件的来龙去脉,张崇德将粘本盛请求移祀的疏文,礼部回应以及山西地方官员的调查讨论悉数载入《复祀奏议》。

(二)塑造神岳形象

《恒岳志》以记述恒山神奇草木、岳神显应、仙人事迹的方式,塑造恒山神岳形象,使恒山成为神灵之窟宅,以祐国庇民。"物纪"一门收录恒山神草、神玉、两头蛇等奇物宣扬恒山神异之处。其中,有护门草,如

---

① 张崇德:《恒岳志》卷上,清顺治十八年刻本,第8页b。
② 张崇德:《恒岳志》卷上,清顺治十八年刻本,第9页a。
③ 张崇德:《恒岳志》卷上,清顺治十八年刻本,第11页a。
④ 张崇德:《恒岳志》卷上,清顺治十八年刻本,第16页a。
⑤ 张崇德:《恒岳志》卷中,清顺治十八年刻本,第59页a。
⑥ 张崇德:《恒岳志》卷中,清顺治十八年刻本,第60页a。

过其门者，护门草必叱叫；有十九种神草，服用后超脱尘世为仙；有一身两头蛇，名为率然；有七十圭壁，现七十三光色；有霜林桃，"汉明帝时，常山献巨核桃，霜下结花，隆暑方熟，帝便植于霜林园中，因名霜林桃"[1]。张崇德对恒山物产进行整理，有木类、鸟类、兽类、药类四类，按语中充斥着对恒山的护持之心，虽因地高寒，物产稀少，但其灵秀不应以物产多寡衡量。

"事纪"一门记恒山之"震崩兵火、氛祲割弃，皆关乎运祚盛衰、政治得失也"[2]，以考察祀之典礼、州邑之沿革、山谷之险阻。登临恒山者因恒山岳灵显应皆有事于恒，强调神岳的庇护作用与政治警示功能。一方面，有事即于山，以岳神显应起到军事庇护作用。唐、宋、明三朝皆有发生，明朝最为频繁。明初洪武年间，龙虎将军周立以浑源地区盛夏不雨，秋天淫雨绵绵、冬天无雪之情形祈于恒山。成化六年（1470），又有大同总兵官杨信出征祈于恒山，遂大捷。嘉靖三十三年（1554）十二月，兵备副使杨顺讨矿贼时，在恒山祈祷，取得大捷，贼党皆平。另一方面，以恒山山崩为预兆，警示政治变革。东汉"殇帝延平元年夏五月，恒山崩，是时邓太后专政，秋八月，帝崩无嗣"[3]。"晋怀帝永嘉四年秋八月，恒山崩，水溢出。司马氏肇封于晋。恒，晋之望也。晋金德秋八月金旺之时而恒崩，亡征也。未几，怀、愍皆为刘聪所虏，西晋亡。"[4] 张崇德在按语中强调清朝改祀盛举，"正祀之请，阻于时议不行。是千秋旷典，固有待于我朝圣明耳。若夫藏祕册，求仙人，采玄芝，置道书，君举必书，意深远矣"[5]。

"仙纪"一门在《众仙记》《列仙传》《北齐书》《广列仙传》《北史》等中采拾恒山修道、仙人事迹，具体有颛顼氏、昌容、茅盈、李皎、张果、管革等。张崇德在按语中对此进行评价，指出将颛顼氏身为五帝与葛洪同列仙纪不妥，对其他人也皆有品评，最后感慨如今恒山黄冠寂寥，游人较少现状。

（三）建设北岳历史文化

"游纪"一门收录明代浑源恒山十八山景，先以步云路入山，去步云

---

① 张崇德：《恒岳志》卷上，清顺治十八年刻本，第35页b。
② 张崇德：《恒岳志》卷上，清顺治十八年刻本，第33页b。
③ 张崇德：《恒岳志》卷上，清顺治十八年刻本，第28页b。
④ 张崇德：《恒岳志》卷上，清顺治十八年刻本，第29页a。
⑤ 张崇德：《恒岳志》卷上，清顺治十八年刻本，第33页b、第34页a。

路二里有望仙亭，层层递进，紧接虎风口、通玄谷、白云堂、潜龙泉，皆附有山景图。张崇德在明代恒山山志的基础上观览调查，做出评价，感慨恒山景观独特但未被发掘，"今所标十八景，惟会仙府、琴棋台、潜龙泉、翠雪亭为胜，余亦未甚幽奇。自虎风口而上，苍岩翠嶙，古木千章，大有佳处。微独不标量，且不举名，直培塿视之耳，山亦有幸不幸哉"①。

《恒岳志》还搜罗各朝帝王祭文、曲阳和浑源两地碑文、游人墨客诗文，以建设北岳悠久历史文化，扭转缺乏经典人文的劣势，收编以"大茂山"在内的河北原有北岳文化资源，正有宣扬北岳浑源恒山正统地位的意味。"文纪"记历代帝王北岳祭文，张崇德将清朝祭文置于篇首，并有孝文帝、唐太宗、宋真宗、明太祖、明孝宗等祭文，五岳祭祀之典是国家祭祀的重要部分，也是国家治理的一种手段，以明太祖告岳祭文为例："曩者元君失驭，海内鼎沸，生民涂炭。予起布衣，承上天后土之命，百神阴佑，削平暴乱，正位称尊。职当奉天地、享鬼神，以依时统一人民。法当式古今，寰宇既清，特修祀仪。"② 表明自己承袭天命，以正统之位称尊，统一人民，特祭祀北岳，以宣告天下。"祭文"一门则收录明代地方官员的告祭文，其中到任告谒、阅视告谒、祈雪冤狱、祈雨谢雨，皆关乎地方社会治理，可以看出浑源恒山的地位和山西地方官员对浑源岳神的认同和依赖。

"碑纪"一门收入曲阳、浑源两地碑记，内容分为祭祀、重修、游记。曲阳的碑记多为唐、宋、元、金时期所作，浑源则集中在明代，目的是记述修缮历史、建构浑源北岳之说，有郑允先《重修恒山岳庙记》、刘翊《重修恒山北岳庙记》、耿裕《重修北岳庙碑铭》、宋茝《采取玄芝记》等，其中宋茝《采取玄芝记》一文记载："嘉靖三十五年夏六月，上用北岳玄芝。维时真定府守臣求于曲阳县恒山，不获。乃上言，古北岳在山西大同府浑源州，有虞舜巡狩遗迹在焉，请下彼处求之……令防守官兵，沿山谷遍索之，果得真芝十二本。"③ 此事例说明浑源恒山的神奇灵验，这也成为清朝请求改祀所依事例。"诗纪"一门收录历代诗文二百五十余首，目的是："以志游人才士，搦管词坛，发舒其登高眺远之怀，后之作者，虚左以竢焉。"④ 诗文中明代之前的侧重书写对象为曲阳岳庙，明清两朝则

---

① 张崇德：《恒岳志》卷上，清顺治十八年刻本，第39页 a、第39页 b。

② 张崇德：《恒岳志》卷中，清顺治十八年刻本，第5页 b。

③ 张崇德：《恒岳志》卷中，清顺治十八年刻本，第41页。

④ 张崇德：《恒岳志》卷下，清顺治十八年刻本，第79页 a、第79页 b。

以浑源恒山为主，以张崇德为例，"尊同四岳名虽是，礼视三公祀却非。不是皇朝兴旷典，恒山几若众峦微"①。他的诗中极力赞颂当朝改祀盛举，建构国家认同观念。

张崇德通过考证浑源岳庙修建历史，否定曲阳飞石传说；注重塑造浑源恒山神岳形象，营造北岳身份认同；对传统人文展开搜罗，将曲阳、浑源两地艺文收入其中，以建设北岳悠久历史文化，不遗余力赞扬清初改祀盛举。《恒岳志》的编撰是用文本的形式塑造、巩固、宣扬北岳恒山的正统地位，使京师居于五岳的中央，而都城的正统地位也意味着国家的正统性，是"岳镇方位，当准皇都"②观念的体现。此外，张崇德关注恒山的现实发展和祭祀情况，他在志书中关注恒山景观建设，感慨游人之稀，流露出恒山奇景未被举名之憾。就改善祭祀现状提出的"条议六条"，其中涉及祭祀设施的建设、祭祀用器、祭祀日期，"御香亭、朝房、碑楼、神厨"等场所代表了国家祀典所在，是国家对于北岳恒山的认同。清初之际，北岳祀典正是建构国家认同的有力推动。

三　考校传信：桂敬顺重修《恒山志》

乾隆二十八年（1763），浑源知州桂敬顺沿袭修志传统，重修《浑源州志》与《恒山志》，此次修志是由于乾隆二十七年（1762），清廷祭祀北岳之神，大同府知府嘉祥、桂敬顺担任陪祭官，祭文勒石以记。③除此之外，自康熙以来，全国开始大规模地修撰地方志，修志热潮也是促进桂敬顺修志的重要因素。桂敬顺任官浑源，励精图治，"访察利弊，凡有裨州民者，皆次第具举，政理讼平"④。发展地方文教事业，修缮恒麓书院；重修地方志与恒山山志，注重地方历史赓续。对于顺治时期所修《浑源州志》，桂敬顺认为历时已久，门类混杂，错误频出，琐碎支离，于是"博搜远采，取旧乘所志，参合考校，是者存之，非者去之，残者补之，缺者

①　张崇德：《恒岳志》卷下，清顺治十八年刻本，第50页b。
②　《清史稿》卷266，中华书局，1977，第9949页。
③　李玉明、王雅安主编《三晋石刻大全》大同市浑源县卷（上编），三晋出版社，2013，第133页。
④　光绪《浑源州续志》，《中国地方志集成·山西府县志辑》第7册，凤凰出版社，2005，第542页。

续之，精核谨严，要可传信，来兹不以虚浮竞胜"①。成书三十一卷，以记顺治至乾隆时期百年间的浑源历史。

《恒山志》是在顺治《恒岳志》基础上经过实地调查后重修的山志。桂敬顺认为北岳恒山改祀已成定论，"若夫正位以辨方，聿昭祀事，则有国家之掌故；曲阳飞石，讹谬纷纭，则有前贤之考论"②，但他对恒山旧志颇为不满，"荒秽无足览观，其事罕传，而知者盖鲜。""每怪夫言岳者多举荒唐不经之事以为神，如张果驴迹、仙人芝峪之属是矣。"③ 重修山志的旨趣在于强调："荒有田可以树谷，矿有煤可以做薪，维岳之产，或有异于他山，然是犹论人者，此特其才而非其德矣。"④ 体现岳之所以为岳，在于捍卫社稷、利于百姓。基于此，他以自己生于昌明之世，在此地做官为责，承担起纂修山志的任务，力求"还山灵之面目，而并发其潜德所未彰者"⑤。

此志还收录了顺治《恒岳志》中的旧序，另有嘉祥、和其衷为其作序。嘉祥在序中赞扬清朝改祀盛事，肯定桂敬顺的见识与才华，"循名责实，开惑拾遗，卷帙犹前，而条理一变，彬彬乎文质兼备。信足以昭圣代之典章，还山灵之面目"⑥。其中"条理一变"可从《恒山志》的类目中看出，相较顺治《恒岳志》，桂敬顺重新编排了类目，新增形志、名志、水志、经志、封志、说志六门，细化了山志内容，并结合实地调查，展现恒山客观真实历史文化面貌。

具体来看，《恒山志》将旧志中的"岳纪"一门更名为"图考"，以《五岳真形图》开篇，沿袭顺治山志中对五岳地点变化的记述，为北岳恒山正名；对恒山名胜图进行重新绘制，有"山志图""恒山后景图"；沿袭恒山十八景的基础上增添"云阁虹桥""振衣台""玄帝庙""十王殿""纯阳宫""九天宫""玄武井"，绘图将景观融入山中，与顺治《恒岳志》形成鲜明对比，山图中有道路、树木、具体建筑规模等要素。以九天宫图为例，图中标出了道观方位、具体规模、道路，是研究清代恒山发展的一

---

① 乾隆《浑源州志》，《中国地方志集成·山西府县志辑》第 7 册，凤凰出版社，2005，第 252 页。
② 桂敬顺：《恒山志》，《中华山水志丛刊·山志卷》第 6 册，线装书局，2004，第 5 页。
③ 桂敬顺：《恒山志》，《中华山水志丛刊·山志卷》第 6 册，第 5 页。
④ 桂敬顺：《恒山志》，《中华山水志丛刊·山志卷》第 6 册，第 5 页。
⑤ 桂敬顺：《恒山志》，《中华山水志丛刊·山志卷》第 6 册，第 3 页。
⑥ 桂敬顺：《恒山志》，《中华山水志丛刊·山志卷》第 6 册，第 3 页。

手史料。"星志"与乾隆《浑源州志》中"分野"所引史料相同，两部志书皆引用了《体道要鉴》《春秋元命苞》《两镇三观志》、汉《志》注、梁《星经》等经书，皆为说明恒山、浑源正统分野。

桂敬顺对顺治《恒岳志》"山纪"一门内容细化扩充，分为"形志""名志"两门。"形志"爬梳地理史籍中关于恒山地理位置、周围环境、山脉所属的描述。"名志"一门从《禹贡》《周礼》《尔雅》《风俗通》等中采拾恒山别称。"庙志"辑录《通志》中所载恒山事迹的史料，涉及岳庙修建情况、后土夫人庙位置。指出上曲阳庙是恒山下庙，并非恒山上庙，而郦道元《水经注》中所载"下阶神殿"①才是汉代进行祭祀的上曲阳庙。此外，桂敬顺对恒山附属岳庙实地考察，岳庙四周庙宇"有风伯、雨师、龙王、玉皇、文昌、天尊、圣母、药王、三清元帝、三元山神诸庙"②，为岳庙之翼卫。

"物志"一门开篇将顺治《恒岳志》与《浑源州志》中的物产进行罗列，内容基本沿袭旧志，桂敬顺在按语中赞同张崇德对恒山物产的认识，即毋以物产多寡评判恒山。"水志"为新增门类，实地调查恒山水脉，《禹贡》所载恒水自西注入滱水为实。而浑河入水为磁窑、远望、乱岭、浑源等，探其源头，支移流别，半失阙处，以示书中所载，古老流传，并无依据，则是尽信书不如无书。

《恒山志》将旧志中"游纪"改名为"迹志"，名称更加妥帖。桂敬顺对恒山名迹实地调查，收录恒山二十七处名胜现状，有岳顶、石脂图、栈云冈、振衣台、紫芝峪等自然景观和元灵宫、旧殿、九天宫、纯阳宫、白虚观等建筑景观，削删旧志中对名胜的神奇描述，还恒山真实面目，订正错误之处。其中果老岭："在虎风口前，为入山孔道。传张果驮驴留手迹。齐东野语，姑妄言之。"③细致描述真武庙："在果老岭下。庙像严肃，冠绝他山。殿下双松，神寒骨重，超伦绝群，唐宋代物矣。门外复三株，一尤奇古，顶上六七枯枝，伸如利爪，有心事擎云之状，下如老人欠身，又若将俯揖者。庙有明武宗时纪功、祷雨三碑。文与书刻俱劣，不录。"④批驳飞石窟："在旧殿内右侧，可容三客坐。山中如是窟者，奚止百区。

---

① 桂敬顺：《恒山志》，《中华山水志丛刊·山志卷》第 6 册，第 45 页。
② 桂敬顺：《恒山志》，《中华山水志丛刊·山志卷》第 6 册，第 45 页。
③ 桂敬顺：《恒山志》，《中华山水志丛刊·山志卷》第 6 册，第 58 页。
④ 桂敬顺：《恒山志》，《中华山水志丛刊·山志卷》第 6 册，第 58 页。

讹说荒唐，不足深辨，存其名可也。"① 飞石窟产生于明代争夺北岳话语权的背景之下，而当清朝改祀成功后，浑源恒山被国家政权承认，飞石窟的存在变得无关紧要。

桂敬顺认识到北岳祀典的重要地位，表示乾隆皇帝延续家法，凡是丰功伟绩，必定遣大臣在北岳告奠。"世祖开基，首隆祠事，圣祖世宗及今皇帝，家法相承，克恭克敬。"② 并以在此地做官为责，纂修山志，敬抄祭文，以表天恩。山志中以"御制"一门冠列首编，辑录清代诸位皇帝北岳祭文，止于乾隆二十七年（1762），祭文皆与政治事件、礼制象征相关。以乾隆二十年（1755）为例，载"兹平定准噶尔，大功告成。加上皇太后徽号，神人洽庆，中外蒙庥，敬遣专官，用申秩祭，惟神鉴焉"③。

桂敬顺虽对恒山旧志颇为不满，但所记载传统人文的文献价值不可忽略，"祀志"一门则是参照顺治《恒岳志》对清朝之前历代祭祀北岳事迹进行简略梳理，以朝代为线展开罗列，标注了引文出处。另单列"封志"一门，收录历代对北岳的封号。"事志"记载恒山之事，在沿袭顺治《恒岳志》内容的基础上，桂敬顺认为旧志文繁句累，错杂混淆，于是进行削删，归于简当。

"说志"收录士人对曲阳北岳的看法，其中沈括《梦溪笔谈》记录曲阳简况，"岳祠旧在山下，祠中多唐人故碑。晋王李存勖灭燕，还过定州，与王处直谒岳庙是也。石晋之后，稍迁近里，今其地谓之神棚。新祠之北，有望岳亭，新晴气清，则望见大茂山"④。沈括所载流露出曲阳祭祀曾从边境的大茂山内迁。此外，收录金大定七年礼臣请求改岳一事，这是最早的请求北岳移祀的记录。"仙志"沿袭旧志中对恒山六位仙人事迹的记载。"经志"一门抄录恒山所藏道教经典书目约一千五百余部，分为神符类、玉诀类、灵图类、谱录类、诫律类等众多书目。

"文志"收录历代祭文、碑文，将曲阳庙的碑文也纳入其中。张崇德对徐化溥的《恒岳释疑》大加赞赏："今但观其《恒岳释疑》一篇，知为有识而畅于理者。"⑤ 徐文中对北岳改祀追根溯源，曲阳飞石之误始于汉武帝，而误于曲阳的原因是曲阳郡名称，曲阳恒山以地为名，浑源恒山以山

---

① 桂敬顺：《恒山志》，《中华山水志丛刊·山志卷》第6册，第56页。
② 桂敬顺：《恒山志》，《中华山水志丛刊·山志卷》第6册，第32页。
③ 桂敬顺：《恒山志》，《中华山水志丛刊·山志卷》第6册，第30页。
④ 桂敬顺：《恒山志》，《中华山水志丛刊·山志卷》第6册，第52页。
⑤ 桂敬顺：《恒山志》，《中华山水志丛刊·山志卷》第6册，第4页。

为名。祀典之礼始于山而非源于庙，两种曲阳飞石传说是好事者为之。徐化溥认为明朝在曲阳求奇花异草未得，在恒山得十二灵芝是偶然之事，"山灵之所以瑞人国者，应自有在"①。强调"圣上厘正秩典，百神受职，定产蕃宣之佐，翊赞治平于无疆。斯乃神佑我皇治上瑞，岂区区奇花灵草云乎哉"②。此外，收入朱彝尊对曲阳县北岳庙中李克用题《祀岳题名》考据一文，指出金石之文可以补旧史缺漏，但此碑是好古之士"穷搜于荒涯坡冢之间，而不惮也"③，碑文所载时间与具体事件与《通鉴》有异，"《通鉴》载克用遣将康君立救之，而碑文则云领蕃、汉步，骑五十万众，亲来救援，与《通鉴》异"④。"诗志"分为古诗、律诗、绝句三个小类目，收录自西晋时期至清代关于恒山的诗作，增补了较多清代诗作，力在抬高恒山的历史地位。

桂敬顺重修的恒山山志重在求真，是当时学术考据求实之风的体现。彼时清廷统治逐渐巩固，浑源恒山之说已经盖棺定论。康熙、乾隆时期虽有曲阳知县上疏请求北岳复祀曲阳，但并未实行。清初人们所关注都城与五岳的关系问题早已解决，天子居于天下之中的地理格局已成为现实。浑源地方则一改清初战火兵燹之状，政通人和，百废俱兴。顺治时期纂修的山志、州志已经不适应当时发展。基于此，桂敬顺承担起纂修地方志的责任，以实地调查为主，记录一方历史，展现国家统治承平，重修的山志也重在表现恒山真实的人文历史面貌，相对客观地论述恒山山水人文，具有求实的显著特点。

结　语

清初粘本盛将北岳改祀与天子居于天下之中的理想地理格式和儒家大一统的政治观念联系起来，引得统治者关注，经过山西地方官员的搜检资料与实地调查，北岳遂得以改祀成功。清初北岳恒山改祀成功作为国家祀典大事，在恒祭祀具有丰富的政治含义，宣扬圣绩功德，为国祈福，以求皇权永固，是建构国家认同的重要举措，同时也是国家政治权力的体现。受北岳改祀成功影响，张崇德纂修的《恒岳志》具有较强的时效性和政治

---

① 桂敬顺：《恒山志》，《中华山水志丛刊·山志卷》第 6 册，第 118 页。
② 桂敬顺：《恒山志》，《中华山水志丛刊·山志卷》第 6 册，第 118 页。
③ 桂敬顺：《恒山志》，《中华山水志丛刊·山志卷》第 6 册，第 118 页。
④ 桂敬顺：《恒山志》，《中华山水志丛刊·山志卷》第 6 册，第 118 页。

性，是对北岳正统地位的塑造、宣传、强化，赞许清朝改祀盛举，采用虚实结合的编撰方式来刻画神岳形象，收录历代人文，宣传恒山悠久历史文化，注重恒山的政治功能和现实意义，是传统史学经世致用的显著表现。乾隆时期，桂敬顺重修的《恒山志》则以还恒山真面目为宗旨，在实地调查的基础上，相对客观论述恒山的地理山水；用考证求实的态度对恒山人文采拾收录。志书中虽有意宣扬清朝皇权政治，但总体较为翔实客观，力求突出恒山的真实面目，具有求实的显著特点。光绪时期，浑源知州贺澍恩延续修志传统，修成《浑源州续志》和《恒山续志》。贺澍恩对乾隆《浑源州志》评价较高："乾隆癸未，桂君敬顺牧斯土，乃综旧乘而研审之，汰其讹谬，补其阙略，纲举目张，固已灿然明备矣。"① 对于恒山山志，贺澍恩认为前志已记述详备，故此次续修增添内容不多，只补录乾隆帝以后北岳祭文和恒山各景七言绝句诗文。从恒山山志的编撰过程可以看出其编撰旨趣从致用到求真的不同，也反映了恒山形象从神岳到逐渐客观真实的变迁。山志作为记述一山历史的文本，起到存史、资政、教化风俗的作用，形成独特的文化场域，是研究古代山岳历史文化的一手材料。受北岳改祀成功的影响，三部恒山山志相继成书，并由官方修纂，这在古代名山大川中都较为鲜有，其中蕴藏丰富的政治和社会文化资源，依旧具有较高的研究价值。

---

① 光绪《浑源州续志》，《中国地方志集成·山西府县志辑》第 7 册，第 409 页。

章学诚学术思想研究中的认知基础*

刘文英

（天津工业大学马克思主义学院，天津　300387）

摘　要：章学诚是清代乾嘉时期卓有特色的学者，但其思想和立场相当复杂，为防止论述结论的偏颇，必须具有大体确切的认知基础。这需要在整体掌握研究对象的资料、稔知学界已有成果的前提下，首先对其学术渊源形成明晰、妥当的认知。其次，要了解章学诚的哲学观念和学术宗旨，认清其思想是在程朱理学的体系之内。章氏所言之"史意"，就是指著史意图或学术宗旨。最后，应当准确认识章氏的"校雠学"和方志学等学术见解，并且与其史学创见结合起来考察。对章学诚学术的研究，虽然仅是历史学中一个具体的专题，但对其百年成果的回顾仍会给我们带来许多有益的启示。

关键词：章学诚　认知　方志学　史意

清朝乾嘉时期的章学诚，在私家史学普遍热衷于历史考据的学风背景下，全力投入对文史理论的探求，获得颇多创见，在清代可谓独树一帜。自近代起始，对章学诚研究渐成为学术热点，尤其在中国史学史学科日益发展的背景下，更成为探索古代史学理论中不可或缺的内容。但章学诚其人其学，既具精要之论，也甚多局限，其思想和立场，有远比当时学者更保守、落后和迂腐之处。因此，研究者须抓住章学诚研究中的要点和关键问题，形成大体确切的认知基础，方可避免对章氏著述的错讹理解，防止

---

* 本文系"天津市哲学社会科学规划项目高校思想政治理论课专项课题"（TJSZZX17-021）阶段性成果。

结论的过度偏颇。

一　章学诚其人

　　章学诚（1738~1801），字实斋，浙江会稽（今绍兴）人。为了准确解读章学诚的著述，也必须对章氏其人做较多的了解，孟子所谓"颂其诗，读其书，不知其人，可乎"① 说的就是这个道理，全面了解章学诚，对精读其著述、分析其学术思想是有很大辅助作用的。

　　章氏家族祖居本为上虞道墟，其祖父时移居绍兴府城。章学诚的父亲章镳，字骧衢，又字双渠，号励堂。章镳在少年时代，家境已经相当贫穷，但坚持读书，并且在乾隆七年（1742）中了进士，随后近十年都在乡间教书。乾隆十六年才得到做官的机会，任湖北应城知县。章学诚此年 14 岁，跟随父母离开家乡，前往应城，自此漂泊 40 年，老迈时才归乡闲居。中间曾仅有一次路经家乡小住，旋即离开。

　　在应城时，章学诚依照自己的性情爱好泛览不少书籍，但后来被其父严格限制，择师学习举业，但他却对史学开始偏好，广读史书并且试行改写《左传》等书，这为后来研讨史学理论准备了知识基础。

　　乾隆二十一年（1756），时章学诚 19 岁那年，章镳因疑狱判决失误被革职，又因赔补亏空，贫困到不能归乡的程度。好在人缘关系不错，他仍可以在应城做教师度日，当然，在书院内获得讲学职位，也就没必要回家乡去。而章学诚若干年来，无论举业、学术都不大长进，20 岁之后，自我感觉见识突飞猛进，一日千里，特别是在史学方面，初步形成一些新颖的想法。这些反映于他后来追忆往事的家信内。② 章氏于 23 岁、25 岁两次北游京师，应顺天乡试，皆落榜不举，遂入国子监读书，以图进取。26 岁时回湖北省亲，次年值其父应聘整修《天门县志》，遂参与修撰，形成对于方志的比较系统的看法，写成《修志十议》③ 一文。28 岁时，三上京师应顺天乡试，仍不第，再入国子监，从古文大师朱筠学文，得朱筠赏识，从而有机会结识一批文化名流与官僚。乾隆三十三年（1768）章学诚 31 岁，其父卒于应城。至乾隆三十八年（1773），靠朱筠介绍，应聘纂修《和州

---

① 《孟子·万章下》，载朱熹《四书章句集注》，上海古籍出版社，2001，第 381 页。
② 《章学诚遗书》，文物出版社，1985，第 93 页。
③ 《章学诚遗书》，第 140 页。

志》，这是一次重要的治学、修书锻炼，意义很大。但方志修成之后，时任安徽学政秦潮不喜欢章学诚纂修《和州志》的体例、内容安排，予以否定，不予刻印刊行。章氏也就再不能在和州谋业，游移各处依附他人，或为幕僚，或为书院教师。乾隆四十二年（1777）40 岁，入京再应顺天府乡试，文章得到主考官梁国治赏识，中试为举人，次年即中进士。但"自以迂疏，不敢入仕"，没有等待铨选，即去投靠永清县县令、友人周震荣，受聘纂修《永清县志》。自此著述显著增多。但这部方志修成刊行后，章学诚又过了几年颠沛流离的生活，全靠友人接济，如寄居于周震荣家、梁国治家、张维祺处。乾隆四十八年（1783）病于京师，同乡友人邵晋涵将之接到家中诊治疗养。还经这些官员或聘请或介绍，章氏得以主讲直隶肥乡县清漳书院、永平敬胜书院、保定莲池书院等。

乾隆五十二年（1787）冬，因周震荣推荐，章学诚到河南拜谒巡抚毕沅，会面交谈后得其认可，遂留于其幕府，主持纂修《史籍考》。为了维持全家 20 人的生活，同一时段他还兼任过书院讲席与几处地方志的纂修，其中重要的是乾隆五十四年（1789）纂修的《亳州志》、约乾隆五十七年（1792）开始纂修的《湖北通志》。两种方志都未能刊行，《亳州志》是因为地方官更换而未刊行，《湖北通志》则因湖北巡抚惠龄不喜章氏之文，趁总督毕沅入京觐见，挑起体例和写法上的纷争，既而毕沅降调，章学诚也只好离去。但乾隆五十年之后，是章学诚学术思想成熟和深化的时期。

乾隆末年至嘉庆初，章学诚的好友多有谢世，他自己已经年岁垂老，活动空间和可倚赖、求助的人越来越少，晚年回家乡居住，方注意到黄宗羲等前辈乡贤的著述，大为赞赏。嘉庆六年（1801）去世，享年 64 岁。

章学诚的治学路径与当时盛行的考据学不相符合，这还不是大的问题，他得到朱筠、梁国治、毕沅等高官的赏识和援助，也有周震荣、邵晋涵等很要好的朋友。唯其好为议论并且好为争辩，又理学思想浓厚，对人常常片言启衅，纤芥不容，仅在学术范围，就很容易树立对立面。而他激烈抨击甚至谩骂当世名气很大的袁枚、汪中等人，多是出于腐朽"卫道士"的思想和心理。在戴震逝世后，斥责戴氏口头上贬低朱子是"害义伤教"，声称其造成极坏影响："听戴口说而加厉者，滔滔未已。至今徽歙之间，自命通经服古之流，不薄朱子，则不得为通人。而诽圣排贤，毫无顾忌，流风大可惧也。"① 戴震自有应当批评的问题，但出于维护朱熹的议

---

① 《章学诚遗书》，第 16 页。

论，在当时已属迂腐。

章学诚与汪中都曾同时投身于朱筠、冯廷丞、毕沅幕府，但二人不和，这在洪亮吉的诗作自注中有所说明，柴德赓《章实斋与汪容甫》① 一文有详细评析。章氏《述学驳文》是专门反驳汪中论点，特别是攻击汪中对《周礼》"奔者不禁"的解说，认为汪中"聪明有余，识不足也"②。汪中是扬州人，他自认为是扬州当代的名学者之一，而章氏因此在《论文辨伪》中直接斥曰："汪中恬不知耻。"章学诚攻击袁枚尤为激烈，《妇学》《妇学篇书后》《诗话》《书坊刻诗话后》等都是针对袁枚的，"乃有不学之徒，创为风趣之说，遂使闺阁不安义分，慕贱士之趋名，其祸烈于洪水猛兽，名义君子，能无世道忧哉?"③ "今之为诗话者，又即有小慧而无学识者也。有小慧而无学识矣，济以心术之倾邪，斯为小人而无忌惮矣!"④这是因为袁枚招女弟子教习作诗，又在《随园诗话》里提出诗歌的"风趣"之说，并且以此解说《诗经·国风》，于是被章学诚指责为"以《六经》为导欲宣淫之具，则非圣无法矣"⑤，"斯乃人首畜鸣，而毅然笔为诗话，人可戮而书可焚矣!"⑥ 章学诚不善于写诗，但给《随园诗话》题十二首恶狠狠的诗，如"江湖轻薄号斯文，前辈风规误见闻，诗佛诗仙浑标榜，谁当霹雳净妖氛"⑦，这真有置之死地而后快的心态。

章学诚的性格，可以从著名学者洪亮吉的讥刺诗内略见一斑："鼻窒居然耳复聋，头衔应署老龙钟。未妨障麓留钱癖，竟欲持刀抵舌锋。（君与汪明经中议论不合，几至挥刃。）独识每钦王仲任，多容颇詈郭林宗。安昌门下三年住，一事何尝肯曲从。（君性刚鲠，居梁文定相公寓邸三年，最为相公所严惮。）"⑧ 章学诚与洪亮吉也矛盾很深，为了无关紧要的文字、学术问题争论到互不相让，直接影响他在毕沅幕府中对《史籍考》的纂修。

学者具有一些不完美的性格也是人之常情，但章学诚的问题在于名教观念浓重、激烈，而且不能容忍他人略有离经叛道之嫌。对于像汪中、袁

---

① 柴德赓：《章实斋与汪容甫》，《史学史资料》1979 年第 2 期，第 20~22 页。
② 《章学诚遗书》，第 56 页。
③ 《章学诚遗书》，第 49 页。
④ 《章学诚遗书》，第 44 页。
⑤ 《章学诚遗书》，第 48 页。
⑥ 《章学诚遗书》，第 44 页。
⑦ 《章学诚遗书》，第 46 页。
⑧ 洪亮吉：《洪北江全集》第 13 册，清光绪间授经堂刻本，《卷施阁诗》第 15 卷。

枚等人的行为，当时多数学者、官员都是相当的宽容，清廷也并不追究和责难，唯章学诚视之为道德败坏的仇敌，俨然是一副卫道士模样，这不能不作为评价章学诚学术思想时所引为参考的要点。基本的政治思想和社会立场，对学术思想会发生制约性影响，特别是涉及宏观性的学术问题，乃是无法回避的。

二 章学诚著述的版本、流传

章学诚一生纂修多种方志，又撰成目录学理论著作《校雠通义》4卷（今存3卷），还撰写大量文史议论之文，并且规划集结为《文史通义》一书，《校雠通义》与《文史通义》是章学诚最重要的著作。《文史通义》是陆续撰写和筛选的论文集，章氏生前曾选择一些篇目刻印，但未及最后完成编定，临终托付浙江萧山学者王宗炎校订。王氏逝世后，章学诚后人着手整理编辑，清道光十二年（1832），勘定《文史通义》内篇5卷、外篇3卷并附《校雠通义》3卷成书，其外篇乃由章氏所撰各种方志序例组成，由章华绂撰序刻行于开封，是为后日通行之《文史通义》大梁本。张述祖《文史通义版本考》一文，进行了综合的考述，指出大梁本之后尚有篇目、编排次序有所不同的多种版本，如咸丰年间的《粤雅堂丛书》本、光绪初的贵阳刻本、光绪二十三年的补编本、志古堂本等十几种。可见自道光年间始，章学诚的著述已渐渐流行，并非人们所常说的直至近代其学方显于世。孙次舟撰著的长文《章实斋先生著述流传谱》，按年代顺序排列了章氏著述的流传状况，资料甚为详细。

章氏的遗作散存于后嗣、书肆和藏书家，辗转流寓，有多种抄本。王宗炎曾编辑章氏遗稿30卷。光绪后期桐城文人萧穆，曾经购求与整理，并与王宗炎编次目录核对。民国时期，浙江图书馆据会稽徐氏抄本，于1920年校订和印行《章氏遗书》24卷。另有山阴何氏抄本，经马夷初转抄后由杭州日报、中国学报刊印。传本之中，王宗炎编辑本最为重要，其逝世后遗稿归沈曾植，1922年刘承干嘉业堂从沈氏处获得该本，更搜集补充20卷，刻行《章氏遗书》50卷。同时，世间尚有武昌柯氏抄本，藏前燕京大学图书馆；章华绂抄本，藏北京大学图书馆；翁同龢旧藏朱氏椒花唫（吟）舫抄本，藏北京图书馆。刘氏嘉业堂本《章氏遗书》收录较全，校订亦精，对章学诚学术的研究起到很大的推动作用。至1985年，文物出版社影印嘉业堂刻本《章氏遗书》，并且从北京大学图书馆藏章华绂抄本与北京图书馆藏翁同龢旧藏抄本之中，搜集十几篇遗文加以补充，出版题为《章学诚遗书》的新书，是迄今收载章氏著述最为丰富的版本，但是仍然未能将可以检索到的章氏所有撰述完全收载，而留有遗憾。

刘氏嘉业堂刻本《章氏遗书》中《文史通义》内篇 6 卷、外篇 3 卷，内篇已与大梁本有所出入，外篇竟完全不同，为文章、序跋和书信。《章氏遗书》本《文史通义》曾经刊印单行，与大梁本形成两种同时流行的版本。当代学者仓修良先生对章学诚的学术研究和文籍整理情有独钟，他合并已有的两种《文史通义》版本，并且又以己意从《章氏遗书》中择取一些文篇，编汇成另一版本的《文史通义新编新注》，由浙江古籍出版社于 2005 年出版。随之，仓修良教授又致力搜求章学诚之未曾发现、未曾出版的散存撰述，编纂《章学诚全集》。天津博物馆藏有章学诚进士殿试的答卷，因属于珍贵文物，仓先生虽得知而无法获得其文。后在努力之下辗转获得高清晰度的拍照服务，复制品存上虞县章学诚纪念馆。至今，仓修良先生已经过世，而尚未见《全集》的出版面世，这是十分遗憾的。

从上述版本流传上看，我们若精读《文史通义》，其实没有完全标准的版本。因此，研究章学诚的学术，不仅要对《文史通义》的各种版本兼顾，最好是尽力全面阅读章学诚的著述。章学诚的有些文章不容易读懂，所以不同研究者对其的论述有不同的理解，这样一来学术分歧就多，争论很大，关于章学诚的研究也就经久不衰。我们研讨章学诚的学术思想，应参考学术界现有的研究成果，不要局限一家之说，需要将不同意见对照参考，更不可自己随便阅读《文史通义》的几篇就轻易地得出结论。力求认知的全面性，在这里尤其重要。

三　章学诚研究中的几个重要问题

研究章学诚的学术思想与著述，首先应在几个重要的问题上树立正确的认知，才能使具体问题的探索少产生太偏颇的结论。这些重要的问题，大多已经有学者做过探讨，然而言人人殊，见解分歧，须全面思考和抉择。

第一，关于章学诚的学术渊源

章学诚何以在考据学风最为兴盛时期创明史学理论？姚名达说："推求章先生所以成学，则颇疑他的环境不易产生他这种学术，最后乃断定他必受了前人的影响。"① 基于这种认识，姚名达试图考察邵念鲁的学术，以研究章氏的学术成因。实际上，梁启超早在《论中国学术思想变迁之大势》中，已经提出清代有个浙东学术统系，黄宗羲为首要人物，其下有邵念鲁、章学诚等。日本汉学家内藤湖南认为章学诚"是浙东史学的完成者"②，是清朝史学真正有功的建设者。陈训慈的文章《清代浙东之史学》、何炳松的专著《浙东学术溯源》、陶存煦的《章学诚学案》与苏庆彬的《章实斋史学溯源》等都做出探讨，具体见解虽有分歧，但皆认为浙东学术源远流长，这种观点原本就是基于章学诚《浙东学术》一文的启示。

关于浙东学术问题的认识，对章学诚学术渊源问题的研究影响甚大，但也有不少学者否定"浙东学术"的提法，例如金毓黻、钱穆、何冠彪等。这个问题牵涉对清代学术史总体的研究，即是否应当按地域划分学术派系，值得在更大范围进行认真、反复的讨论。

笔者认为，章学诚在考据学风最为强劲之际，独辟蹊径地进行学术理论的探讨，成为中国古代屈指可数的史学理论家之一。对于章氏成学的原因，史学界曾提出许多论述，诸如有的从刘知幾《史通》的影响、邵念鲁《思复堂文集》的影响寻求根源，有的置于"浙东学术"的传承统系中考察，等等。诸说虽各言其理，然皆未触及问题的根本，为什么刘知幾《史通》也好、浙东学术也好，单单影响章学诚一人呢？至于浙东学术传统，是否真的存在尚且有所争议，即使存在，也与章学诚关系不大，因为他自少年时即已离开家乡，他自己在乾隆六十年说过："鄙人久役于外，故乡文献，不甚周详。"③ 至年老回乡闲居，才注意到黄宗羲等人著述，撰写了《浙东学术》④ 一文，章氏并未自认是其中一员。相反，章氏在思念邵晋涵的文章中说："浙东史学，自宋元数百年来，历有渊源。自斯人不禄，而浙东文献尽矣"⑤，也明显表达了自己并不属于"浙东史学"。

章学诚史学理论的成因，应当从他的治学实践活动中、从他思想意识的修养历程中探寻。校雠（目录）学的知识基础、程朱理学的思想基础与纂修方志的实践基础，乃是章氏史学理论形成的三项根基，其中纂修方志

① 胡适著，姚名达订补《清章实斋先生学诚年谱序》，台湾商务印书馆，1980，《姚序》第2页。
② 〔日〕内藤湖南：《中国史学史》，上海古籍出版社，2017，第283页。
③ 《章学诚遗书》，第332页。
④ 《章学诚遗书》，第14页。
⑤ 《章学诚遗书》，第117页。

的实践，是最主要的因素。章学诚很早就开始纂修方志，而且修志成为他一生中最重要的实际学术活动，从 27 岁至 57 岁，修志活动经历了 30 多年，所修方志中尤以《和州志》《永清县志》《亳州志》《湖北通志》最为重要。章学诚编纂方志，既要使之成为一家著述，又欲为国史提供详备的资料，这使他的修志活动面临方志的著作性与资料性的矛盾。在探讨解决这个矛盾的过程中，他形成将学术分为著述和比类的重要创见。章氏编纂方志，遵循"方志乃一方全史也"① 的理念，必如同史书那样来设置门类，因使修志中可以体验和检测史书既有的义例，亦使修志的经验直接上升为史学义例的理论。方志又有为地方官提供行政参考的功能，因而需要详今略古，重于实务，这有助于章学诚经世致用史学思想的形成。在编纂方志的活动中，章氏总是受到持异议者的诘难和攻击，正如他自己所说："历聘志局，频遭目不识丁之流，横加弹射，亦必补录其言，反复辨正。此则虽为《文史通义》，有所藉以发明，而屡遭坎坷，不能忘情。"② 在与不同意见的辩驳中，为了争取地方官的支持，必须通过论说史学义例来表明见解的正确，这就起到推动章氏史学理论发展和成熟的作用。事实上，章学诚的史学创见，也确实是随着他编修方志的历程逐渐成熟，每修方志，章氏都在各篇序例中总结此次修志所得出的史学见解，至乾隆五十五年纂修《亳州志》后，史学创见才取得成熟化的进展。《亳州志》修成，同时进行了和州、永清二志原稿的删定，是章学诚编修方志方法上成熟的标志。这迅速带来治学理念与史学见解的成熟，这首先表现于《家书》七封和《答客问》《释通》等文中，尤其是《答客问》三篇，高唱"独断之学"，纵论学术类别，表述精辟，气势雄壮，是章氏最具个性之文。家书七封，将自己的治学历程、学术主张、治学特点等做了总结，亦为史学理论成熟的代表作之一。隔年即乾隆五十七年撰成的《方志立三书议》与《书教》三篇，仍是对《亳州志》编纂实践的理论总结。而此时章氏的史学见解，不仅从修志实践中总结概括，也受到程朱理学之理念的制约，《答客问》三篇撰写后转年，章氏著《史德》一文，自称"近撰《史德》诸篇，所见较前有进，与《原道》《原学》诸篇，足相表里"③。而实际上是从理学思想出发，给"专门之学，未有不孤行其意，虽使同侪争之而不疑，举世非

---

① 《章学诚遗书》，第 317 页。
② 《章学诚遗书》，第 83 页。
③ 《章学诚遗书》，第 82 页。

之而不顾"① 的论点拉向后转，来一个"尽其天而不益以人"的限制，即要求符合"天理"，而不能无顾忌地"孤行其意"。其后章学诚还编修过《湖北通志》等方志，亦遭持异议者的攻讦，最终未获刊行。辩论中章氏申明史学与方志学见解，对此前的理论稍有调整、修补而无大的发展。章学诚这一创新成学历程，学术线索十分清晰。

第二，关于章学诚哲学观念与学术宗旨

侯外庐在《中国思想通史》第五卷中，细致分析了章学诚关于"道""器"关系的议论，认为他基本属于唯物主义思想家，将之列为清代的启蒙思想家。刘汉屏《章学诚是清中叶启蒙思想家的前驱》一文的基本思路，是发挥侯外庐的观点。仓修良《章学诚的历史哲学》也认为章氏在哲学上基本属于唯物主义，而且在认识论上也基本是唯物主义的。俞兆鹏甚至认为章学诚的思想是"唯物主义反映论"。② 李凌阁、三英《章学诚的正统观》认为："章学诚是程朱理学的改良派"，本体上是唯心思想，"他把维护封建伦理纲常作为史学的唯一作用和目的"③。罗炳良《论章学诚的朴素辩证历史观》一文立论特殊，没有涉及是否属于理学体系等问题，而是从"学术思潮循环盛衰""历史与现实相互联系""史籍演变'奇''腐'互化"等三方面进行分析，认为章氏"形成了朴素辩证历史观"，"章学诚的史观中闪烁着鲜明的朴素历史主义思想的光辉"④。乔治忠在《章学诚"史德"论思想评析》一文中认为：章学诚关于"道不离器"的论述，并没有"道"从属于"器"的语义，乃与朱熹"道与器之未尝相离"的思想一致，"即器求道"不过是"格物致知"的另一说法。因此，章氏"未能从哲理上脱离程朱理学的思想体系"。章学诚在《原道》上篇一文声称"是未有人而道已具也"，在《与朱沧湄中翰论学书》中，他把"道"比作"日月光天，终古不变"，而万事万物"各以质之所赋而被其光……所得光影各有大小高下之不齐"，这仍是强调"道"的本原性、第一性，等同于朱熹"理一分殊"的观念。⑤

章学诚思想的主体仍是理学的客观唯心主义，不应误解或夸大他的个

① 《章学诚遗书》，第 38 页。

② 俞兆鹏：《章学诚的认识论》，《江西大学学报》1983 年第 3 期，第 42 页。

③ 李凌阁、三英：《章学诚的正统观》，《史学集刊》1992 年第 4 期，第 65、66 页。

④ 罗炳良：《论章学诚的朴素辩证历史观》，《河北学刊》2002 年第 3 期，第 136 页。

⑤ 乔治忠：《章学诚"史德"论思想评析》，《中国历史与史学——祝贺杨翼骧先生八十寿辰学术论文集》，北京图书馆出版社，1997，第 200~202 页。

别论点而轻许以唯物主义思想家称号。章氏自己多次斥责戴震等人反对理学的行为，赞扬"程朱当末学忘本之会，故辨明性理，以挽流俗之人心"①，坚信"程朱之学，乃为人之命脉也"②，声称重新编纂《宋史》，要"以班马之业，而明程朱之道"③。这表明了章学诚的理学精神。学术界多将章学诚归之"浙东学术"的统系，从而有学者认为他是由陆、王心学入于史学。这种看法并不恰当，陆九渊、王阳明的心学本来与朱熹理学有相通之处，章学诚又反对在学术上严立门户，所以不能完全排除他受心学的影响，但章氏通过朱、陆之辨，明言"朱子之流别优于陆、王"④，可见"正程朱而偏陆王"⑤才是其学术思想的根基。

章学诚两次标举自己的史学特色是"吾言史意"，并且说这是他与郑樵、曾巩、刘知幾的根本区别。对于"史意"的诠释，必然涉及章氏的学术宗旨。金毓黻《中国史学史》第八章将章氏所谓"史意"等同于"史义"，又解释为"别识心裁"，即特殊的史学见识和史学方法。⑥王树民解释"史意"，也认为就是"对于史学所具有的别识心裁"，与"史识""史法"等"实际的涵义则无从区别"，仅重点有所不同。⑦朱杰勤《中国古代史学史》第十六章认为"史意"就是史学理论。瞿林东《中国史学史纲》第八章也认为"史意"本于"史义"，代表着史家的思想体系，要点是明大道、主通变、贵独创、重家学，而积极精神在于创新，其生命力是史家的"别识心裁"。

其实，章学诚所谓的"史意"，是指史家著史的"意图""意旨"，即目的性，并不等同于"史义"。乔治忠在《章学诚史学思想新探》中认为，"史义"乃是史籍中已经蕴含的思想和价值观，而"史意"则是史家撰史所要达到的意图、目的，二者虽有联系，却不全同，"撰史要通过别识心裁而达于史意，但史意并不等同于别识心裁，而是属于别识心裁背后的意图与目的"。⑧章氏标举的"史意"，是从学术角度出发的经世宗旨，即要挽救当时已经偏颇的治学风气。

①《章学诚遗书》，第 51 页。
②《章学诚遗书》，第 393 页。
③《章学诚遗书》，第 93 页。
④ 章学诚：《文史通义》，上海书店，1988，第 77 页。
⑤ 章学诚：《文史通义》，第 75 页。
⑥ 金毓黻：《中国史学史》，商务印书馆，1999，第 315 页。
⑦ 王树民：《史部要籍解题》，中华书局，2003，第 276 页。
⑧ 乔治忠：《章学诚史学思想新探》，《南开史学》1985 年第 1 期，第 58 页。

　　第三，关于章学诚的其他学术贡献

　　对于章学诚的史学建树，早期综合论述的论文有何炳松《章学诚史学管窥》、姚名达《章实斋之史学》、傅振伦《章实斋之史学》、陶存煦《章学诚之道学及史学》等。仓修良论述章学诚的史学思想，包括史学要"经世致用"、高唱"六经皆史"、倡导"史德"、进化论的历史观、反对英雄史观等几项内容，在历史编纂学上有要求通史"纲纪天人"、"通古今之变"，将史书分为撰述和记注，主张创立新史体等，还专题论述了章氏的方志学理论。① 此外，乔治忠认为章学诚还具备史学的总体观念，即设想由"一人之史""一家之史""一国之史""天下之史"组成一个分层次、有级别、互相独立而又有机联系的整体。在这个整体结构中，"自上而下地贯彻史法，自下而上地提供史料"，"将州县方志作为史学总体建设的基础"。② 这也应当引起足够的重视。

　　校雠学在学术界多称为目录学，但章学诚本人激烈反对有所谓"目录学"。章氏的校雠学成就除纂修各种方志中的"艺文"部分外，主要著有《校雠通义》4 卷（今存 3 卷）和编辑大型解题目录著作《史籍考》（未成，遗稿散佚）以及与《史籍考》相关的论著。《校雠通义》是十分重要的目录学理论撰述，近代以来所有的目录学、文献学著述，皆将章氏此书列为重点论述的内容，这里不必胪举。早期专题论文有傅振伦《章学诚史籍考体例之评论》《清朝目录学家章学诚》，王重民《论章学诚的目录学》，苏渊雷《章学诚的文史校雠之学》，罗炳绵《章实斋的校雠论及其演变》，魏得裕等《试论章学诚对目录学的贡献》等。20世纪 80 年代之后，相关的论文仍不断发表，多为赞誉章氏的贡献，但也出现了王燕均《章学诚校雠学商探》等文，认为章学诚的校雠学只是古人的一家之言，"章学诚以史学家的偏见看待目录现象，使其校雠学理论沦为了史学的附庸"。③

　　关于章学诚方志学的研究，论文、论著数量甚多。傅振伦认为章学诚将方志视为一方之史，主张方志须立志书、掌故、文征三书，详细地列述了章氏修志的方法与体例。黄苇认为章学诚的方志学理论是全面、系统、严密的，具有很高的科学性。仓修良认为章学诚将其史学理论应用于纂修

---

① 仓修良、魏得良：《中国古代史学史简编》，黑龙江人民出版社，1983，第 543~579 页。
② 乔治忠：《章学诚的史学总体观念》，《历史教学》1989 年第 7 期，第 24 页。
③ 王燕均：《章学诚校雠学商探》，《图书馆学研究》1985 年第 6 期，第 72 页。

方志，"提出了一套修志理论，创立了修志体例，建立起'方志学'"。① 王永太的文章则批驳章学诚关于方志起源于《周礼》"四方之志"的说法，认为章氏将方志看作"一方全史"的见解是不正确的，"如果以宋以后的方志体例去寻找方志的源头，是难免有误的"。② 其观点值得注意。乔治忠认为清代自康熙年间初修《大清一统志》，已经广泛开始了方志学的探讨，章学诚"方志为一方全史"的观念承袭前人已有的论述，受乾隆《江南通志》的启示，此后在修志实践中"为解决方志的著作性与资料性的矛盾"，"更深远的影响在于直接推动了方志的纂修"，并且得出史学的创见。③

研究章学诚的专题论文，还有涉及家谱学、档案学、文学文论、治学态度等各项内容，如李振东《章实斋的文论》、潘光旦《章实斋之家谱学论》、冯子直《章学诚档案学思想借鉴》、郭绍虞《袁简斋与章实斋之思想与其文论》、何明《章学诚的"文德"说》、钱亚新《略论章学诚对我国索引工作的贡献》、冯志直《章学诚的档案学思想》、靳云峰《实事求是地对待章学诚的档案学思想》等。

四　章学诚学术研究的几点启示

迄今对章学诚学术的研究，成果是十分丰硕的。对这样一个成果极多且有许多名家探讨过的历史专题，今后该如何深入研究，这是一个需要思考的问题。对这个问题的提出与回答，就是我们应当得到的启迪。

第一，必须充分重视历史学科学术史的清理与研究，使史学遗产获得有鉴别、有分析的继承和发扬，这对整个历史学的各个专业、各大专题来说都是必要的。学者不能在严重缺乏学术史清理的状况下师心自用，以不经深考的认知发出学术论断，因为这不仅可能重复了前人已有的见解，更可能道出早已被前人驳斥过而不能成立的观点，留下治学进程中的笑柄。

第二，从解决意见分歧的问题入手，推进学术研究的深化。学术见解上的意见分歧，是完全正常的现象，但这并不是说可以不辨是非、不作批评与争论，让可以解决的意见分歧永无定论。推进和提高学术研究的整体

---

① 仓修良：《章学诚的方志学》，《文史哲》1980 年第 4 期，第 50 页。
② 王永太：《章学诚方志起源思想辨正》，《浙江学刊》1991 年第 6 期，第 124 页。
③ 乔治忠：《〈大清一统志〉的初修与方志学的兴起》，《齐鲁学刊》1997 年第 1 期，第 121 页；《章学诚方志学理论的形成和发展》，《史学史研究》1986 年第 3 期，第 6 页。

水平，最方便、最直接的方法是从解决意见分歧的问题入手，这就需要史学批评和学术论辩。对于学术问题，既要勇于坚持正确的见解，也要勇于放弃陈旧过时及相形见绌的观点，这是每个学者应有的实事求是态度。就史学界而言，需要倡导在学术范围内批评与反批评的风气，多进行疑难问题、分歧问题的讨论，避免学术空气陷于沉闷。

第三，学术研究的基础仍须加强建设，使之更为坚实。对于章学诚的研究而言，史料建设和基础性工作是比较完备的，但并非尽善尽美，如《章实斋先生年谱》虽为名著，但亦有人撰文指摘、补正，未遑做出新的修订，也未再出版新的校勘、注释之本，这使研究参考之际，很可能承讹袭谬。类似的问题，亟待改善。至于其他专题的大量历史课题，就更需要在史料、文献与史实的清理、考订方面多下功夫了。

第四，注意研究对象的整体性，全面地予以分析和思考，防止视角片面、结论偏颇。如章学诚思想、观点相当复杂，他的政治伦理观念陈腐，落后于同时代的许多学者，是无法否认的，这与他的某些出色的史学论断形成鲜明反差，给确切评析增加了难度。政治伦理观念不等同于学术思想，但会与学术观点有所关联，我们反对将政治观点与学术思想绝对地联结，也反对将二者绝对地割断，因为章学诚毕竟是一个历史人物的整体，应当具体分析其政治伦理观念与哪些学术问题有较深层的关联。对于章氏目录学、史学、方志学等各项成就，也应探讨其间深层的内在联系，而不应满足于分类拆开地研讨。

第五，放开视野，改进研究方法。一个具体的热门学术个案，往往呈现出先有的研究似乎已经涉及方方面面，则接续的探讨就需要扩大视野，改进方法，才能取得新的成果。例如关于章氏的方志学，应当广泛研究清初以来官方、私家的修志活动及有关方志问题，不局限于对他个人活动的分析。章学诚多年充当官员的幕僚，为深入研究其心态，应该探讨清代幕僚的生态状况。至于研究方法，应当将具体的技能上升到理论层次，有意识地选择不同视角、不同方式的研究进路。现有论著中，以逻辑分类方式研究章学诚各种学术见解者多，而以历史的方法考察章氏学术成长轨迹者少，就是一项需要改进的层面。开阔视野、改进方法，是史学学术发展的当务之急。

总之，对章学诚学术的研究，虽然仅是历史学中一个具体的专题，但对其百年成果的回顾仍会给我们带来许多有益的启示。在历史学领域，有许多类似的专题，也都曾经作为热门问题进行过长足的研讨，而且从某种意义而言，整个历史学都是比较成熟、成果积累甚多的学科。所以史学的各个专题以及历史学的总体内容，都应当进行学术成果的总结，都应当进行学术史的清理研究。而每一项认真总结所得到的启示，都会对促进史学的发展提供裨益。

中国近现代史学研究

"神话""英雄"与夏曾佑
中国上古史观的构建

田　甜

（北京师范大学历史学院，北京　100875）

摘　要：夏曾佑处于新旧交替的时代，其古史观念受经学传统和"新史学"的双重影响。《最新中学教科书中国历史》是烙有经学印迹的"新史学"著作，在上古史叙述中，夏曾佑专列"传疑时期"，吸收新学知识，将神话学引入上古历史，以进化史观对中国神话材料进行解释，以期经世致用。夏曾佑所建构的中国上古历史是其由传统史学向现代史学过渡的尝试，具体而言，他从神话与历史的界限层面对上古史进行划分，并借助神话中的英雄人物来确立上古社会进化次序，打破了传统的历史退化论观念。夏曾佑关于中国上古史的论述，对于今天的中国文明探源和史学史研究，不乏启示意义。

关键词：夏曾佑　神话　上古史分期　进化论

夏曾佑在中国近代史上做出了多方面的贡献，他既是"诗界革命"的倡导人之一，又是"晚清思想界革命的先驱者"[①]，还是中国近代新史学的开拓者。作为一位针砭时弊的政论家，夏曾佑与严复共同创办《国闻报》，担任《中外日报》主笔，为《东方杂志》《外交报》等报纸杂志撰稿，阐发新思想新学说。夏曾佑在发表政论时常以历史的眼光观察和分析时局，

[①]　梁启超：《亡友夏穗卿先生》，载杨琥编《夏曾佑集》（下），上海古籍出版社，2011，第1149页。

将史学思想与政治诉求相结合。

在夏曾佑的史学思想中，其上古史观尤其值得关注。有学者指出：在中国近代史学史上，夏曾佑不仅是清末"新史学"思潮的主要参与者，还是"古史辨运动"的"导其源"者。在"古史辨运动"的学术历程中，无论是"东周以上无史论"与"层累说"的提出，还是《纣恶七十事的发生次第》《宋王偃的绍述先德》《秦汉的方士与儒生》的撰写，均在一定程度上导源于夏曾佑的"新史学"之作——《中国历史教科书》。① 夏曾佑的《最新中学教科书中国历史》（下文简称《中国历史教科书》）是一部未完成的中学历史教科书，原计划五册，实际完成出版了三册，后改名为《中国古代史》列入大学教材。夏曾佑耗费不少气力对教科书的上古史部分进行了构建，梁启超称，夏书这部分的内容对于中国历史有崭新的见解。

一　从阅读史看夏曾佑上古史观形成的学术基础

夏曾佑有着深厚且系统的旧学背景，从小治乾嘉派考证学，有较深厚的素养。夏氏 26 岁参加浙江乡试得中举人，28 岁在会试得中第一名会元，殿试被录为二甲第 87 名，后任礼部主事。但他并没有因为自身的地位和旧学背景而抵触新学。随着清末西学的传入和新学的兴起，夏曾佑在旧学的基础上不断吸纳新知。

《生平所学》和《手钞藏书书目二种》是夏曾佑先后抄录的两份书单。这两份书单可以看作他对自身读书情况做出的阶段性总结。从书单看，夏曾佑的知识结构以中学为主，以新学为辅。夏曾佑的日记也是考察其阅读史的又一重要材料。日记始于 1881 年，止于 1905 年。在其二十余年的日记记录中，有不少关于购书、借书、读书及与友人交游的细节。这些史料为我们从阅读史的角度，研判其经学基础和"新史学"观念，提供了方便。

首先，夏曾佑的阅读博涉经史典籍，从中可见学术根基扎实。夏曾佑曾在科举制度废除后坚持认为："窃谓中国经史二者，诚不可废。经学废，则上下之交、社会之间，将荡僻邪侈而无所顾忌。而自古至今所以相维相

① 李长银：《夏曾佑的"新史学"与"古史辨运动"》，《史学月刊》2020 年第 2 期，第117 页。

系于无形之中者，必即时为之解散，而国家亦无以自立；史学废，则于本国之事迹，茫然其不知，必将自忘其为何国之人，而亦无以动其效法前贤、护卫本族之思想。"① 从中可见他对于传统经史之学的社会价值的重视。经、史相比，夏曾佑尤爱读史，其日记中有着大量的夏氏读史记录，《史记》、《五代史》、《通鉴》王夫之的《宋论》、《明史·建文本纪》、《元秘史》、《蒙古源流》、《元史辅正》、《唐书》、《新唐书》及两湖史学卷四十二本。

其次，夏曾佑接触新学较早，且涉猎广泛。从日记可以发现，早在1882 年夏曾佑就接触到了西方天文学著作《谈天》，1885 年购入了徐继畬的《瀛寰志略》。在书单所记录的新学书籍中，史志类、地学类、算学类、医学类、动植物学类都较为丰富。他早年潜心算学，对西方自然科学译著较为关注。随着时局的变化，他关注的新学书籍从以自然科学为主，转向以社会科学为主，西方新学史志之书如《万国史记》《法兰西志》《米利坚志》等都在其涉猎范围内。此外，清末中外报刊是夏曾佑获取新学的重要途径。他的书单列有《格致汇编》《时务报》《知新报》《蒙学报》《尚贤堂报》《国闻报》《清议报》等七种报刊，并在日记中记有《申报》。此外，从其政论中可见，他还曾阅读过《昌言报》《中外日报》《知新报》以及日本出版的《横滨报》等。在接纳新学、办报撰文的过程中，夏曾佑与梁启超、严复、张元济等新派人物往来甚密，故得风气之先。

最后，宗教学是夏曾佑书籍藏阅的一大门类，尤以佛教典籍较多。除传统佛教典籍，夏曾佑曾认真研读过《宗教哲学》《印度宗教史》《印度宗教史考》等来自日本的宗教学书籍。夏氏后人称，夏曾佑"于古今中外学术、宗教、文艺之渊源、派别，窥其微奥，得其会通，尤邃于佛典"②。夏氏与梁启超、蒋智由、宋恕等交流佛学，他们钻研佛学，根本目的在于经世致用，借助佛学解决现实问题，救亡图存。在他看来，"国家之祸，实由全国民人太不明宗教之理之故所致。非宗教之理大明，必不足以图志也"③，"政治、宗教必相附丽"④ 方可长久。夏曾佑重视唯识宗和因明学书籍，因为他认为唯实理论中对意识分析的细密思路和对世界理解的因明

---

①　夏曾佑：《保存国粹说》，载杨琥编《夏曾佑集》（上），上海古籍出版社，2011，第 399 页。
②　夏循垍：《夏先生穗卿传略》，载杨琥编《夏曾佑集》（下），第 1147 页。
③　夏曾佑：《致杨仁山居士书》，载杨琥编《夏曾佑集》（上），第 493 页。
④　夏曾佑《社会通诠序》，载杨琥编《夏曾佑集》（上），第 127 页。

方法，成了对应西方科学哲学逻辑的知识资源。①

通过对夏曾佑阅读史的梳理，可以看出其史学思想受到传统经典和新学的共同熏染。经、史关系一直是清代学者重点关注的议题之一，时人常引子、史之书证经，也会援引经学的方法来证史。在清末的社会背景下，今文经学与古文经学的论争引发经、史关系的进一步讨论。"新史学"传入初期，一些史家将"文明史"作为主要的历史叙述方式，以此促进中国史学的变革。

夏曾佑是晚清今文经学主要代表人物之一，他的经学是助推社会历史变革的新经学，这进而影响了其史学理念。面对亡国灭种的危机，他积极寻找救国之法。夏氏与梁启超等维新派知识分子一起，掀起"排荀"运动，以"排荀"之名反对封建专制。在学术上，夏氏将《易经》中的变易思想融入其历史撰写中，提出"治国经权说"。今文经学的兴盛促进了清末民初疑古辨伪的古史风气。夏曾佑的《中国历史教科书》是"新史学"的最初实践，客观上受到了经学思想的影响，虽只是著其梗概，"然微言大义，实已略具"②。如周予同所言，夏氏《中国历史教科书》"在内容或本质方面，是中国今文经学与西洋进化论思想的糅合"③。在新旧交织的历史背景下，今文经学、佛学和新史学，一定程度上影响了夏曾佑的上古史观。

二　神话、疑古与上古史分期

"神话"一词大约是从西欧被翻译到日本，然后又从日本移植到中国来的。④ 该词传入中国，历史学著作是最重要的途径之一。20 世纪初，在"新史学"热潮下，中国史学界的文明史编纂受到西方学者和日本学者的影响，从西方和日本译介传入的各类文明史中所提到的古希腊等国的神话，使"神话"逐渐为国人所知。1903 年《中国文明史》汉译本在中国出版，该书是白河次郎和国府种德按照当时西方文明史的研究思路，讲述

①　梁苍泱：《新学、新眼与近代文人新知识统系的建构——以夏曾佑的阅读记录为中心》，《中华文史论丛》2021 年第 3 期，第 341 页。

②　夏曾佑：《最新中学教科书中国历史》，载杨琥编《夏曾佑集》（下），第 809 页。

③　周予同：《五十年来中国之新史学》，《复旦百年经典文库·中国经学史论著选编》，复旦大学出版社，2015，第 358 页。

④　袁珂：《中国神话史》，北京联合出版公司，2015，第 6 页。

中国的上古神话和历史。该书是夏曾佑撰写《中国历史教科书》的主要参考书之一，对他的上古史研究有着直接的影响。

神话学在中国的诞生与中国上古历史研究紧密相关。顾颉刚等古史辨派的历史学家发掘神话、研究神话，形成了"古史辨"神话学派。顾颉刚曾对夏氏教科书给予了很高的评价："外国神话传入中国后，夏曾佑是第一个从中外比较资料中得到启发，从中国古代记载中搜索出若干在二三千年前普遍流行的神话的人。……这对于当时思想界无异于霹雳一声的革命爆发，使人们认识到了我国的古代史是具有宗教性的，其中有不少神话的成分，而中国的神话和别国的神话也有其共同性。"①

20 世纪初的历史教科书是"新史学"的最初实践。夏曾佑《中国历史教科书》的第一册运用神话学研究中国上古史，在史学编纂中融入今文经学、宗教学和"新史学"。《中国历史教科书》开篇第一章第一节即探讨了上古历史的宗教性。夏氏认为上古史与宗教的关系非常密切，"讨论历史，几无事不与宗教相涉，古史尤甚"。关于人类的产生，世界各国记载不同，但是神造人的说法非常普遍："古言人类之始者，为宗教家"，"宗教家者，随其教而异，各以其本群最古之书为凭。……而我神州，亦其一也。"② 可见，神话在上古史书写中具有重要作用。

夏曾佑将上古史划分为传疑期和化成期。在他看来，自草昧以至周末，为上古之世，而上古之世可分为两期。由开辟至周初，为传疑之期，因此期之事，并无信史，均从群经与诸子中见之，往往寓言、事实两不可分，读者各信其所习惯而已，故谓之传疑期。由周中叶至战国为化成之期，因中国之文化在此期形成。③ 夏曾佑从神话与历史的界限层面对上古史进行划分，对中国的古史叙述模式产生了根本性影响。

中国传统古史叙述从"盘古开天"始，对"三皇五帝"有着重介绍。而夏曾佑在《中国历史教科书》中则展现了对这些文献记载真实度的怀疑，在古籍记载中，"三皇五帝"之说各异。在夏氏看来，盘古、天皇、地皇、人皇的说法，并不准确，对于他们的描述更可以称得上荒诞。据夏曾佑推测，"盘古之名，古籍不见，疑非汉族旧有之说"或"盘古、槃瓠音近，槃瓠为南蛮之祖此为南蛮自说其天地开辟之文，吾人误用以为己有

---

① 顾颉刚：《〈中国古代神话研究〉序》，载程憬著，顾颉刚整理，陈泳超编订《中国古代神话研究》，北京大学出版社，2011。
② 夏曾佑：《最新中学教科书中国历史》，载杨琥编《夏曾佑集》（下），第 790 页。
③ 夏曾佑：《最新中学教科书中国历史》，载杨琥编《夏曾佑集》（下），第 792 页。

也"。所以南海有盘古墓,桂林有盘古祠就可以解释得通。而且,汉族古皇均在北方,盘古独居南荒也并不合理。①

夏曾佑强调"古代详于神话"②,因此他在疑古中着力于通过"三皇五帝"说划分神话与历史。《中国历史教科书》从第六节"上古神话"开始,连续多节对"三皇五帝"进行介绍:包牺氏,蛇神人首;女娲氏,蛇神人首;神农氏,人身牛首。而他们的在位时间有"百一十年或云百一十六年";"在位百二十年"。因此,夏氏断定:"中国自皇帝以上,包牺、女娲、神农诸帝,其人之形貌、事业、年寿,皆在半人半神之间,皆神话也。故言中国信史者,必自炎黄之际始。"③

在介绍伏羲、女娲、神农神话故事的基础上,夏氏分析了神话的原因:

> 族之古事,但凭口舌之传,其后乃绘以为画,再后则画变为字。字者,画之精者也。故一群之中,既有文字,其第一种书,必为纪载其族之古事,必言天地如何开辟,古人如何创制,往往年代杳邈,神人杂糅,不可以理求也。然既为其族至古之书,则其族之性情、风俗、法律、政治、莫不出乎其间。而此等书,常为其俗所尊信。胥文明野蛮之种族,莫不然也。④

由此可见,夏曾佑的上古史观中充分认识到了上古历史的神话元素。与此同时,他也认识到上古神话是人类早期居民通过不断的社会实践后所留下的,包括自然环境和社会生活,内容多元。因此,夏曾佑认为上古传说虽然是神话,但并没有脱离历史价值,神话可以作为史料来考察上古初民的性情、风俗、法律、政治等各方面的社会生活。

对于神话和历史的具体界限,夏曾佑虽道"自炎黄之际始",但并没有进行严格的划分。夏曾佑在对炎黄之际帝王之事进行描述时,强调了集汉学大成者郑元之说。郑元之说出于《春秋历命序》,在十六节"帝喾氏"中,夏氏写道:"郑元以为黄帝传十世,二千五百二十岁。次曰帝宣(少

---

① 夏曾佑:《最新中学教科书中国历史》,载杨琥编《夏曾佑集》(下),第793页。
② 夏曾佑:《最新中学教科书中国历史》,载杨琥编《夏曾佑集》(下),第789页。
③ 夏曾佑:《最新中学教科书中国历史》,载杨琥编《夏曾佑集》(下),第795~796页。
④ 夏曾佑:《最新中学教科书中国历史》,载杨琥编《夏曾佑集》(下),第795页。

昊）。则穷桑氏，传八世，五百岁。”① 这样模糊的年寿记载，与“三皇五帝”时期相类似，也和司马迁的“父子相承，厘然可考”相违反。因此，在夏氏看来，炎黄之际神话和历史的界限并不分明，直到尧、舜二代，“事渐有可稽，非若颛顼以前之荒渺”。但对于禅让制，夏氏依然持怀疑态度，他认为禅让制是一种选举制度，属于贵族政体，近世欧洲诸国曾多有行之，但中国不行久矣，所以是值得怀疑的。而孔、孟、老、庄所述尧舜之事，皆为托故之义，不可尽信。

到了夏禹及夏之列王，夏曾佑认为依然存在“夏传疑之事”。夏氏表示，有夏一代可纪之事，除禹以外，传者绝稀，只有益启之事和羿浞之事在古书多有记载。但是，益和启之事得不到证明，有所存疑；羿浞之事虽然在《楚辞》和《左传》中描述颇为详细，但《尚书》中没有记载，《史记·夏本纪》也未记其事，因此不可作为信史。在夏氏看来，古人在著书的过程中，对于史事的去取必定不是偶然而成，可能其中别有一番意义，只是今人不知其中的缘由。可见，有夏一代在夏曾佑的古史观中也并非全然信史。

商周时期在《中国历史教科书》中依然属于传疑时代。据夏曾佑考证，暴君桀与商纣王所做之事多有相同，有多达六点相像之处。可是“天下有为善而相师者矣，未有为恶而相师者也，故知必有附会也”②。周朝在夏曾佑的分期中，被分为三期，第一期为传疑时代之尾，后二期则为化成时代。第一期始于周开国，止于东迁，即西周时期。对于这一时期的历史，夏曾佑在“自上古至秦中国幅员之大略”一节对黄帝至西周时期的“五服”“九服”之说进行了质疑，认为这两种说法下的政治区域都过于整齐，与建都地形不合，不可据以为实。③

总体来看，夏曾佑对黄帝之后的信史考察更加倚重于史料。也就是说，古书记载无法得到证明则不可信；重要古书中有些记载详细，有些却只字不提则不可信；古书记载不符合逻辑之事不可信；古书记载与历史地理记载不符则不可信。

此外，夏曾佑的上古史撰写中常能见到中外神话的比较描述，在对照中外神话的过程中，发掘二者的共通之处。《中国历史教科书》中，夏曾

---

① 夏曾佑：《最新中学教科书中国历史》，载杨琥编《夏曾佑集》（下），第 801 页。
② 夏曾佑：《最新中学教科书中国历史》，载杨琥编《夏曾佑集》（下），第 806 页。
③ 夏曾佑：《最新中学教科书中国历史》，载杨琥编《夏曾佑集》（下），第 918 页。

佑在书写上古神话时虽强调盘古开天地、女娲造人等神话故事荒诞不经，但这些故事却与西方神话有所对照。比如女娲用黄土抟人的传说与巴比伦之神话，与犹太《创世记》中所言上帝用尘土造成人形创造亚当、夏娃之说，如出一辙。而大禹治水与巴比伦古书洪水，《创世记》所描写的洪水及云南最新发现的古书洪水互相印证，可视为上古之事实，且此诸族必有相连之故。① 在夏曾佑看来，中国神话与别国神话的共同性，是因为古人思考之力，对于天地人物之成因，俱作如是解，这样的论断使人们认识到中国上古史的宗教性，验证了中国上古史的神话成分。

三 英雄神话与上古社会进化次序

在希腊神话中，英雄神话是重要的组成部分。中国上古神话中，英雄也有着重要的地位。什么是英雄？国闻报馆《本馆附印说部缘起》（下简称《缘起》）中对"英雄"有着详细论说。关于《缘起》，学界偏向于认为这是严复和夏曾佑的合作。1897 年，严复和夏曾佑共同创办《国闻报》，《缘起》是刊登在《国闻报》上的一则编辑辅文。因此，《缘起》的内容能够代表夏曾佑的思想观念，其中也蕴含着夏曾佑的上古史观。

在夏曾佑看来，最远古的时候，处于山林箐泽中的人类和豺狼虎豹、生猛禽类共存，没有衣裳、宫室、城郭，也没有纲常政典。人类之所以能够与禽兽争食物、争居，得以自存，其原因"一在于能合群，一在于能假器"。人类合群所推之长，必先是能够"假器之人"。因此，"凡创一艺，成一器，为古人之所无，而后人所不能不有者，则其人皆尊为圣人，而立为天子"，他们都是伟人、英雄。英雄通过"假器"带领人类在人与自然矛盾中战胜自然，得以生存延续，这些英雄构成中国上古神话英雄传说。②

在人类发展历史中，无论对于什么地域、种族以及历史发展阶段，英雄作为"公性情"的组成部分，均推动了人类社会走向文明并向文明更高阶段迈进。纵观历史，可以总结出人类竞争求存过程的三个阶段：第一阶段，人与禽兽生存竞争，"最朔之时，灌莽未辟，深昧不可测，禽蹄鸟迹，交于中国。于是乎有豪杰之士，析木以为棰，摩石以为刃，以战胜于狰狞骇跳之伦，得以食其肉而衣其皮"。这一时期人类英雄借助器物战胜禽兽。

---

① 夏曾佑：《最新中学教科书中国历史》，载杨琥编《夏曾佑集》（下），第 803~804 页。
② 夏曾佑：《本馆附印说部缘起》，载杨琥编《夏曾佑集》（上），第 19~20 页。

第二阶段，与异族之争，族与族之间"衣冠不同，言语不通，而各行其所志，则必有争。于是乎有英雄起，铸金石以为锋刃，合弦羽胶漆以为弓矢，教之击刺射御，教之坐作进止，使夫异族之民，非臣仆而为吾役，即远徙而不敢与吾争利"。这一时期英雄进一步借助假器打败"低种之氓"。第三阶段，"文明之种"与"文明之种"的竞争，"相持不下，日以心竞，而欲定存亡于上帝之前，则其局愈大，其机愈微，其心愈挚"。三个阶段从天下重赖英雄到天下国家不可一日无英雄，英雄对人类生存、发展起到了至关重要的作用。总体来看，英雄的内涵在时代变迁中逐步扩大。夏曾佑指出，路德改教、培根叛古、哥白尼明地学、牛顿详力理、达尔文考生物，皆开辟鸿蒙，拿破仑、华盛顿又更进一解，英雄由血气为主转向脑气为主，更加注重假器。①

《中国历史教科书》中有关上古英雄假器与《缘起》中的论说如出一辙：包牺结绳而为网罟，以佃以渔；神农氏斫木为耜，揉木为耒，耒耜之利，以教天下；黄帝、尧、舜始为礼乐文章，垂衣而治，仍不外假器也，而器稍进繁矣。② 可见，夏曾佑的上古史观中，英雄"假器"也就是使用工具的能力是随着历史发展而提高的。而正如前文提到，神话可以成为考察社会进化的史料，因此，上古英雄事迹是神话，也是史料。

《中国历史教科书》在《上古史》开篇探讨"世界之初"时提到了达尔文的物种起源论。他据此认为人类的诞生有着不同的说法，大致分为两派："古言人类之始者，为宗教家；今言人类之始者，为生物学家。"③ 夏曾佑对两派"庶几有所别择"。随后，他对中外神话中人类社会发展的同一性做出了总结："大凡人类初生，由野番以成部落，养生之事，次第而备，而其造文字，必在生事略备之后。"④ 夏曾佑认为人类上古社会的发展阶段同样适用于中国，且能在中国神话中找到证据。夏氏总结人类上古社会的发展阶段为："凡今日文明之国，其初必由渔猎社会，以进入游牧社会。……又由游牧社会，以进入耕稼社会……而社会又一大进。"⑤ 在此基础上，夏曾佑把进化的思想融入其上古观中，他认为神话是人类社会初期

---

① 夏曾佑：《本馆附印说部缘起》，载杨琥编《夏曾佑集》（上），第20～21页。
② 参见夏曾佑《最新中学教科书中国历史》，载杨琥编《夏曾佑集》（下），第794～795、798～799页；夏曾佑《本馆附印说部缘起》，载杨琥编《夏曾佑集》（上），第20页。
③ 夏曾佑：《最新中学教科书中国历史》，载杨琥编《夏曾佑集》（下），第790页。
④ 夏曾佑：《最新中学教科书中国历史》，载杨琥编《夏曾佑集》（下），第795页。
⑤ 夏曾佑：《最新中学教科书中国历史》，载杨琥编《夏曾佑集》（下），第795页。

的必然产物，从神话中可以看出上古人类社会的发展。如伏羲氏的神话故事中，"案包牺之义，正为出渔猎社会，而进游牧社会之期，此为万国各族所必历。……始制嫁娶，则离去知有母而不知有父之陋习，而变为家族，亦为进化必历之阶级"①。而神农至黄帝五百二十年间，发明两大事：一为医药，一为耕稼，可见此时中国"已出游牧社会矣"。②通过夏氏对于上古英雄神话的史料考察，可以看到上古社会进化有其必历之阶段和次序，中国上古历史符合这样的客观规律。

此外，夏曾佑对于禹的传位问题从进化论角度做了独特的解释。在《禹之政教》中，夏氏对"近人谓中国进化始于禹"一问题进行了阐述。在他看来，禹与古帝的区别极多，大概可以概括为四点："吾族与土族之争，自黄帝至禹，上下亘千年，至禹兴亡乃定"；"洪水之祸起于尧之前，至禹人事进化，始治之"；"五行至禹而传"；"传子至禹而定"。可以看出，夏氏所总结的禹之政教的四个特点都透露着英雄对历史进化的推动，而夏氏对夏禹的评价则更是展现出了他在一定程度上摆脱了传统经学束缚的古史观念。

夏曾佑认为君权授受之制至禹乃确立，且他对《史记·武帝本纪》和《夏本纪》中所记载的禅让制一直存有质疑。在对禹传位之事的评价上，夏氏道：禹传位之定法使得"专制之权渐固"，这是因为"世运进步使然，无所谓德之隆替也"。这与传统经学中对尧、舜、禹三代高尚道德的称颂并不相符。夏曾佑通过强调历史进化并不能以道德作为评判标准，突破了传统经学中"今不如昔"的历史观。

20世纪初年，中华民族陷入严重危机，中国自古以来的文化观念受到挑战甚至是颠覆，知识界探求用世界性的眼光来改造传统文化和传统学术。受清中叶到民初疑古学风的影响，加之新史学观念和研究方法的输入，历史学家致力于厘清古史，重新定义史学、书写中国历史，从历史发展过程中寻找民族出路。

夏曾佑的《中国历史教科书》是"新史学"思潮下的产物，也是传统史学向现代史学过渡的尝试。夏曾佑在《中国历史教科书》第一册的序言中强调编写该书的意义："文简于古人，而理富于往籍，则足以供社会之

---

① 夏曾佑：《最新中学教科书中国历史》，载杨琥编《夏曾佑集》（下），第794页。
② 夏曾佑：《最新中学教科书中国历史》，载杨琥编《夏曾佑集》（下），第795页。

需乎。"① 这样的古史书写观念是民族危机之下，中国史学经世致用传统的体现。夏曾佑在书写上古史时，以神话作为上古史开端的分界，以进化观讲述人是进化而来，并非神创。在上古史分期时，以史实是否存疑作为上古传疑时代与化成时代的分期标准，一定程度上解决了中国历史从何而起的问题。受"新史学"思潮影响，夏曾佑的上古史书写非常注重社会历史和社会进化，他对上古社会生活中所表现出的进步，均体现了进化史观在教科书中的运用。夏曾佑的进化史观一方面吸收了晚清今文经学的"三世进化"学说，重视从上古史的发展中寻找社会进化的规律，阐发"微言大义"；另一方面又打破了传统的历史退化论的观念，借助神话中的英雄人物来确立上古社会进化次序。

---

① 夏曾佑：《最新中学教科书中国历史》，载杨琥编《夏曾佑集》（下），第789页。

陈垣"中华民族"观及其影响[*]

——以《元西域人华化考》为例

王 川 胡 聪

（四川大学历史文化学院，四川成都 610065）

摘 要：在民国时期中国史学界关于"中华民族"的相关研究中，民族文化交融问题是学界最为重视的方向之一，陈垣就是很早关注"中华民族"研究中的民族文化交融问题的代表性学人。他结合多年中国民族史研究的经验，在《元西域人华化考》一书中以"华化"为核心，系统阐述和论证了自己的观点：元代西域人之所以会"华化"，是因为他们认同并积极融入中华民族文化。《元西域人华化考》一书问世后，其"华化"概念及论证方法对民国时期中国史学界产生了深远影响，亦受到海外学界的关注，不仅有学者直接以"华化"为名撰写论著，开拓了中国其他历史时期的民族研究，亦有学者受"华化"影响，间接撰写了多部专著或通史以探讨中国民族文化交融问题。探讨《元西域人华化考》中的"华化"概念，特别是"华化"背后所反映的陈垣"中华民族"观及其演变过程，有助于学界进一步探究在近代中国史学的转型过程中，中国史学界对"中华民族"概念的认知变化以及背后的思考，为今天中国史学界继承并发扬"中华民族"的相关研究提供重要的参考。

* 国家社科基金 2023 年度特别项目"中国西藏地区近现代各民族交往交流交融史研究"（批准号：23VRC079）、四川红色文旅研究中心 2024 年度课题"红军长征对邓小平民族理论的影响"（HSWL 24Y03）阶段性成果。

关键词： 陈垣　"中华民族"　《元西域人华化考》　"华化"
民族史研究

作为 20 世纪的中国史学大家之一，陈垣（1880~1971），字援庵、圆庵，学名星藩，广东新会人。早年因科举不中转而从医，并与他人合作创办《时事画报》和《震旦日报》，编写宣传革命的文章。民国初年当选为众议院议员，迁居北京。1922 年受聘为北京大学国学门导师，① 后历任辅仁大学校长等职。新中国成立后出任北京师范大学校长等职。

陈垣在中国民族史、宗教史等领域取得了丰硕的成果，《元西域人华化考》一书正是他对元代中国各族人民融合的史实开展研究的代表性成果。该书自出版以来在中国史学界乃至海外学界都产生了深远的影响，日本知名史学家桑原骘藏在读完此书后就称赞陈垣为中国史学者中"尤为有价值之学者也"。② 大批学者围绕该书展开了系统、深入的研究，成果颇丰。例如邱树森指出，陈垣在《元西域人华化考》一书中对"回回人"的族源和源流提出了新见解，为之后的回族研究提供了方法论上的指导；③ 李克建以《元西域人华化考》一书为分析中心，认为元西域人"华化"并非一般意义上的文化征服或民族同化，而是西域人主动掀起的一场轰轰烈烈的文化认同运动；④ 韩中慧介绍了海外学界对《元西域人华化考》及其英译本的评价。⑤ 此外，陈智超、曾庆英夫妇作为陈垣的亲属，以专著的形式揭示了陈垣创作《元西域人华化考》前后的背景：陈智超将现存的陈垣《元西域人华化考》手稿整理出版，使学界得以通过稿本中修改痕迹来还原陈垣的写作思路；⑥ 曾庆英则在《陈垣和家人新会陈氏三代史家》一书中记录了陈垣从事民族史研究的全过程。然而，由于学者的研究旨趣与

---

① 关于陈垣生平研究的论著，可参见陈智超《陈垣——生平·学术·教育与交往》，安徽大学出版社，2010；刘贤《学术与信仰——宗教史家陈垣研究》，中国社会科学出版社，2013；等等。

② 〔日〕桑原骘藏、陈彬和：《读陈垣氏之元西域人华化考》，《北京大学研究所国学门周刊》1925 年第 6 期，第 9 页。

③ 邱树森：《读陈垣〈元西域人华化考〉——纪念陈垣先生诞生 120 周年》，《回族研究》2000 年第 3 期，第 4 页。

④ 李克建：《论元代的"华化"与民族融合——以〈元西域人华化考〉为分析中心》，《西南民族大学学报》（人文社科版）2015 年第 11 期，第 24 页。

⑤ 韩中慧：《海外学界〈元西域人华化考〉评介》，《国际汉学》2022 年第 2 期，第 76 页。

⑥ 参见陈智超编著《陈垣〈元西域人华化考〉创作历程用稿本说话（上）（下）》，国家图书馆出版社，2008。

视角不同，相关研究中很少探讨《元西域人华化考》一书中所反映的陈垣以"华化"为核心的中华民族观，更多关注陈垣的民族史研究：例如周少川指出陈垣民族文化史观的主导思想就是以中华民族文化为本；[1] 陈垣民族史观是在他长期的民族文化史和中外交通史研究中形成的。[2] 吴海兰认为陈垣通过论述外来宗教与中华民族文化主体儒学的关系来揭示中华民族兼容吸纳的宽宏精神。[3] 但是这些研究未能概括出陈垣的中华民族观，也未将其放到整个民国时期"中华民族"研究的大背景之中，对民国时期以顾颉刚等为代表的学者"中华民族"观念着手较多，却忽略了其背后所受到的陈垣及其著作影响，殊为遗憾。

2023 年是《元西域人华化考》发表一百周年纪念，本文结合陈垣个人的学术成长经历，置于民国时期中国史学者"中华民族"研究这一大的背景下予以考量，以《元西域人华化考》为中心，揭示陈垣以"华化"为核心的中华民族观，更好地理解陈垣的民族史研究成果，并为学界理解中华民族文化，精进中华民族交往交流交融史研究提供重要的视角。

一　陈垣"中华民族"观的产生与发展

与大多数亲身经历了从晚清到民国这一政权变化过程的中国史学者一样，陈垣的"中华民族"观经历了从简单的"驱逐鞑虏"到认同"五族共和"再到接受多民族共同组成"中华民族"的过程。难能可贵的是，陈垣早在辛亥革命爆发前就认识到资产阶级革命派单纯"排满"思想的错误，指出中华各民族文化间有沟通融合的一面，在支持和认同"五族共和"上走在了前列，为其以"华化"为核心的中华民族观的形成奠定了基础。

（一）陈垣"中华民族"观的起源

1880 年 11 月 12 日，陈垣出生于广东新会县棠下镇石头乡（现广东省江门市蓬江区）。在近代中国文化史上，广东新会有着特殊的地位。一方

---

① 周少川：《论陈垣先生的民族文化史观》，《史学史研究》2002 年第 3 期，第 1 页。
② 周少川、吕亚非：《陈垣的民族史观》，《河南师范大学学报》（哲学社会科学版）2017 年第 5 期，第 76 页。
③ 吴海兰：《陈垣论宗教与民族文化》，《云南民族学院学报》（哲学社会科学版）2002 年第 3 期，第 48 页。

面，新会是岭南学派的发祥地，文风鼎盛。陈垣年轻时进入私塾学习，博览群书，打下了坚实的旧学基础；另一方面，新会地处南海之滨，既是近代中国抗击外来侵略的前线，也是得海外新文化风气之先的宝地。当时中国在对外战争中屡屡败战，加上美国《排华法案》的通过使得大批广东华侨被迫回国，种种现实使得陈垣对清廷的腐败无能有了更深的认识。在革命维新思想和科考失败的双重影响下，陈垣弃文从医，开始积极参加反帝反封建的革命活动。1905年陈垣在广州与友人创办《时事画报》，针对美国所实施的《排华法案》，陈垣联合报社同仁开展反美活动，宣传抵制美货。① 同时他还以"读史谈天"为掩护，在《时事画报》上发表了多篇讽刺清廷的文章。此时受以孙中山为代表的资产阶级革命派影响，陈垣的中华民族观主要表现为"驱逐鞑虏"的狭义观念。有趣的是，陈垣最初开始从事元史的相关研究就发端于此，虽然他当时的目的在于以研究元史为掩护，借嘲笑元代的民族政策，"指桑骂槐"，攻击清廷的民族歧视政策。但这为他之后研究元史无意间打下了坚实的基础。

（二）陈垣"中华民族"观的发展

反帝反封建的宣传工作中，陈垣不断精进自己的学习，开始转变观念，清醒地指出中华各民族文化间有沟通融合的一面，这在辛亥革命爆发前的舆论风潮中可谓独具仁心慧眼。例如在《书李袭侯》文中，陈垣一方面反讽清廷政治一向偏倚，偶有汉官补满缺及满汉通婚，不过是清政府维系人心之计；但在另一方面，陈垣依据史料，也揭示清入关之前满人与被俘汉女已有通婚的史实。例如在《满洲嫁娶仪》一文中，陈垣既说明满汉礼俗之不同，也指出"今日满人之能为汉语者多，而汉人妇女之效旗装者亦众"的事实。在多篇讲论掌故的小文中，陈垣都谈到汉族文化某些细节源于北方少数民族，如秋千游戏最早来自北方戎狄，广州人热衷的九皇会源头在金时燕都，帽之有顶则来自元代和辽代等，说明时间能够淡化异族观念，若不讲求历史，就无从谈论本民族文化。陈垣还指出，不仅汉族人士推崇忠义节烈，满族和蒙古族也同样看重，清末有满族女士因担忧种族危亡，欲创八旗女学，结果因志不成而死；元末蒙古妇女面对汉军时，为免家国之辱，同样不惜一死。这说明不同民族的思想观念是可以相互理解

---

① 刘乃和、周少川编著《陈垣年谱配图长编》（上），辽海出版社，2000，第35页。

和沟通的。①

辛亥革命爆发，中华民国宣告成立后，陈垣依靠他之前的革命表现，当选为众议员，并离开新会，定居北京。然而北洋政府的无能以及各路军阀混战的政治现实，沉重地打击了陈垣的政治理想。从1923年起，陈垣放弃从政，接受燕京大学的教职，彻底转向史学研究与教学，但他并没有放弃报国之志。当时中国的学术研究被海外学界所轻视，"全盘西化"之声不断。目睹这一切的陈垣决定努力把汉学中心的地位从外国夺回中国。②

在治学中，陈垣既继承了清代乾嘉学派重视考证的治学方法，又受到近代西方史学的影响，将宗教、艺术等过去被中国传统史学界所忽视的地方纳入自己的研究领域，不断发掘新的史料，最终创作出了《元西域人华化考》一书，可以说是中国史特别是元史研究领域开创风气的代表性论著。③在书中，陈垣将自己治学多年来形成的"中华民族"观以"华化"二字予以概括，在海内外学界中产生了巨大的影响。

（三）民国时期"中华民族"概念的发展

陈垣"中华民族"观的产生，与民国时期"中华民族"概念的发展息息相关。"中华民族"概念最初产生于清末资产阶级立宪派与革命派的有关"排满"问题的论战之中，从本质上看，"排满"论战实际上是双方对19世纪末产生于西方的多种民族主义思想进行取舍所产生的必然结果。在当时帝国主义国家侵略猖獗，清政府风雨飘摇之际，革命党人奉行的单一民族国家理论极有可能导致中国面临分裂的灾难性危险。因此面对革命派激进的"排满建国"的观点，立宪派的著名代表梁启超在德国学者伯伦知理的影响下形成了中国境内各民族一体融合的"大民族"观念，并在1902年所作的《论中国学术思想变迁之大势》一文中率先提出了"中华民族"这一概念。④

在此之后，以杨度为代表的立宪派知识分子纷纷开始在各自的文章论述中使用"中华民族"并加以宣传。革命派也在论战中逐渐吸收了立宪派的观点，对自己"排满"的民族理论进行了一定修正，特别是1905年后，

---

① 《陈垣全集》（第1册），安徽大学出版社，2009，第93页。
② 陈垣：《元西域人华化考》，上海古籍出版社，2000，第1页。
③ 曾庆瑛：《陈垣和家人新会陈氏三代史家》，北京师范大学出版社，2010，第41页。
④ 梁启超：《论中国学术思想变迁之大势》，《梁启超全集》（第3集），中国人民大学出版社，2018，第33页。

革命派在有关"排满"的论述中就一再说明其不排"一般满人",只是"排"上层的清朝贵族和腐朽的清政府。特别是辛亥革命爆发到民国建立之初的这段时间里,革命派与立宪派开展合作,抛弃过去"反满"的种族革命方略,全力关注于实现民族平等与融合。例如在1912年中华民国建立后,无论是以孙中山为首的南京临时政府还是袁世凯为首的北京政府都主张"汉满蒙回藏"五族共和论,孙中山在《临时大总统宣言书》中就宣告:"和汉、满、蒙、回、藏诸地为一国,即合汉、满、蒙、回、藏诸族为一人——是曰民族之统一。"① 同传统的"大汉族主义"概念相比不得不说是一大进步。

当然,以"五族共和论"理论为核心的"中华民族"概念仍存在着极大的局限性,早在1917年,李大钊就发表《新中华民族主义》一文批评"五族共和论",他认为"以余观之,五族之文化已渐趋于一致"。② 主张国人不应有五族之称,而应均为"新中华民族"一员。孙中山亦从1919年开始改变态度,不再支持"五族共和"观,转而提出一种全新的"中华民族"观,既承认"中华民族"是中国的"国族",但又不否认境内各民族的存在。③ 然而到了1924年,孙中山在其三民主义中"民族主义"的演讲中又将"中华民族"概念与中国传统的"宗族"概念相联系,认为"民族"即"宗族",少数民族人数"极少"所以四万万中国人"几乎完全是汉人"。④ 这种以"宗族观"为核心,暗含大汉族主义的"中华民族"概念逐渐成为民国社会的主流观念。由此可见,近代中国"中华民族"相关研究既是一个学理问题,同时又有极强的现实性。而"中华民族"这一概念的含义也不断充实,由原来主要指汉族,扩展为包含中国境内各个民族的民族共同体。⑤

二　陈垣"中华民族"观在《元西域人华化考》中的体现

《元西域人华化考》既是近代中国民族史的一部力作,亦是近代中国

① 孙中山:《临时大总统宣言书》,《孙中山全集》(第2卷),中华书局,1982,第2页。
② 李大钊:《新中华民族主义》,《李大钊全集》(第1册),人民出版社,2013,第478页。
③ 郑大华:《论晚年孙中山"中华民族"观的演变及其影响》,《民族研究》2014年第2期,第61页。
④ 孙中山:《三民主义》,《孙中山全集》(第9卷),中华书局,1986,第188页。
⑤ 周文玖、张锦鹏:《关于"中华民族是一个"学术论辩的考察》,《民族研究》2007年第3期,第20页。

史学界元史研究的开拓性著作之一。在《元西域人华化考》出版前，受元朝统治者残暴统治史实的影响，传统中国史学者对元代的看法以负面居多。而陈垣在阅读元代典籍时发现，在元代有大批来自西北及海外的人士在来到中原地区后，接触中华文化并自觉接受融入其中。论证这一过程，不仅能探寻元代中国各民族文化的融合问题，亦能反击民国时期中国学界所流行的"西化论"。为此，陈垣对《元西域人华化考》一书标题几易其稿：从一开始的《元时代外国人之中国化（文学）》，然后是《元代西域人之中国化》，其次是《元世种人汉化考》，接着是《元代西域人之汉化考》，最后定为《元西域人华化考》。① 而《元西域人华化考》的初稿和定稿油印本两个版本中最大的不同，就是将原来书中的"汉化"描述绝大部分改为"华化"，这亦证明了陈垣以文化融合为核心的"中华民族"观初步定型。

（一）《元西域人华化考》论证"华化"的定义

陈垣在《元西域人华化考》一书标题中以"华化"取代"汉化"，对于民国时期中国民族史的研究而言具有重大意义。所谓"华化"，是指外来民族自愿认同并接受华夏文明的一种文化模式。元西域人的华化，属古代入华外族的同化问题范畴。时空既属古代中国，自然要以古代中国为主体，按照古人理念来推求本意，重现历史的真貌。在古代中国的语境里，"华化"和"汉化"本属一致，但随着近代以降中国内部民族意识的觉醒，民族界别的扩大，原本标示民族融合的传统词汇，逐渐由统一走向对立。就词频而言，"汉化"的使用率越来越高，以致取代"华化"成为近代中国最为通行的概念。但是从词义来看，"华化"其实比"汉化"更佳，例如王赓武在分析清廷为何创造"华侨"一词时指出，"华"这个字代表的不仅是汉人，也包括满人和其他族群。② 从史实来看，中华文化是各民族人民在交往交流交融过程中共同构筑的，它不仅以汉族文化为基础，还同时融合了其他文化的多元因素，是多民族文化多元一体融合的结果。可见，"华化"的过程既包括"汉化"，也包括各种类型的"胡化"。中华民

---

① 陈智超编著《陈垣〈元西域人华化考创作历程〉用稿本说话（上）》，国家图书馆出版社，2008，第6页。
② 王赓武：《中国情结：华化、同化与异化》，《北京大学学报》（哲学社会科学版）2011年第5期，第146页。

族的多元一体格局正是在各种"化"的互相作用中形成发展的。① 因此陈垣在标题中最终使用"华化",既避免了因"汉化"概念中所含有的贬义而产生歧义,又强调了元代各族人民对中华文化的认同。

(二)《元西域人华化考》论证"华化"的重点

从写作主旨来看,陈垣希望通过《元西域人华化考》一书来考证元代西域人融入中国,因此"华化"这一概念必须得到严格定义,在绪论中,陈垣认为只有中国所独有的,外人成年后所能学习的才能算作"华化",而在全世界人类自出生后就获得的通用技能,不具备中国特色的则不能算作"华化"。② 在定义"华化"之后,陈垣首先从儒学这一方面展开论证。元代是儒学发展的一个特殊阶段,忽必烈等蒙古统治者在元朝建立初期对儒学并不太重视。因此出现了谣言"元初不重儒术,故南宋人有九儒十丐之谣"③,然而在以廉希宪为代表的西域儒生的努力下,他们不仅自己修习儒学,而且积极推动蒙元政府采取措施以促进儒学的发展。蒙元统治者亦开始知道尊重祭拜孔子,启用儒生,扭转了鄙视儒生的风气,可见西域诸儒对儒家文化的认同。陈垣特别指出,很多西域出身的儒者在认同儒家文化前还有其他的宗教信仰,如基督教、回回教和佛教等。然而他们不仅服膺于儒家文化,还善于将其他宗教的成分结合到儒学之中,这又进一步推动了元代儒学的发展。

接着陈垣从宗教方面开展论证,道教起源于中国是毋庸置疑的史实,但是佛教起源于古印度,如何证明其是华化的一部分呢?陈垣指出佛教传入中国后,分为"禅、教两大宗",而禅宗早已"华化",可见陈垣很敏锐地发现了佛教中国化的相关问题,唐代创立的禅宗之所以是"华化"典范,是因为其创始人慧能拥抱中国现实,摒弃印度佛教中的"种姓"因素,宣扬人人皆可成佛,④ 最终使得禅宗成为最具有中国特色的佛教教派。而同一时期由玄奘所创立的唯识宗尽管思辨性很强,但坚持印度的种性说,主张一部分人因先天不足而不能成佛。因此,唯识宗在经历了玄奘奠基的辉煌后急剧衰落,并在唐武宗灭佛之后归于沉寂。⑤ 此外,他认为佛

---

① 苏航:《"汉化"概念无法成立吗?》,《历史评论》2023年第3期,第62页。
② 陈垣:《元西域人华化考》,第5页。
③ 陈垣:《元西域人华化考》,第8页。
④ 方立天:《慧能创立禅宗与佛教中国化》,《哲学研究》2007年第4期,第76页。
⑤ 华方田:《中国佛教宗派——唯识宗》,《佛教文化》2005年第3期,第12页。

教在家居士的存在同样能证明佛教的"华化"："徜其佛学系由汉译经论，或由晋、唐以来之支那撰述而得，而又非出家剃度、身为沙门，仅以性耽禅悦，自附于居士之林，则不得不谓之华化。"① 古印度虽然作为佛教的起源地，但是没有将佛陀入世的精神贯彻下去，因此最终走向了失传。而佛教在传入中国内地后，② 在佛经的翻译、佛教教义的解释和宣传、僧团的建立和传教礼仪的制定等方面依靠在家的居士信徒，最终使得佛教在中国扎根。

在文学方面，元代西域出身的文人中，萨都剌、贯云石、马祖常等可算是当时的"文坛红人"。然而陈垣除了研究名气大，有单独文集问世的元代西域出身文人之外，还将目光放到了名气不是很大甚至作品失传的元代西域出身文人身上，他通过阅读残留在他人文集中的只言片语以研究作品失传的元代西域出身文人。例如陈垣引用了他人为薛昂夫诗集所作的序，指出他虽然是来自西域的回纥后裔，习惯了游牧生活，但是因爱慕华学"乃事笔砚，读书属文，学为儒生"，以至于时人读到他的诗歌，都以为他是"累世为儒者"。③ 陈垣还反驳了部分学者认为薛昂夫写诗是为了科举的观点，指出元初科举尚未恢复，薛求教之人又是南宋遗民，绝非为了科举而搞"应试诗"。

在艺术方面，陈垣特别强调了中国书法和绘画的独特性。从世界各国来看，书法并非中国独有的艺术，例如作为伊斯兰教艺术重要的组成部分，阿拉伯书法在历史发展中形成了各种书体，"库法体""波斯体""画押体""塔里克体""图格拉体""纳斯赫体"等。④ 但是从象形文字书法来看，可以说是中国所独有的。陈垣认为，西域人多采用拼音文字，但是在受到中国影响后，不仅能书写汉字，还能掌握"篆、隶、楷、草各体之不同"，可以说"故非浸润于中国文字经若干时，实无由言中国书也"。⑤ 除书法外，绘画也并非中国特色的艺术，仅西域一地，就有波斯、埃及、柏柏尔等其他民族的绘画艺术。⑥ 但是有很多西域画家选择放弃自己原有画法，主动拥抱中国画法。因此陈垣"故不曰西域画家，而曰西域之中国

---

① 陈垣：《元西域人华化考》，2000，第36页。
② 谭伟：《中国居士佛教略论》，《社会科学战线》2002年第5期，第67页。
③ 陈垣：《元西域人华化考》，第60页。
④ 丁妮：《阿拉伯书法在中国的演变》，硕士学位论文，西北师范大学，2006，第8页。
⑤ 陈垣：《元西域人华化考》，第84页。
⑥ 梁国诗：《阿拉伯人的绘画艺术》，《阿拉伯世界》2004年第3期，第56页。

画家也”。①

在风俗礼仪上，除了改姓、建造祠堂等较为容易发掘的史料外，陈垣特意考证了之前中国传统史学界不甚关注的元代丧葬习俗。“然考元人丧葬，较考元人名氏为难，因宋元人习惯，喜求人为名字说，故易于考见，而关于丧葬之记载，则诸家著述极稀。”② 由于民国时期元代史料较为匮乏，陈垣想到了运用现有史料逆向推导的方法，他在许有壬《至正集》中发现了《西域使者哈只哈心碑》，该碑文记录了凯霖一家改用汉式礼仪的事迹。他还从《元典章》礼部三中发现元统治者禁止畏吾儿人效仿汉人做纸人、纸马焚烧的丧葬习俗，进而推断出元代移居内地的西域各族人民的丧葬习俗受到了汉族的影响且其传统的丧葬习俗发生了变化的事实。论证畏吾儿人采取了汉式葬礼：“禁止畏吾儿效汉儿体例，必其有所效，而后有所禁也。”③

（三）《元西域人华化考》论证“华化”的特色

在《元西域人华化考》一书中，陈垣除了通过传统的文学、宗教领域进行论证外，还运用大量正史之外的其他史料，并专门为被传统史学者所忽视的女性撰写单独章节，不可不谓是论证的特色所在。

一方面，在中国传统史学界的研究中，女性往往是被所忽略的大多数。然而陈垣认为：“今言西域人华化，不可不于妇女求之。”这也成就了陈垣研究“华化”的特色。为此陈垣专门撰写了“女学篇”一章，由于历史上记载的西域女性事迹较少，他以请教王国维、英敛之二位学者关于五代诗人“李波斯”李询一事为契机，联想到李询作为前蜀后主王衍昭仪的妹妹李舜弦。并以李舜弦学习《孝经》《论语》的事例，推断她所学习的是汉文版《孝经》《论语》而非畏吾儿文版本，论证其是受到“华化”影响的西域女性典范。④

另一方面，除了在女性研究上填补空白外，陈垣的“华化”观以坚实的史料基础作为后盾。据统计，《元西域人华化考》一书共引用史料二百二十种，除一般传统史学者常用的正史之外，陈垣还引用了大量被传统史学者忽略的金石录、方志、杂记、随笔、画旨、画谱、书法、进士录等史

---

① 陈垣：《元西域人华化考》，第 92 页。
② 陈垣：《元西域人华化考》，第 110 页。
③ 陈垣：《元西域人华化考》，第 113 页。
④ 陈垣：《元西域人华化考》，第 126 页。

料。这极大丰富了论证的客观性。① 值得注意的是，为了史料的准确性，陈垣会在采纳一条史料的同时运用该史料的不同版本予以对比，许冠三指出："《元西域人华化考》考余阙华化，所见《青阳集》，即有元刊五卷、六卷本，明刊九卷本和四库六卷本四种。"② 由此可见，《元西域人华化考》一书不仅开近代中国史元代研究之先河，更是学习利用历史文献学研究方法的重要参考。

三 陈垣"中华民族"观的后续发展及其对学界的影响

自鸦片战争以来，清廷在被迫签订了一系列不平等条约后，不得不接受西方"民族国家"的概念和外交规则，自觉或不自觉地走上一条现代意义的"民族构建"之路。传统中国史学以封建王朝为主角的历史书写受到海外史学以民族为主角的书写方式的挑战，从民族史的角度重写中国历史逐渐成为近代中国史学界的主流。

作为民国中国史学界的重要学者，陈垣在《元西域人华化考》一书中从文化交融的角度，提出了"华化"这一概念。他在之后的治学过程中，对"华化""中华民族"的概念理解不断精进，创造出源源不断的论著。陈垣的中华民族观亦在中国史学界产生了巨大影响：他不仅直接启发了冯承钧和向达等学者，以"华化"为题，撰写多篇论著拓展了中国其他朝代的民族史研究。还间接启发了吕思勉、林惠祥、顾颉刚和范文澜等学者，从民族文化融合的角度出发，撰写了多本《中国民族史》《中国通史》，对民国时期中国民族史研究的繁荣起到了重要的促进作用。

（一）陈垣"中华民族"观的后续发展

陈垣强调撰写《元西域人华化考》一书的目的在于："吾之为是编，亦以证明西域人之同化中国而已。"即阐明这一历史事实，以唤醒国人，振兴中华文化。陈垣自己更是身先士卒，大力倡导民族团结。然而受辛亥革命时期资产阶级革命派的宣传影响，"大汉族"的观念在民国社会仍然很有市场。为此陈垣非常担忧，除了继续在民族史研究领域耕耘外，他于

① 刘骏勃：《陈垣先生的经学观》，《五邑大学学报》（社会科学版）2018 年第 4 期，第 22 页。
② 许冠三：《新史学九十年》，岳麓书社，2003，第 136 页。

1936 年 1 月接受《世界日报》记者采访，首次系统表达了自己的"中华民族"观。首先陈垣谈到自己正在创作的《汉朝以来新氏族略》，指出时人"汉族"的提法并不符合史实，"只能说中华民族，因为我国没有纯粹的汉族，都是混合民族"。为此他准备从姓氏入手，通过《汉朝以来新氏族略》，搜集汉朝以来信史，归纳并逐条解释、供国人参考。[①] 此外，陈垣还谈到了民国中小学的历史教学问题，他发现当时的中小学历史教材不拿整个中华民族为标准，只是注重一方面，对历史上各民族内部的矛盾斗争，不能做到公平的叙述，失之偏颇。这反映了他在国难当头的时刻对中华民族问题的高度重视，爱国之心溢于言表。[②]

令人遗憾的是，《汉朝以来新氏族略》一书并未出版，但是考察陈垣手稿可以发现，1941 年陈垣曾拟定了《伟大之中华民族》一书的提纲，继承了《汉朝以来新氏族略》的写作思路，计划从三个部分出发，以中华各民族融合发展的历史为基础，结合姓氏学，阐述伟大之中华民族的多源形成。[③] 1943 年陈垣又写了《北朝之华化运动》和《鲜卑同化记》[④] 两本著作的提纲，欲对南北朝时期的民族融合做考察，可惜最后仍未成书。[⑤] 但考察同时期成书的《通鉴胡注表微》中可发现，陈垣对南北朝时期中国的民族混合做了简要论述："然自五胡乱华以来。北人华化者不可胜计，隋唐混一而后，涵容孕育，又数百年，遂与诸华无异矣。"[⑥] 可见在长期的民族史研究中，陈垣深入发掘了中国古代各种繁复的史料，以实事求是的态度，从中华民族的多源形成、文化融合、多民族共建中华历史等方面，实事求是地说明了中华民族的历史形成和发展。[⑦] 特别是在抗战中国沦陷区生活的陈垣，保持民族气节，以中华民族史的相关研究来抵制日本侵略者的"奴化"教育，不失为沦陷区中国史学界的榜样。

（二）陈垣"中华民族观"对民国传统中国史学界的影响

在陈垣《元西域人华化考》提出并定义"华化"这一概念后，"华

① 刘乃和、周少川编著《陈垣年谱配图长编》（上），第394页。
② 刘乃和、周少川编著《陈垣年谱配图长编》（上），第395页。
③ 陈垣：《伟大之中华民族》，《陈垣全集》（第22册），安徽大学出版社，2009，第122页。
④ 查阅手稿可以发现，在同化的旁边还有"华"等字样。
⑤ 陈垣：《北朝之华化运动》，《陈垣全集》（第22册），安徽大学出版社，2009，第128页。
⑥ 陈垣：《通鉴胡注表微》，商务印书馆，2017，第249页。
⑦ 周少川、吕亚非：《陈垣的民族史观》，《河南师范大学学报》（哲学社会科学版）2017年第5期，第76页。

化"一词及其背后所蕴含的陈垣"中华民族观"遂显于世，对民国时期传统中国史学界产生了巨大影响，有学者直接撰写以"华化"为题的论著。其中比较有代表性的学者有冯承钧和向达两人。1930 年冯承钧在《东方杂志》上发表了《唐代华化蕃胡考》一文，① 他先在文章开头声明"种族"之义，认为"凡历史种族皆为杂种"，而"汉种犹之大海，鲜卑突厥契丹女真蒙古满洲皆如川流；诸川入海，尚有何川水海水之可辨耶？"接着他仿照《元西域人华化考》的编写体例，按照唐代外来民族的族源顺序，将《旧唐书》和《新唐书》中的"华化"蕃胡人物姓氏变化情况全部列出，以展现唐代各民族之间的文化认同与融合。

1933 年向达在《燕京学报》专号发表了《唐代长安与西域文明》一文，在文中他专辟了"长安西域人之华化"一节，② 同样仿照《元西域人华化考》的编写体例，先将在唐之前西域人的"华化"和唐代西域人的"华化"分开，再从婚姻、姓氏、服饰、宗教信仰等方面来论证唐代居住在长安的西域人的"华化"。向达亦学习陈垣采用墓志碑刻史料进行论证的方法，特别指出唐代来华的具有基督教信仰的西域人虽然没有墓志，但是"《大秦景教流行中国碑颂》，即纯为中国风之作品，可为华化之证据"。③

除了直接撰写"华化"论著之外，亦有翻译学者将"华化"放入其翻译的书标题之中。1939 年，何健民在其编著的《隋唐时代西域人华化考》一书凡例中表示，该书原名为日本史学者桑原骘藏所著《关于隋唐时代来往中国之西域人》，但是译者认为新名较符合作者原意，故而改之。④ 何健民这么翻译并非空穴来风，事实上日本史学者桑原骘藏正是海外史学界中最早读到陈垣《元西域人华化考》的学者，他的《关于隋唐时代来往中国之西域人》正是读完《元西域人华化考》后受到启发所作。⑤ 此外何健民还将冯承钧的《唐代华化蕃胡考》收入该书的附录之中，以资比较。

除此之外，亦有传统中国史学者受"华化"启发，间接地从民族文化交流交融的角度入手，撰写了多部《中国民族史》，尤以王桐龄、吕思勉、

---

① 冯承钧：《唐代华化蕃胡考》，《冯承钧西北史地论集》，中国国际广播出版社，2013，第114 页。
② 向达：《唐代长安与西域文明》，商务印书馆，2017，第 134 页。
③ 向达：《唐代长安与西域文明》，第 135 页。
④ 何健民编著《隋唐时代西域人华化考》，中华书局，1939，"凡例"第 1 页。
⑤ 〔日〕竺沙雅章：《陈垣与桑原骘藏》，《历史研究》1991 年第 3 期，第 16 页。

林惠祥三人为代表。① 王桐龄于 1928 年率先出版了《中国民族史》。该书注重于中国"民族之混合及发展事迹",而不是各个族群的自身发展历史。王桐龄强调,尽管中国曾多次受到外族侵袭,但是这些外族最后都成了中华文明的继承者。这与汉族文化善于"蜕化"有关。② 汉族在与武力强大而文明程度落后的外族相接触时,外族就会主动或被动地吸收、接受汉族的文化,而汉族在这种条件下得以通过"蜕化"而保存和发展。③

作为知名中国史学者,同陈垣一样,吕思勉也是因研究元史而开始从事中国民族史的研究。1934 年他所著的《中国民族史》由上海世界书局出版,在书中吕思勉指出,中原汉族的核心在于思想文化,即便是外来的异族,只要承认并接受中原汉族文化,就能被中原汉族所接受。尽管在历史上有些少数民族统治者在占领中原之后,试图以自己的文化传统和风俗习惯来同化汉人,最终收效甚微不得不放弃。④

与王桐龄和吕思勉两位历史学者所不同的是,林惠祥则是以近代中国人类学学者的身份,撰写了《中国民族史》。作为中国人类学的开拓者和奠基者之一,他于 1939 年出版的《中国民族史》综合了此前民族史与民族源流的各家研究,并以现代的族群类别承接之,从两方面分别论述了中国民族的分类、起源、历史沿革、民族交融等问题,开辟了历史学和人类学相结合的民族史研究新路径。

与王桐龄、吕思勉著作相比,林惠祥非常关注语言以及衣食住行方面的习俗,在书中第十三章"藏系"中有专门章节介绍"现代藏人之风俗习惯",他还引用当代调查与文献中的资料,使该书可读性大大增加。⑤ 林惠祥把中国民族史分为秦以前、汉至南北朝、隋至元和明至民国四期,重点反映民族融合过程中各民族文化的存留,凸显了文化在民族融合演变中的历史命运;林惠祥《中国民族史》在史料搜集上,除正史之外,还充分筛选利用了方志、子书、文集等材料,这在同时期的民族史学者中较为少见,反映出他作为一个人类学家的独特眼光。

---

① 冯建勇:《百余年来中国民族史编法讨论——从罗香林对王桐龄〈中国民族史〉的评议说起》,《民族研究》2022 年第 1 期,第 133 页。
② 马戎:《从王桐龄〈中国民族史〉谈起——我国 30 年代三本〈中国民族史〉的比较研究》,《北京大学学报》(哲学社会科学版),2002 年第 3 期,第 125 页。
③ 王桐龄:《中国民族史》,吉林出版集团有限责任公司,2010,第 2 页。
④ 吕思勉:《中国民族史 中国民族演进史》,上海古籍出版社,2012,第 10 页。
⑤ 孙旭红:《论林惠祥〈中国民族史〉的史学价值》,《西南边疆民族研究》2013 年第 2 期,第 163 页。

除编纂《中国民族史》外，也有部分中国史学者通过编纂《中国通史》的方式来探讨中国历史上的民族文化融合问题，以顾颉刚为例，1939年2月13日，顾颉刚在昆明的《益世报·边疆周刊》上发表《中华民族是一个》一文，① 该文引发了当时学界关于"中华民族是一个"的大讨论。顾颉刚为何要撰写该文？这与他十几年来尝试编纂《中国通史》有关。1922年商务印书馆编译所聘请顾颉刚编写《现代初中教科书·本国史》，编书伊始，顾颉刚即以"历史教科书中的大革命"自期。就是要一反当时中国传统教科书的政治史模式，以民族史为主干来构造中国通史，主旨"是要说明中国民族性质与生活的来源，又叙述他的逐渐演化之迹"。然而由于商务印书馆的经营方针变化，顾颉刚的目的未能达成。② 1924年，顾颉刚撰写了《国史讲话》一书，该书主要从"种族"和政治方面讲述了宋（汉）、辽（契丹）、西夏（西羌）、金（女真）、元（蒙古）的兴衰。《国史讲话》是一部未完成的中国通史，也可以说是顾颉刚的一次不完全尝试，但其意义不容低估。宋元三百年间，是中国作为统一多民族国家形成历史上一个重要的时期。顾颉刚以民族史的眼光，将北方民族政权与宋看作有宋一代中国史内部的"种族"问题，在坚持正统史观的同时，赋予非汉民族政权应有的历史地位，构建了一幅由多民族竞争而趋向统一的历史画卷，确认了中华民族在中国历史中的主体性和连续性，同时也将中国历史的丰富性和差异性蕴含在整体性中。③ "九一八"后，顾颉刚受国难刺激，以救亡图存为目标，决定"为全中华民族编一部通史"，顾颉刚认为编著通史可以"发扬中华民族以往光荣的史实，振励今日的信心"。④ 全面抗战爆发后，尽管顾颉刚受时局影响，被迫中断了《中国通史》的编纂，但他仍然撰写多篇文章以阐释他的民族观。他以中国历史为经验支撑，创造"雪球"理论：自秦皇统一之后，中华民族像雪球一样越滚越大，中国和中国人"无论地方势力怎样的分割或是朝代怎样的递嬗，它总是不变的"，成就了中国的"整个性和永久性"。"越滚越大的雪球"这一意象在静态层面指向中华民族的向心力和包容性，在动态意义上即中华民族"同

① 马戎：《如何认识"民族"和"中华民族"——回顾1939年关于"中华民族是一个"的讨论》，《中南民族大学学报》（人文社会科学版）2012年第5期，第1页。

② 顾颉刚：《我为什么要写"中华民族是一个"》，《宝树园文存》（卷4），中华书局，2011，第112页。

③ 王艳勤：《顾颉刚通史编纂中的中华民族意识》，《民族研究》2023年第3期，第130页。

④ 顾颉刚：《中国之史学》，《宝树园文存》（卷2），中华书局，2011，第294页。

化"史，中华民族演进史被视为生物有机体的成长过程，而"同化"是中华民族一体化进程保持生机和活力的有效机制。①

（三）陈垣"中华民族观"对民国马克思主义史学界的影响

"十月革命一声炮响，给我们送来了马克思列宁主义。"② 以范文澜、吕振羽、翦伯赞等为代表的民国马克思主义史学家，在马克思主义民族观及唯物史观和以陈垣为代表的中国传统史学界民族观双重影响下，开始尝试采取了马克思主义的研究方法，从各民族融合的角度来撰写《中国通史》或《中国民族史》。1941年范文澜编写的《中国通史简编》一书问世，书中范文澜指出中国历史上的民族斗争是民族融合的必经过程，但是范文澜在看待民族融合上更倾向于汉族同化异族的观点，例如他在论证南北朝时期最后北周会战胜北齐时指出，正是因为北周"华化"程度高："汉化的周战胜鲜卑化的齐，证明汉族依较高度的文化力量，经三百年长期斗争，融化了大量的异种族，黄河流域统治权，势必回复到汉族的掌握。"③

相较于范文澜，吕振羽和翦伯赞在梳理中国历史时同样不讳言各民族间的斗争，但将笔墨更多放在各民族交流交往交融的史实上。吕振羽在分析中国民族历史时表明："汉族吸收了他族的不少文化成分，同化了他族的不少人口；同样汉族的文化成分也被他族所吸收，人口被他族同化的也不少。"④ 翦伯赞也指出："实际上，民族的混合，不是片面的，而是相互的。在混合过程中，外族固然有加入汉族的，同时汉族也有加入外族的。不是所有的外族，一与汉族接触他便消灭了，他便被同化于汉族了。"⑤ 总之，以范文澜、吕振羽和翦伯赞为代表的马克思主义史学家在叙述中国民族历史时善于把握矛盾对立统一规律，在分析民族斗争的同时进一步指出各民族交往同化走向融合的历史趋势，这种融合一方面表现为中华民族共同体的形成与发展，另一方面也体现在今日被视为单个民族之汉族的形成

---

① 顾颉刚：《续论"中华民族是一个"——答费孝通先生（续）》，载马戎主编《"中华民族是一个"——围绕1939年这一议题的大讨论》，社会科学文献出版社，2016，第96页。

② 毛泽东：《论人民民主专政》，《毛泽东选集》（第四卷），人民出版社，1991，第1471页。

③ 范文澜：《中国通史简编》（上），《范文澜全集》（第7卷），河北教育出版社，2002，第183页。

④ 吕振羽：《中国民族简史》，人民出版社，2009，第23页。

⑤ 翦伯赞：《论中华民族与民族主义》，《华夏与四裔》，中国文史出版社，2018，第299页。

过程中。①

<h1 style="text-align:center">结　语</h1>

　　"不同的民族之间只要接触多了，必定有文化融合的结果。"中国历来注重"礼分华夷"的民族区分标准，只要少数民族认可、认同中华文化，就会取得汉民族对他们的承认和认同。② 晚清以来，中华民族的概念研究不断加强，中国民族史的研究亦有了相当不错的成绩，除梁启超发表了多篇具有卓越见解的文章外，夏曾佑的《最新中学教科书·中国历史》和刘师培的《中国民族志》，都开始具有初步的民族史雏形。③ 而陈垣结合自身的治学和人生经历，敏锐地观察到了这一点，并在《元西域人华化考》一书中以"华化"为核心，大规模搜集史料进行阐述，最终成就一部不朽的史学名著。难能可贵的是，陈垣的"中华民族观"在《元西域人华化考》一书出版后仍然不断发展，最终在抗战时期成熟。

　　《元西域人华化考》问世后，陈垣的"中华民族观"在民国时期中国民族史学界内产生了重要影响。既有以向达、冯承钧等为代表的学者直接以"华化"为题，撰写多本论著。亦有以王桐龄、吕思勉和林惠祥等为代表的学者在受到"华化"的间接影响下，从中国各民族文化交往交流交融的角度入手，撰写了数部《中国民族史》或《中国通史》，即便是以范文澜等为代表的马克思主义史学家也不例外。这些著作不但有助于我们理解中华民族交往交流交融的历史，有助于我们了解近代学者在分析中国民族史时的基本思路，同样也有助于我们思考今天中华民族族际关系的发展方向。值得欣慰的是，随着当代中国史学界对"华化"的认识不断加深，特别是在蔡鸿生等影响下，从 2000 年以来，再次出现了一批以"华化"为题的论著，比较有代表性的有章文钦的《吴渔山及其华化天学》④，林悟殊

① 董梦婷：《民族主义在中国马克思主义史学中的建构（1930-1949）——以范文澜、吕振羽、翦伯赞为例》，《泉州师范学院学报》2022 年第 1 期，第 10 页。
② 李克建：《论元代的"华化"与民族融合——以〈元西域人华化考〉为分析中心》，《西南民族大学学报》（人文社科版）2015 年第 11 期，第 28 页。
③ 周文玖、张锦鹏：《关于"中华民族是一个"学术论辩的考察》，《民族研究》2007 年第 3 期，第 29 页。
④ 章文钦：《吴渔山及其华化天学》，中华书局，2008。

的《中古夷教华化丛考》① 和王睿的《唐代粟特人华化问题述论》②。

综上所述，陈垣的中华民族观本质是以"华化"为主，强调中华文化的交融性和交往性。既避免了学界传统单一"汉化论"的狭隘，又反击了当时时髦的"全盘西化"论的虚无，这就是陈垣"中华民族"观在民国时期中国民族史学界的重要价值和意义所在。③ 在当代中华民族交往交流交融史的研究中，陈垣的"华化"思想仍是我们需要学习和继承的宝贵遗产。

---

① 林悟殊：《中古夷教华化丛考》，兰州大学出版社，2011。
② 王睿：《唐代粟特人华化问题述论》，社会科学文献出版社，2016。
③ 周少川：《论陈垣的民族文化史观》，《史学史研究》2002 年第 3 期，第 8 页。

蔡和森对中共党史研究的奠基性贡献[*]

张　杰

（中国国家博物馆陈列工作部，北京　100006）

摘　要： 蔡和森的《中国共产党史的发展（提纲）》是中国首部以马克思主义唯物史观为指导研究中共党史的专著，初步探讨了党史研究任务、研究领域和研究内容等学科建设的基本理论问题，较深刻地分析了中国社会性质、中国革命性质和中国革命路线、方针、政策等中国革命理论，基本客观地总结了中国共产党产生的根本原因及发展中的经验教训，对中共党史研究的理论与方法进行了初步探索，创立以唯物史观为指导研究中共党史的范式，为中共党史研究奠定了重要基础。

关键词： 蔡和森　中共党史　唯物史观

蔡和森是中国共产党早期领导人之一。1925 年 10 月下旬，他赴莫斯科参加共产国际执行委员会第六次扩大会议期间，受共产国际东方部邀请，为莫斯科东方大学旅莫支部做《中国共产党史的发展（提纲）——中国共产党的发展及其使命》［简称《中国共产党史的发展（提纲）》］的报告。1926 年初，向警予、施益生等人将听课笔记进行整理，油印装订成约 5 万字的小册子，《中国共产党史的发展（提纲）》成为中国第一部以唯物史观为指导的中共党史研究著作。蔡和森也因此被称为"中国或中共

＊　本文系国家社科基金一般项目"中共早期领导人与中国马克思主义史学发展研究"（20BZS007）阶段性成果。

党内的中共党史研究开山祖、党史研究之父"①。

中共党史研究作为一门学科，在中国共产党领导中国革命的伟大斗争中诞生，是中国革命事业的重要组成部分，为中国共产党领导中国革命、建设、改革和发展提供了正确的理论指导。"中国共产党人和早期马克思主义史学家开始注意从对近代中国社会变迁的研究，揭示现实社会反帝反封建革命斗争的意义。……蔡和森的《中国共产党史的发展》和《党的机会主义史》、瞿秋白的《中国共产党历史概论》、恽代英的《中国民族革命运动史》等，都属于这一类型的著作。"② 蔡和森以唯物史观为指导撰写中共党史研究著作，开启了科学研究中共党史的路径，保证了中共党史研究沿着正确轨道发展。

一　初步探讨了中共党史研究的基本理论问题

《中国共产党史的发展（提纲）》是中国第一部以"中国共产党史"命名的党史专著，初步探讨了中共党史研究任务、研究领域、研究内容等学科建设的一些基本理论问题，开拓了中共党史研究这一崭新领域，初创了科学研究中共党史的范式。

关于中共党史的概念。《中国共产党史的发展（提纲）》明确使用了"中国共产党历史"这一概念，"中共党史"是"中国共产党历史"的简称，《中国共产党史的发展（提纲）》这部著作的标题就使用了"中国共产党史"，成为中国首部以中共党史命名的党史研究专著。文中还运用"中国共产党历史"、"中国共产党的历史"、"党的历史"和"吾党历史"等名称。在蔡和森看来，这些名称表达的意思是一致的，都是指中国共产党产生和发展的历史。

关于中共党史的研究任务。《中国共产党史的发展（提纲）》将中共党史的研究任务归纳为三个方面：一是总结中国共产党产生的根本原因和发展过程中的经验教训。蔡和森说道："我党虽仍青年，但是已经有了很多的复杂的事实，而值得我们研究了。"③ 他认为要明确中国共产党发展阶

①　周一平：《中共党史研究的开创者——蔡和森》，上海社会科学院出版社，1994，第 121 页。

②　陈启能、于沛等：《马克思主义史学新探》，社会科学文献出版社，1999，第 176 页。

③　蔡和森：《中国共产党史的发展（提纲）》，《蔡和森文集》（下），第 786 页。

段、发展道路和发展方向，就必须"亲切的深刻的知道党的历史"①，包括中国共产党产生的政治、经济、阶级背景，以及在发展过程中的路线、方针、政策等。二是明确党员干部的使命和责任。蔡和森总结道："由中国革命历史上的分析，客观主观都要求一强固的阶级做中国革命领导的势力，尤其是'五四'以后，证明过去指导革命的党是不行了，要求有新的政党、新的方法来团结组织各种各派反帝国主义、反军阀的群众，以使中国革命运动进行到底，并领导无产阶级得到解放，这即是中国共产党在历史上所应担负的使命，所应有的政治的责任。"② 三是澄清是非、占领舆论阵地，粉碎军阀和帝国主义造谣污蔑的言论。蔡和森在著作开篇就揭露封建军阀走狗及帝国主义者的造谣言论，"中国共产党不过是陈独秀几个野心家的意志所塑造的，或者认为被俄国收买的几个学生所鼓动的"③，所以必须注意这些言论产生的负面影响，也只有深刻了解党的历史，才能对这些谣言进行有力的回击。

关于中共党史研究领域。《中国共产党史的发展（提纲）》将中国共产党产生的背景、先进分子思想的转变过程、重要会议精神、党的内部生活和精神状况，以及国共关系等都纳入党史研究领域，为中共党史研究奠定了重要基础。一是将中国传统社会的特征及其变迁过程纳入中共党史研究之中，阐述中国共产党产生的根本原因，认为"一个政党的发生，必有其阶级的、政治的、经济的背景的"④。他从鸦片战争开始，对中国社会的经济发展、阶级变化和政治环境等方面进行研究，奠定了以中国近代社会为背景的中共党史研究传统。二是研究了五四运动前后中国先进分子的思想变化。五四运动前，中国先进分子思想上主要是倾向美国的民主主义和实验主义。五四运动中，随着对美国期望的破产和对国民党不闻不问态度的失望，以及看到工人阶级在五四运动中彰显出的巨大革命力量，使先进分子迅速倾向俄国和社会主义，从民主主义者转变为马克思主义者，为中国共产党产生奠定了思想基础。三是以中国共产党成立五年来的重要会议为线索展开党史研究。蔡和森以亲历者的身份对中共一大到四大期间重要会议的内容、任务、纲领、决策、意义，以及会议召开后的执行情况等方面进行了详细的回顾与阐释。他开创的以会议为研究线索的党史研究模

---

① 蔡和森：《中国共产党史的发展（提纲）》，《蔡和森文集》（下），第 786 页。
② 蔡和森：《中国共产党史的发展（提纲）》，《蔡和森文集》（下），第 803 页。
③ 蔡和森：《中国共产党史的发展（提纲）》，《蔡和森文集》（下），第 787 页。
④ 蔡和森：《中国共产党史的发展（提纲）》，《蔡和森文集》（下），第 787 页。

式，至今仍可以在党史研究中看到这条线索的影子。四是对党的内部精神状况作了分析。介绍了建党初期党团结的对象不仅是无产阶级先进分子，还将无政府主义及李汉俊和戴季陶主义作为"暂时的"同盟者，推进了马克思主义传播，扩大了中国共产党的影响力。五是研究了中国共产党与国民党的关系、国民党基本情况及国共合作策略等，阐明国共合作促进了中国共产党的发展壮大。

关于中共党史的研究内容。《中国共产党史的发展（提纲）》初步规划了中共党史的研究内容，认为中国共产党成立虽然只有五年，但已经有很多的历史值得研究。他主要从五方面展开论述：一是分析了中国共产党产生的原因。他通过分析中国近代社会发展变化和先进分子思想变迁，比较准确地从工人阶级基础和马克思主义思想理论基础，阐释了中国共产党诞生的主客观条件，深刻总结出："中国共产党就是十月革命与中国工人阶级发展的一个产物。"① 基本明确了中国共产党是马克思主义与中国工人运动相结合的产物。二是按照党的重要会议进行分期，阐述了中共一大至国民党二大期间召开的重要会议情况。中共一大召开后，党只发挥了宣传作用；中共二大确定了民主革命纲领；西湖会议讨论了加入国民党问题；中共三大明确了工人运动意义及党团关系；党的第一次中央扩大执行委员会会议明确了党在国民党的工作、工人运动的新责任及农民问题；中共四大解决了一些民族革命的基本理论问题，工人组织更为巩固，阶级认识逐渐扩大，领导群众的斗争更为坚决，"是形成群众党的开始的基础，因此在党的历史上有很大的意义"②；党的第二次中央扩大执行委员会会议提出了通过扩大宣传，取得社会各阶级的援助与资本家争斗的民族运动的政策，促进五卅运动爆发，对国民党采取在组织上、思想上进攻的政策，扩大党为群众政党；国民党第二次代表大会建立了工人阶级与小资产阶级联合战线。三是阐述了中国共产党的组织发展。党成立之初存在着理论认识不成熟和小资产阶级心理等情况，对党的根本政治问题认识不清，导致部分同志脱党、退党等现象。但随着党在革命斗争实践中理论逐渐成熟，党的队伍也从一个小团体逐渐成长为能组织群众进行革命的大党。四是对近代革命运动进行了科学分析。蔡和森将中国近代革命运动划分为旧时代革命和新时代革命，旧时代革命包括太平天国运动、义和团运动、辛亥革命

---

① 蔡和森：《中国共产党史的发展（提纲）》，《蔡和森文集》（下），第 794 页。
② 蔡和森：《中国共产党史的发展（提纲）》，《蔡和森文集》（下），第 846 页。

等，这些革命运动的失败是因为没有科学方法指导和无产阶级领导，而五四运动后的革命运动为新时代革命，其主要特点是马克思主义科学方法和无产阶级政党领导在革命运动中发挥了重要作用。五是论证了中国共产党领导革命的路线、方针、政策。蔡和森在报告最后一部分说明，党领导革命的政治路线是反帝国主义和军阀，方针是坚持国共联合战线，策略是组织各阶级民众及军队力量共同进行革命。

蔡和森在《中国共产党史的发展（提纲）》中，通过对中共党史研究任务、研究领域、研究内容等问题的总结，揭示了研究党史的目的在于总结历史经验教训，明确党员的责任与使命，推进党的领导和建设，以指导中国革命发展。他对中共党史学科建设基本理论问题的初步探讨，为中共党史研究奠定了重要基础。

二　为中国共产党领导中国革命提供理论指导

中共党史研究始终遵循历史唯物主义原则。蔡和森在《中国共产党史的发展（提纲）》中运用马克思主义唯物史观基本理论，包括社会形态学说、历史矛盾运动规律、人民群众的历史作用等，研究了中国社会性质和中国革命性质、中国革命领导权、革命任务、革命目标和方向、各阶级在革命中的作用等中国革命基本理论问题，为中国共产党领导革命运动提供了正确的理论指导。

其一，较早运用马克思主义社会形态学说分析中国历史演变，论证了中国社会性质和中国革命性质。马克思在 1859 年撰写的《〈政治经济学批判〉序言》中指出："大体说来，亚细亚的、古希腊罗马的、封建的和现代资产阶级的生产方式可以看做是经济的社会形态演进的几个时代。"[1]人类社会最终向着更高级的共产主义社会迈进，这是马克思对社会形态的划分。1920 年 6 月，列宁在《民族和殖民地问题提纲初稿》中对民族和殖民地问题的革命理论进行系统阐述，指出各民族和各国无产者和劳动群众的共同革命任务是："进行革命斗争、打倒地主和资产阶级。"[2] 1922 年 7 月，中共二大召开，蔡和森等中国共产党早期领导人依据列宁的理论，对

---

[1]　马克思：《〈政治经济学批判〉序言》，《马克思恩格斯文集》第 2 卷，人民出版社，2009，第 592 页。

[2]　列宁：《民族和殖民地问题提纲初稿》，《列宁选集》第 4 卷，人民出版社，2012，第217 页。

中国社会政治、经济和阶级状况进行了分析，指出中国社会问题产生的根源是帝国主义侵略和军阀官僚等封建势力的压迫。1922 年 9 月，蔡和森在《统一、借债与国民党》中明确使用了"半殖民地"和"半封建"两个概念。1924 年，蔡和森撰写的《社会进化史》出版，他在这部著作中对社会形态学说进行了阐释："原始共产时代，经济为共同连带性质，故雏形的政治组织全然为共同的形态；奴隶制度时代，自由人对于政治上的共同连带仍视为生存必要条件，不过范围只限于富人阶级而非全民族；封建时代，政治的组织，除却自治城市之政治连带外，纯然以个人主义为其特征；至于近世资本主义时代，经济上纯为个人主义，政治情形也完全与之相适应。"① 共产主义社会将建立在生产力高度发达的公有制基础之上。蔡和森在中国较早阐述了社会形态学说的历史演进过程。在《中国共产党史的发展（提纲）》中，蔡和森依旧运用社会形态理论，将中国和欧洲进行比较，得出欧美国家经过长期资本主义发展和德谟克拉西革命，已经是政治和经济上独立的资产阶级统治的国家，其政治任务是领导工人阶级推翻资产阶级，迈入无产阶级专政的共产主义社会。而作为东方大国的中国仍然停留在农业经济社会，即"旧的社会中旧的统治阶级为地主与封建阶级，而农民则为被统治阶级"②。中国在鸦片战争后被迫签订许多丧权辱国的不平等条约，生产力遭到严重破坏，"尤其是甲午之战以后，则旧的统治阶级的政治信用已衰落无余了"③。帝国主义对中国的侵略，致使中国人民经受内忧外患双重压迫，"中国阶级的变化是旧的阶级而外产生了资产阶级"④，所以，"中国共产党的政治环境是资产阶级德谟克拉西尚未成功，而是半殖民地和半封建的中国，共产党不仅负有解放无产阶级的责任，并且负有民族革命的责任"⑤。

其二，运用生产力与生产关系、经济基础与上层建筑的矛盾运动规律，分析中国共产党产生、发展和中国革命基本理论问题。恩格斯在《在马克思墓前的讲话》中总结了马克思发现的人类历史的发展规律：人类为满足生活需要进行的物质生产实践活动是人类生存发展的根本原因，生产力与生产关系、经济基础与上层建筑的矛盾运动推动人类社会从低级向高

① 蔡和森：《中国共产党史的发展（纲要）》，《蔡和森文集》（下），第 637~638 页。
② 蔡和森：《中国共产党史的发展（提纲）》，《蔡和森文集》（下），第 795 页。
③ 蔡和森：《中国共产党史的发展（提纲）》，《蔡和森文集》（下），第 796 页。
④ 蔡和森：《中国共产党史的发展（提纲）》，《蔡和森文集》（下），第 795 页。
⑤ 蔡和森：《中国共产党史的发展（提纲）》，《蔡和森文集》（下），第 795 页。

级、由简单向复杂发展。蔡和森根据这一理论对中国生产力发展状况进行了剖析："帝国主义战争中，中国土著产业方面有了相当的发展，而且这个发展是战前所没有的。"① 他列举了中国纺织业发展数据，1903 年中国只有 2 个纺纱厂，1916 年已达到 42 个，民族资产阶级发展也催生了无产阶级，"我们一想到共产党产生的时候，就会想到无产阶级有了相当的发展"②。所以，阶级的产生和发展是由一定经济关系决定的，一旦统治阶级的压迫让无产阶级忍无可忍，无产阶级就会自觉维护自身权益开始罢工。蔡和森强调，中国社会生产力的发展，无产阶级队伍的壮大和工人运动的发展，为中国共产党的诞生准备了客观条件。

生产力与生产关系、经济基础和上层建筑的矛盾运动规律，是中共二大宣言初步确立中国革命领导权、革命任务、革命目标和方向等问题的理论基础。"真正的革命党，如无革命的理论是不行的，故一个革命党不仅要有好的组织、好的政策，尤其要有革命的理论来把思想统一，然后才能领导革命到正确之路。"③ 蔡和森以马克思主义矛盾运动规律对革命基本理论问题进行了深入解读。首先，关于革命领导权问题。他通过总结以往革命运动的经验得出结论："中国革命之所以尚未成功，即在缺乏领导阶级，亦即是缺乏有很好组织、很好政策的阶级势力，而只有无产阶级可领导这革命。"④ 其次，关于中国革命的任务。他对帝国主义侵略中国后的各种势力进行分析，认为北洋军阀产生和存在是因为帝国主义的帮助，辛亥革命失败也是帝国主义助推的，所以中国革命任务是"联合各阶级起来打倒帝国主义和军阀"⑤。再次，关于革命的策略与方法。他认为应该组织一切民众势力及扩大联合战线，在政治上与各种"社会势力"、农民建立联合战线。最后，关于革命目标和方向。他说："世界的共产党的责任为推翻世界资本主义社会，建立新的共产主义社会，无论中、法、英、印的共产党都是一样的，共同的。"⑥ 所以，中国革命的前途与世界革命前途一致："无产阶级的真正解放是应该夺取政权，建设无产阶级专政的国家，建设

---

① 蔡和森:《中国共产党史的发展（提纲）》,《蔡和森文集》（下），第 787 页。
② 蔡和森:《中国共产党史的发展（提纲）》,《蔡和森文集》（下），第 787 页。
③ 蔡和森:《中国共产党史的发展（提纲）》,《蔡和森文集》（下），第 807 页。
④ 蔡和森:《中国共产党史的发展（提纲）》,《蔡和森文集》（下），第 799 页。
⑤ 蔡和森:《中国共产党史的发展（提纲）》,《蔡和森文集》（下），第 818 页。
⑥ 蔡和森:《中国共产党史的发展（提纲）》,《蔡和森文集》（下），第 794 页。

共产主义社会。"① 蔡和森对中国革命问题的深刻认识,与 1939 年毛泽东在《中国革命和中国共产党》一文中所概括的"所谓新民主主义的革命,就是在无产阶级领导之下的人民大众的反帝反封建的革命"②,已经非常接近。

其三,坚持人民群众是历史的创造者这一唯物史观基本理论,充分肯定了人民群众的历史作用。马克思、恩格斯在《神圣家族》中写道:"历史活动是群众的活动,随着历史活动的深入,必将是群众队伍的扩大。"③恩格斯在《路德维希·费尔巴哈和德国古典哲学的终结》中论及构成历史的真正的以及最后的动力时也指出:"与其说是个别人物,即使是非常杰出的人物的动机,不如说是使广大群众、使整个整个的民族,并且在每一民族中间又是使整个整个阶级行动起来的动机……是持久的、引起重大历史变迁的行动。"④ 马克思、恩格斯论证了人民群众为满足自身生存需要而进行的生产实践活动推动着人类社会历史的发展。

蔡和森在《社会进化史》中就揭示了人类通过生产劳动建立人类社会,人类在生产劳动与自身繁衍的两种生产中推进历史演进。在《中国共产党史的发展(提纲)》中,他再次说道,在中国这一半殖民地半封建的阶级对立社会中,被剥削被压迫的劳动群众是人民群众的主体,也是历史发展的动力。他通过对人民群众进行阶级划分,来说明无产阶级的历史作用是带领人民群众实现自身的解放。蔡和森从三个方面阐释了人民群众的历史主体地位:其一,他将人民群众划分为农民、小资产阶级、新兴资产阶级和无产阶级。通过对各阶级力量关系比较分析,认为代表小资产阶级的国民党不能团结群众,资产阶级力量薄弱,所以无产阶级是人民群众的组织者和领导者。其二,他从国民党不重视人民群众,出现"老了,快要死了"的现象,来说明人民群众是人类社会历史的推动者和创造者。在辛亥革命中,国民党没有认清他的群众和敌人,对帝国主义态度太温和,不知如何获得群众支持而不能领导革命,将政权让

① 蔡和森:《中国共产党史的发展(提纲)》,《蔡和森文集》(下),第 804 页。
② 毛泽东:《中国革命和中国共产党》,《毛泽东选集》第 2 卷,人民出版社,1991,第 647 页。
③ 马克思、恩格斯:《神圣家族》,《马克思恩格斯文集》第 1 卷,人民出版社,2009,第 287 页。
④ 恩格斯:《路德维希·费尔巴哈和德国古典哲学的终结》,《马克思恩格斯文集》第 4 卷,人民出版社,2009,第 304 页。

于北洋军阀之手，导致革命失败。五四运动中，国民党只注重养兵护法，而不注意宣传组织群众，使五四运动脱离了国民党的领导，因此"在客观上已要求有新党用新方法（科学方法）以团结各种群众力量了"①。其三，历史是人民群众创造的，中国共产党只有团结群众力量才能实现群众自身解放。中国共产党成立后进行了一系列群众运动，如成立劳动组合书记部、青年团、上海机器工会等组织，这些组织主要是用来指挥全国劳动运动、组织学生群众运动、推动上海工人运动等。尤其是五卅运动，"是全国各阶级的反帝国主义的革命运动，是中国历史上第一次真正的广大革命运动……扩大了工人阶级的组织，而且组织了各社会阶级"②，五卅运动的成功证明中国共产党在民族革命中不仅领导工人阶级，而且领导一般群众进行民族解放斗争。蔡和森在《中国共产党史的发展（提纲）》中充分肯定人民群众在推动社会历史发展中的伟大作用。

蔡和森以唯物史观为指导的党史研究实践，科学解答了中国共产党的产生和发展过程，以及中国社会性质和中国革命性质，中国革命领导权、革命任务、革命目标和方向，肯定了人民群众的历史作用等一系列重大理论和实践问题，总结了中国革命的经验和教训，将中共党史研究运用于指导中国共产党的发展和中国革命实践之中。

三　对党史研究方法进行初步探索

"历史认识的过程，是从相对真理走向绝对真理、对历史真理持续追求的过程。"③ 正确认识和研究好历史，必须以科学的历史研究方法为指导。唯物史观的出现，使历史研究建立在哲学思辨和历史实际辩证统一的基础上，成为认识历史发展规律的科学理论。蔡和森强调："我们是马克思主义者，研究作为历史科学的中共党史，当然要用马克思主义的历史理论和方法。"④ 他在《中国共产党史的发展（提纲）》中，对历史学研究方法进行了初步探索，采用马克思主义历史主义、阶级分析和实事求是等方法研究中共党史，基本客观地分析了中国共产党产生和发展的历史与现

---

① 蔡和森：《中国共产党史的发展（提纲）》，《蔡和森文集》（下），第 801 页。
② 蔡和森：《中国共产党史的发展（提纲）》，《蔡和森文集》（下），第 855 页。
③ 于沛：《历史认识概论》，中国社会科学出版社，2008，第 219 页。
④ 张静如：《中共党史学与马克思主义中国化研究》，人民出版社，2016，第 9 页。

实，较深刻总结了中国共产党发展过程中的经验教训。

首先，自觉运用马克思主义历史主义方法进行党史研究。列宁在 1916 年对马克思主义历史主义进行了明确概括："马克思主义的全部精神，它的整个体系，要求人们对每一个原理都要（α）历史地，（β）都要同其他原理联系起来，（γ）都要同具体的历史经验联系起来加以考察。"① 一切历史事物和现象都是在特定历史环境中产生和发展的，所以应该从具体历史时间和历史环境中考察历史中的个别现象，具体问题具体分析，以客观、尊重的态度理解历史事物的独特性，研究其相互联系和相互作用。

蔡和森运用马克思主义的历史主义方法研究中共党史。他特别强调要明白中国共产党今后的责任，就要深刻了解党的历史，要"以历史的方法"全面考察党史。其一，蔡和森认识到历史过程和历史现象都是历史的产物，研究历史就要从产生这些过程和现象的根本原因出发。他将中国与世界看成一个整体，从世界视角分析中国社会发展问题，认识到中国爆发鸦片战争的根本原因，是帝国主义国家对全球进行殖民。中国人民只有推翻帝国主义和地主军阀的压迫，才能从根本上解决中国社会发展问题。其二，蔡和森分析社会历史问题，都将其放到特定的历史条件下具体问题具体分析。他总结了"二七"运动失败原因，阐释了运动失败导致工人阶级对劳动运动的怀疑和失望，影响到党内思想变化，产生了很大的负面影响。但从运动失败中也总结了教训，使工人阶级认识到：独立斗争难以取得胜利，必须联合各阶级引导群众做自由的解放运动才能取得革命胜利。其三，蔡和森把中国共产党的历史看作相互联系、相互制约的复杂统一过程，认为中国共产党党员的使命责任与中国共产党的复杂历史紧密联系在一起，只有了解中国共产党发展历史，才能更深刻认识党员自身的责任与使命。比如，中国共产党组织领导工人运动过程中，在考虑政治环境的同时，还要时刻注意无产阶级的经济要求。又如，中国共产党在封建军阀压迫下，失去了许多先进分子，所以在组织工会活动过程中，既要注意工会组织，又要注意武装暴动的技术和成立军事委员会。

其次，运用阶级分析方法观察中国共产党产生、发展进程中的各种现象。根据马克思主义观点，阶级属于经济范畴，也属于一定的历史范畴，阶级差别的标志是占有生产资料的状况和劳动组织中地位的不同。恩格斯在《社会主义从空想到科学的发展》中说道："以往的全部历史，除原始

---

① 《列宁选集》第 2 卷，人民出版社，2012，第 13 页。

状态外，都是阶级斗争的历史"①，历史研究中的阶级分析方法就是重视研究历史上阶级和阶级矛盾、阶级斗争，及赖以存在的经济关系，揭示隐藏在政治问题背后起着决定作用阶级的物质利益，认清社会历史发展的规律。

蔡和森在党史研究中坚持运用阶级分析方法，探寻中国共产党产生、发展的历史过程及其历史规律。其一，蔡和森通过分析中国阶级状况，总结出中国共产党产生的阶级基础。他以西方列强侵入中国为起点，详细讲述了中国资产阶级从买办阶级发展到商业资产阶级，再发展到工业资产阶级的三个阶段，同时也催生了无产阶级。因此，资产阶级和无产阶级的产生，是历史发展的必然。其二，在中共党史研究中，蔡和森始终是站在无产阶级立场，为无产阶级发展总结经验、确定方向、担当责任。例如，中国共产党领导中国工人运动过程中，通过广泛宣传和理论指导，引导无产阶级从经济斗争走向政治斗争，使各革命阶级和各阶层民众阶级意识逐渐扩大，群众斗争更加坚决，工人组织也更为坚固，充分彰显了无产阶级领导下联合斗争的巨大威力。其三，阐明历史人物是一定阶级的代表，在研究中非常重视历史人物和阶级的关系。例如，他分析了中共"二大"期间李汉俊的主要错误在于他虽然阅读了很多马克思主义书籍，但对阶级斗争和无产阶级专政，始终呈现为学生的怀疑态度。李汉俊的口号是"走入学生中去，不作政治工作"，实际上是反对深入工人群众中作政治斗争，这在根本上是对中国共产党的阶级基础予以否定。再比如，蔡和森还揭露了戴季陶主义"实际上是完全想把劳动运动变成资产阶级民族运动之工具，使中国劳动运动隶属于资产阶级"②。蔡和森以阶级分析的方法为指导，历史地、全面地评价了李汉俊、戴季陶主义，认为他们的思想观点和行为都是对资产阶级利益有益的。他还旗帜鲜明地表明自己的立场："我们是代表无产阶级利益的，所以我们对戴季陶主义是斗争的。"③

最后，运用实事求是方法分析中国共产党早期发展中的成绩与不足。实事求是方法要求从历史总体、历史事实相互联系去掌握事实，在马克思主义唯物辩证法的基础上为历史叙述提供确凿证据。蔡和森始终坚持马克思主义理论与中国实际相结合，提出"中国文化及一切制度，不必尽然，

① 恩格斯：《社会主义从空想到科学的发展》，《马克思恩格斯文集》第3卷，人民出版社，2009，第544页。
② 蔡和森：《中国共产党史的发展（提纲）》，《蔡和森文集》（下），第813页。
③ 蔡和森：《中国共产党史的发展（提纲）》，《蔡和森文集》（下），第813页。

而西欧文化制度，用之于我，不必尽是。斟酌国情，古制之善者存之，其不善者改之；西制之可采者取之，其不可采者去之"①。他反复强调"马克思主义列宁主义在世界各国共产党是一致的，但当应用到各国去，应用到实际上去才行的"②。

蔡和森以实事求是方法为指导，总结中国共产党发展中的经验教训，成为马克思主义理论与中国实际相结合的最早倡导者之一。具体表现在：其一，强调中共党史研究要坚持以历史事实为支撑。他是中共二大、三大、四大等党的重要会议的亲历者，他以中共早期重要会议为线索研究党史，厘清了中国共产党由青年政党逐渐成长为领导群众进行革命政党的历史发展脉络。其二，一分为二地评价党的历史事件和历史人物。陈独秀是中国共产党的重要创立者之一，一直担任党的核心领导职务，蔡和森充分肯定陈独秀对中国共产党和中国革命的贡献，但也对陈独秀的右倾观点直言不讳地予以批评，指明其错误在于"把工人的势力看轻""把资产阶级看作领导者""共产党没有不要紧"等言论，"如果发展起来有成为少数派的危险"③，这些实事求是、捍卫真理的精神，充分体现了蔡和森对马克思主义唯物史观的深刻理解。其三，始终坚持把历史与社会实际情况相结合，认识分析中国共产党发展过程中提出的重大理论问题。蔡和森明确指出："要在自己的争斗中把列宁主义形成自己的理论武器，即以马克思主义列宁主义的精神来定出适合客观情形的策略和组织才行。"④ 在回答为什么中共四大能制定出比较正确的政策，形成比较正确的理论问题时，他认为主要是因为"党在实际的革命工作中得到了许多经验和教训，所以这时在民族革命的理论上就有正确的根据了"⑤。可以看出，蔡和森时刻秉承实事求是的原则，认识中国社会问题的本质，探寻中国社会发展规律。

蔡和森以唯物史观为理论基础，运用历史主义、阶级分析和实事求是等历史研究方法，较客观地分析了中国近代社会生产力状况、阶级的产生与发展状况、中国共产党领导中国革命过程中的经验教训等，基本正确地分析了中国共产党产生和发展历史。

---

① 刘万能：《张昆弟日记》，《张昆弟年谱》，湖南人民出版社，2015，第 205 页。
② 蔡和森：《中国共产党史的发展（提纲）》，《蔡和森文集》（下），第 807 页。
③ 蔡和森：《中国共产党史的发展（提纲）》，《蔡和森文集》（下），第 831 页。
④ 蔡和森：《中国共产党史的发展（提纲）》，《蔡和森文集》（下），第 807 页。
⑤ 蔡和森：《中国共产党史的发展（提纲）》，《蔡和森文集》（下），第 842 页。

结　语

中共党史这一学科自产生之日起，就始终与中国共产党领导的中国人民争取民族独立、自由解放的伟大斗争同呼吸共命运，在波澜壮阔的中国革命历史进程中逐渐成长壮大，自觉地回答中国共产党带领中国人民进行伟大斗争、建设伟大工程、推进伟大事业、实现伟大梦想过程中，提出的一系列理论与实践问题。

蔡和森以马克思主义唯物史观为指导，完成了中共党史研究的第一部著作《中国共产党史的发展（提纲）》，初步探讨了中共党史研究的一些基本理论问题，开创了以近代中国社会为背景的中共党史研究体系，建立起以党的重要会议为线索的党史研究传统，第一次将中国民主革命划分为五四以前的旧阶段和五四以后的新阶段两个阶段。蔡和森从党的历史解读中，回答了中国共产党生活与斗争的经验、中国共产党的发展道路和中国革命情况，中国共产党的政治责任和历史使命，以及党的历史与现实的关系，开拓了中共党史研究的最初阵地。

"蔡和森关于中共党史的研究，是我党领导中国革命的真实记录和总结"①，蔡和森自觉运用马克思主义唯物史观研究中国共产党历史，不仅为后来的中共党史研究留下了珍贵的史料，还为中共党史的学科发展奠定了基础，做出了重要贡献。

---

① 周朝民：《论蔡和森的中共党史研究和贡献》，《历史教学问题》1986 年第 3 期，第 25 页。

外国史学研究

以"边缘"说"中心"：希达提乌斯对晚期罗马帝国的认识

李玮璞

（北京师范大学历史学院，北京　100875）

摘　要： 5世纪西班牙史家希达提乌斯撰写的《编年史》接续了自尤西比乌斯-哲罗姆以来的基督教编年史传统，将编年史续写至西罗马帝国崩溃前夕。《编年史》的内容反映了希达提乌斯以加利西亚行省这一"边缘"区域历史论说"中心"发展的认知方式，他试图借用西班牙的历史状况一窥帝国整体的命运。在希达提乌斯笔下，教会的归宿和罗马帝国的命运唇齿相依，世界将在蛮族肆虐和教义分歧中迎来最后的"末世"，呈现了一位行省知识分子身处西罗马帝国秩序崩溃过程中，对自身命运和帝国未来的忧思。

关键词： 希达提乌斯　基督教编年史　"边缘"与"中心"　西罗马帝国　"末世"观念

　　自哲罗姆（Jerome）将基督教史家尤西比乌斯（Eusebius of Caesarea）的希腊语作品《编年史》（*Chronici Canones*）翻译为拉丁语并进行续写后，这部编年史在晚期罗马帝国的拉丁语世界得到了广泛的传播。在尤西比乌斯和哲罗姆撰史工作的感召下，许多基督教知识分子对尤西比乌斯-哲罗姆的编年史进行了续写，西班牙地区加利西亚（Gallaecia）行省主教希达提乌斯（Hydatius）便是其中极为独特的代表。①

　　希达提乌斯的《编年史》上承哲罗姆记载的下限，下迄西罗马帝国崩溃前夕的 469 年，是研究晚期罗马帝国历史发展的重要文献。与同时期的其他编年史作品相较，希达提乌斯的史著具有鲜明的个人风格，引发了后世研究者的关注。关于希达提乌斯的编年史研究，国外学界主要集中于这部编年史所显露的"末世"观念，以及该编年史与拉丁史学传统发展之间的关系。② 国内学界除从基督教史学和中世纪编年史写作等角度略有涉及外，鲜有对希达提乌斯的史学观念的专门研究。③ 尽管学界在希达提乌斯与《编年史》的史学价值方面均已取得了一定成果，但仍有进一步探讨的空间：在希达提乌斯笔下，边缘与中心的视角是他非常鲜明的撰史特点，他有意从西班牙当地的历史发展管窥帝国整体的命运，形成"一叶知秋"的效果。希达提乌斯为何采取这种独特的撰史视角？边缘如何论说中心？在这种视角下，晚期罗马帝国又呈现出怎样的命运与特点？在希达提乌斯的作品中，他所处的西班牙地区十分重要，他也有意通过这个边缘来叙说帝国的中心，并形成对帝国命运的整体认知。本文拟就希达提乌斯的个人生平入手，分析其边缘与中心的观察视角，进而讨论他对晚期罗马帝国的认识。

---

① 张广智：《西方史学史》，复旦大学出版社，2010，第 71-72 页；哲罗姆翻译增补的编年史文本，可见：Jerome, *A Translation of Jerome's Chronicon with Historical Commentary*, translated by Malcolm Drew Donalson. Lewiston: Mellen University Press, 1996；根据理查德·伯尔吉斯的估计，从 4 世纪末至 6 世纪，罗马帝国各类基督教知识分子撰写了大量编年史著作，但大多数已经失传，只有极少部分流传到今日，见 Hydatius, *The Chronicle of Hydatius and the Consularia Constantinopolitana: Two Contemporary Accounts of the Final Years of the Roman Empire*, R. W. Burgess , ed., Oxford: Clarendon Press, 1993, p. 8。本文后面将希达提乌斯的《编年史》简称为《编年史》。

② Purificación Ubric Rabaneda, ed. , *Writing History in Late Antique Iberia: Historiography in Theory and Practice from the 4th to the 7th Century*, Amsterdam: Amsterdam University Press, 2022; Matthew Gabriele and James T. Palmer eds., *Apocalypse and Reform from Late Antiquity to the Middle Ages*, Abingdon: Routledge, 2019.

③ 李隆国：《外圣内王与中古早期编年史的叙述复兴》，《史学史研究》2019 年第 3 期；苏聪：《延续与转型：古代晚期视域下的历史书写——以塞奥菲拉克特〈历史〉为中心》《贵州师范大学学报》（社会科学版）2021 年第 5 期；史海波：《神话、编年与史学——从古代文明的历史记录中反思历史学的起源问题》，《史学集刊》2013 年第 6 期；朱君杙、王晋新：《论世界编年史体裁在加洛林时代的延续和创新》，《史学集刊》2013 年第 3 期；刘林海：《早期基督教的历史分期理论及其特点》，《史学史研究》2011 年第 2 期；郭海良：《基督纪元体系的形成与基督教史学》，《华东师范大学》（哲学社会科学版）2004 年第 2 期。

一　希达提乌斯的生平及作品

关于希达提乌斯生平的信息非常少，重要的内容大多来自他唯一的作品《编年史》。① 公元 400 年前后，希达提乌斯出生于加利西亚行省（Gallaecia）莱米卡（Lemica Civitas）城的一个基督教家庭。在家庭的熏陶下，希达提乌斯在少年时代就接触了基督教信仰，并且曾跟随家族长辈前往东方游历求学。在游历途中，希达提乌斯先后拜访了多位知名的基督教神学家，如凯撒里亚的尤罗吉乌斯（Eulogius of Caesarea）和亚历山大里亚的狄奥菲鲁斯（Theophilus of Alexandria）等，其中对少年希达提乌斯影响最大的便是彼时居住于伯利恒（Bethlehem）翻译著书的哲罗姆。返回家乡后不久，希达提乌斯皈依了基督教，正式成为一名基督徒。②

成年后的希达提乌斯主要活动于西班牙的加利西亚，他在当地赢得了相当高的社会地位和名望。公元 428 年，希达提乌斯被推举为阿奎埃-弗拉维埃（Aquae Flaviae）的主教。任主教时，他尚不及三十岁。③ 431 年，苏维汇人和加利西亚的罗马居民产生了严重的对立和冲突，希达提乌斯被当地居民推选为特使，去向西罗马帝国的中央政府请求援助。同年，希达提乌斯抵达高卢，向"帝国军队长官"（militum）弗拉维乌斯·埃提乌斯（Flavius Aetius）表达加利西亚居民的诉求。此时的埃提乌斯正在筹备对高卢的蛮族发起反攻，但是他依然接受了希达提乌斯的请求，并在次年派森苏里乌斯（Censurius）作为罗马一方的特使与希达提乌斯一道返回西班牙，设法恢复当地的秩序。④ 在此次活动之后，希达提乌斯逐渐成为负责西罗马帝国政府与加利西亚行省当地罗马居民之间联系的关键人物。

返回加利西亚后，希达提乌斯继续在处理当地事务中发挥着重要作用。445 年，他曾向埃默里塔（Emerita）主教安东尼乌斯（Antonius）通

---

① J. R. Martindale, ed. , *The Prosopography of the Later Roman Empire*, vol. 2, A. D. 395 - 527, Cambridge: Cambridge University Press, 1980, pp. 574-575.

② Hydatius, *The Chronicle of Hydatius and the Consularia Constantinopolitana: Two Contemporary Accounts of the Final Years of the Roman Empire*, pp. 81-82.

③ Hydatius, *The Chronicle of Hydatius and the Consularia Constantinopolitana: Two Contemporary Accounts of the Final Years of the Roman Empire*, pp. 71-75.

④ Hydatius, *The Chronicle of Hydatius and the Consularia Constantinopolitana: Two Contemporary Accounts of the Final Years of the Roman Empire*, pp. 90-91.

报阿斯图里卡（Asturica）城所藏匿的摩尼教徒（the Manichees）的情况，并一同收到了罗马教会关于此事的指导意见。在利奥一世（Leo I，440–461年）继任罗马主教后，希达提乌斯又先后数次参与当地教会内部的教义讨论与传播活动。①然而在皇帝瓦伦提尼安三世（Valentinian Ⅲ，425–455）遇刺身亡后，西罗马帝国陷入了严重的危机，皇位频繁更迭。与此同时，苏维汇人（the Sueves）不断在伊比利亚半岛扩张，联合当地反罗马势力挤压罗马居民的生存空间。希达提乌斯本人也在冲突中被苏维汇人抓住，历经3个月的牢狱之灾后才被苏维汇人释放，返回阿奎埃－弗拉维埃。晚年的希达提乌斯着手为尤西比乌斯－哲罗姆的编年史撰写续篇，彼时希达提乌斯年事已高，但仍为作品的编纂进行了较为充足的准备。在总结自身早年的经历之余，他也注意收集前人的历史文献，最终写成了一部时间跨度长达90年的编年史续作。成书之后，希达提乌斯没有对《编年史》进行续写和修订，因此学界推测他应该是在469年完成作品后不久辞世。

　　希达提乌斯的《编年史》上承哲罗姆对亚得里亚堡之战（the Battle of Adrainople）的叙述，以公元379年狄奥多西一世（Theodosius I，379–395年）接受格拉提安（Gratian，375–383年）皇帝的任命出任帝国东部的奥古斯都为《编年史》的起点；结束于公元468–469年，对加利西亚行省"异象"（prodigia）的描述是希达提乌斯《编年史》中最后的条目。② 从严格的体裁来看，希达提乌斯所著《编年史》并不是一部专门独立的史著，而是对尤西比乌斯－哲罗姆的编年史的接续，更应被视作一部大型编年史中的一部分。在内容上，希达提乌斯着重记载了伊比利亚半岛以苏维汇人为代表的"蛮族"（the Barbarians）③ 和当地罗马人之间的矛盾，兼记同时期帝国层面的重大历史事件，通过加利西亚行省的"边缘"视角见证了罗马帝国西部政权逐渐崩溃的历史。

---

① Hydatius, *The Chronicle of Hydatius and the Consularia Constantinopolitana: Two Contemporary Accounts of the Final Years of the Roman Empire*, pp. 97–100.

② Hydatius, *The Chronicle of Hydatius and the Consularia Constantinopolitana: Two Contemporary Accounts of the Final Years of the Roman Empire*, p. 123.

③ "蛮族"的概念来源于古典时代古希腊人对非希腊语族群的称呼，罗马人继承了这一族群观念，此处无贬义。

二　以"边缘"说"中心"的视角

在早期基督教编年史传统中，编年史重在对时间进行计算，行文风格崇尚简洁，因此需要将具有普遍意义的重大事件简要总结并加以记录。[①] 基于这一特点，编年史家在编纂或续写作品时需要具备良好的信息获取能力。在尚有作品存世的帝国晚期基督教编年史家中，如尤西比乌斯、哲罗姆、阿基坦的普罗斯佩尔（Prosper of Aquitania）、马塞林努斯（Marcellinus Comes）等，他们或游历广泛，或居住于区域性的学术与文化的中心，这使得他们可以更为便利地利用当地资源从事编年史的写作。[②] 与这些编年史家相较，希达提乌斯在信息获取便利性上相去甚远，他除去少年时的经历以及为加利西亚居民请愿外，几乎没有出过加利西亚行省。按照希达提乌斯自己在《编年史》中的定位，他认为自己所处的地区正是罗马帝国的"边缘"。

希达提乌斯的"边缘"主要体现在三个层面。首先是地理层面，希达提乌斯毕生的活动范围主要集中于伊比利亚半岛的加利西亚行省，该行省位于罗马帝国的西陲，远离西罗马帝国政治中心意大利半岛，更远离在东方的东罗马帝国宫廷。希达提乌斯数次以"最边远的"（extrema parte）一词描写加利西亚行省罗马人与苏维汇人杂居的地带。[③] 在他的前言中，他认为自己所处的地理环境是："在整个世界边缘的加利西亚"（intra extremam

---

①　李隆国：《伊西多礼〈辞源·论史〉与基督教编年史的兴起》，《古代文明》2013 年第 1 期。

②　哲罗姆在前往巴勒斯坦伯利恒定居前，曾长期在地中海各地游历，Oliver Nicholson, ed., *The Oxford Dictionary of Late Antiquity*, Oxford: Oxford University Press, 2018, pp. 806–808；普罗斯佩尔曾长期在罗马教会担任教职，并与当时的奥古斯丁和罗马主教有书信往来，Oliver Nicholson, ed., *The Oxford Dictionary of Late Antiquity*, p. 1243；尤西比乌斯担任主教的凯撒里亚是当地重要的文化中心，他本人也深受基督教神学家奥利金（Origen）的影响，Oliver Nicholson, ed., *The Oxford Dictionary of Late Antiquity*, pp. 565–567；马塞林努斯曾在君士坦丁堡担任官职，并获得高贵者（clarissimus）的荣誉，他的足迹曾涉及伊利里库姆和东部边境，见 Marcellinus Comes, *The Chronicle of Marcellinus*, trans. Brian Croke, Sydney: Australian Association for Byzantine Studies, 1995, pp. xxi–xx.

③　Hydatius, *The Chronicle of Hydatius and the Consularia Constantinopolitana: Two Contemporary Accounts of the Final Years of the Roman Empire*, pp. 106–107, 108–109.

uniuersi orbis Galleciam）。① 这表明地理上的遥远使得希达提乌斯在心里产生了相当强的距离感，他虽然承认自己处于罗马世界之内，却是距离世界中心遥远的最边缘地带。

其次是信息流通层面，5 世纪初，苏维汇人、汪达尔人（the Vandals）、阿兰人（the Alans）突破传统的帝国边境莱茵河后，一路劫掠通过高卢，翻越比利牛斯山脉抵达西班牙。西罗马帝国政府也曾尝试组织远征，希望恢复罗马在伊比利亚半岛的秩序，但都没有取得彻底的成功。② 在《编年史》中，苏维汇人与当地人关系异常敌对，尽管双方曾经达成多次和平约定，但是由于缺乏帝国政府强力的介入，和平约定反复被打破，这种紧张的政治局势使得希达提乌斯在信息获取上面临更大的困难。例如，在《编年史》的记载中，公元 416 年亚历山大里亚主教塞奥菲鲁斯（Theophilus of Alexandria）去世后，史家坦言自己无从知晓何人继任了亚历山大里亚主教一职。③ 事实上，接任该职的是基督教著名的学者亚历山大里亚的西里尔（Cyril of Alexandria），西里尔因著述颇丰和对信仰的狂热虔诚而在基督教世界闻名遐迩，可是希达提乌斯直到撰写公元 436 年的条目时才第一次提及这一信息，这表明他无法确定在塞奥菲鲁斯和西里尔之间是否存在继任者，由此便可以发现史家在获取信息上的客观困难。④

最后是书写层面，西班牙当地的历史事件作为"边缘"的内容，成为希达提乌斯叙事的主要对象。作为《编年史》撰写的重要分水岭，希达提乌斯在撰史时所参考的前人文献截止于公元 428 年的记载，自 429 年的记载开始，他转为独立地撰写史作。也正是从该年开始，关于西班牙地区事务的记载大幅增加，在《编年史》关于公元 379~428 年的内容中，对非西班牙地区的历史记载略多于对西班牙地区的记载。而在他独立撰写的公元

① Hydatius, *The Chronicle of Hydatius and the Consularia Constantinopolitana: Two Contemporary Accounts of the Final Years of the Roman Empire*, pp. 74-75.

② 第一次远征由军队长官君士坦提乌斯主持，罗马人联合西哥特人击败了阿兰人和汪达尔人一部，Hydatius, *The Chronicle of Hydatius and the Consularia Constantinopolitana: Two Contemporary Accounts of the Final Years of the Roman Empire*, pp. 84-87；第二次远征由接任军队长官的提努斯主持，但是先胜后败，并没有取得预期的战果，Hydatius, *The Chronicle of Hydatius and the Consularia Constantinopolitana: Two Contemporary Accounts of the Final Years of the Roman Empire*, pp. 88-89。

③ Hydatius, *The Chronicle of Hydatius and the Consularia Constantinopolitana: Two Contemporary Accounts of the Final Years of the Roman Empire*, pp. 85-86.

④ Hydatius, *The Chronicle of Hydatius and the Consularia Constantinopolitana: Two Contemporary Accounts of the Final Years of the Roman Empire*, pp. 92-93.

429～469 年的内容中，涉及非西班牙地区的条目数量却仅为西班牙地区条目的一半。希达提乌斯甚至将自己的所见所闻也纳入了"边缘"历史，将其作为历史叙事的内容，形成了大量涉及历史事件前因后果或事件细节的记载，例如，希达提乌斯详细记载了西哥特人攻占阿斯图里卡和帕伦提亚（Palentia）城的前因后果，以及西哥特人焚毁房屋、奴役平民的暴行。[①]

　　为了弥补史料信息不足的缺陷，希达提乌斯采用了一种相对间接的视角认知时代的变化，即由"边缘"论说"中心"。"边缘"与"中心"的认知视角在古代世界由来已久。在古希腊时代，希腊人将自身视为文明的中心，在希腊文明以外的族群和社会被视为未开化的"野蛮"人。罗马共和国至帝国初期，将战乱阻隔在罗马世界中心以外的社会状态被称作"罗马和平"（pax romana），它代指着罗马帝国统治的黄金时代，斯特拉波等知识分子将向周边传播文明视为罗马帝国的历史使命，塔西佗也在《日耳曼尼亚志》中赞扬蛮族身上那些罗马人曾具有的质朴美德。[②] 罗马帝国晚期，官方接纳基督教作为统治帝国的意识形态后，"边缘"与"中心"的视角依然扮演了重要的角色。为了突出上帝的无所不在、无所不能，基督教史家们构建起了神意支配下的普世史体系，在这种体系中，"边缘"和"中心"被赋予了更为紧密的关系，"边缘"也成为折射"中心"的一面镜子。[③]

　　在希达提乌斯看来，加利西亚行省作为基督教罗马世界的"边缘"而存在，虽然史家并未直接提及他所论的"中心"具体为何物，但是通过《编年史》依然可以发现史家所讨论的"中心"是教会的未来和罗马的统治。希达提乌斯确信自己正处在一个剧烈变化的时代，光辉的古老传统正在崩溃。"边缘"与"中心"面对着同样一场剧变，希达提乌斯赋予自己一个任务：为这场剧变提供来自边缘区域的视角，通过加利西亚这个"边

---

① Hydatius, *The Chronicle of Hydatius and the Consularia Constantinopolitana: Two Contemporary Accounts of the Final Years of the Roman Empire*, pp. 108-109.

② 陈莹：《斯特拉波研究——一个行省精英的文化归属和身份认同》，博士学位论文，南开大学，2014，第 93-100 页；塔西佗：《阿古利可拉传、日耳曼尼亚志》，马雍、傅正元译，商务印书馆，2009，第 48～60 页。

③ 赵立行：《中世纪教会史学的"中心"与"边缘"叙事》，《江海学刊》2023 年第 3 期；〔英〕柯林武德：《历史的观念》，商务印书馆，1997，第 89～90 页。

缘"镜鉴世界的变化趋势。① 为了使"边缘"与"中心"的观察视角更加具有真实性和说服力，希达提乌斯有意识地扩大了史料的收集范围，努力地平衡"边缘"与"中心"之间的关系。除了前人史著，他还利用教会内部的书信和神学作品，如罗马主教利奥一世（Leo I，440-461 年）针对基督教一性论信仰而发布的《大册》（The Tome）②；通过地中海世界的长途旅行者，他成功获知了狄奥多西二世召集以弗所公会议的消息；根据布尔吉斯的分析，希达提乌斯的消息来源甚至包括了希班利斯（Hispalis）港口活跃的希腊商人。③ 这些渠道多样的信息共同组成了希达提乌斯记载中那些并不多见却来自其他地区的叙事内容。

以"边缘"论说"中心"的叙事方法体现在希达提乌斯对罗马帝国城市沦陷的记录上。公元 410 年，哥特人在阿拉里克带领下攻陷罗马城，该事件对罗马知识界造成了极大的震动，奥古斯丁、奥罗修斯、哲罗姆等知识分子均写作了大量作品表达各自的见解。从北非的希波城至地中海东岸的巴勒斯坦地区，众多知识分子都试图解释罗马城为何会被蛮族攻破，甚至将此作为不同信仰间论战的依据。④ 但是半个世纪后，希达提乌斯撰史时，竟然对罗马城的陷落未着一字，反而在《编年史》中哀叹蛮族在西班牙半岛的肆虐。尽管希达提乌斯在史实获取上存在一定困难，但结合他曾在 5 世纪中期参与教会对摩尼教徒审判的经历来看，当时的他是可以有效地得到教会内部消息的，他所收集的前人著作应当也涉及罗马城陷落这一重大历史事件，因此他不太可能对发生在 410 年的罗马城陷落事件一无所知，此处的处理更有可能是有意为之。相反，希达提乌斯对西班牙城市的沦陷赋予了更具有普遍意义的阐释。公元 5 世纪 50 年代，哥特人洗劫了西班牙城市布拉卡拉（Bracara），他便将这座西班牙城市与基督教信仰中的

① Hydatius, *The Chronicle of Hydatius and the Consularia Constantinopolitana: Two Contemporary Accounts of the Final Years of the Roman Empire*, pp. 74-75; Peter Van Nuffelen, *Historiography and Space in Late Antiquity*. Cambridge: Cambridge University Press, 2019, pp. 36-41.

② Hydatius, *The Chronicle of Hydatius and the Consularia Constantinopolitana: Two Contemporary Accounts of the Final Years of the Roman Empire*, pp. 100-101.

③ Hydatius, *The Chronicle of Hydatius and the Consularia Constantinopolitana: Two Contemporary Accounts of the Final Years of the Roman Empire*, p. 10.

④ Augustine of Hippo, *The City of God, Books I-VII*, Washington, D. C. : The Catholic University of America Press, 2008, pp. 17-27; Paulus Orosius, *Seven Books of History against the Pagans*, Liverpool: Liverpool University Press, 2010, pp. 401-404; Hydatius, *The Chronicle of Hydatius and the Consularia Constantinopolitana: Two Contemporary Accounts of the Final Years of the Roman Empire*, pp. 83-84.

圣城耶路撒冷进行类比，认为布拉卡拉陷落后的惨剧一定程度上重现了《耶利米书》中上帝对耶路撒冷降下的愤怒。[1] 通过这些记载可以发现，希达提乌斯在撰写《编年史》时，地处"边缘"不仅没有成为他撰史的不利因素，反而提供了独特的观察视角，既可以将他对西班牙形势的记载，与同时期其他史家笔下的罗马城陷落互相印证，以凸显"边缘"与"中心"面临共同的命运，同时借用西班牙的区域事务折射出帝国和教会将要面临的挑战与危机。

通过这种以"边缘"为主、以"中心"为辅，以"边缘"论说、镜鉴"中心"的叙事方法，希达提乌斯在《编年史》中提供了较为丰富的叙事内容，他甚至将自身所经历的历史事件也融入历史的叙述中，与其他编年史作品相比，他的《编年史》内容更为详细，篇幅更长。《编年史》所记载的前50年（即公元379~428年）已超过编年史所涉总时段的一半，但是实际记载的篇幅却仅为希达提乌斯独立撰史的后40年（即公元429~469年）内容的一半。这一特点随着历史记录更加靠近希达提乌斯的撰史时间而更为明显，至5世纪60年代的历史内容时，年份所属的记载条目甚至达十数条。具体在历史事件上，希达提乌斯的记载也显得非常翔实，他对瓦伦提尼安三世遇刺的记载仅次于普罗斯佩尔[2]；关于墨乔里安远征计划破产以及最终被里西梅尔杀害的内容，他的记载甚至多于6世纪的马塞林努斯和《511年高卢编年史》。正如学者伯尔吉斯所言："希达提乌斯编年史的90年比蒙森《小编年史》（*Chronica minora*）各卷中任何编年史的90年都占据了更多的空间。"[3]

---

[1]　Hydatius, *The Chronicle of Hydatius and the Consularia Constantinopolitana: Two Contemporary Accounts of the Final Years of the Roman Empire*, pp. 107-108.

[2]　关于瓦伦提尼安三世遇刺的记载，见 Hydatius, *The Chronicle of Hydatius and the Consularia Constantinopolitana: Two Contemporary Accounts of the Final Years of the Roman Empire*, pp. 102-105; Marcellinus Comes, *The Chronicle of Marcellinus*, p. 22; "The Gallic Chronicle 452", in Alexander Callander Murray, ed., *From Roman to Merovingian Gaul: A Reader*, pp. 74-75。关于墨乔里安远征未能成行，以及墨乔里安被里西梅尔杀害，见 Hydatius, *The Chronicle of Hydatius and the Consularia Constantinopolitana: Two Contemporary Accounts of the Final Years of the Roman Empire*, pp. 112-115; Marcellinus Comes, *The Chronicle of Marcellinus*, p. 23; "The Gallic Chronicle 511", in Alexander Callander Murray, ed., *From Roman to Merovingian Gaul: A Reader*, pp. 98-99.

[3]　Hydatius, *The Chronicle of Hydatius and the Consularia Constantinopolitana: Two Contemporary Accounts of the Final Years of the Roman Empire*, p. 9.

三 希达提乌斯笔下晚期罗马帝国的命运

基于边缘与中心的视角，希达提乌斯表达了他对 5 世纪中后期罗马帝国整体命运的思考。在希达提乌斯看来，罗马帝国的命运与基督教的命运是一致的。自米兰敕令后，基督教逐渐被罗马统治阶层接纳，成为罗马帝国官方的意识形态。为了将基督教信仰和罗马的历史文化相结合，拉克坦提乌斯（Lactantius）和尤西比乌斯等基督教知识分子扭转了早期基督教知识界对罗马帝国的抨击和批判，转而肯定罗马帝国和基督教信仰之间的一致性，将接受基督教信仰的罗马帝国视为上帝统治世界的工具。当西罗马帝国面对 5 世纪日益严峻的统治危机时，一些基督教知识分子开始有意识地淡化罗马帝国与基督教之间的关系。① 不过，希达提乌斯并未像奥古斯丁、奥罗修斯、萨尔维安（Salvian）一样，试图削弱罗马帝国和基督教之间的联系，他对两者都持悲观的态度，认为整个世界正在进入基督教理论中被称作"末世"（last days）的历史阶段。

在《编年史》中，希达提乌斯对罗马帝国表达了极强的归属感，特别是对狄奥多西王朝的统治，史家保持了很高的热忱。这种对往事的追忆体现在《编年史》的细节上：公元 395 年，狄奥多西一世去世，他的儿子阿卡狄乌斯和霍诺留分治帝国东、西两部。为了突出这一事件，希达提乌斯在该年的记录中将本已结束的奥林匹克周期向后推迟了一年，形成了全书唯一的 5 年奥林匹克周期，并特意解释这一处理的缘由。② 狄奥多西一世的继承者也得到了希达提乌斯的重视，他在记载自狄奥多西一世至马尔西安的皇帝在位信息时，都特意提及他们与上一代皇帝的关系，以此强调他们之间的传承关系。随着西罗马帝国衰落，社会的剧烈动荡唤起了希达提乌斯对狄奥多西王朝的怀念。③

与之相似，史家对教会的命运也是忧心忡忡。帝国晚期出现的基督教

① 〔美〕J. W. 汤普森：《历史著作史》上卷·第一分册，谢德风译，李活校，商务印书馆，2009，第 231-237 页；吕厚量：《再造罗马：晚期罗马多神教知识精英的历史叙述》，《历史研究》2011 年第 4 期。

② Hydatius, *The Chronicle of Hydatius and the Consularia Constantinopolitana: Two Contemporary Accounts of the Final Years of the Roman Empire*, pp. 79-80.

③ Gabriele Marasco, ed., *Greek and Roman Historiography in Late Antiquity: Fourth to Sixth Century A. D.*, pp. 342-344.

教义分歧和来自多神教的质疑，成为"末世"前信仰混乱的表现。希达提乌斯记载了基督教会内部存在的神职授任不当的问题，希班利斯主教萨比努斯（Sabinus）因派系争议遭到驱逐，直到二十年后才得以返回，其间出任希班利斯主教的埃皮法尼乌斯（Epifanius）使用了非常不光彩的手段。① 对现实中的基督教会事务，希达提乌斯直言"不加区分的神职任命败坏了教会的继承""光荣自由的消亡""几乎所有基于神圣教导的信仰衰落"②，表现了史家对教会命运极为焦虑的心态。

罗马帝国和基督教唇齿相依的关系也体现在二者拥有共同的敌人。在《编年史》中，希达提乌斯认为蛮族给他所处的世界带来了双重的破坏：蛮族既是罗马帝国秩序的破坏者，不断地劫掠西班牙地区的罗马人，再三破坏双方达成的和平约定；亦扮演了动摇基督教正统信仰的"敌基督"（Anti-Christ）的角色，蛮族国王任用邪恶的"异端"主教，强迫其统治下的民众接受"异端"信仰。③ 希达提乌斯对蛮族的反感并不仅限于苏维汇人，他对西哥特人进行了同样的抨击。与蛮族达成合作的西班牙"巴高达"（Baugaudae）领袖巴西利乌斯也被希达提乌斯提及，他们和蛮族人一样，残害罗马人，重创帝国的远征军，甚至闯入教堂，无视教堂对民众的庇护，粗暴地殴打主教。④ 通过对这些破坏者的刻画，希达提乌斯勾勒了一幅帝国和教会正在遭受严峻危机的图景。这一图景最终指向的命运则是基督教理论中的"末世"与"终结"。

在基督教的理论中，"末世"指世界终结前最后的时段，亦称"末日"，以"末世"或"末日"为对象的认识与创作即"末世论"（ἀποκάλυψις）。⑤ 基督教信仰中的"末世"观念最早可追溯至《但以理书》，书中称，犹太先知但以理梦到在俗世的四大帝国之后，上帝将结束俗世的帝国，进行

---

① Hydatius, *The Chronicle of Hydatius and the Consularia Constantinopolitana: Two Contemporary Accounts of the Final Years of the Roman Empire*, pp. 96-97.

② Hydatius, *The Chronicle of Hydatius and the Consularia Constantinopolitana: Two Contemporary Accounts of the Final Years of the Roman Empire*, pp. 74-75.

③ Gabriele Marasco, ed., *Greek and Roman Historiography in Late Antiquity: Fourth to Sixth Century A. D.*, pp. 342-344; Hydatius, *The Chronicle of Hydatius and the Consularia Constantinopolitana: Two Contemporary Accounts of the Final Years of the Roman Empire*, pp. 94-95.

④ Hydatius, *The Chronicle of Hydatius and the Consularia Constantinopolitana: Two Contemporary Accounts of the Final Years of the Roman Empire*, pp. 98-99.

⑤ 该词原有"揭示"、"启示"之义，故相应的宗教作品也被称为"启示录的作品"。

"最终审判"，并在地上建立"永远的国"。① 在《新约》中"末世"的观念体现得更加清晰，并与耶稣基督的"二次降临"和"救赎"等观念一起成为基督教的核心教义，例如在《马太福音》第 24 章，耶稣向门徒预言"世界的末日"到来，并向门徒预言"末日"的征兆，如战乱、饥荒、地震等灾难，以及闪电等"异象"或"先兆"的出现，俗世迎来最终的结束。②

在希达提乌斯生活的年代，西班牙地区流传着一份被称为《多默启示录》（Apocalypse of Thomas）的末世论文本。该启示录形成于 5 世纪前后，以耶稣告诫门徒多默的口吻预言了世界终结时的各种奇异事件。该书与《圣经》启示录存在不少相似之处，一定程度上受到了当时摩尼教和基督教普利西里安派（the Priscillians）思想的影响。在"末世"观念的影响下，希达提乌斯逐渐放弃了传统观念中对罗马"永恒之城"的定位，对罗马帝国的未来复兴不再抱有任何希望。希达提乌斯不仅将时代的悲剧上溯至哲罗姆史书所记载的时代，甚至在帝国崩溃前的 5 世纪 60 年代便直言：罗马帝国是"必将灭亡"的。③

在具体的"末世"的细节建构上，希达提乌斯保留了许多关于"异象"的传闻，一些"异象"传闻的时间、地点，以及信息来源。这些"异象"不仅出现在高卢、西班牙等多个地区，而且被史家赋予了超出所处地域的象征意义。例如在公元 451 年关于卡塔隆尼平原之战的记载前，《编年史》记录了加利西亚地区的夜空中曾出现长达数小时的红色标枪状的天象，史家直言这些"异象"正是对卡塔隆尼平原残酷战争即将爆发的示警。④ 希达提乌斯也结合圣经的典故对重大的历史事件或"异象"加以阐

① 《圣经·旧约·但以理书》，第 7 章。
② 《圣经·新约·马太福音》，第 24 章；《圣经·新约·启示录》更加具体展现了耶稣基督给门徒们提供关于末世的相关信息；F. L. Cross and E. A. Livingstone, *The Oxford Dictionary of the Christian Church*. Oxford: Oxford University Press, 1997, pp. 82–83；杨建《从先知末世论到启示末世论——〈圣经〉末世论神学思想的嬗变研究》，《华中学术》2017 年第 4 期，第 57~64 页。
③ Hydatius, *The Chronicle of Hydatius and the Consularia Constantinopolitana: Two Contemporary Accounts of the Final Years of the Roman Empire*, pp. 74–75.
④ 卡塔隆尼平原之战，又称沙隆会战，西罗马帝国、西哥特联军为抵抗匈人（the Huns）领袖阿提拉的入侵而展开的决战，匈人在作战中落败并撤退，希达提乌斯认为该战双方伤亡数字高达 30 万，见 Hydatius, *The Chronicle of Hydatius and the Consularia Constantinopolitana: Two Contemporary Accounts of the Final Years of the Roman Empire*, pp. 100–101。

释。公元 414 年，罗马公主加拉·普拉西狄亚（Galla Placidia）和哥特人领袖阿陶尔夫（Athaulf）在纳博讷成婚，史家将此事与《但以理书》第 11 章所说的南方国王和北方国王联姻的预言类比。① 希达提乌斯与 4~6 世纪的其他编年史家相比较，他所记关于"末世"和"异象"的内容大幅增加，这些记载与阐释不仅成为《编年史》的重要内容，而且建构了一个危机四伏、行将终结的世界。②

对于世界终结的时间，希达提乌斯也进行了计算。史家在《编年史》中主要采用了君主纪年法和奥林匹克纪年法，这两种纪年方式均直接延续自尤西比乌斯和哲罗姆的纪年方式，表明了希达提乌斯对尤西比乌斯-哲罗姆所创立的基督教编年史传统的继承。然而，希达提乌斯结合在西班牙地区流传的《多默启示录》，得出了耶稣基督将在受难后的第九个禧年（the Jubilee）二次降临的结论。③ 在《编年史》的公元 382 年和公元 432 年条目下，均留下了作者对禧年周期的记录。结合对《多默启示录》的研究和编年史的禧年周期规律，伯尔吉斯等学者计算出公元 482 年 5 月 27 日是希达提乌斯得出的世界"终结"时间。④ 将《编年史》撰写至"世界终结"（consummanda）甚至成了希达提乌斯自认为撰史时的历史任务，鉴于自己病体沉疴，他特意嘱托后继者要将编年史继续撰写下去，直至最终审

---

① Hydatius, *The Chronicle of Hydatius and the Consularia Constantinopolitana: Two Contemporary Accounts of the Final Years of the Roman Empire*, pp. 84-85.

② 在高卢史家普罗斯佩尔的编年史续作中，虽然记述了一些教会内部事务的内容，但是基本没有涉及关于"末世"的文献内容。Prosper of Aquitania, "The Chronicle of Prosper Tiro", in Alexander Callander Murray, ed., *From Roman to Merovingian Gaul: A Reader*, Toronto: Broadview Press, 2000, pp. 69-76; 高卢匿名史家所作的《高卢编年史》以及拜占庭史家马塞林努斯所撰写的《马塞林努斯编年史》虽然会记载"异象"事件，但只停留于简单记录，并不会对"异象"进行详细解释，更遑论与"末世"观念结合，见 "The Gallic Chronicle 452", in Alexander Callander Murray, ed., *From Roman to Merovingian Gaul: A Reader*, pp. 77-85; Marcellinus Comes, *The Chronicle of Marcellinus*, Sydney: Berget Pty Ltd, 1995, p. 12。

③ 禧年是犹太文化传统中的节庆之一，犹太人会以七年为期将第七年设置为安息年，在经历七个安息年周期后会将额外一年作为一个禧年进行庆祝，从而形成了每 50 年一次的禧年周期。在禧年中，犹太人要释放奴隶、归还土地等，参见 F. L. Cross and E. A. Livingstone, *The Oxford Dictionary of the Christian Church*, p. 939。

④ Hydatius, *The Chronicle of Hydatius and the Consularia Constantinopolitana: Two Contemporary Accounts of the Final Years of the Roman Empire*, pp. 70-71, 90-91.

判的到来。[①]

四　结语

透过希达提乌斯撰写的《编年史》，可以发现史家作为基督教知识分子，在西罗马帝国日薄西山时，对帝国即将崩溃的忧虑和彷徨。正是在帝国黄昏的历史环境下，他自发地借用基督教的"末世"观念来解释蛮族横行的现实，透过西班牙地区这"一叶"，窥见帝国整体性的命运悲剧。希达提乌斯的《编年史》不仅在研究古代晚期西班牙地区的历史时具有宝贵的研究价值，其撰史特点和独特的观察视角也为后世研究该时期史学发展和社会转型提供了一个独特的范例。

---

① Hydatius, *The Chronicle of Hydatius and the Consularia Constantinopolitana: Two Contemporary Accounts of the Final Years of the Roman Empire*, pp. 9–10, 74–75. Purificación Ubric Rabaneda, ed., *Writing History in Late Antique Iberia: Historiography in Theory and Practice from the 4th to the 7th Century*, p. 112; Matthew Gabriele and James T. Palmer eds., *Apocalypse and Reform from Late Antiquity to the Middle Ages*, pp. 11–20.

圣徒传对墨洛温王朝王后的形象塑造*

王秀红

（太原师范学院历史与文博学院，山西晋中　030619）

摘　要：中世纪早期西欧的圣徒传有着独特的史料价值，现在看似荒诞不经的圣徒故事在当时人眼中却是神圣的奇迹，指引着当时人的生活，甚至维护着当时的政治社会秩序。圣徒传中的墨洛温王后形象有着明显的时代特征，她们是国王之妻，对宗教有着天然的虔敬，是调节王国冲突的媒介，是谦卑与仁慈的楷模。克洛蒂尔德被奉为圣徒的依据是劝说克洛维皈依、维护诸子之间的和平；拉戴贡德是通过约束欲望、虐待肉体的苦修和治病救人来体现其神圣性；鲍尔希尔德则是因政治隐退后回归女圣徒谦卑和仁慈的行为而神圣。圣徒传作者通过奇迹记载和王后的政治参与塑造出令当时人崇拜的王后-圣徒形象。这些形象与其说是一种现实情况的反映，不如说是圣徒传作者们树立的一种社会模范和角色期待。

关键词：圣徒传　王后-圣徒　墨洛温王朝　形象塑造

一　墨洛温时代的圣徒传史料价值

提姆西·路特（Timothy Reuter）曾认为，基于19世纪实证主义史料

---

* 本文为教育部人文社会科学研究一般项目"加洛林王朝后期领地大公国研究"（19YJC77003）、山西省哲学社会科学规划课题"5~7世纪山西丝路文化传播路径研究"（2020YJ167）阶段性成果

观，在与所谓"事实"打交道的史学家和与所谓"虚构"打交道的圣徒传作者之间有严格的界限。今天不少学者开始重视圣徒传的史料价值，20世纪末的历史学家认为这些史料也足够真实，隐含着积极意义。① 一切留存至今的遗迹，都是当时人们社会活动的结果，都是在当时的社会生活中产生的。② 圣徒传在7世纪西欧的盛产与流行充分表明其在中世纪早期西欧的重要性。谨慎的教皇用圣徒的形象为多神教的农民恢复了他们的大量保护神③。也就是说圣徒传是教会向地方民众宣扬基督教的一种重要媒介，大多数乡土性的"圣徒"都是普通出身的人，其传记在一定程度上反映了普通人的生活及其苦难和愿望。④ 弗拉克里（Paul Fouracre）认为，7世纪盛产圣徒传的深层次原因是高卢北部形成了乡村政治体制，形成了新的思想活动和经济来源。换句话说，圣徒传的盛行反映的是7世纪高卢北部较小范围内交换的乡村生活及其价值观。7世纪高卢有320所修道院⑤，以主教和修道院院长为主人公的传记均出自教会人士之手，这些圣徒传作者，既是中世纪早期的历史学家也是教会人士，他们不仅著史也写圣徒传。

作为一种叙述类史料，圣徒传反映着当时基层社会和普通民众的历史。圣徒传保存了当时民间生活的许多特点，包含描述教会历史及其地产增长的珍贵材料，从中往往还可以发现政治史的事实。⑥ 西欧中世纪早期史研究总是遇到史料缺乏的问题，但同时，像圣徒传一类充斥"神迹"的资料，传统上又总是被挡在"史料"大门之外。研究墨洛温王朝的王后离不开对圣徒传的使用与分析。因为，即便是被19世纪实证主义史家断定为据实直书的天真汉格雷戈里（539~594），不仅创作了《法兰克人史》，也创作了《奇迹集》。7世纪是大量产生圣徒传的时代，甚至可以说圣徒传是研究墨洛温王朝的主要史料。圣徒传的大量内容在今天看来也许是不可信的，但在当时却广为流传。显然，在当时的信众眼中，圣徒传中的"奇迹"和"不凡"是可信的，这就需要从中世纪早期的社会状况和当时人的

① Timothy Reuter, ed. , *The New Cambridge Medieval History*, Vol. Ⅲ. c. 900 - c. 1024, Cambridge: Cambridge University Press. 1999, pp. 3-4.
② 〔苏〕亚·德·柳勃林斯卡娅：《中世纪史料学》，庞卓恒、李琳等译，商务印书馆，2018，序论第2页。
③ 转引自〔苏〕亚·德·柳勃林斯卡娅《中世纪史料学》，第65页。
④ 〔苏〕亚·德·柳勃林斯卡娅：《中世纪史料学》，第111页。
⑤ Paul Fouracre and Richard A. Gerberding, *Late Merovingian France*, Manchester University Press, 1996, pp. 5-7, 18.
⑥ 〔苏〕亚·德·柳勃林斯卡娅：《中世纪史料学》，第65页。

心态（精神状况）去认识圣徒传。圣徒传对墨洛温王朝的王后有大量描述，对这些记载进行合理的分析，可以获得有关王后的宝贵资料，进而使人们进一步理解这一时期王后的社会角色以及中世纪早期圣徒传作者对王后的角色期待。

二 圣徒传中的墨洛温王朝王后品行特征

墨洛温王朝（481-751年）时期，王权影响范围极其有限，国王不得不与罗马基督教合作共同维持当时的王国秩序，王后作为国王之妻需要以宗教的仁慈和谦卑来中和国王的暴力，需要通过捐赠和救助树立王室在民众中的形象，需要通过宗教虔诚获得一种超自然力来维护和平，这些形象特征不仅符合王国治理的需要，而且是当时人对王后的一种角色期待。1992年，麦克纳马拉（J. McNamara）等人编写《黑暗时代的女圣徒》一书，记载了生活在6-7世纪初的18位法兰克女圣徒，其中三位是墨洛温王朝王后，即克洛蒂尔德（Clotild/Chrothildis，死于544年，国王克洛维一世之妻）、拉戴贡德（Radegund/Radegonda，520-587年，国王克洛塔尔之妻）和鲍尔希尔德（Balthild/Baldechildis，死于680年，国王克洛维二世之妻）。她们的形象特点是谦卑仁慈、慷慨虔诚，并不强调安贫守贞。弗拉克里认为中世纪早期的政治共同体形成的黏合剂是共有的宗教信仰和习俗。[①] 这三位王后的形象塑造在某种程度上恰好证明了这一点。她们分属于法兰克墨洛温王朝的不同时期，在当时法兰克社会的基督教化进程中发挥了突出作用。克洛蒂尔德力劝克洛维一世皈依正统基督教（罗马公教）；拉戴贡德虔诚苦修，为民众治病，在普瓦提埃地区建立了女修道院；鲍尔希尔德大力推行本尼迪克特-哥伦班混合修道会规。舒伦伯格认为，王后-圣徒集中体现了当时社会的价值追求和规范。[②] 本文试图从《黑暗时代的女圣徒》一书入手，分析王后-圣徒的形象，以期阐明王后作为圣徒的社会政治功能和当时人对王后作为一种公共角色的形象期待。

[①] Paul Fouracre, "Frankish Gaul to 814", in Rosamond McKitterick, ed., *New Cambridge Medieval History c. 700-c. 900, Vol. 2*, Cambridge University Press, 1995, p. 86.

[②] Jane Tibbetts Schulenburg, "Female Sanctity: Public and Private Roles, ca. 500-1100", in Mary Erler and Maryanne Kowaleski, eds., *Women and Power in the Middle Ages*, The University of Georgia Press, 1988, p. 102.

（一）虔敬的典范

圣徒（the saint/the holy）这一崇拜对象的选取有着特定的标准。通俗而言，圣徒身上有着可供当时人认可的圣徒品质，而圣徒传作为当时可信的作品传递出圣徒之所以成为"圣徒"的某些特定标准。墨洛温高卢的圣徒传写作传统继承了四世纪的作品《图尔的圣马丁传》，而圣马丁被奉为圣徒的理由是自我禁欲和在异教乡村传教不畏艰难和恐惧。换句话说，中世纪早期的女圣徒（holy woman）多模仿殉教者，她们的美德是成为圣徒的主要依据，"奇迹证明她的确是上帝的工具"①。蛮族王国建立之初，王后成为调和日耳曼国王与罗马教会之间的中介，其主要作用首先是作为虔敬的典范说服国王皈依基督教。克洛蒂尔德（崇拜日是 6 月 3 日②）成为圣徒的主要理由就是她最终劝说国王克洛维一世及王国的其他要员皈依正统基督教，开启了法兰克王国的基督教化进程。

圣徒传中称克洛蒂尔德的虔敬主要是效法圣格诺韦法（Genovefa）③，她将圣格诺韦法的墓地作为崇拜场所。圣徒传中的克洛蒂尔德远离复杂的政治纷争，虔诚于宗教事业。在克洛蒂尔德的孙子们被她的两个儿子杀害之后，克洛蒂尔德将他们的尸体运回巴黎埋葬，她开始了虔诚的宗教生活。她救济穷人，整夜祈祷。她向教堂、修道院和其他圣所捐赠土地维持它们的必要开支（necessary for their upkeep），她如此热心，赠予如此慷慨，以致在她活着时，人们更多地将她视为真心诚意侍奉上帝的侍女，而不是王后。无论是她儿子们的王位，还是俗世财富（facultas）和政治野心（ambitio saeculi），都不能令她变节（disrepute）。她以极其谦卑的方式走向荣耀的天国。④ 圣徒传中的这种形象与具有政治野心的克洛蒂尔德截然不同。这种形象的转变是通过捐赠和祈祷实现的，即从俗世转向神圣。在此，不可否认的一个事实是，这位王后曾经作为她的三个亲生儿子的同盟者与她的继子展开了血腥的王权争夺战，她企图通过自己的两个孙子（已

---

① J. McNamara, J. E. Halborg and G. Whatley, eds. and trans. , *Sainted Women of the Dark Ages*, Duke University Press, 1992, p. 4.

② Dick Harrison, *The Age of Abbesses and Queens: Gender and Political Culture in Early Medieval Europe*, Lund: Nordic Academic Press, 1998, p. 77.

③ 圣格诺韦法（423—502），小时候被欧塞尔主教杰曼努斯选定为圣徒候选人，451 年集合巴黎民众反抗阿提拉领导的匈人，之后成为法兰克国王与阿提拉之间的和平使者。

④ Gregory of Tours, *The History of the Franks*, Ⅲ . 18, L. Thorpe, Harmondsworth, Penguin, 1974. p. 182.

死的克洛多梅尔的儿子）控制分王国的王权，如果失败，她宁愿他们去死。这样一个充满矛盾的人物，圣徒传作者为什么会将她塑造为虔敬的典范呢？首先，王后作为国王的伴侣本身属于可效仿的公众人物，对女性尤其是贵族妇女起着榜样示范作用。其次，从世俗到神圣的转变恰恰说明克洛蒂尔德在墨洛温王朝政治中发挥着重要作用。这对于当时的军事政治世界而言是不恰当的，王后应该远离俗世政治纷争，回归母性的柔和与仁慈。同时，我们不能忘记的一点就是，圣徒传作者首先要确保他们所选取的王后符合圣徒的美德和标准。克洛蒂尔德的这种虔敬生活为后来的王后开启了隐退修道院的传统。这一传统首先体现在拉戴贡德身上。

首先，拉戴贡德的虔诚形象通过摆脱与国王克洛塔尔的婚姻体现出来。拉戴贡德是克洛蒂尔德的儿媳，图林根的公主，被国王克洛塔尔作为战利品虏至法兰克。她没有子女，但是在宗教领域有着显赫的地位，堪称时人信仰的典范。关于拉戴贡德的圣徒传主要见于诗人兼主教弗图纳图斯（Venantius Fortunatus，535－605）和修女宝多妮维雅（Baudonivia）笔下。从这两位作者的记载中，我们知道了"她在丈夫国王克洛塔尔活着时就弃他而去，成为一名修女"①。她是克洛塔尔的妻子，但经常找借口将他晾在一边，转而虔敬于上帝。克洛塔尔曾抱怨自己娶的是修女而不是王后②。

> 夜间，当她与她的王子就寝时，她请求起来并离开卧室去厕所。然后她在厕所旁披着一件毛斗篷俯伏在地祈祷，时间很长，寒冷刺骨，只有心是暖的。③

伍德认为两位圣徒传作者在克洛塔尔对拉戴贡德成为修女一事上有着不一样的解释④。诗人弗图纳图斯所作传记要早于修女宝多妮维雅的记载，前者认为克洛塔尔将拉戴贡德送入梅达德修道院，是担心王后会阻碍他杀死她的兄弟这一政治事务；而后者认为，国王一直试图说服她回到自己身

---

① Paul Fouracre and Richard A Gerberding, *Late Merovingian France*, pp. 131－132; J. McNamara, J. E. Halborg and G. Whatley (eds. and trans.), *Sainted Women of the Dark Ages*, Duke University Press, 1992, p. 277.

② J. McNamara, J. E. Halborg and G. Whatley, eds. and trans., *Sainted Women of the Dark Ages*, pp. 71－72.

③ J. McNamara, J. E. Halborg and G. Whatley, eds. and trans., *Sainted Women of the Dark Ages*, p. 73.

④ Ian Wood, *The Merovingian Kingdoms 450－751*, New York: Longman, 1994, p. 137.

边，继续当王后，普瓦提埃女修道院也是他为她建立的。笔者认为，弗图纳图斯凸显了王后在王国俗世政治中的作用，宝多妮维雅突出了拉戴贡德反抗国王的形象，是为了进一步凸显王后的虔诚形象。

其次，拉戴贡德的虔诚形象主要表现在她对待自己肉体方面的自残式苦修。这种苦修延续了早期的殉教观，预示着一种自愿的精神殉教。在没有大规模宗教迫害的年代，她希望通过苦修成为一名殉教者。她刻意模仿受难的基督将自己监禁在修道室，进行严苛的苦修。宝多妮维雅称拉戴贡德是"自己肉体的狱卒"[1]。弗图纳图斯详细记载了她在饮食和身体方面的自残自虐。他这样写道：

> 对于这位最神圣的妇女而言，除了上帝最尊贵的日子外，每一天都是斋戒日。没有鸡鸭鱼肉，没有水果，也没有鸡蛋，扁豆或绿色蔬菜就是她的斋饭。她吃的面包由黑麦或大麦制成，她将这些面包做成布丁以免人们注意到她吃的东西。至于饮品，她喝白水、蜂蜜水、梨汁，但是，不管多渴，她只喝一点儿。……她在整个四旬斋期把斋。除星期天之外，她不吃面包，仅吃一些草本植物的根和葵菜，至于调味品，连油和盐都不放。事实上，在整个斋期，她仅用了两赛斯塔（sestarius 相当于二品脱）水。结果，她非常口渴以致几乎不能通过干燥的喉咙唱圣诗。她穿着一件毛制的而不是亚麻材质的衬衣守夜，还不停地祷告。她睡的床沾满灰尘，上面铺着毛毡。这种休息方式本身使她疲倦，即便如此，她也不允许自己有足够的休息时间。

这位王后-圣徒不仅在饮食方面克制自己，还对自己的身体进行各种摧残。

> 有一次四旬斋期间，她将脖子和手臂用三个大铁环套住，在其中嵌入三根铁链，她将自己的整个身体紧紧束缚起来以致其娇嫩的身体肿胀，铁链陷入肉里。斋期结束后，当她想要撤下身上的铁链时已经不行了，因为铁链勒进胸前和后背的肉里，以致她纤弱身体的血都快流干了。

---

[1]　J. McNamara, J. E. Halborg and G. Whatley, eds. and trans. , *Sainted Women of the Dark Ages*, p. 90.

　　还有一次，她命令将一块铜板制成十字架。她在修道室中将其加热并在自己身上烙下两个深深的十字印记。……一次四旬斋期间，除了斋戒忍饥挨饿之外，她还设计了更为可怕的折磨自己的办法。她强迫自己娇嫩的已经化脓的、用毛巾擦过的未愈的身体去端一个盛满燃烧的煤块的火盆。[①]

　　相较于克洛蒂尔德的虔敬行为，拉戴贡德明显侧重于个人行为塑造，强调从始至终的虔敬。这种王后形象的转变与当时的墨洛温王朝的政治密不可分。531 年以后，墨洛温人建立的法兰克王国外部环境渐趋稳定，内部变得强大起来。拉戴贡德本身的价值在于国王克洛塔尔将她作为统治图林根的筹码和借口，因此，国王不可能让她轻易死去，也就是说处于弱势的拉戴贡德必须突破困境寻找自己的生存空间。对她而言，宗教虔诚是她与国王合作的筹码，也是她与外界接触的唯一出路，因为当时的教会人士大多也是宫廷要员。两位作者将其塑造为虔敬的苦修者侧面反映出当时宗教在政治生活中的影响力之大。拉戴贡德的虔敬顺利开启了宗教与世俗冲突合作的政治之路。她成为 7 世纪纽斯特里亚王国国王克洛维二世的王后鲍尔希尔德模仿的榜样。

　　鲍尔希尔德的虔敬形象主要通过她的身份落差体现出来。她以盎格鲁-撒克逊俘虏的身份被墨洛温宫相厄奇诺尔德（Erchinoald）[②] 低价购买，又因相貌出众成为他府上端茶倒水的侍女。

　　当贵族厄奇诺尔德的妻子死后，他决定娶最受人尊敬的、贞洁的鲍尔希尔德为妻。获知此事之后，她急忙偷偷地躲开他的视线。当她被传唤去这位贵族的卧室时，她藏在府上远处角落里的一堆破旧衣服之下，因此没有人会想到她藏在那里。的确，她仍是一位精明而谨慎的贞洁女子，摆脱了世俗的显赫地位，寻求一种宗教的谦卑。她尽力避免人类的婚姻，以使她配得上最终成为精神的和天国的新娘。……直到他（厄奇诺尔德）娶了另外一名仪表端庄的妇女为妻。鲍尔希尔德终于躲开了这位贵族的婚礼，后来她与先王达戈贝特之子克洛维结

---

① J. McNamara, J. E. Halborg and G. Whatley, eds. and trans., *Sainted Women of the Dark Ages*, Radegund 1, pp. 79–81.

② 641–659 年担任法兰克墨洛温王朝纽斯特里亚王国宫相，达戈贝特母亲的亲戚，南特希尔德摄政时期接替艾噶成为克洛维二世（633 年出生，638–657 年在位）的宫相。

了婚。凭借她谦卑的美德，他将她提升到更高的地位。①

从这段记载我们可以看到，鲍尔希尔德拒绝了宫相厄奇诺尔德的求婚却嫁给了国王克洛维二世。很有可能鲍尔希尔德是宫相厄奇诺尔德养在府上准备进献给国王的礼物，也就是说从一开始，鲍尔希尔德就注定要参与政治纷争。鲍尔希尔德摄政近 8 年，最终被她的反对派送进了谢尔修道院。可以说，她是循着拉戴贡德的路，在神圣与俗世之间寻找平衡。鲍尔希尔德的奴隶出身与王后身份形成了强烈反差，体现了她的神圣性。

（二）和平的化身

墨洛温时期的女圣徒形象的另一个特征就是充当和平中介。这种和平涉及王后与国王的关系、王后与教俗贵族的关系、王后与民众的关系。前面提到的克洛蒂尔德作为墨洛温王朝第一位王后，主要是以妻子、母亲和祖母的身份调和王国内部的纷争。她不仅调和她的三个儿子和继子之间的王位争夺，而且调和两个儿子和他们的侄子之间的冲突。流传至今的《克洛蒂尔德传》成书于加洛林时期。圣徒传称她有着天然的母性和仁慈，是中世纪早期好战的国王的代祷者。克洛维一世出征之时，她大多待在教堂为他祈祷。格雷戈里和圣徒传作者称赞转变后的克洛蒂尔德是慈爱的祖母与和平的代祷者。

> 希尔德贝特和提奥德贝特集合一支军队准备攻打克洛塔尔。当克洛塔尔听闻此事时，他便意识到自己不足以抵挡这支联军，于是躲到树林里。他在树林里建起了高大的路障，将全部希望寄托于上帝的仁慈。王后克洛蒂尔德知道了之后，去了圣马丁墓前，她俯伏在地、整夜祈祷她的儿子们之间的战争不要爆发。……希尔德贝特和提奥德贝特派信使去与克洛塔尔讲和。说好后他们都回去了。谁也不怀疑这一奇迹是由圣马丁通过王后的代祷而显现的。②

---

① Paul Fouracre and Richard A Gerberding, *Late Merovingian France: History and Hagiography 640-720*, pp. 120-121.

② Gregory of Tours, *The History of the Franks*, Ⅲ. 28, pp. 185-186.

作为母亲的克洛蒂尔德王后不仅为她的儿子们和平相处而祈祷。她住在巴黎时，作为祖母，与已故的大儿子克洛多梅尔的孩子们相处甚欢，这引起了她的另外两个儿子希尔德贝特和克洛塔尔的怀疑，他们认为母后克洛蒂尔德是想让她的孙子们（克洛多梅尔的两个儿子）继承王位，于是将其中一位杀害，另一位逃跑了。① 在此，圣徒传作者可能试图强调克洛蒂尔德的政治影响力，借她的两个儿子的残暴行为反衬出她的和平代祷者形象。

王后-圣徒的和平化身还表现为她们在民众与国王之间起着调和作用。"早期中世纪的地方圣徒，对于民间的多神教群众来说，较之官方的基督教信仰的神，更加亲近和更易接受。"② 拉戴贡德作为和平化身，在生前制造了诸多"奇迹"。她拯救穷人，释放囚犯。

> 有一次在她的贝洛尼庄园里，当这位最神圣的妇女饭后在花园里闲逛时，一些被囚禁的犯人大声向她呼救。她问是谁，仆人们谎称是一群乞丐在寻求救济。她信以为真，给那些人送去救济品。同时这些被囚禁的犯人因法官（恐吓）而安静下来。但是，当她进行晚祷时，这些锁链被打破、被解放的犯人跑向这位圣妇。当那些撒谎的仆人目睹这一幕时，他们意识到他们是真正的犯人，之前被囚禁的犯人被释放。③

弗图纳图斯不仅记载了这一奇迹，而且描写了她为被判死刑的犯人奔走，与贵族和国王要员斡旋之事。

> 按照习俗，如果国王（克洛塔尔）对一位犯人判死刑，这位最神圣的王后能坐视不管任由犯人被杀吗？她奔走于国王信任的人、廷臣和贵族中间，因为他们的甜言蜜语可能舒缓国王的怒气，直到他不再

---

① J. McNamara, J. E. Halborg and G. Whatley, eds. and trans. , *Sainted Women of the Dark Ages*, p. 47. 也见 Gregory of Tours, *The History of the Franks*, Ⅲ. 18, p. 180.

② 〔苏〕亚·德·柳勃林斯卡娅著，《中世纪史料学》，第 65 页。

③ J. McNamara, J. E. Halborg and G. Whatley, eds. and trans. , *Sainted Women of the Dark Ages*, pp. 74-75.

生气，松口答应免去犯人死罪。①

从习俗来看，当时人认为王后参与墨洛温王朝的政治再正常不过。她将俗世贵族与宗教的神圣权威有效结合起来，让教会贵族赋予她宗教权威以确保自己的政治安全。在为财政官多姆诺勒努斯治疗咽喉疾病时，拉戴贡德提出条件，要求释放被他囚禁的犯人并修建圣马丁的圣所。宝多妮维雅补充了大量的奇迹，适当地突出了拉戴贡德的政治敏锐性和对圣物的控制权②。她利用自己的权力关系网，斡旋于世俗与教会之间，最终在教会占据一席之地。她在结婚当晚谎称内急，在寒夜里祈祷；她哥哥死后，她不顾贵族们的反对，逼着努瓦永主教圣梅达德封她为女执事。

> 这位最神圣的妇女估计了一下形势，进入圣器收藏室，穿着修道装束径直走向圣坛，对圣梅达德说："如果你退缩而不给我举行圣礼，害怕上帝之外的人，那么他（上帝）将要求他的羊群的灵魂离开你的管理。"他（圣梅达德）被这言论吓了一跳，将手放在她头上，封她为女执事。③

可以想象，没有征得国王克洛塔尔的同意而封王后为女执事是一件多么危险的政治事情，其本质是解除她与国王的婚姻关系。从政治史和社会史的角度看，这一时期，只有国王遗弃王后的情况，还没有王后主动遗弃国王的，拉戴贡德这一行为意义重要，说明她拥有强大的政治关系网。这一点在她得不到普瓦提埃教区主教马罗韦乌斯的支持而接受凯撒利亚的修道院苦修会规并动用国王西吉贝特的力量，在569年为安置圣物举行奢华的仪式一事上表现得尤为明显。宝多妮维雅记载了她干涉地方的异教崇拜：

> 受夫人安西弗雷达（Ansifrida）的邀请，她（拉戴贡德）带着一

---

① J. McNamara, J. E. Halborg and G. Whatley, eds. and trans., *Sainted Women of the Dark Ages*, p. 74.

② Lynda L. Coon, *Sacred Fictions: Holy Women and Hagiography in Late Antiquity*, University of Pennsylvania Press, 1997, p. 135.

③ J. McNamara, J. E. Halborg and G. Whatley, eds. and trans., *Sainted Women of the Dark Ages*, Radegund 2, p. 75.

批世俗随从走在去赴宴的路上。在离这位神圣的王后出行队伍大约一英里处有一座神庙，法兰克人在那里祭拜。听说此事，她命令她的仆人们用火烧了这座法兰克人敬拜的神庙，因为，她断定藐视上帝敬拜魔鬼是极邪恶的。听说此事后，一群受魔鬼的刺激而大声嚷嚷的法兰克人试图用剑和棍子保护这个地方。但是，这位神圣的王后，心里装着基督，直到这所神庙被烧成废墟、对方与她和解，她才动身让她的马前行。①

从中，我们可以看出，王后在中世纪早期基督教化过程中的作用。在推动地方的异教崇拜改信基督教时，王后比国王更加坚定。

（三）谦卑与仁慈的楷模

墨洛温女圣徒是谦卑仁慈的。克洛维一世的王后克洛蒂尔德为工人提供水源，可以说是女圣徒仁慈的典范。

王国没有充足的水。修道院的建筑工人向王后讨水喝，因为水的严重短缺导致工期进展不佳。圣克洛蒂尔德对此感到很焦虑，此时在靠近修道院所建之处冒出了泉水。它的外观令人愉悦，流出的水是清澈干净的。当工人们找她要水的时候，神圣的克洛蒂尔德让她的一位仆人接了这里的一杯泉水递给他们。接下来的日子里，当太阳炎炎炙烤大地时，工人们就会向圣克洛蒂尔德讨水喝。按照上帝对她的指导，这位上帝的神圣女仆让她的仆人用一个杯子盛给他们。当他们举起杯时，水变成了酒，他们说他们从未喝过如此美味的酒。②

这一奇迹的出现为修道院的建立增添了神圣性，更重要的是将这位王后的仁慈与奇迹联系在一起，促成了对她的圣徒崇拜。最终她被神父们涂

---

① J. McNamara, J. E. Halborg and G. Whatley, eds. and trans. , *Sainted Women of the Dark Ages*, Radegund 2, p. 87.

② J. McNamara, J. E. Halborg and G. Whatley, eds. and trans. , *Sainted Women of the Dark Ages*, p. 48.

油选定为"使徒式的引导者……将她安置在庞大的圣徒队伍中间"①。

圣徒传作者对拉戴贡德的个人品德做了详细描述。拉戴贡德王后不同于早期的殉教者，作为圣徒，她的一大美德是利用她的权力惠及更大的共同体，受惠者既有俗人也有教会人士。她对苦修生活的渴望与克洛塔尔为她设定的公共的、世俗的政治角色是并置的。② 她在写给高卢主教们的信件中谈及她在赛伊克斯（Saix）的圣克罗伊斯女修道院的生活，她将其作为自己的精神家园，将仁慈和谦卑浇筑于此。

> 当所有的修女熟睡之后，她收集她们的鞋子，将它们打理干净并涂上油。……如果别人先于她做了好事，她将惩罚自己。她打扫修道院的道路，冲刷犄角旮旯，带走所有的脏东西，从未因为恶心而弃之不理，其他人看到她这样都心生敬佩。……她抱柴火，向火塘吹风、用火钳生火，即使被烧伤也不退缩。除安排的值守之外，她照顾体弱者，为他们做饭、洗脸、倒热水，挨个走访她关照的地方，然后回到修道室斋戒。③

弗图纳图斯描写了拉戴贡德在建普瓦提埃女修道院之前在赛伊克斯的生活，说她忙得像马大（Martha），打扫卫生、生火、做饭、照顾他们的饮食起居，直到这些"弟兄"都吃饱喝足。

> 有一个名叫马大的女人，接他（耶稣）到家里。她有一个妹妹，名叫玛利亚，坐在主的脚下听道。马大被许多要做的事，弄得心烦意乱，就上前来说："主啊！我妹妹让我一个人侍候，你不理吗？请吩咐她来帮我。"主回答她："马大，你为许多事操心忙碌，但是最要紧的只有一件，玛利亚已经选择那上好的分，是不能从她那里夺走的。"④

---

① J. McNamara, J. E. Halborg and G. Whatley, eds. and trans. , *Sainted Women of the Dark Ages*, pp. 49-50.

② Magdalena Elizabeth Carrasco, "Spirituality in Context: The Romanesque Illustrated Life of St. Radegund of Poitiers", *The Art Bulletin*, Vol. 72, 1990(3) , p. 433.

③ J. McNamara, J. E. Halborg and G. Whatley, eds. and trans. , *Sainted Women of the Dark Ages*, p. 80.

④ Luke10: 39; 40.

在此，弗图纳图斯借用《路加福音》中的马大这一人物形象，将拉戴贡德的谦卑和仁慈通过日常生活表达出来。这种服务于高卢使徒的家庭妇女形象体现了王后在法兰克人的基督教化进程中角色的转变，即从战争中的伙伴转变为家庭中的仆从。弗图纳图斯注意到拉戴贡德自己戒掉了葡萄酒、蜂蜜酒和啤酒，却给予他人食物。

> 在晚饭时，她像一位好客的主人那样站着，她切面包和肉端给每个人，而她自己是禁食的。而且，她不停地用勺子为盲人和体弱者提供食物。①

弗图纳图斯也描写了拉戴贡德被封为女执事之后如何制作面包以备在圣餐仪式中食用并分发给各处圣所。"效仿圣日耳曼努斯的习惯，她偷偷地带了一块磨石。整个四旬斋期间，她亲手磨制面粉。她继续将每种供给品分发给地方宗教团体，每四天发一次所需餐食。"② 拉戴贡德如此着迷将食物救济给穷人，也是仁慈的体现。

> 我满怀激情地自问我能胜任什么，如何帮助其他妇女进步，如果我们的上帝赞许，我自己的愿望如何有益于我的姐妹。因此，我在普瓦提埃城为修女们建一座女修道院。……在得到普瓦提埃城主教和其他与他共事的高级教士的完全赞同下，通过我们共同体的正当选举，我任命阿格内斯女士为女修道院院长。对我而言，她就像是我的姐妹，我喜爱她并从小像抚养女儿一样抚养她。③

从拉戴贡德任劳任怨干杂活、不怕脏、不嫌累、救济穷人、照顾弱者等行为，我们感受到她的谦卑与仁慈。从她任命阿格内斯为女修道院院长，我们看出拉戴贡德的这种谦卑与仁慈是基于普瓦提埃教会的支持，这种美德与政治密不可分。

---

① J. McNamara, J. E. Halborg and G. Whatley, eds. and trans., *Sainted Women of the Dark Ages*, p. 77.

② J. McNamara, J. E. Halborg and G. Whatley, eds. and trans., *Sainted Women of the Dark Ages*, p. 77.

③ Gregory of Tours, *The History of the Franks*, IX. 42, p. 535.

鲍尔希尔德（崇拜日是 1 月 30 日[1]）以拉戴贡德为榜样，失去王后权力之后在修道院内树立自己的精神权威。圣徒传作者在塑造 7 世纪的鲍尔希尔德王后形象时，有着明显的政治特征。此时，法兰克人的基督教化基本完成，女圣徒活着时不再充当教会和国王之间的中介。因而，对于王后鲍尔希尔德，圣徒传作者不再记载其生前的奇迹，而只是赋予其死后奇迹。退隐谢尔修道院后，鲍尔希尔德回归女圣徒的谦卑与仁慈。

> 她给后人做了一个谦卑和忍耐的神圣典范……凡事都要与人商讨，征得同意后才做，有理有节。[2]

圣徒传作者突出她做人做事有理有节的良好品行，强调她生前的自我角色定位和死后墓地发生的诸多奇迹，进一步阐释了墨洛温王朝女圣徒的仁慈与谦卑。

> 她将国王视作她的领主；对于大贵族而言，鲍尔希尔德是母亲；对于主教而言，她是女儿；对于年轻人和男孩而言，她是保姆。她对所有人都很友好，像爱父亲一样爱主教；像爱兄弟一样爱修士；像一个忠诚的保姆一样爱穷人，给予所有人慷慨的救助。[3]

对于鲍尔希尔德的仁慈，圣徒传作者强调她禁止杀婴、惩罚因税收负担而不抚养孩子的父母；抨击圣职买卖；购买并释放奴隶，禁止将基督徒俘虏贩卖为奴。她的仁慈历来都是有政治派系争议的。她资助和修建的修道院均与奥多因（鲁昂主教）一派密切相关，与来自卢克瑟修道院的爱尔兰修道会规密不可分。圣徒传重塑鲍尔希尔德王后有争议的政治生活，使她的世俗权威从属于她的家庭内虔诚。[4] 库恩认为圣鲍尔希尔德传的作者可能夸大了这位王后活着时受到的政治惩罚——将她关押在修道院内[5]。

---

① Yitzhak Hen, *Culture and Religion in Merovingian Gaul*, 481 - 751, New York: E. J. Brill. 1995, p. 94.

② Paul Fouracre and Richard A Gerberding, *Late Merovingian France*, p. 130.

③ Paul Fouracre and Richard A Gerberding, *Late Merovingian France*, pp. 121-122.

④ Lynda L. Coon, *Sacred Fictions: Holy Women and Hagiography in Late Antiquity*, p. 136.

⑤ Lynda L. Coon, *Sacred Fictions: Holy Women and Hagiography in Late Antiquity*, p. 139.

在这位王后眼中，巴黎主教西格布兰德①拥有实实在在的地方控制权，是她平衡国王和贵族间力量的一颗关键棋子。西格布兰德的任命对于鲍尔希尔德的隐退起着关键作用。维姆普认为，鲍尔希尔德"低估了贵族的力量"，才会被迫进入修道院。②

圣徒传作者试图通过描述她死时的行为展现她淡出人世的谦卑形象，但没有记载她死亡的具体时间。

> 当这位女士意识到她将死之时，她的圣灵已升至天国。她被授予最大的回报，她极力禁止那些与她待在一起的修女们通知其他的修女和女修道院院长。……那时有一个小孩，即她（鲍尔希尔德）的教女，她希望和这个女孩一起走。这个女孩突然离开她向坟墓走去。然后，她做了一个圣十字的标志，带着忠诚的眼神，用她神圣的双手将这个女孩接到天堂。她的神圣灵魂平和地摆脱了肉体的束缚。突然这个小房间里光芒四射，无疑她的灵魂被天使们收走了，她最忠实的老朋友，已故主教杰尼斯来接她。
>
> 按照她的命令，那些修女们隐藏起痛苦，仅向教士们报告此事。当女修道院院长和众人知道此事之后，她们大哭起来，询问事情怎么发生得如此突然，连她走的时间都不知道。……所有人都俯伏在地哭着哀悼她。③

鲍尔希尔德也没有像拉戴贡德那样苦修和节制。只是在她死后，她的坟墓具有了治疗疾病的作用。圣徒传作者通过此种方式，将她的政治权力转变成一种女性的仁慈和谦卑，以符合女圣徒的形象。

> 现在，为了向信仰者表明她的高尚品行，神性的虔诚在她的圣墓前完成了许多奇事，这样无论谁带着信仰到了那里，发热者、着魔者、牙痛者都康复了，无论什么烦恼或疾病通过神圣力量和她的神圣

---

① 西格布兰德（Sigobrand）与他的前任克罗多贝特（Chrodobert）都属于贵族埃布罗因（Ebroin）阵营，王后鲍尔希尔德与西格布兰德有密切联系，法兰克人杀死了西格布兰德。

② Suzanne Fonay Wemple, *Women in Frankish society: Marriage and Cloister, 500–900*, University of Pennsylavania Press, 1981, p. 69.

③ Paul Fouracre and Richard A. Gerberding, *Late Merovingian France*, pp. 129–130.

代祷立即摆脱了。①

埃弗罗斯（B. Effros）指出，圣鲍尔希尔德是以一种明显符合她的世俗身份的方式（作为法兰克王后）而被纪念。② 圣徒传作者评价她在生前做了许多善行，其神圣品性超越了之前的王后克洛蒂尔德、拉戴贡德等③。

三　王后形象背后的诉求与期待

圣徒传的史料价值在于它是理解中世纪人的宗教期待和道德向往的一把关键钥匙④，是后人透视中世纪基层民众内心世界的窗口。中世纪早期圣徒和圣徒崇拜非常流行，圣徒传不仅为普通信众提供了行为的榜样，而且表达着对某一地方小共同体的认同，并将这一共同体的命运与圣徒的命运等同起来。拉戴贡德王后在普瓦提埃被奉为圣徒与她的修道院的影响力扩大有直接的关系。社会史家将圣徒的流行解释为压力和冲突的产物，这种圣徒形象是谦卑仁慈的，也有强大的社会权威。宗教史家认为圣徒的流行在于为人们提供效仿的典范，即通过禁欲和苦修战胜疾病、战胜魔鬼等。彼得·布朗认为，我们应将圣徒形象作为一面镜子，从一个令人惊叹的角度去捕捉后罗马时代的日常生活。⑤ 笔者从历史的角度说明墨洛温王朝时期王后-圣徒流行的政治原因和功能。

通过分析以上三位王后的形象塑造，不难发现中世纪早期法兰克王后-圣徒实质上是由王室与教会共同策划推崇的一种大众崇拜和信仰，她们在宗教方面的活动直接影响到王国的政治，在早期族群融合过程中起着至关重要的作用，其形象体现出王室仁慈的一面。王后形象的不断变化也体现了法兰克墨洛温王朝政治的基督教化。从克洛蒂尔德到拉戴贡德再到鲍尔希尔德的圣徒传记载中，可以发现现实政治的特点逐渐凸显出来。王后从早期的蛮族王国征战中的和平形象，逐渐转向宗教领域的虔诚女仆的

①　Paul Fouracre and Richard A. Gerberding, *Late Merovingian France*, p. 130.
②　Bonnie Effros, "Symbolic Expressions of Sanctity: Gertrude of Nivelles in the Context of Merovingian Mortuary Custom", *Viator* 27, Berkeley, Los Angeles and London, 1996, p. 2.
③　J. McNamara, J. E. Halborg and G. Whatley, eds. and trans., *Sainted Women of the Dark Ages*, p. 277.
④　R. Mckitterick, ed., *The New Cambridge Medieval History*, vol. II c. 700–900, p. 12
⑤　Peter Brown, *Society and the holy in late antiquity*, University of California Press Berkeley and Los Angeles, California, 1982, pp. 105–107.

服务形象。德国学者认为，日耳曼贵族试图通过树立基督教圣徒来恢复被皈依所抵消的神权。对于贵族们无可争议的世俗权力，他们通过控制教会职位来增加其精神权威。圣徒的礼拜堂和墓地成为他们家族权威的焦点。贵族妇女更适合成为日耳曼贵族选定的圣徒对象，因为她们血统高贵，而且不参与世俗的权力争斗。贵族妇女能够将她们的嫁妆和从掌权的君主那里获得的遗产转交给上帝。[①] 威滕（Susanne Winttern）解释了圣徒传的写作意图。她认为，给三位王后作传是为了宣传一种适合女性基督徒行为的形象，从中体现出 6-7 世纪日益制度化的王后权力[②]。克洛蒂尔德与主教雷米吉乌斯、拉戴贡德与努瓦永主教圣梅达德、鲍尔希尔德与巴黎主教西格布兰德之间的合作表明王后在教会中享有独特地位，预示着一种苦心经营的政教合作传统开始形成。9 世纪的圣徒传版本与 6 世纪的故事相比是有更改的。在 6 世纪的版本中，雷米吉乌斯出现在克洛蒂尔德完成她的冒险之后；而在 9 世纪的版本中，克洛蒂尔德邀请这位主教和她一起说服国王克洛维一世皈依。拉戴贡德利用国王克洛塔尔给她的动产和不动产赢得教俗势力的支持，从而对抗地方主教马罗韦乌斯。这种形象适应了当时社会的政治经济模式——掠夺和馈赠模式。好战的国王将战利品馈赠给他的武士和王后，王后将从国王那里获得的馈赠再转赠给穷人，其实质是王室政治治理的刚柔并济。蛮族王国建立至 7 世纪初，女圣徒的主要美德是仁慈、慷慨，而不是之前或之后的安贫守贞。因而，在中世纪早期，特别是墨洛温时期，女圣徒的标准与沙漠圣人的标准正好相反，她们是入世的。女圣徒形象特征的变化体现了其标准的变化，体现了从效仿到崇拜、从榜样到神的转变过程，侧面反映出不同历史时期对女性角色和品性的不同期待。王后克洛蒂尔德在饮水等工程建设方面制造奇迹；王后拉戴贡德在自己的修道院内栽种草药，并且利用当时的王室医生做一些简单的手术，从而制造一系列的奇迹；鲍尔希尔德在政治上的突出贡献使她成为民众强有力的依靠。她们的宗教活动和信仰传播实质上是墨洛温王朝治理地方的重要手段，这种价值导向也被地方贵族所用，贵族通过建立自己的修道院，树立自己的女圣徒，从而获得不受国王控制的财富，尼韦勒的格特鲁德（Gertrude of Nivelles）对丕平家族的崛起就功不可没。

尽管中世纪早期西欧诸多信仰阿里乌派的国王与他们的信仰罗马公教

---

① J. McNamara, J. E. Halborg and G. Whatley, eds. and trans. , *Sainted Women of the Dark Ages*, p. 7.

② J. McNamara, J. E. Halborg and G. Whatley, eds. and trans. , *Sainted Women of the Dark Ages*, p. 7.

的罗马臣民能在相对稳定的时期和谐相处，但是不可否认，中世纪西欧的基督教文明成为政治统治的一大支柱。流传至今的圣徒传中塑造的女圣徒形象并非当时的现实，而是对王后甚至是贵族妇女的角色期待，给后代塑造了一个可供效仿的典范。

李约瑟的在华学术活动与《中国科学技术史》的编撰

徐冯媛

（北京师范大学历史学院，北京　100875）

　　摘　要： 李约瑟的《中国科学技术史》是中国科技史研究的奠基性著作，他的在华经历对该书的撰述起到了关键作用。首先，在华学术经历激发了他从事中国科技史研究兴趣，通过实地考察深化了他对中国古代科技的认识。其次，李约瑟在华期间结识了不少中国人，他们为《中国科学技术史》的写作提供了丰富的材料与重要的建议，还有部分学者成为他的合作伙伴。最后，李约瑟在华学术活动中深入了解了中国传统科技文明内蕴的思想文化因素，积极探寻中国传统哲学思想与科学思维的关联，使得所撰《中国科学技术史》展现出了东西方跨文化对比的特色。

　　关键词： 李约瑟　在华学术活动　《中国科学技术史》

　　《中国科学技术史》是由英国科学家李约瑟博士主编的多卷本著作，首次系统性地论述了中国科技史。该著作以"李约瑟命题"为核心，全面总结了中国几千年的科学技术发展情况，肯定了中国古代科学技术的杰出贡献，揭示中国古代科学的思维方式和演进历程，探讨中国古代科学与现代科学的关联与差异，展现中国古代科技的独特贡献和影响。

　　李约瑟作为《中国科学技术史》主编，为中国古代科技的研究做出了巨大贡献。在接触中国文化之前，李约瑟是一名专注于生物和化学研究的年轻科学家。然而，访华的经历彻底改变了李约瑟的职业规划。李约瑟曾自述："在中国的 4 年决定了我的终身。自此以后，我根本不可能设想，除了写一本西方文献中从来没有过的有关中国科学、技术和医学的书外，我还想要做什么其他工作。"① 在华学术活动的开展，则成为他编写《中国科学技术史》的重要保障。

一 身临其境：亲历中国科技，激发创作动力，验证"科学前哨"

亲身经历不同于从文献建构中认识中国科技，能够让人得到最直观的感受。访华后，李约瑟直接接触和观测了中国的科学技术成就，与中国人民和科学家进行了亲密交流。中国科学家的科研精神与能力使他对中国科技抱有友好态度，激发了他的思考与探索欲望，成为他撰写《中国科学技术史》的重要推动力。在华期间，他实地考察很多地区，直接接触中国科学技术，并得出了中国是"科学前哨"的重要论断。

（一）中国科研的魅力带给李约瑟创作的启发以及动力与热情

从一位对东方知之甚少的年轻科学家到研究中国科技史的巨擘，这一转变恰恰发生在李约瑟访问中国之后。

在李约瑟的笔下，中国人的科研精神屡次受到赞扬。在抗日战争期间，他首次访华，目睹了中国人在战争中对科学的坚定和热情。无论身处何地，李约瑟都能感受到中国人民排除万难、勇往直前，为发展科技而努力的伟大精神。李约瑟用文字记录了他所见证的中国人民和科学家的故事："近14年的消耗战并没有剥夺单个中国人的平静与稳定。你会看见创伤和毁灭的可怕证据。……科学家和技术专家矢志不渝，在设备缺乏的条件下继续进行研究，开动工厂。"② "参观这个重要省份的科学机构时，访问者得到的主要印象是中国科学工作者在自己祖国的边远地区表现出了不屈不挠的执着和勇气及他们在逆境中表现出了非凡的乐观与豁达。"③ 显而易见，李约瑟认为中国人具有坚韧、勇敢的品质，对科学研究抱有坚持和希望。

当然，不仅中国人的科研品质受到李约瑟的交口称赞，在李约瑟眼

---

① 李约瑟：《中国的科学与文化》，王钱国忠编《李约瑟文献50年（上）1942-1992》，贵州人民出版社，1999，第419页。
② 李约瑟、李大斐编著《李约瑟游记》，余廷明等译，贵州人民出版社，1999，第49页。
③ 李约瑟、李大斐编著《李约瑟游记》，第85页。

中，中国科学家的科研素质、水平也是一流的，完全不逊于世界上任何一个国家的科学家。李约瑟在参加重庆工矿展览会时，感慨中国技术人员的智慧，"只要向中国的技术专家、工程师和科学人士提供所需的工具，他们就能与世界任何国家的工程师和科学家相媲美"①。

正是中国人在困境中展现出的科研精神和科研能力深深打动了李约瑟，使他对中国的科研产生了友好之情。李约瑟对中国的好感和善意不仅在他的言论和著述中得到了充分体现，而且也从与他交往的中国学人的口中得到了证实。黄仁宇说，李约瑟"认为中国人是值得尊敬的民族，应该在世界上占有一席之地"②。傅斯年也曾评价过李约瑟，称以李约瑟为代表的一些人"是又了解我们而又同情我们的人，尤其是他们的同情是由了解而来的"③。

随着对中国的深入了解，李约瑟逐渐明晰了中国人对待科技的态度。尽管在抗战时期中国呈现出落后的面貌，许多外国科学家都认为中国科技远远落后于西方，并对中国科技心存偏见。李约瑟却突破了时代影响下的"欧洲中心论"，他看到了中国文明中的闪光之处，认为中国文化有很多值得了解、关注、学习的内容，对于中国科技史的研究也是基于如此认知，并将它写进了《中国科学技术史》。在中国人身上，李约瑟看到了未来中国科技发展的希望，找到了过去中国科技领先于世界的原因。他对中国人的科技精神和能力给予肯定，这让他对中国为何没有产生如西方一样的近代科学这个问题更加困惑，这也成为他研究中国科学技术发展的重要动机之一。李约瑟始终抱有对于中国文化的温情和喜爱，这使他在编写《中国科学技术史》时致力于客观地还原中国古代科技的真实面貌。也正是因为对中国的这份友好感情，李约瑟得以坚持对中国科学技术史的研究，经历了漫长岁月。

（二）实地考察，直观体验中国科学技术，感知中国的科学"前哨"地位

李约瑟曾感慨："我越来越感觉到中国是科学的'前哨'"④。这是李约瑟在多次考察中国的旅途中得出的结论。李约瑟认为："典籍所提的事

---

①　李约瑟、李大斐编著《李约瑟游记》，第191页。

②　黄仁宇：《剑桥，英国》，《黄河青山——黄仁宇回忆录》，生活·读书·新知三联书店，2001，第315页。

③　傅斯年：《倪约翰博士欢送词》，《傅斯年自述》，安徽文艺出版社，2014，第91页。

④　李约瑟、李大斐编著《李约瑟游记》，第42页。

实，远非我们唯一的资料来源。"① 他强调亲身体会在了解事物中所起的重要作用。李约瑟指出："正如我们必须先接受训练，学会架设真空蒸溜器，或亲自进行滴定，为了了解中国的篷帆，我们必须先在中国船上航行。或者我们应该看过制造豆腐或豆浆的中国小工厂。"② 对于李约瑟来说，从文本中获取关于中国的信息与亲身体验中国科技得到的认知是不同的。通过直接接触中国的科学技术，李约瑟得以对中国科技产生更直观的认知。李约瑟自言，"凡在中国居住过的人，例如我本人，都知道很早的中世纪的技术（例如径向踏板翻车）至今仍然盛行"③。这种对于中国技术的了解，势必要通过实地观测才能获得。

李约瑟通过考察文化遗迹获取了重要的资料。他在四川参观了当地特有的"自流井"。这种井始于两千年前，沿用至今。在这次四川之旅中，李约瑟目睹了古籍中所记录的开采活动，让他深感四川的"了不起"④。这段旅程的观察结果也被李约瑟记录在了《中国科学技术史》中⑤。在甘肃地区的考察中，李约瑟还观察了当地的石油储备情况。"自古以来，当地农民可能对此已不陌生了。他们除了用渗油来治病外，还用渗油来润滑乡村手推车的车轴。"⑥ 这种认知很可能是李约瑟与当地农民交流后得出的。四川的"自流井"和甘肃的石油应用情况，都是李约瑟在实地考察过程中直接获得的观察成果。这种精神，即通过实地考察验证书籍中的记载，在李约瑟晚年依然影响着他，"1986 年他以 86 岁高龄再访中国，其目的就是要去大足石刻实地考察一下，其中一个塑像手里抱着的，到底是不是一种地雷之类的火器"⑦。这次前往四川大足佛教石窟寺的考察推翻了李约瑟对于中国火铳出现时间的猜想。原本李约瑟"估计大约在 1200 年左右才开始有最早的火铳"，然而通过神像手持火铳的时间，李约瑟做出了新的判

① 李约瑟：《科学联络》，王钱国忠编《李约瑟文献 50 年（上）：1942-1992》，第 423 页。
② 李约瑟：《科学联络》，王钱国忠编《李约瑟文献 50 年（上）：1942-1992》，第 424 页。
③ 李约瑟：《中国科学技术史》第四卷《物理学及相关技术》第二分册《机械工程》，科学出版社、上海古籍出版社，1999，第 185 页。
④ 李约瑟：《中国的手与脑》，王钱国忠编《李约瑟文献 50 年（上）：1942-1992》，第 349 页。
⑤ 李约瑟：《中国科学技术史》第一卷《导论》，科学出版社、上海古籍出版社，1990，第 245~246 页。
⑥ 李约瑟、李大斐编著《李约瑟游记》，第 148 页。
⑦ 马伯英：《李约瑟——中国科技史研究的里程碑》，节选自《科技发展与改革》1990 年第 11 期，王钱国忠编《李约瑟文献 50 年（上）：1942-1992》，第 245 页。

断，火铳应该是"在金兵攻陷开封后两年的 1128 年就有了"①。

　　除了通过实地考察与文本记载的相互印证，李约瑟还利用在中国考察获得的多元化资料验证自己的想法并得出结论。他广泛利用图像资料和考古资料，将之作为研究中国科学技术的重要参考。在研究中国"橹"的时候，李约瑟先和王玲一起"根据图像提供的证明，提出多方面的证据，认定橹一定是三国（公元 3 世纪）或三国以前的发明"②。后来，鲁桂珍和李约瑟"在广州发现了一个汉墓中的模型船，肯定地证明橹在公元 1 世纪已经定形了"③。李约瑟还会自己亲自拍摄图片，作为图像资料保存下来。在敦煌石窟考察时，李约瑟不仅以文字形式记录了关于敦煌的相关情况，而且拍摄了"100 多幅照片"并冲印了出来④。《中国科学技术史》中也有不少由李约瑟自己拍摄的配图，如第四卷第二分册在讲解中国车辆外形演变时，李约瑟在书内插入了一幅 1943 年"甘肃兰州的农村用轻便车"⑤。李约瑟在中国期间经常携带相机，随时拍摄与中国文明相关的图片，这些珍贵的图片资料至今保存在英国的李约瑟研究所，并成为《中国科学技术史》撰写的重要资料来源。

　　李约瑟的考察足迹覆盖了中国大部分地区，深入考察中国古代科技的各类现象。与仅通过文本获得信息不同，他通过与当地人的交流和亲自观察，最直观地感受到中国古代科技的伟大之处。

二　结识中国人：编撰《中国科学技术史》的重要因素

　　李约瑟在中国广泛交友，包括科学家、史学家和政客。通过与中国人的交流，他获得了大量中国科技史的相关资料，并得到了编写《中国科学技术史》的宝贵建议，这成为他编写该书的重要因素。

---

① 李约瑟：《李约瑟致刘旭》（1991 年 3 月 16 日），王钱国忠编《李约瑟文献 50 年（下）：1942－1992》，第 980 页。
② 李约瑟：《科学联络》，王钱国忠编《李约瑟文献 50 年（上）：1942－1992》，第 423~424 页。
③ 李约瑟：《科学联络》，王钱国忠编《李约瑟文献 50 年（上）：1942－1992》，第 424 页。
④ 李约瑟、李大斐编著《李约瑟游记》，第 166 页。
⑤ 李约瑟：《中国科学技术史》第四卷《物理学及相关技术》第二分册《机械工程》，第 273 页。

（一）从中国人处获得编撰《中国科学技术史》的重要资料

在前往中国前，李约瑟对编写一部关于中国科技史的书已有谋划，但是当时的李约瑟"打算战后花两年时间，撰写《中国科技史》。当时他为自己定下这项工作计划，工作量究竟有多大，他心中无数。经向他会见的一些学者多次请教后，得悉不断增多的资料在中国古典文库内等待他，他才认识到，这不是一项轻而易举的工作。"①

《中国科学技术史》的"每一史料都标明出处，每册后有1800年前汉文古书书目，1800年后汉文、日文及西方文作品目录，其篇幅之大犹如一本书目学著作，为后人提供丰富资料"②。而书中所引用的大量资料，不少是李约瑟在华期间获得的。这些书籍一部分由李约瑟自己购买。他曾经列出一份书单，并且在成都期间将书单上的所有科技史书籍全部购买齐全③。还有一部分来自友人的慷慨赠予。

通过与中国学人的接触，李约瑟对中国书籍有了更深入的了解。在他所创办的中英科学合作馆中，聚集了许多对科学史感兴趣的中国科学家、医生和工程师。李约瑟称在这些"对科学史感兴趣"的科学家、医生和工程师的帮助下，他"能够初步知道一些中国的科技文献"④。这使他对中国书籍的数量有了更多的认识，并且更新了他有关《中国科学技术史》编撰的想法。

另外，对李约瑟而言，中国友人赠送的书籍成为他编写《中国科学技术史》一书的重要资料来源。李约瑟曾在信中答谢中国友人的馈赠，"承赐陈存仁教授之所著《中国医学史图鉴》一书，万分感激！此书为编卷6第1册之极有价值参考资料"⑤。在李约瑟图书馆的藏书中，也有李约瑟收到来自中国学人赠书的痕迹。李约瑟图书馆收录了郭沫若的《十批判书》，

---

① 黄兴宗：《总序》，李约瑟、李大斐编著《李约瑟游记》，第2~3页。
② 潘吉星：《李约瑟——沟通东西方各民族与科学文化的桥梁建筑师》，选自《传统文化与现代化》1993年第3期；王钱国忠编《李约瑟文献50年（上）：1942–1992》，第307页。
③ 李约瑟、李大斐编著《李约瑟游记》，第31页。
④ 李约瑟：《中国科学技术史》第一卷《导论》，第9页。
⑤ 李约瑟：《李约瑟致陈立夫》（1969年12月29日），本函录自陈立夫《与〈中国之科学与文明〉作者来往信件》（台湾《中央日报·副刊》1970年1月24日）。原文未注明此函日期，据考1969年11月15日陈立夫致李约瑟函之内容，此函当为1969年12月29日。王钱国忠编《李约瑟文献50年（下）：1942–1992》，贵州人民出版社，1999，第895页。

在书的扉页有郭沫若的亲笔签名："李约瑟先生惠存，郭沫若，一九四五．十二．十五。"① 此外，在《中国科学技术史》中，李约瑟曾提及地质专家李四光为其提供了"中国次大陆构造的第一部内容丰富的著作——《中国地质学》"②。从中国学人处获得的已出版的书籍成为李约瑟编撰、修改、完善《中国科学技术史》的重要参考。

回到英国后，李约瑟与中国学者的交往并未因此中断，赠书活动持续进行着。回到剑桥后，"不管中国的政策怎样反复，他还是源源不断地收到违禁资料。这种情况至少一直持续到1958年"③。抗战胜利后，"竺可桢收集图书和资料海运到英国剑桥，其中有一套完整的《古今图书集成》，篇幅上万卷，字数达1亿7千万字"④。在英国，李约瑟编写《中国科学技术史》期间，来自中国的资料成为他宝贵的资料来源。

（二）将中国学人的见解吸纳进《中国科学技术史》

李约瑟三十多岁才开始接触中文及中国文化，之前对中国文化并没有过多了解，对中国文化的理解有限，故李约瑟访华期间与中国学者多有往来，并与他们多次开展学术讨论。

李约瑟常与中国学者就学术问题进行讨论，这种讨论深化了他对中国文献的理解。在撰写与气象学相关的章节时，李约瑟常与中国著名气象学家竺可桢进行交流。"李约瑟在《中国科学技术史》中，多次提到竺可桢的见解。由于与竺可桢的接触，他有了充分的资料撰写其中的'气象学'一章。"⑤ 他与著名数学家华罗庚及生物学家经利彬也有交流，华罗庚被李约瑟称为"中国的罗摩奴阇"，"我（作者注：李约瑟）与他讨论了中国数学史。上午在邻近的药物研究所度过，与经利彬讨论了防疟疾、防痢疾

① 徐艳：《李约瑟图书馆之藏书特色》，《薪火学刊》第3卷，复旦大学出版社，2016，第188页。
② 李约瑟：《中国科学技术史》第一卷《导论》，第61页。
③ 〔英〕文思淼：《李约瑟——揭开中国神秘面纱的人》，姜诚、蔡庆慧等译，上海科学技术文献出版社，2009，第160页。
④ 黄建红：《抗战时期李约瑟在云南昆明的科学考察——以档案文献为中心的考述》，《云南档案》2023年第1期。
⑤ 王鹏飞：《对〈中国科学技术史·气象学〉的探讨》（发表于1990年12月上海弘扬中华优秀科学文化暨庆祝李约瑟博士90寿辰学术讨论会），王钱国忠编《李约瑟文献50年（下）：1942-1992》，第574页。

问题"①。李约瑟还与著名学者胡道静 "一起讨论中国科学的根源，即科学的发生、发展的起因"②。抗战时期，李约瑟还与李四光有过交往。李约瑟曾就 "当时如何开展科学研究工作提出过一些建议，后来李四光教授给他写过一封信"③。通过《中国科学技术史》，可以知晓李约瑟深入研读过李四光所著的《中国地质学》，并在书中多处提到李四光提出的若干问题，如李四光提出的新华夏地槽问题④。从丰富的史料中，我们能找到许多李约瑟与中国学人讨论问题的相关记录。

李约瑟不仅与单个学者深入讨论问题，还与中国学者开展集体性讨论。他曾在傅斯年家中寄居，提出了许多关于科学史的问题，引起了广泛的讨论。各学科的研究人员积极搜寻和发掘有趣的资料，例如，公元 2 世纪关于鞭炮的材料，几次重大的爆破事件的记载，公元 1076 年禁止向鞑粗人出售火药的通令等⑤。

通过与中国学者的交流，李约瑟不仅解答了心中的困惑，还积累了许多关于中国科技的知识，更是通过中国学者的介绍，开阔了学术视野。中国著名物理学家钱临照与他讨论、交流中国古代哲学，钱临照向李约瑟介绍了中国古代哲学家墨子及其著作《墨经》，"其中有关记载中国古代科学的成就"，这次交流使李约瑟第一次听闻墨子之名，李约瑟后来在《中国科学技术史》中提到第一次听到墨子之名令其 "惊叹不已"⑥。

对一些难以理解的文献中的问题，李约瑟也常向中国学人讨教。李约瑟曾向许多学者询问老子《道德经》"三十辐共一毂，当其无，有车之用；埏埴以为器，当其无，有器之用。凿户牖以为室，当其无，有室之用。故有之以为利，无之以为用" 这话中的 "有""无" 之意。最后接受了侯外庐的解答，并将其写进了《中国科学技术史》，不过，在《中国科学技术史》中，李约瑟同时引用了外国学者韦利的解释，使二人解释形成对比，以此衬托侯外庐的译释 "才更符合古代道家的总的政治立场"⑦。

①　李约瑟、李大斐编著《李约瑟游记》，第 21 页。
②　小静：《胡道静与李约瑟》，《时代与思潮——五四反思》1989 年 4 月。
③　张祖还：《李四光教授二三事》，《李四光学术研究文集》，地质出版社，1984，第 87 页。
④　李约瑟：《中国科学技术史》第一卷《导论》，第 61~62 页。
⑤　李约瑟、李大斐编著《李约瑟游记》，第 37 页。
⑥　钱临照：《记李约瑟与〈科学前哨〉》，《自然辩证法通讯》1995 年第 5 期。
⑦　李约瑟：《中国科学技术史》第二卷《科学思想史》，科学出版社、上海古籍出版社，1990，第 124 页。

（三）结交编撰《中国科学技术史》的中国合作伙伴

《中国科学技术史》并非由李约瑟一人独立完成。他与来自全球的许多优秀学者组成了创作团队，其中鲁桂珍、王玲、黄兴宗和何丙郁等均为中国学者。在《中国科学技术史》中，李约瑟提出了六项参与编撰该书的学者必须具备的条件："（1）他必须有一定的科学素养，而且还必须多年从事过实用的和生产性的科学研究；（2）他必须很熟悉欧洲的科学史，并且已在其中某一方面进行过一些独创性的工作；（3）他必须对欧洲各个历史时期科学技术发展的社会背景和经济背景有兴趣并有所了解；（4）他还必须亲身体验过中国人的生活，并有机会在中国各地旅行，最好既不是以传教士或者正式外交使节的身份，也不是以商人的身份；（5）他必须懂得中文，如果不能很快速地阅读中文书籍，至少也须足以查阅原著和必不可少的参考文献；（6）他必须能够有幸地得到很多中国科学家和学者们的指导。"① 符合六项条件的人，不是长期旅华，对中国史学、科学均有一定了解的外国人，就是有过国外旅居经历，并具备相关专业知识与素养的中国人。事实上，能同时满足李约瑟提出的六项条件的人在当时并不多。李约瑟的访华经历，让李约瑟与不少中国学者有往来，并因此结识了许多志同道合的合作伙伴。

鲁桂珍是《中国科学技术史》的重要撰写人。如前文所言，正是与鲁桂珍等几位中国留英学生的相遇，使李约瑟踏上了研究中国科技史之旅。之后在鲁桂珍的陪伴下，李约瑟学习中文，阅读中国古籍，不断深化对中国文化的了解。1957年后，鲁桂珍更是成为李约瑟《中国科学技术史》的主要合作者②。鲁桂珍一共参与8卷书的编写，是协助李约瑟编写《中国科学技术史》卷数最多的学者。也无外乎鲁桂珍被李约瑟称为"《中国之科学与文明》最主要的合作人，她扮演很重要的角色"③。

另一名《中国科学技术史》的重要参与者是王玲。1943年，李约瑟"在四川李庄拜访当时疏散在那里的中央研究院历史语言研究所时，第

---

① 李约瑟：《中国科学技术史》第一卷《导论》，第4页。
② 李约瑟：《〈中国科学技术史〉的规划与现状》，张孟闻译，张孟闻编《李约瑟博士及其〈中国科学技术史〉》，华东师范大学出版社，1989，第41页。
③ 王家凤：《"我不是汉学家！"——专访李约瑟》，选自台湾《光华》1990年12月号，王钱国忠编《李约瑟文献50年（上）：1942–1992》，第37~38页。

一次遇见他"①。在 1947—1956 年这段时期内，李约瑟和王玲共同编撰《中国科学技术史》。在李约瑟的描述中，王玲对《中国科学技术史》的贡献，主要分为以下三个方面：第一，他的史学专业训练，对日常讨论起了极大作用；第二，承担了"十分之七八"的《中国科学技术史》的翻译工作；第三，查找、挖掘和审查有用的资料，确定其价值，负责烦琐的图书馆、索引及编目工作②。王玲一共参与了《中国科学技术史》7卷书的编写，是仅次于鲁桂珍协助李约瑟编写《中国科学技术史》最多的学者。李约瑟评价王玲："假如没有这样一位合作者的友谊，本书即使能出版，也将推迟很久，而且可能会出现比我们担心现在实际有的甚至更多的错误。"③

黄兴宗同样是《中国科学技术史》的撰写人之一。李约瑟打算成立中英科学合作所时，给黄兴宗写信，邀请黄兴宗与他一起去中英科学合作所工作并一起到各处旅行④。1943 年 4 月，李约瑟到达成都后，黄兴宗与李约瑟碰面⑤。随后，黄兴宗不仅为李约瑟成立中英科学合作所出力甚多，还陪伴李约瑟到处旅行、考察。1979 年后，黄兴宗参与《中国科学技术史》的撰写，成为《中国科学技术史》第六卷第五分册的独立撰写人。

除了以上提到的，中国学者对该书的编撰还提供了其他的帮助。如有学者帮助《中国科学技术史》开展审阅工作。李约瑟曾写道："（吴大琨）给我在经济学、历史学方面很多参考。……在桂林又见面了。"⑥ 在《中国科学技术史》中，李约瑟特别致谢了吴大琨，吴大琨不仅与李约瑟共议中国科学技术史相关的问题，还审阅了《中国科学技术史》的书稿⑦。何丙郁作为《中国科学技术史》其中一册的编撰者，对李约瑟编撰的部分观点并不十分认同，故而何丙郁在撰写《中国科学技术史》中

① 李约瑟：《中国科学技术史》第一卷《导论》，第 11 页。
② 黄兴宗：《李约瑟研究中国科学技术史》第一卷"序言"，王钱国忠编《李约瑟文录》，浙江文艺出版社，2004，第 86 页。
③ 李约瑟：《中国科学技术史》第一卷《导论》，第 11~12 页。
④ 黄兴宗：《李约瑟与抗战时期的中国科学》（Joseph Needham and the State of Science in China during World War II），王渝生主编《第七届国际中国科学史会议文集》，大象出版社，1996，第 86 页。
⑤ 黄兴宗：《李约瑟与抗战时期的中国科学》（Joseph Needham and the State of Science in China during World War II），王渝生主编《第七届国际中国科学史会议文集》，第 86 页。
⑥ 徐艳：《李约瑟图书馆之藏书特色》，《薪火学刊》第 3 卷，第 192 页。
⑦ 刘丹迪：《二十世纪中国学人与李约瑟的科技史研究》，硕士学位论文，陕西师范大学，2017，第 48 页。

保留了自己的观点，这使得《中国科学技术史》中的观念更加丰富①。

三　观察与对比：李约瑟的中国科学思维探索之旅

李约瑟对中国科技发展的研究不仅停留在科技本身，在访华之旅中，李约瑟更将对中国科技的研究深入中国传统物质文明的内在理路，即中国的政治、经济、思想文化、社会结构等。同时，他将中国的科技史研究置于世界科技史发展的更宽广的视域中，并将之体现在《中国科学技术史》的撰写中。

（一）探寻中国哲学思想，揭示中国科技发展的哲理基础

多次的访华之旅让李约瑟对中国科学的了解逐渐从科学技术深入科学思想，并促使他深入挖掘影响科学思想的因素。李约瑟关于中国传统哲学思想与科技思维的讨论就是这种研究思路的典型例证。《中国科学技术史》第二卷《科学思想史》专门探讨了中国哲学如儒家、道家、墨家、名家、法家、佛教、理学等思想及其他中国科学观念与中国传统科技之间的关系。在中国科学技术史中，李约瑟点明了研究中国科技发展需要探究传统哲学的原因所在："如果没有中国文明所特有的哲学，自然科学也不能使它本身臻于完善"。②

先看儒家，在李约瑟看来，儒家关注人及人类社会远超过关注自然与科学，这在中国科学技术发展过程中，往往起到了反作用。然而，李约瑟也认为并非儒家思想的所有成分都是对中国科技发展起阻碍作用的。他认为"儒家思想基本上是重理性的，反对任何迷信以至超自然形成的宗教"，这使得儒家思想具备了"助长了科学的萌芽"这一面③。

墨家、名家被李约瑟视为"曾做出重大努力来建设一种科学逻辑"的两大学派④。尤其是墨家，被李约瑟评价为"完全依赖人类理性"，并"明确地奠定了在亚洲可以成为自然科学的主要基本概念的东西……它们勾画

① 马越：《〈中国科学技术史〉编撰策略与传播机制研究：书籍观念史视域中的李约瑟》，博士学位论文，山西大学，2021，第70~71页。
② 李约瑟：《中国科学技术史》第二卷《科学思想史》，第367页。
③ 李约瑟：《中国科学技术史》第二卷《科学思想史》，第12页。
④ 李约瑟：《中国科学技术史》第二卷《科学思想史》，第181页。

出了堪称之为科学方法的一整套完整理论"①。

除此之外，"法家的信念就以尖锐的形式提出了实在法与自然法的关系问题"，使法家较儒家与科学的关系更为紧密②。法家与科学另一个存在关联性的点在于法家对数量的爱好③。不难发现，法家思想在中国科技发展过程中，发挥着重要的作用。

需要我们重点关注的是道家及道教思想与中国科技的关系。在《中国科学技术史》中，道家思想是李约瑟花了大量篇幅来进行描述的思想，也是李约瑟所接触的中国哲学思想中，带给李约瑟触动最大的部分。在《中国科学技术史》中，李约瑟曾称道家思想是"一种哲学与宗教的出色而极其有趣的结合，同时包含着'原始的'科学和方技。它对于了解全部中国科学技术是极其重要的"④。李约瑟认为道家哲学中所包含的诸多因素对中国科学发展有着极为重要的作用："它（道家—引者注）却发展了科学态度的许多最重要的特点，因而对中国科学史是有着头等重要性的。此外，道家又根据他们的原理而行动，由此之故，东亚的化学、矿物学、植物学、动物学和药物学都起源于道家。"⑤

能够深入中国道家与道教思想，和李约瑟在华期间参观道观、参加道教活动及与学者讨论密不可分。

第一次访华时，李约瑟便探访了大量的道观，李约瑟对中国道教圣地十分喜爱，"常常留连忘返"⑥。李约瑟的日记中多有对他探访道观的记载，譬如李约瑟曾记载自己在陕西南部，前往张三丰创立的道观参观⑦。观看道教仪式和倾听道家义理，也是李约瑟增进对道教了解的重要渠道。"在成都和嘉定，我有机会聆听郭本道以及已故黄方刚关于道教的艰深而重要的阐释。在楼观台住持曾永寿指导下，我得以看到活生生的传统道教。"⑧

事实上，李约瑟对道家及道教思想十分感兴趣，甚至在公开场合"揄

① 李约瑟：《中国科学技术史》第二卷《科学思想史》，第 201 页。
② 李约瑟：《中国科学技术史》第二卷《科学思想史》，第 227 页。
③ 李约瑟：《中国科学技术史》第二卷《科学思想史》，第 231 页。
④ 李约瑟：《中国科学技术史》第二卷《科学思想史》，第 35 页。
⑤ 李约瑟：《中国科学技术史》第二卷《科学思想史》，第 75 页。
⑥ 陈民耿：《名誉道士李丹耀约瑟》，选自台湾《东方杂志》（复刊）1972 年第 1 期，王钱国忠编《李约瑟文献 50 年（上）：1942-1992》，第 153 页。
⑦ 李约瑟、李大斐编著《李约瑟游记》，第 238 页。
⑧ 李约瑟：《中国科技史》第一卷《导论》，第 9~10 页。

扬道家的种种科学贡献"，自称为名誉道士以示对道教的热情①。

（二）科技与文明：《中国科学技术史》的东西方跨文化对比

最早引发李约瑟思考中西科学思维异同的是鲁桂珍、王应莱、沈诗章三人到访剑桥实验室，他们的表现"完全不下于西方人"②，三人的"聪慧"令其印象深刻③，故李约瑟产生了疑问："既然他们的心灵同我没有两样，为什么中国没有发展出科学传统来？"④ "中国人思维不逊于西方人"的这一认知引发了李约瑟对东西方思维比较的初步思考。访华后，李约瑟对中西方科学思维的对比感知更为强烈，并找到了更多中西方科学思维的共同点。譬如，李约瑟提出了"在中国和在欧洲一样，都可找到宇宙类比和国家类比的发达形式"⑤。显然，古代中国的科学思想并不逊于西方。而这种共同点更加深了李约瑟对中国为何没有产生近代科学的疑惑。李约瑟感慨道："事实上作为一个整体的近代科学没有发生在中国，它发生于西方——欧美，即欧洲文明的广大范围内。这是什么原因呢？"⑥

在李约瑟深入接触中国文明后，他不仅看到了中西方科学思维的共通点，也看到了它们之间的差异性，而这种差异性，影响了东西方未来科学发展的走向。第一，在李约瑟心目中，中国人缺乏对中国以外事务的探索欲，而西方人在这点上与中国人恰恰相反。"李约瑟说有一件事使他常常沮丧，那便是中国人对中国以外的情况，并没有甚么好奇心。……这与西方人士大不相同。"⑦ 而探索欲的缺乏使中国人对中国以外的事务的了解程度大为削弱。第二，李约瑟对中西方思维的不同，还有一个重要的结论——他认为中国的科技是"实用性"的。这也是李约瑟所说的："中国

① 陈民耿：《名誉道士李丹耀约瑟》，选自台湾《东方杂志》（复刊）1972 年第 1 期，王钱国忠编《李约瑟文献 50 年（上）：1942-1992》，第 155 页。

② 王家凤：《还中国一个公道——李约瑟与〈中国之科学与文明〉》，选自台湾《光华》杂志 1990 年 12 月号，王钱国忠编《李约瑟文献 50 年（上）：1942-1992》，第 30 页。

③ 王家凤：《"我不是汉学家！"——专访李约瑟》，选自台湾《光华》杂志 1990 年 12 月号，王钱国忠编《李约瑟文献 50 年（上）：1942-1992》，第 37 页。

④ 王家凤：《还给中国一个公道——李约瑟与〈中国之科学与文明〉》，选自台湾《光华》杂志 1990 年 12 月号，王钱国忠编《李约瑟文献 50 年（上）：1942-1992》，第 30 页。

⑤ 李约瑟：《中国科学技术史》第二卷《科学思想史》，第 326 页。

⑥ 李约瑟、李大斐编著《李约瑟游记》，第 267 页。

⑦ 陈民耿：《东方学者巨擘李约瑟》，选自台湾《东方杂志》（复刊）1972 年第 10 期，王钱国忠编《李约瑟文献 50 年（上）：1942-1992》，第 144 页。

有许多技术发现，但这不是近代科学，也不是理论科学，而是经验科学。"① 此外，在中研院开展演讲的时候，李约瑟再次体会到了中西之间思路上的差异。李约瑟提出："我的总思路与他们（中国的通讯研究员—引者注）通常遵循的很不相同，因而相应地，他们都很感兴趣，但讨论不太热烈，因气氛是相当皇家学会的。"②

而科学思维上的差异是由中国传统文明中诸多因素导致的。先要看到中西方思想观念上存在差别。譬如，在《中国科学技术史》中，李约瑟对中国法律是否影响近代科技发展进行了深入议论，其中，李约瑟对中西方法律展开了一系列的对比。书内记录，李约瑟赞同葛兰言的结论："中国人的世界观是沿着全然不同的路线发展的，而中国人的秩序观念肯定地是把法的观念排除在外。然而在欧洲人中间自然法则的观念却是如此之不自觉，以至于不少汉学家都毫不犹豫地从文献里读出'法则'这个词；而事实上，那里面并没有一个字可以证明这一点。"③ 欧洲的汉学家以自己固有的文明经验对中国文化进行解读，将不少中国文献中的语句翻译成"法则"，但事实上，在中国的语境中，并不存在这样的观念。这种翻译方式，显然是违背了中国人的思想方式的。另一个重要的例证，是中西方法律中对待动物的不同态度：欧洲人会对他们认为有罪的动物进行审判和刑事起诉，但在中国，却不会如此，动物对人的攻击行为会被解读为"上天的谴责"④。

科学思维上的差异与中国思想有关，但"单单用哲学思想的因素是无法为中西科学发展之不同提出圆满的答案的"⑤。正如李约瑟所言："科学的发展受时间和地域条件的制约，它不能离开若干社会因素，如地理、政治和经济诸方面因素"⑥。中西方科技发展的差异更体现于影响科技发展的诸多因素。以一个最微小的事例来看。李约瑟曾经观察到，西方商行想要向中国销售脱脂大豆粗粉，但"中国是不能接受的"⑦，因为这

---

① 李约瑟：《中国与西方的科学与农业》，潘吉星主编《李约瑟集》，段之洪等译，天津人民出版社，1998，第 187 页。
② 李约瑟、李大斐编著《李约瑟游记》，第 37 页。
③ 李约瑟：《中国科学技术史》第二卷《科学思想史》，第 608 页。
④ 李约瑟：《中国科学技术史》第二卷《科学思想史》，第 610~611 页。
⑤ 金耀基：《科学、社会与人文——记与李约瑟先生的一次谈话》，《大学之理念》，生活·读书·新知三联书店，2008，第 105 页。
⑥ 李约瑟、李大斐编著《李约瑟游记》，第 124 页。
⑦ 李约瑟、李大斐编著《李约瑟游记》，第 256 页。

不符合中国人的饮食习惯。这仅仅是两种文明存在差异的一个小例证。如果要深入了解中西方科技发展的不同特征，和近代中西方在科技发展上的不同趋势，就必须要探究中西方地理、社会结构、经济制度等多种因素。

李约瑟的足迹遍布中国，在穿梭于中国东西南北的旅程中，李约瑟对中国的自然地理有了直观的认知。在李约瑟的访华游记中，常常可见李约瑟对中国自然地理环境的描述。李约瑟在旅行观察中发现，"福建省的内陆部分被山脉和森林环绕着"[1]；"黄土可能是由风力从戈壁搬运而来的。在岁月的长河里，黄土就这样堆积成数百英尺高的众多山丘"[2] 是对于甘肃一带黄土地的生动描写；敦煌密密麻麻的佛教石窟之所以得以保存，"部分地是因受到一片灌溉良好的迷人的小绿洲上树木的保护，从而免遭气候的影响"[3]。李约瑟走遍了中国的主要地区，感受到了中国自然环境的变化。李约瑟通过旅行，发现中西方地理环境并不相同："中国是个纯粹的大陆性国家，而欧洲更像是由海洋分割的群岛，因而要适当开展各种贸易、商业活动和征服。"[4] 中国则"依赖精耕细作的农业"[5]。在中国的地理条件下，到处都需要灌溉，故大型水利工程的修建是必要的，而这又需要大量的人力物力，导致中国形成了完备的官僚体系来开展统筹、协调工作[6]。这种官僚体系就是李约瑟所描述的中国社会结构模式，也被称为"封建官僚体系"。欧洲则不同，欧洲是"贵族式封建体制"，在欧洲的地理环境和体制的影响下，欧洲商人阶层逐渐壮大，并在"国家政治经济中占有一席之地"[7]。在商业发展的影响下，重商主义兴起，对农业、工业提出了更高的要求。而大力发展农业的中国却在追求"稳定"的特质下，失去原本在科技发展上抢占的先机，未能抢先迈出向近代科学转型的一步。

四　结语

在旅华期间，李约瑟体验了中国科技之精湛，深深震撼于中国人的科

---

① 李约瑟、李大斐编著《李约瑟游记》，第 228 页。
② 李约瑟、李大斐编著《李约瑟游记》，第 132 页。
③ 李约瑟、李大斐编著《李约瑟游记》，第 148 页。
④ 李约瑟：《从进化论看中国与西方的不同》，潘吉星主编《李约瑟集》，段之洪等译，天津人民出版社，1998，第 56 页。
⑤ 李约瑟：《中国与西方的科学与农业》，潘吉星主编《李约瑟集》，第 188 页。
⑥ 李约瑟：《中国与西方的科学与农业》，潘吉星主编《李约瑟集》，第 189 页。
⑦ 李约瑟：《中国与西方的科学与农业》，潘吉星主编《李约瑟集》，第 188 页。

研精神与能力，使他对中国萌生了友好态度，激发了他的创作灵感，并因对中国的这份感情，李约瑟得以保持对《中国科学技术史》的创作热情。通过实地考察，李约瑟能够感受中国的科学技术发展情况。这段时间内，李约瑟结识了许多中国人特别是学者，从中获得了撰写《中国科学技术史》的丰富素材和创作建议，并遇到了《中国科学技术史》重要的合作伙伴，这些成为该书面世的关键因素。在华期间，李约瑟接触了中国哲学思想，深入挖掘了它与中国科学思维的关联，为《中国科学技术史》的撰写提供了重要启示。李约瑟曾是一位西方的科学家，具备西方科学思维和文化认知。来华后，他通过各种学术活动，接触了东方文明。李约瑟的个人经历使他对中西方文明均有涉猎，李约瑟以双重视野编写《中国科学技术史》，将东西方文明进行对比，体现了跨文化交融和科学思维碰撞的重要特征。不过，正如李约瑟亲密的合作伙伴黄兴宗所言："Without his China experience it is doubtful that he would have devoted the entire second half of his life to the enterprise we now know as *the Science and Civilisation in China Project*".① 这段经历无疑是《中国科学技术史》这部巨作得以面世的关键。

---

① 黄兴宗：《李约瑟与抗战时期的中国科学》（Joseph Needham and the State of Science in China during World War II)，王渝生主编《第七届国际中国科学史会议文集》，第 94 页。中文意思是："如果没有他在中国的经历，对于他是否能将自己的一生全心全意地投入我们现在所知的《中国科学技术史》研究项目当中，似乎是值得怀疑的。"

当代史学评论

从古代文献中解析文明密码

——评《新时代"一带一路"古文明文献萃编》

袁　波

（辽宁师范大学历史文化学院，辽宁大连　116029）

习近平总书记在第三届"一带一路"国际合作高峰论坛开幕式上的主旨演讲中指出："和平合作、开放包容、互学互鉴、互利共赢的丝路精神是共建'一带一路'最重要的力量源泉。"① 丝绸之路绵亘万里，促进了东西方文明的交流互鉴；丝路精神延续千年，在"一带一路"倡议的实践中得到传承、弘扬和发展。"一带一路"根植于历史，放眼于未来，只有了解"一带一路"沿途各地区的古文明，从古代文献中解析文明密码，才能更好地创造有益于人类进步的新文明。由杨共乐教授主编的《新时代"一带一路"古文明文献萃编》（共七卷十册）②，集合国内多位研究者精雕细琢而成，既是学术研究的需要，也是当今时代发展的需要。该丛书以"一带一路"沿途具有重要影响的古文明文献为编选和译注对象，颇具首创性意义；以中国学者之视角，精选古代文献资料，展示"一带一路"沿线古代文明的内涵与特色，展现人类文明的交流互鉴，是一部学术性与时代性相结合的精品力作。

该套丛书具有以下三个特点。

第一，聚焦学术前沿，深化文明交流互鉴研究。

杨共乐教授立足宏观思考，组织多位研究者协同攻关，历经八年完成

---

① 《习近平出席第三届"一带一路"国际合作高峰论坛开幕式并发表主旨演讲》，《人民日报》2023 年 10 月 19 日，第 1 版。

② 杨共乐主编《新时代"一带一路"古文明文献萃编》，华夏出版社，2023。

《新时代"一带一路"古文明文献萃编》的编译工作。该文献萃编共七卷十册，分别是《古代美索不达米亚文明文献萃编》《古代埃及文明文献萃编（上、下册）》《古代印度波斯文明文献萃编》《古代希腊文明文献萃编》《古代罗马文明文献萃编（上、下册）》《古代中国文明文献萃编（上、下册）》《古代丝绸之路文明文献萃编》。从编排体例上看，按地域和国别进行分类；从地理范围上看，覆盖东亚、西亚、南亚、北非和南欧五大区域，既包括陆上丝绸之路又包括海上丝绸之路；从内容选择上看，学者们从浩如烟海的中外历史典籍中辑录有关古文明发展与传播方面的经典文本，许多文献是国内首次呈现，弥足珍贵。作者从长时段、整体视角选取文献，视野宏阔，形成一个较为完整的世界古文明文献系统，是研究古代文明交流互鉴的重要资料和参考书，对进一步推进国内学术界的相关研究具有重要价值。

《新时代"一带一路"古文明文献萃编》以历史文献为载体，以中西交流和文明互鉴为主要内容，为读者架起一座"文明交流与互鉴"的桥梁，既能够帮助读者更好地理解丝绸之路的历史作用，也可以帮助读者更好地认识丝路精神的当代价值。习近平总书记指出："文明因交流而多彩，文明因互鉴而丰富。文明交流互鉴，是推动人类文明进步和世界和平发展的重要动力。"① 丝绸之路就是一条跨越时空、跨越国界、具有当代价值的人类文明交流互鉴之路。通过历史文献展示丝路沿途各古文明的起源与发展，展现中外文明的交流互鉴，既能使人们深刻认识人类文明的发展规律和中华文明的伟大价值，又能促使人们挖掘人类文明交流的内在动因，为深化当今世界各文明交流互鉴提供丰厚的历史文化滋养。

第二，以史鉴今，以史资政。

主编杨共乐教授说："要了解丝绸之路的经济价值、社会意义，就必须对遗留于古典文献中的相关材料做一系统的收集和整理，并在此基础上对有关具体问题进行深入的探研。"② 由张骞"凿空"开启的古代"丝绸之路"是贯通中西的商贸之路，也是沿途各国政治交流的和平之路，还是文化交流之路。通过丝绸之路，中国走向了世界，世界走近了中国。习近平总书记指出："无论是对内提升先进文化的凝聚力感召力，还是对外增

---

① 《习近平谈治国理政》第一卷，外文出版社，2014，第258页。
② 杨共乐：《通向世界的丝绸之路》，北京师范大学出版社，2017，第4页。

强中华文明的传播力影响力，都离不开融通中外、贯通古今。"① 经过长期努力，我们比以往任何一个时代都更迫切需要一批熔铸古今、汇通中西的文化成果。《新时代"一带一路"古文明文献萃编》就是这样一套丛书。内容涵盖政治、经济、军事、文化、外交、科技、宗教、艺术等诸多领域，再现了丝绸之路沿线那些熠熠生辉的古代文明，勾勒出它们的起源和发展脉络，呈现了它们的特点。与其他古代文明相比，中华文明具有文化根系发达、多源汇流、多元交融、开放包容等特征。当今中国首创的"一带一路"倡议，既承继文明交流互鉴的历史传统，又立足现实、放眼未来，顺应全球发展之势，赋予丝绸之路以全新的内涵，为人类进步提供极具价值的中国智慧。

在第三届"一带一路"国际合作高峰论坛上，习近平总书记提出的支持高质量共建"一带一路"八项行动中，"深化同共建'一带一路'国家的文明对话"② 是其中一项重要内容。要通过"一带一路"与世界建立"互联互通"、进行"文明对话"，我们有必要对世界上主要古文明进行更为深入的研究。正如杨共乐教授所言：深入了解这些古文明，整体把握人类文明的发展规则，就必须"从源头上厘清各文明的发展特点，有助于我们更好地认识'和平发展'、'开放包容'和'文明互鉴'的重要意义，有助于我们更深刻地理解'一带一路'倡议的重大价值。"③《新时代"一带一路"古文明文献萃编》全面而深入地编译和梳理古文明文献，具有重要的史学价值，为建设和形成有中国特色、中国风格的文明史史料体系打下较为坚实的基础。

第三，择"最要之书""最善之本"。

文献典籍作为传承文明的重要载体，既是文明绵延千载的历史见证，也是我们解读古代文明密码的重要史料，在文明创新发展中发挥重要作用。"让文献说话，让文献在当代发挥作用"④，是这套丛书的显著特色。丛书所选文献皆是历史长河中流传下来的经典文本，所录内容标注了书名、篇名、作者及版本，使读者查找原始资料时更加方便，为我们研究和了解丝绸之路古文明提供了一手资料。丛书选文精当，内容丰富，从不同

---

① 习近平：《在文化传承发展座谈会上的讲话》，《求是》2023 年第 17 期，第 11 页。
② 《习近平出席第三届"一带一路"国际合作高峰论坛开幕式并发表主旨演讲》，《人民日报》2023 年 10 月 19 日，第 1 版。
③ 杨共乐主编《新时代"一带一路"古文明文献萃编》，总序第 2 页。
④ 杨共乐主编《新时代"一带一路"古文明文献萃编》，总序第 3 页。

角度反映诸古代文明生长遂成的面貌，融介绍和宣传古代文明于一体。学者们对所选文献的注释兼具知识性和学术性，落脚于专业性，体现出自己的研究心得和学术观点，充分展现了扎实的学风。这些特色使该丛书成为研究中西交通史、丝路文明史、中外文化交流史的必备书籍。

　　《新时代"一带一路"古文明文献萃编》以中国学者之视角选取文献、进行编注，以全局思维研究"一带一路"沿途地区的古文明，审视世界文明的源头，将历史与现实、宏观与微观融为一个有机整体。丛书以精选文献来呈现古代文明传递、交流和交融的历史纹路，展现人类古文明兴起、发展的历史进程，厚植中华民族现代文明建设的历史底蕴，为"一带一路"理论研究提供重要史实依据。

　　丝路精神的挖掘需要文献整理，丝路记忆的丰富更需要一代又一代学人的奋发努力。《新时代"一带一路"古文明文献萃编》一书的出版必将极大地推进我国的"一带一路"古文明研究。

中国史学优秀传统通向马克思主义的必然性
——读《中华优秀传统文化何以通向马克思主义》

宋旭景　　关长旭

（北京师范大学出版集团，北京　100088；
东北师范大学历史文化学院，长春　130024）

1938 年，在《中国共产党在民族战争中的地位》中，毛泽东指出："我们这个民族有数千年的历史，有它的特点，有它的许多珍贵品质。对于这些，我们还是小学生。今天的中国是历史的中国的一个发展；我们是马克思主义的历史主义者，我们不应当割断历史。从孔夫子到孙中山，我们应当给以总结，承继这一份珍贵的遗产。这对于指导当前的伟大运动，是有重要的帮助的。"[①] 这里已经初步提出了马克思主义与中华优秀传统文化的关系问题；2021 年"两个结合"——"坚持把马克思主义基本原理同中国具体实际相结合、同中华优秀传统文化相结合"的提出，更昭示着一种从实际出发和历史必然性。陈其泰的《中华优秀传统文化何以通向马克思主义》重点从史学理论和历史编纂学的角度阐释了"两个结合"的必然性，凝练地揭示了中国史学优秀传统通向马克思主义的过程。

一　"成一家之言"：《史记》与史学优秀传统的形成

（一）《史记》的时代性及历史性

《史记》与其他史书最大的不同之处，是诞生于一个空前的大一统时

---

① 毛泽东：《中国共产党在民族战争中的地位》，《毛泽东选集》第二卷，人民出版社，1991，第 533~544 页。

代，一个自上古五帝至汉武帝 3000 年以来空前强盛的时代。马克思说，物质决定意识，经济基础决定上层建筑，司马迁是在民族创造力旺盛、物质文化条件良好的时代背景下，站在历史的现实中，考察、总结、叙述过往整个中华民族的历史。与今天我们重新审视中华民族的历史，有一定程度的时代相似性。

在一个"新"的时代，司马迁的撰写超越了以往史书的书写。一是注重历史的演进和过程性。对于诸如五帝时期的上古历史，司马迁对《左传》《国语》等传世典籍和寻访全国各地搜集到的民间传说两方面史料进行了"考而后信"的裁制，以"史义"统率"史例"的书写方式，明确了五帝时代以来中华文明在政治一统与文化一统之间相辅相成的演进历程。① 二是注重总结，成"一家之言"。对于夏、商、周三代鼎革与秦汉之际的历史变局，《史记》在记述文明传承的同时以史为鉴，总结了王朝兴亡的历史教训。特别是《史记》对秦亡汉兴历史经验的总结，事实上就是司马迁立足三代以来王朝兴衰的历史教训，形成对当时的"近现代史"的认识，提出自己对于过往历史与现实政治的"一家之言"。如果说《春秋》的"一家之言"是潜藏在"微言大义"下的历史评价，那么《史记》的"一家之言"就是司马迁独到的历史认识、曲折的人生经历与深切的现实关怀在笔尖的凝聚。三是注重多种资料的比对。在撰写《史记》的过程中，司马迁注重对资料的广泛搜集与细致考辨，形成有独到见解的历史叙事，绝非宫崎市定所说的"容易被文字欺骗的学者"②。

相比以往或叙事简略，或记叙年代较短的史著，《史记》继承"疏通知远"的精神形成了"通古今之变"的著史宗旨，对中华民族上古至汉武帝时期的历史发展的全过程进行了总结。可以说，《史记》一方面总结了以往的史学成就，另一方面也为之后的中国史学提供了参考与借鉴，在史学史的意义上是一座具有通史性质、内容丰富、个性鲜明的"巍然耸立的丰碑"③。

（二）《史记》的创新性

1. 对"人"的重视和共同历史记忆的初步形成

《史记》充分肯定了"人"在创造历史活动中的作用。《史记》共 130

---

① 参见孙庆伟《〈史记·五帝本纪〉反映的政治一统与文化一统》，《社会科学文摘》2024 年第 1 期，第 32 页。

② 〔日〕宫崎市定：「史記を語る」、『宫崎市定全集』卷 5、東京：岩波書店、1991、第 46 頁。

③ 陈其泰：《中华优秀传统文化何以通向马克思主义》，研究出版社，2023，第 117 页。

卷，其中人物传记性质的"列传"有 70 卷，记载历代诸侯的"世家"有 30 卷，"人"的部分占到了 70% 以上。可以说，《史记》的大部分篇幅是记录各阶层人物的活动、言论。

在"列传"部分，《史记》通过《商君列传》《孙子吴起列传》《苏秦列传》《张仪列传》乃至《滑稽列传》等记录了各家代表人物的活动、言论，将各家思想的精粹纳入其中，在儒家地位迅速上升的时代，对道家、法家等各家也予以适当的肯定。

在"世家"部分，司马迁格外重视记录变革的人和事。从汤武革命到殷周制度变革，从商鞅变法到秦统一六国，从汉景帝时期的晁错削藩、汉武帝时期的"推恩令"到西汉中央集权的加强，司马迁视记述社会进步、国家统一等内容为其不可推卸的责任，通过对一系列变革的记载形成有关中国古代国家统一不断加强的历史叙事。

这些内容，既为后世了解中国古代的历史保存了大量珍贵的史料，也通过对"中华民族历史上英伟卓荦人物"的记载，形成了中华民族千百年来共同的历史记忆。①

2. 对体裁的创新和开创注重民族史撰述的先例

《史记》开创了中国史学注重民族史撰述的先例。《匈奴列传》《南越列传》《东越列传》《南夷列传》《大宛列传》等对诸多民族活动的记述，既是对历史的记载，也是中华民族共同体的历史记忆的组成部分，亦是司马迁对当时世界的全部认识。白寿彝先生对于司马迁的民族传的评价是"把环绕中原的各民族，尽可能地展开一幅极为广阔而又井然有序的图画"②。后世房玄龄等著《晋书》时，设立"载记"30 卷，对当时与晋朝相继并立的 14 个少数民族政权进行介绍，大量保存了少数民族政权的史料，贯彻了唐太宗"华夷一家"的思想。

从体裁创新的角度看，《史记》对于史书体裁的创新精神，对后世正史影响深远。如班固著《汉书》时，将纪传体通史变为"以朝代的兴废为起讫、详一代之治乱"③的纪传体断代史，在不重复《史记》所记述内容的同时，与中国古代王朝兴衰更迭的历史现实相适应，奠定了历代正史的基础；陈寿著《三国志》时，将三国置于一书之中而彼此又有所独立，既

① 参见陈其泰《中华优秀传统文化何以通向马克思主义》，研究出版社，2023，第 120 页。
② 白寿彝主编《中国通史》第一卷《导论》，上海人民出版社，1989，第 6 页。
③ 陈其泰：《中华优秀传统文化何以通向马克思主义》，研究出版社，2023，第 95 页。

重视魏、蜀、吴三国在同一历史时期联系密切的整体性，又厘清了三国各自的兴衰发展。从体裁本身的影响看，《史记》创立的纪传体为历代正史所效仿，对 20 世纪以后的历史书写也有深远影响。梁启超、章太炎为编撰中国通史所设计的"新综合体"，很大程度上受了《史记》的影响。

司马迁在《报任安书》中曾将其毕生追求总结为"究天人之际，通古今之变，成一家之言"① 三句，这既是《史记》的指导思想，也是司马迁对史学的期待。就《史记》本身而言，"一家之言"是《史记》与先前史书载内容考辨、以人为本、体裁创新、兼采各家等方面创新、独到之处，也是司马迁个人意义上的"超越前人的成就"②。就其在史学的意义上，白寿彝指出"成一家之言"是"史学领域里第一次提出了'家'的概念"③。"成一家之言"，即史家同儒家、道家、法家等各家派一样，成为百家之一，是史学发展到一定程度时产生的学科独立意识。可以说，"成一家之言"既是对以往史学成就的总结与发扬，也是特定时代的产物与历史要求，更是后世史家治史所遵循、效法的重要标准，这也正是《史记》的最大价值和意义。

二　"史学所以经世"：继承传统、从现实出发的晚清史学

（一）司马迁带来的启示一：考察现实与总结历史相结合

明清之际，吏治腐败导致社会矛盾激化，农民起义频发。"历史编纂学作为社会意识形态的一部分，就必须反映时代要求，在内容和格局上实现跨越和突破。"④ 明末清初的黄宗羲、清乾嘉时期的赵翼等学者的著述中不乏批判封建专制的论述与揭露统治阶级罪恶的材料。

生于乾隆末年的龚自珍，在现实的驱使下，认识到史学于国家、民族文化存亡的重要意义，并以司马迁为榜样，立志"后之人必有如京师以观吾书者焉，则太史公之志也"⑤。在具体研究领域上，龚自珍因其广阔的研究视野，开辟了西北边疆史地研究，著有《蒙古图志》等；在研究方法

---

① （东汉）班固：《汉书》卷 62，中华书局，1962，第 2735 页。
② 白寿彝：《说"成一家之言"》，《历史研究》1984 年第 1 期，第 60 页。
③ 白寿彝：《说"成一家之言"》，《历史研究》1984 年第 1 期，第 55 页。
④ 陈其泰：《中华优秀传统文化何以通向马克思主义》，研究出版社，2023，第 101 页。
⑤ （清）龚自珍：《尊史三》，载《龚自珍全集》，上海人民出版社，1975，第 82 页。

上，龚自珍在肯定乾嘉考据学治学严谨的同时，也批评了其考据烦沉于训诂名物的弊病。他注重将考察现实与总结历史相结合，吸取公羊三世说中"变"的观点，看到了"治世"背后尖锐的社会矛盾，认为社会即将进入"乱亦竟不远矣"① 的"衰世"。他一方面立足社会现实，提倡经世之学；另一方面勇于揭露封建官僚集团的腐败，批判封建专制主义下的高压政策，积极倡导变革，尽管这些言论并未形成反封建专制的理论体系，但这些"富有战斗性的激烈言论"② 却开了反抗封建专制的风气。

可以说，龚自珍在封建社会末期敏锐地把握到变革的历史大势，率先提出并尝试对史学进行改变，在史学思想上具有"开一代风气"③ 的作用。

（二）司马迁带来的启示二：在时代中撰写历史

鸦片战争后，潜藏的危机变成了现实的屈辱，时代的剧变进一步唤醒知识分子的变革与救亡意识。

这一期间，魏源完成了"酝酿准备于清朝统治危机四伏之时"④ 的《圣武记》，梳理了清朝自开国兴盛至嘉道衰落的历史脉络，认为乾隆末年是清朝由盛转衰的转折点。他在清政府舆论管控的压力与风险下著成《道光洋艘征抚记》，记录下鸦片战争的过程、侵略者的罪行、统治阶级的腐朽等史实。不满于统治集团封闭无知而著成《海国图志》，一方面记述有关鸦片战争的史实、介绍外国史地，另一方面总结了鸦片战争在政治腐败、海防缺失等方面的历史教训，他也"点明书各部分都直接或间接地服务于对付英国这一当时的主要敌人"⑤。魏源的这些著述和思想与他自己为官从政、参与各项改革的实践密不可分，这也是他与乾嘉学派训诂名物、烦琐考据最大的差别之处。对此，梁启超评价他："默深（魏源，字默深——引者注）观察力颇锐敏，组织力颇精能，其书记载虽间有失实处，

---

① （清）龚自珍：《乙丙之际箸议第九》，载《龚自珍全集》，上海人民出版社，1975，第 7 页。

② 陈其泰：《龚自珍的社会历史观》，载《中国近代史学的历程》，华夏出版社，2018，第 74~75 页。

③ 陈其泰：《龚自珍的社会历史观》，载《中国近代史学的历程》，华夏出版社，2018，第 86 页。

④ 陈其泰：《〈圣武记〉对清代盛衰的探索》，载《中国近代史学的历程》，华夏出版社，2018，第 87 页。

⑤ 陈其泰：《中华优秀传统文化何以通向马克思主义》，研究出版社，2023，第 104 页。

固不失为一杰作"①；并盛赞魏源有"良史之才"②。魏源对走向末路的封建统治的腐朽落后的揭露，对中华民族命运的呼号，正如陈其泰所言："这种中国人应有的尊严和骨气，这种赤诚的爱国热忱，仍然是必须发扬光大的精神财富。"③

梁启超指出："史学以记述现代为最重。"④ 在这一历史转折期，不乏与龚自珍、魏源一样"开眼看世界"、有家国担当、有历史责任感的史学家。关于鸦片战争，有梁廷枏的《夷氛闻记》，书中记载了中国人民的抗英斗争，特别是对"三元里抗英"有着完整的记述。关于边疆史地，有姚莹的《康輶纪行》，通过有关西藏实地考察的杂记，揭露了英、俄对中国的侵略野心。关于外国史地，有徐继畬的《瀛寰志略》，书中介绍了亚洲、欧洲、非洲、北美洲100多个国家和地区的史地，并以搜集到的西方地图为准绘制了42幅地图，同《海国图志》一样是"近代中国人了解世界的起点"⑤。

龚自珍、魏源等对时势的敏锐认识、对史学研究内容的创新探索，上承"成一家之言"，下启近代以来史家关注时事、追求变革的现实关怀，著述中反封建专制的论述和继承公羊三世说、解释历史演变的观点，将更广阔的世界样貌逐渐清晰而真实地展现在中国人民面前。尽管"尚难构成对历史学整体面貌的改观"⑥，但从中生长的诸多近代史学的因素对中国史学从古代到近代的转变具有重要的推动作用。

三 "重新估定一切价值"：新旧中西之间的近代史学

中国史学发展到明清之际已经酝酿着向近代转变的因素，最终随着鸦片战争以来一系列变局，在新旧中西思想文化的激烈碰撞下，跨入近代史

---

① 梁启超：《中国近三百年学术史》，中华书局，2020，第455页。
② 梁启超：《国学入门书要目及其读法》，《清华周刊：书报介绍副刊》1923年第3期，第10页。
③ 陈其泰：《魏源与鸦片战争史》，载《中国近代史学的历程》，华夏出版社，2018，第116页。
④ 梁启超：《中国近三百年学术史》，中华书局，2020，第455页。
⑤ 陈其泰：《徐继畬〈瀛寰志略〉的价值》，载《中国近代史学的历程》，华夏出版社，2018，第146~147页。
⑥ 张越：《论中国近代史学的开端与转变》，《史学理论研究》2017年第4期，第34页。

学的门槛。① 近代史学与古代史学最大的不同之处在于：其一，政治上
"用批判专制主义的眼光反思历史"②；其二，学科理论上"要求有一套高
于旧时代'复古史观''循环史观'的历史哲学作为指导，以总结过去，
预示未来"③。

（一）中国史学中朴素民主思想的精华与西方进步思想的融合

戊戌变法前后，中国史学实践中的近代因素在外来文化的影响下得到发
扬，推动中国史学从历史观点、历史编纂、治史方法上真正进入近代。④

"民本"是中国史学中朴素民主思想的精华，在中国古代，"民本"和
反对封建专制是一体两面。20 世纪初，梁启超在中国传统反专制思想和西
方民权思想的共同影响下，批判封建专制下记述"二十四姓之家谱"⑤ 的
史学，呼吁"史界革命"⑥。他指出过去的史学存在"四弊二病"。⑦ 针对
上述弊病，提出了对"近世史家"的要求：不能单纯"记载事实"，要
"说明其事实之关系，与其原因结果"；⑧ 不能仅"记述人间一二有权力者
兴亡隆替之事"而成为"一人一家之谱牒"，要"探察人间全体之运动进
步，即国民全部之经历，及其相互之关系"。⑨ 梁启超就这样在司马迁《史
记》的基础上超越了封建王朝的叙述框架。

梁启超将中国传统的公羊三世说与西方的进化论相融合，认为：史学
应该"叙述人群进化之现象"⑩，据乱、升平、太平三世便是"历史之情

---

① 关于近代史学的开端问题，学界主要有两种观点。其一，以近代史的开端作为近代史学
的开端，参见胡逢祥等《中国近现代史学思潮与流派（1840—1949）》（商务印书馆，
2019）等。其二，以梁启超"新史学"为开端，参见张越《论五四时期中国史坛——现
代史学的初步建立》，北京师范大学博士学位论文，2000 年；张越《论中国近代史学的
开端与转变》，《史学理论研究》2017 年第 4 期；陈其泰《中华优秀传统文化何以通向马
克思主义》，研究出版社，2023；等等。本文遵循陈著的观点，以梁启超"新史学"作为
近代史学的开端。

② 陈其泰：《中华优秀传统文化何以通向马克思主义》，研究出版社，2023，第 178 页。

③ 陈其泰：《中华优秀传统文化何以通向马克思主义》，研究出版社，2023，第 178 页。

④ 参见陈其泰《中华优秀传统文化何以通向马克思主义》，研究出版社，2023，第 171 页。

⑤ 梁启超：《新史学》，载《新民丛报选编·历史汇编》，1902，第 2 页。

⑥ 梁启超：《新史学》，载《新民丛报选编·历史汇编》，1902，第 6 页。

⑦ 参见梁启超：《新史学》，载《新民丛报选编·历史汇编》，1902，第 2~4 页。

⑧ 梁启超：《中国史叙论》，载《清议报》第 90 册，1901，第 1 页。

⑨ 梁启超：《中国史叙论》，载《清议报》第 90 册，1901，第 1 页。

⑩ 梁启超：《新史学·史学之界说》，载《新民丛报选编·历史汇编》，1902，第 6 页。

状"①。夏曾佑则将这种思路落实于具体的尝试，他将中国古代历史分为上古（远古至战国）、中古（秦至唐）、近古（宋至清）三大时代，又在此基础上分为传疑、化成、极盛、中衰、复盛、退化、更化七小时代。体裁上，梁启超、章太炎吸取纪传体、纪事本末体等传统史书体裁的优点，提出了编纂一部《中国通史》的设想。② 尽管二人最后并未完成一部《中国通史》，但他们对传统史书体裁的重视与利用、对史学变革的勇敢探索，在当今学界思考历史编纂的形式时仍有重要的启发意义。夏曾佑将章节体具体实践于通史编纂上，著《最新中学中国历史教科书》（后称《中国古代史》），尽管只写到隋代，但也是章节体这一具有外来成分的体裁在通史编纂上的首次尝试。

有学者认为，梁启超的《中国史叙论》《新史学》正式拉开了"新史学"思潮与中国近代史学的大幕。③ "新史学"之"新"不仅体现在观点上，也落实在以历史编纂为主要体现的史学实践上，即如何认识与书写中国历史。其历史观点与史学成就，也"恰恰是中国史学中朴素民主思想的精华与西方进步思想融合的产物"。④

（二）中华优秀传统文化与中国史学的近代化

在整个近代史学建立与发展的过程中，如何认识、吸收古代史学中的优秀传统，如何在具体的学术研究中推动中国史学的近代化，也经过了一个持续的过程。

20 世纪初，章太炎、刘师培、邓实、黄节等"国粹派"在革命浪潮的影响下，政治上反抗清廷的压迫性统治和帝国主义侵略，治学上主张经世与学术、义理与考据并重。⑤ 他们在高度肯定中国传统文化价值的同时，不排斥西方史学、社会学等领域的成果，并在一定程度上加以吸收，但也因其不能客观全面地认识中国当时的社会现实和中西文化的长短，随着新

---

① 梁启超：《新史学·史学之界说》，载《新民丛报选编·历史汇编》，1902，第7页。
② 梁启超共为《中国通史》拟定"新综合体"、章节体、类典志体三种体例。详见黄雯鏸《梁启超中国通史撰述略考》，《历史教学问题》2023年第4期。
③ 张越认为："20世纪初期由梁启超发表的《中国史叙论》和《新史学》而形成的'新史学'思潮的出现，应视为中国近代史学的开端。"参见张越《论中国近代史学的开端与转变》，《史学理论研究》2017年第4期，第36页。
④ 陈其泰：《中华优秀传统文化何以通向马克思主义》，研究出版社，2023，第177页。
⑤ 关于"国粹派"的具体内容，详见胡逢祥等《中国近现代史学思潮与流派（1840-1949）》上册，商务印书馆，2019，第309~361页。

文化运动的兴起，沦为"一种复古主义文化"。①

1919 年，毛子水、张煊以《新潮》《国故》为阵地，围绕如何对待中国传统文化的问题展开论战，由此开展"整理国故"运动。对于二人的争论，胡适主张"学术是平等的"②，进而提出："若要知道什么是国粹，什么是国渣，先须要用评判的态度，科学的精神，去做一番整理国故的功夫"③。顾颉刚也认为："我们是立在家派之外，用平等的眼光去整理各家各派或向来不入家派的思想学术。"④ 顾颉刚的观点与司马迁在儒家占统治地位的汉朝同样重视其他各家是一致的。

在此基础上，胡适等人继承乾嘉学派严密考证的治学方法，与西方的实证史学加以结合，形成"整理国故"的"科学方法"。胡适提出了"历史的观念、疑古的态度、系统的研究、整理"⑤ 四种方法，在《新思潮的意义》一文中引用尼采的"重新估定一切价值（Transvaluation of all values）"⑥ 作为如何评判"国故"的具体解释。顾颉刚则将整理的方法分为"收集、分类、批评、比较"⑦ 四步。

同时，20 世纪上半叶甲骨卜辞、流沙汉简、敦煌写卷等新史料的发现，使王国维、陈寅恪、陈垣等史家在此基础上形成新史料与原有文献互证的新方法，进而提出具有创见的新观点，流沙汉简和敦煌写卷也证明了中华文化并非外来，而是交流交往交融的结果，这也是 20 世纪初中国内忧外患的社会背景下历史研究对于西方"文明舶来说"的有力回应。如陈寅恪所言："一代之学术，必有其新材料与新问题。取用此材料，以研求问题，则为此时代学术之新潮流。"⑧ 王国维有言："学无新旧也，无中西也，无有用无用也。"⑨ 他们也因此被白寿彝先生称为"近代考据学派"。

"一种文化、一个学科，只有吸收古今中外的优秀成果，才能壮大、

---

① 胡逢祥等：《中国近现代史学思潮与流派（1840-1949）》上册，商务印书馆，2019，第 336 页。

② 胡适：《论国故学——答毛子水》，载《胡适文存》卷 2，外文出版社，2013，第 286 页。

③ 胡适：《新思潮的意义》，《新青年》1919 年第 7 卷第 1 期，第 11 页。

④ 顾颉刚：《我们对于国故应取的态度》，《小说月报》1923 年第 14 卷第 1 期，第 3 页。

⑤ 胡适：《研究国故的方法》，枕薪笔记，《东方杂志》1921 年第 18 卷第 16 期，第 115~116 页。

⑥ 胡适：《新思潮的意义》，《新青年》1919 年第 7 卷第 1 期，第 6 页。

⑦ 顾颉刚：《我们对于国故应取的态度》，《小说月报》1923 年第 14 卷第 1 期，第 4 页。

⑧ 陈寅恪：《〈敦煌劫余录〉序》，《学衡》1931 年第 74 期，第 7 页。

⑨ 王国维：《〈国学丛刊〉序》，《国学丛刊（北京）》1911 年第 1 期，第 1 页。

丰富起来。越能自觉地、有气魄地这样做，其成就也定然会越大。"① 近代文化与传统文化之间并不存在所谓断裂层，近代史学的形成也并非摒弃传统史学、移植外国史学，中华优秀传统文化才是史学"向近代转变的内在动力"。②

四　"每一个时代，史家应根据新的史观、新的体验'改作历史'"：中国马克思主义史学的建立与发展

（一）马克思主义成为唯一选择

近代以来，众多进步史家敏锐地意识到时代的变局，通过种种努力推动中国史学的近代化，进而探寻学术变革、救亡图存的道路。但是，"曾经提出过的种种救国方案统统失败"③，采用马克思主义作为中国革命的指导思想成为唯一的选择。

早在 19 世纪 70 年代，王韬等人就开始了对马克思及其学说的介绍。20 世纪初，马君武等人就在历史学的意义上介绍唯物史观，但这些论述都"过于简略且缺乏系统"④，对史学界影响相对有限。1919 年，外部受俄国十月革命胜利的影响，内部在五四运动的影响下无产阶级登上历史舞台，马克思主义得到广泛的传播与讨论，河上肇等外国学者较为系统地介绍唯物史观的论著开始在国内被翻译、发表，《新青年》等杂志报纸上陆续出现介绍、讨论唯物史观的文章。

这一时期，传播唯物史观并将其与史学相结合，贡献最大的是李大钊。李大钊幼时接受私塾教育，熟读经史，又在新式学堂的教育和辛亥革命的政治变局的影响下，经历了由"激进的民主主义"向"初步的共产主义"的转变⑤。五四运动后，李大钊发表《我的马克思主义观》等文章，并在多所大学开设"唯物史观研究""史学思想史"等课程，宣传唯物史观。1920 年以后，李大钊通过《唯物史观讲义》《史学思想史讲义》等论

---

① 陈其泰：《中华优秀传统文化何以通向马克思主义》，研究出版社，2023，第 195 页。
② 陈其泰：《中华优秀传统文化何以通向马克思主义》，研究出版社，2023，第 168 页。
③ 陈其泰：《中华优秀传统文化何以通向马克思主义》，研究出版社，2023，第 75 页。
④ 胡逢祥等：《中国近现代史学思潮与流派（1840-1949）》中册，商务印书馆，2019，第 752 页。
⑤ 陈其泰：《中华优秀传统文化何以通向马克思主义》，研究出版社，2023，第 77 页。

著，特别是 1924 年出版的《史学要论》，用马克思主义对史学的诸多问题进行论述。在这个过程中，李大钊"系统地阐述唯物史观的基本原理，建构了新的史学理论体系，并且提出每一时代，史家应根据新的史观、新的体验'改作历史'的问题"[①]。

1927 年国民革命失败后，国内各党派、各团体对中国社会性质、中国社会发展历程、中国革命未来的发展走向等问题展开了探讨，由此展开了长达十年的社会史论战。如何认识中国社会的性质成为最根本的问题。1930 年，郭沫若出版了《中国古代社会研究》。在书里，郭沫若发扬"成一家之言"的史学传统，一方面创造性地利用唯物史观进行具体的中国古史研究，提出了有关中国古代社会史的独到见解；另一方面不囿于传统的文献资料，重视甲骨金文等出土文献，用具体的历史考证实践了"二重证据法"。嵇文甫盛赞《中国古代社会研究》中所蕴含的独创精神与独到见解"扫除"了当时史学界的"乌烟瘴气"。[②] 故该书"从学术指数、研究水平和影响范围等方面来看"是"中国马克思主义史学的开山之作"[③]。后来的事实证明，社会史论战期间郭沫若、吕振羽等史学家利用唯物史观进行中国古代社会史研究的成果"经受住了时间的考验，足以证明其真知灼见。长达十年的论战显示了中国唯物史观学者从一开始就坚持革命性与科学性相统一的正确方向"。[④]

（二）马克思主义史学的发展

抗战期间，马克思主义史家没有止步于社会史论战期间的理论探索与历史研究，一方面发扬勇于创新、追求变革的优秀传统，反思社会史论战期间存在的"许多幼稚、空疏、不够的地方"[⑤]；另一方面发扬克服困难、顺应时

---

① 陈其泰：《中华优秀传统文化何以通向马克思主义》，研究出版社，2023，第 77 页。

② 嵇文甫：《评郭沫若〈中国古代社会研究〉》，《大公报（天津）》1931 年 10 月 12 日，第 10 版。

③ 张越：《中国马克思主义史学的形成与社会史论战》，《近代史研究》2021 年第 5 期，第 134 页。

④ 陈其泰：《中华优秀传统文化何以通向马克思主义》，研究出版社，2023，第 78 页。

⑤ 何干之：《中国社会性质问题论战》，生活书店，1937，第 67 页。此外，郭沫若在自传中承认自己在完成《中国古代社会研究》早期将唯物史观的基本原理直接套用在具体的中国古代历史资料上的做法"犯了公式主义的毛病"；有《资本论》翻译经历的侯外庐也在自传中提到当时很多人由于对马克思主义的理解不够深入，存在"以公式对公式，以教条对教条"的问题。详见郭沫若《我是中国人》，春明书店，1947，第 14 页；侯外庐《韧的追求》，生活·读书·新知三联书店，1985，第 225 页。

代、立足现实的优秀传统，在中国通史、近代史、学术史、思想史等领域取得了丰硕成果，通过中华民族自己的历史寻求解决现实问题的正确方法。

在抗日根据地延安，马克思主义史学因其在"弘扬民族精神""培育政治智慧"① 等方面的特殊作用，"受到以毛泽东为代表的中共领导层的高度重视"②。1938 年，延安成立中央研究院（前身为马列学院）中国历史研究室，最早由尹达等人进行干部教育工作，1940 年随着范文澜的加入，开始转向以编写《中国通史简编》为主的工作，"旨在探索中国历史与人类历史的共同性和特殊性"③。《中国通史简编》后来被认为是第一部运用唯物史观研究中国通史的著作，为新中国史学体系的建立提供了很多宝贵的经验，该书是在延安时期的困难条件下，凝聚了范文澜"对于祖国历史文化的深厚素养，唯物史观的指导和根据地建设新民主主义文化迫切需要的推动，以及历史家献身学术、忘我工作的崇高精神"④ 等而成的"丰硕的果实"⑤。

在战时大后方重庆，郭沫若、侯外庐、吕振羽、翦伯赞等马克思主义史家在理论学习和学术交流的过程中形成了一个"战斗的学术群体"⑥。他们在周恩来同志"坐下来搞点研究""抓紧时间深造自己""深入研究几个问题，想写什么书，赶快把它写出来"的鼓励下，致力于"马克思主义史学阵地的继续开拓与建设"⑦。诞生了如郭沫若《青铜时代》《十批判书》，吕振羽《中国社会史诸问题》《简明中国通史（上）》，翦伯赞《中国史纲》（《先秦史》《秦汉史》两卷），侯外庐《中国古代思想学说史》《中国近世思想学说史》等一批"中国马克思主义史学史上的一些里程碑式的作品"⑧。

---

① 胡逢祥等：《中国近现代史学思潮与流派（1840-1949）》下册，商务印书馆，2019，第1090 页。
② 胡逢祥等：《中国近现代史学思潮与流派（1840-1949）》下册，商务印书馆，2019，第1090 页。
③ 陈其泰：《中华优秀传统文化何以通向马克思主义》，研究出版社，2023，第78 页。
④ 陈其泰：《范文澜：从国学向唯物史观的跨越》，载《中国近代史学的历程》，华夏出版社，2018，第395 页。
⑤ 陈其泰：《范文澜：从国学向唯物史观的跨越》，载《中国近代史学的历程》，华夏出版社，2018，第395 页。
⑥ 胡逢祥等：《中国近现代史学思潮与流派（1840-1949）》下册，商务印书馆，2019，第1081 页。
⑦ 侯外庐：《韧的追求》，生活·读书·新知三联书店，1985，第114~115 页。
⑧ 胡逢祥等：《中国近现代史学思潮与流派（1840-1949）》下册，商务印书馆，2019，第1082 页。

新中国成立后，郭沫若等马克思主义史家通过组建中国史学会、创办史学刊物等方式确立了中国马克思主义史学的主导地位和新中国的史学研究体系。[①] 史学界上承民国时期"因现实政治而起""又因各种现实原因而很难有充分的条件进行深入的学术研讨"[②] 的学术背景，下启革命胜利的政治形势与人民革命斗争的现实需要，围绕古史分期问题、封建土地所有制问题、资本主义萌芽问题、农民战争问题、汉民族形成问题等，形成了一个集若干重大历史理论问题、持续长达十余年、当时"几乎所有知名史家积极参与其中"[③] 的学术现象，在宏观理论探讨层面和具体史实考证层面取得了巨大成就。

从"回顾过往的轨迹"到"对于未来社会的展望"，[④] 在这个过程中，我们从中国史学优秀的传统中可以看到其与马克思主义的相通性：批判地继承传统、对以往不合理社会制度的批判、基于物质总结客观规律的唯物性、重视实践、自身不断进化的革命性，马克思主义与中国优秀传统文化的结合是一种必然，也是相互的最佳选择，时代要求始终在具体的实际中"活学活用马克思主义"，这也就是马克思主义基本原理要始终同中国具体实际相结合，"两个结合"确实是从历史深处走来，并将在具体的中国的实践中走向未来。

---

① 关于新中国初期的史学发展与中国马克思主义史学主导地位的确立，详见张越《新中国史学的初建：郭沫若与中国马克思主义史学主导地位的确立》，《史学理论研究》2020 年第 2 期，第 61~73 页。
② 张越：《"五朵金花"问题再审视》，《中国史研究》2016 年第 2 期，第 17 页。
③ 张越：《"五朵金花"问题再审视》，《中国史研究》2016 年第 2 期，第 27 页。
④ 杜荃（郭沫若）：《读〈中国封建社会史〉》，《新思潮》1929 年第 2-3 期，第 1 页。

新视角下探索民国史学书写

——读《民国史学：中国现代史学的产生和发展》

张帅旗

（北京师范大学历史学院，北京　100875）

民国史学是指自 1912 年 1 月至 1949 年 10 月间的中国历史学。《民国史学：中国现代史学的产生和发展》（以下简称《民国史学》）一书由周文玖教授及其已经毕业的四名学生共同完成。该书 50 余万字，由人民出版社 2023 年 11 月出版。周文玖教授致力于中国史学史研究多年，系统地呈现民国时期史学的面貌，给人们提供一个整体的、全景式而不乏史学家活动的知识体系，是他长期努力的一个目标。从以此课题申请的重大项目至该书的出版，历时十多年，在此期间，团队成员长期在民国史学研究上耕耘，为该书打下坚实的研究基础。

《民国史学》一书由 7 个章节组成，分别论述了民国史学的概貌，民国时期的史学流派，民国时期高等学校历史学的学科建设与当时重要研究机构和历史学会，民国时期中国史料整理及通史、断代史、专史的撰述，民国时期的世界史研究，历史学重大问题的研究和争鸣以及该时期中外史学交流等问题。此外还提供了"民国时期史学家小传"作为进一步了解民国史学的资料。具体而言，该书有以下特点。

一　开辟民国史学研究的重要领域

虽然以"近代史学"或"20 世纪前半期"等为题的史学史著作为数不少，但是一直以来，学界很少专门以"民国史学"为对象来叙述和研究这一段时期的史学。近年来，学界开始关注民国史学作为一个整体的意义和价值。① 谢保成的《民国史学论稿》一书，则是编纂"民国史学史"的先行者。不过，总体而言，民国史学或民国时期史学，是一个新的研究命题。史学作为一种学术的组成部分，也离不开时代的背景和社会的氛围，与政府文化政策、教育政策、经济支持等密切相关。比如高等学校的学科设置、研究机构、专业性报刊出版等，都是在民国这个社会机制之下运行的。民国时期的社会背景对史学的思潮、趋势、格局有着很大的影响。所以，有必要把民国史学当作一个整体，探讨史学的发展运行机制，这是真正把历史学回归到它的时代、它的社会环境中进行认识。同时，民国史学也构成了中华民国史的一部分。历史学和哲学、经济学、政治学、社会学、教育学、自然科学等学科一样，是民国学术的重要组成部分。研究史学和社会及其他相关学科的关系，也是民国史学研究的重要课题。

民国史学，诞生于清末"新史学"思潮的余波之中。近代以来中国社会危机日益加深，尽管史学对此做了一定的反应，但是仍然无法达到"救亡"之所需，因此，当时以梁启超为首的学人号召"史界革命"，以彻底改造中国史学。清末民初的史学，具有强烈的革命色彩，这同当时社会上对于革命的需求是一致的，并且史学对于革命思潮的传播也起到了促进作用。因此，民国史学从诞生起就具有求新、求变的浓厚色彩。

该书认为，民国史学可以分为三个阶段。第一个阶段：从辛亥革命到北洋军阀统治的结束，这个时期史学的主要特征是多种史观的传入，中国现代史学初步建立。这个时期，发生了对于中国文化影响深远的五四新文化运动，"民主""科学"的观念广泛传播，成为新一批史学界学人所追求的目标。"五四"前后，一方面，新历史考据学占据着主导地位，另一方面，海外留学生群体带来了西方史学的理论、方法、著作，促进中外史学的交流，李大钊等推动了唯物史观的传播，强调唯物史观对于研究历史的重要意义。新旧中西史学交织，构成这个时期史学的主要特征。第二个阶段：自 20 世纪 20 年代末至 1937 年抗日战争全面爆发。这个时期，史学界发生了一次关于社会史的大论战。在社会史论战中，马克思主义史学发展起来。20 世纪 30 年代史学理论特别活跃，出现了一批讨论史学理论、史

---

① 如 2012 年，上海大学举办"民国（1912-1949）史家与史学"国际学术研讨会，国内外一百多名学者参会讨论；见《史林》2012 年第 6 期。论文方面，陈其泰《民国初年史学领域的新格局》，《社会科学战线》2012 年第 8 期；胡逢祥《唯物史观与民国时期的马克思主义史学》，《史学理论研究》2014 年第 1 期等。年轻学者也有较多关于民国时期某一方面的论文发表。

学方法的论著。第三个阶段：从 1937 年 7 月到 1949 年 10 月。这个时期史学的一个大的背景是抗日战争和国共内战，史学在战争的背景下仍然得到发展；在战争的背景下，这个时期史学也往往带有一定的政治诉求。马克思主义史学蓬勃发展，涌现出一批卓有成就的史家，代表了史学的新发展方向。

民国史学同近代史学或 20 世纪前半期的史学都有不同。自史学史学科形成和发展以来，近代史学史都是单独作为中国史学史之下的一个分支学科而存在的。吴泽先生主编的《中国近代史学史》教材，是这一领域的代表作。该书只写到了 1919 年，对 1919 年之后的史学，则并没有成书。另外，学界关于近代史学史有着不同的分期，一般而言，学界多以五四新文化运动作为近代史学与现代史学的分界，这样做虽然符合史学自身的发展状况，但是也会造成一些问题。比如，民国初年的史学，在这种叙述框架之下，往往容易被忽视，而在民国史学的视角下，则可以补充这一不足。再如，民国政府在史学学科的建置和发展中扮演了什么样的角色？其中有什么可以借鉴的地方？这些问题都可以通过民国史学的研究来解决。当然，民国史学和近现代史学也有联系，民国史学本身也是近现代史学的一个阶段，是中国现代史学产生发展的重要时期。把握这两者之间的联系和区别，对于更好地理解民国史学有很好的帮助。

民国史学研究领域的开辟，除可以补充近现代史学研究的不足之外，更重要的是，这种视角包含了将史学置于社会之中的方法，因而可以从中华民国史的视角下来理解史学的发展，比如，学科建置、史学与高等教育的发展、研究机构等，便与民国社会的体制有密切关系。总而言之，《民国史学》一书对于民国时期史学研究领域的开辟，具有引领作用。

二　呈现民国时期史学的丰富内容

民国时期，史学走上专业化、学科化的发展道路，史学作为一门重要的学科，在很多高等学校中都设置了相关的院系和研究机构，著名的学者也在大学中招生，培养出一批批历史学的从业者。随着现代出版机制的形成，史学文章、书籍得以快速出版并传播，因此，民国史学要比以往史学更为丰富和繁荣。要呈现这样丰富的史学内容，对于研究者也是一个挑战。《民国史学》一书在对内容的处理上也有值得赞赏之处。

1. 辨章学术，考镜源流

章学诚在《校雠通义》一书中提出"辨章学术，考镜源流"的原则，这也成为学术史撰述所要追求的目标。民国史学观点纷纭，流派众多，期刊、书籍、文章数不胜数，不同流派之间甚至经常形成论战，这无疑大大增加了民国史学书写难度。因此，我们就更需要梳理民国史学发展的各种线索。这也是本书具有特色的地方。

在"辨章学术"方面，本书的专题划分旨在梳理研究民国史学的不同方面。首先，学派是民国史学的一个特色。学派，是一门学问中由于学说、观点不同而形成的派别。学派代表了历史研究的主体。对学派的研究，近年来学界多有成果。《民国史学》一书将该时期史学划分了若干个派别，分别是国粹派、古史辨派、考古派、史料派、食货派、南高派、学衡派、战国策派、生物史观派、现代史学派、马克思主义史学等。这些学派，有些是我们耳熟能详的，有些是以往讨论比较少的。《民国史学》一书对这些学派的形成、思想主张、学术贡献和历史地位做了叙述，比较全面地概述了各个学派的典型特征，对于读者来说，有助于一窥民国时期纷繁复杂的学派热潮。另外，从不同机构、不同分支学科角度梳理史学研究的内容，是史学学术的视角和方法。这是因为，自民国史学分科之后，学者多集中于某一研究领域，按照传统粗线条的分期方法无法满足呈现各个领域成就的需要，所以，本书采取了更符合当时史学实际情况的做法，以期达到"辨章学术"的目标。

"考镜源流"是《民国史学》一书的另一个目标。作者在设立研究目标时指出："将民国时期史学发展的脉络清晰地梳理出来，划分其发展的阶段性，概括每个阶段的特点。写出每个阶段发挥重要影响的历史学家的学术贡献；注重考察民国史学现象与其社会环境的相互关系，阐发民国史学与社会的交互作用，民国史学对推动社会进步的意义。"[①] 在每个章节、子目的叙述中，作者都尽量做到追溯其原委，或以时间为序，或以学术的内在逻辑为序，勾勒出民国时期史学某一方面的发展历程。民国史学上承清代史学，下启新中国史学，处于新旧的交替时期，因而，在这一源流的背后，反映的是史学的转型和现代史学的发展历程。

2. 内容丰富，结构创新

"文简而事丰"，是中国古代历史编纂学的一个优良传统。《民国史学》

---

① 周文玖等著《民国史学：中国现代史学的产生和发展》，人民出版社，2023，第7页。

以 50 余万字的体量，7 章的篇幅，叙述民国时期的史学全景，多个专题视角互相补充，使其内容大大扩充。本书既有宏观的概括，也有中观的叙述，还有大量细节的呈现——这可以用"文简而事丰"来概括其特征。比如，民国时期甲骨文、汉晋简牍、敦煌文物等新史料的发现，都经历了曲折的过程。这些事迹以往在史学史的教材中涉及较少，或者虽有提及而细节缺乏，从而使史学史与史料学的知识相对割裂。本书将这些内容纳入了史学史的知识体系之中，并且对这些史料发现的来龙去脉和丰富细节进行叙述，使读者对之有更详细的了解。

《民国史学》一书突破了传统近代史学史的叙述模式，在结构上多有创新。传统的中国近代史学史一般采用按照时段分期来叙述的模式，主要关注著名史家（如梁启超、胡适、傅斯年、顾颉刚、陈寅恪等）的史学成就，这种叙述模式的优点是在历时性上比较清晰，但是在共时性上却有所不足。读者虽然可以了解这个时期之中的主要史家、史著和史学论题，但是很多以专门之学见长的史家则容易被忽视。学科、学派、高校、研究机构等方面或主体对于史学的贡献没有被很好地呈现出来。而以某一问题为研究对象的学术专著对具体问题的研究有所深入，但是对整个时代的史学面貌则难以描摹。总而言之，"专"和"通"之间不太容易做到平衡。与以往不同，该书以专题视角切入，着重论述学派、学科、学术、机构、中外史学交流等内容，在历时性和共时性的结合上做出探索。

如果从传统历史编纂学的视角来看，本书的主体部分以专题切入，借鉴了中国传统典志体史书的结构，对于史家，则以"小传"的方式，附于书后（共计 150 名），以避免"见森林而不见树木"的问题。这体现了本书作者融合章节体、典志体、纪传体的尝试，探索民国史学史编纂的新方法。这种做法具有启发意义。

3. 叙述翔实，知识更新

20 世纪末，学界对于百年学术史的回顾和研究兴起，在此学术趋势之下，二十多年来，对 20 世纪的史学史研究获得了长足的发展。在这样的环境下，我们需要一部叙述翔实、反映学界研究趋势的著作，作为学习和认识近代史学史的参考。《民国史学》就是一部有着这样价值的著作。本书中所论述的若干问题，都是近年来学界重点关注的问题。

另外，对于 20 世纪前半期的史学，不同年代史学研究程度并不均衡，总的来说，前三十年的史学研究成果比较多，尤其是围绕梁启超的《新史学》、五四新文化运动时期的史学及古史辨派等问题，相关的研究数不胜数，但是对三四十年代的史学的研究则相对比较薄弱，很多具体的问题还需要更为细致地研究。本书虽以"民国史学"为考察视角，但是着重反映了三四十年代的史家、史著和史学，展现了"五四"之后数十年间史学发展的趋势、脉络。进一步发掘三四十年代的史学成果，重新评价其在中国史学史上的价值，是今后研究需要关注的方向。

《民国史学》一书对于每一学术问题的叙述颇为翔实。以该书对国别史的叙述为例。民国时期，中国的美国史、英国史、日本史、法国史、俄国史以及拉丁美洲史、欧洲区域史、专题史的研究取得了一定的成绩。基于此，本书第五章分别叙述了民国时期的美国史、英国史、拉丁美洲史、日本史、俄国史研究，讨论了各国别史领域的学人、成就、特点，分析相关研究的原因。对于丰富的译作和专著，采用图表的形式予以呈现。因此，本书不仅可以看作民国史学的概述之作，也可以看作一部翔实的资料性著作。

每一部史学作品都承担着传递历史知识的作用，从这个评价维度来看，《民国史学》一书的知识价值是比较高的，它提供了民国史学的翔实的知识，更新了目前中国近代史学史教材中的知识体系，是学习民国史学的必读之作，也是学习中国近现代史学的重要读本，更进一步讲，不仅对于史学史专业的读者，对于中国史、世界史、专门史的读者，也具有阅读的价值。

三　探究中国现代史学"三大体系"的发展历程

学术体系、学科体系、话语体系，构成中国史学的"三大体系"。如何构建历史学的"三大体系"，是当前历史学工作者的重要任务。通过对中国现代史学发展历史的回顾，有助于认识史学学术体系、学科体系、话语体系的渊源。正如本书题目所指出的那样，民国史学大部分时间处于现代史学的形成和发展时期。本书各章节的设置，遵循着学术体系、学科体系、话语体系的结构，呈现民国史学的整体图景，这体现了本书作者在新的视角下探索民国史学编纂方法的实践。

1. 关于现代史学学术体系的形成和发展

民国时期，是中国现代史学学术体系形成和发展的重要时期。"新史学"思潮和"五四"爱国主义思潮构成中国现代史学发端的思想基础。"五四"以后，在时代的脉搏之下，数代学人活跃于史坛，他们著书立说，培养学生，着力追求史学的"科学化"，推动史学向现代学科体制转型。

学术体系，与史学流派、学术师承、人才培养、学会组织、史学交流等都有关联。学派基于共同的学术旨趣开展学术研究，也是民国学术的一个特色；学术师承是学术体系形成的纽带；中外史学交流为学术体系发展带来活力。高等院校是史学专业化以来历史研究的重要基地之一，也是培养史学人才的基本途径，因此，高校史学系的教研、教学和人才培养，同史学的学术体系形成有直接关系。以北京大学为例，北京大学史学系的课程同朱希祖有密切的关系，他在两次担任系主任的若干年里，对北大史学系的课程实行改革，既注重学生基本知识的掌握，又注意学生的专业研究训练。"经过朱希祖的改革，北京大学的史学系建立了具有现代学术体系的历史学系，对国内其他高校史学系的建设产生了重大影响，极大地促进了历史学的独立与中国史学由传统向现代的转变。"①

该书对马克思主义史学发展历程予以重视。这在多个章节中均有体现。比如第二章将马克思主义史学作为一个学派进行论述，第三章探讨了重庆及延安中共领导的历史学团体和研究机构的历史研究和通俗史学传播的成绩，第七章探讨了中苏（俄）史学的交流，重点关注了苏联史学对中国马克思主义史学发展的影响。其他各章不再一一举例。总之，马克思主义史学在方方面面的影响，代表了民国后期史学发展的趋势。

2. 关于中国史、世界史、专门史的学科体系建置

学科体系的形成，离不开各个分支学科的发展。近代新史学的一个特征就是分科化，梁启超、钱穆都曾提出对于历史研究专门史的不同分科方式。20 世纪 30 年代后，各专门史的论著增多，逐渐形成一定的学科领域。如果参考今天的历史学三个一级学科的分类方法，也可以将当时史学界划分为中国史、世界史、考古学三个学科。在近代史学史的研究中，对于中国史的研究比较充分，对于世界史、考古学的研究则不如中国史研究那么充分。《民国史学》一书第四章为"民国时期中国史料整理及通史、断代史、专史撰述"，所讨论的内容主要是中国史领域的史学学术史。第五章为"民国时期的世界史研究"，讨论世界史学科的发展历程。这两章是在学科体系视野下考察民国现代史学分支学科的形成与发展。以第四章第四节"断代史的撰写及成就"为例，该节分述了从先秦史到近代史各个断代研究的简明学科史。从中，我们可以了解各断代史学科的主要成就。尽管篇幅有限，但重要史家、史著都有涉及。研讨中国史、世界史、专门史的

---

① 周文玖等：《民国史学：中国现代史学的产生和发展》，第 111 页。

学科建置和发展历程，是当代史学自身反思的途径，对当代历史学科的创新和发展具有启示意义。不过，遗憾的是，考古学的学科史还没有被纳入史学史的知识框架中来，这是可以补充的地方。

3. 关于史学重大话语问题的渊源

历史学话语体系问题，则要比学术体系和学科体系更为复杂，也更为重要。这是现阶段需要投入更多力量的地方。进行话语体系的建设，构建中国历史学自主知识体系，要求凸显中国史学的主体地位，要求体现学术的继承性，这就需要在回顾现代史学的发展历程的基础上进行理论的创新。基于此，本书可以为自觉地发展史学理论和检验史学理论提供原材料。

《民国史学》一书第六章论述民国时期历史学重大问题的研究和争鸣，与话语问题密切相关，该章主要围绕东西方文化论争、中国古代社会形态理论论争、民族问题论争三个重大问题展开。每个重大论题之下又包含若干具体问题。尤其是后两个论题，同新中国成立之后以史学界"五朵金花"为中心的史学论题有密切关系，是其史学史渊源。研究新中国成立以来史学话语的变迁，不可不追溯其在民国时期的这些盘根错节的理论源流。因此，本章在书中有着特殊的价值。

构建中国史学的话语体系，离不开同国际史学的对话，因此，本书第七章主要论述民国时期中外史学交流。鸦片战争之后，中外史学的交流从非常微弱的状态逐渐变得越来越频繁。此时中外史学交流的特征有：地区的增多，中国同日本、美国、英国、德国、法国、苏联等都有学术的交流；途径多样，既有中国的留学生群体，也有来华讲学的外国知名学者，教会办的大学也成为史学交流的场所；翻译和引介繁荣，何炳松等在当时史学翻译上做出了很大贡献，一些期刊上也登载有国际史学的信息……民国时期中外史学之间交流之密切，令人瞩目，从某种程度来说，中外史学交流是现代史学转型的重要动力。中外史学交流是为了关注国际学界趋势，借鉴外国史学的先进经验，引进和提出新的概念、理论、视角，这有助于保持学术的活力和创新性，从而推动中国史学走向国际，引领世界史学的潮流。

总之，《民国史学》一书是中国近现代史学史领域的重要建树，它开辟的民国史学的领域值得学界关注，书中所述问题，既具有基础性，又具有前沿性，其中很多问题值得深入研究。正如本文开头所说，撰写一部系统的民国史学的著作，是作者长期努力的一个目标。现在看来，该书实现了这个目标，不但比较好地呈现了民国史学的全貌，而且细节内容丰富，有着较高的学术价值，对于学习中国现代史学史来说，此为必读之作。

一位当代中国史家的史学研究历程

——《恩重如山——陈祖武先生口述史》读后

刘 江

（中国人民大学书报资料中心，北京　100086）

　　《恩重如山——陈祖武先生口述史》是当代著名史家陈祖武先生的口述实录，该书的主体部分是由贵州大学王进教授整理的陈祖武回忆其问学及学术工作经历的口述访谈，另收录了陈祖武在其母校的专题演讲及访谈记录，前者较为全面地讲述了陈祖武先生工作、生活不同阶段的主要经历，后者重点阐述了其治学心得与人生经验，二者内容各有侧重，相辅相成，真实记录了他出生、求学、治学、担任行政职务的人生道路，生动展示了一位改革开放以来的当代中国史学家的史学研究历程。口述史在今天并不少见，口述史研究也方兴未艾，其中突出的问题之一是口述者对其所述史实真实性的把握程度。作为史学家的陈祖武先生对此有着非常清醒的认识，他在该书的开头就强调说："谈到口述史，现在我们有些学人有点不让人放心"，"回忆者本人往往不能把当时的情况如实地讲出来"，"要把'信'摆在第一位，否则就不叫'信史'了。所以我就希望，你来做这个口述史啊，真实是第一原则"。"这个口述史，希望至少后人可以作为史料来用，作为信史的史料来用。"① 口述者主体有这样的认识，这部口述史的真实程度便得到了极大保障，也更具史料价值。

　　陈祖武先生 1978 年考取了改革开放后的第一批研究生，1981 年毕业后留在中国社会科学院历史研究所工作，1993～2008 年先后担任历史研究

---

① 　陈祖武口述，王进访谈整理《恩重如山——陈祖武先生口述史》，贵州出版集团、贵州人民出版社，2023，"谈口述史"第 2 页。

所副所长、所长，卸任后被聘为中央文史研究馆馆员至今，是成长于新中国的新一代史学家，他的学术生涯则与改革开放后的中国史学发展同步，这部口述史从一个侧面反映了改革开放以来中国史学的发展面貌。在陈祖武先生的口述中，可以看到他负笈京城后以"时不我待"鞭策自己勤奋苦读的学习过程和在领导岗位上的一心向学、严格自律的工作风格，可以领略到当时健在的老一辈史家群体发挥余热和教书育人的长者风范，可以感受到历史研究所集体项目合作研究和对学术新人传帮带的良好氛围，加之书中提及的他撰写、点校整理或参与策划组织的《清代全史》、《乾嘉学术编年》、《清儒学案》、《中国大百科全书》历史分卷、《中华大典》、"马工程"《史学概论》教材等研究成果，都构成了以历史研究所为主的改革开放以来中国史学发展的部分生动实录，是当代中国史学的宝贵资料。

陈祖武先生成长于新中国成立后马克思主义史学居主导地位的学术环境中，他的自述展现了一个青年学子接受唯物史观、学习马克思主义史学的历程。他就读于贵州大学历史系时，学校开设了"马克思主义经典作家论历史科学"这门课程，他还购买了人民出版社出版的《马克思主义经典作家论历史科学》以及郭沫若主编的《中国史稿》最先出版的《近代史》部分，这两本书一本是讲马克思主义历史观，另一本则是关于史观的具体运用，此后，他一直研读这两本著作，为以后的马克思主义史学研究打下了理论基础。

陈祖武先生在中国社会科学院历史研究所读研究生时熏染和亲炙了中国马克思主义史学著名学者的学问。历史研究所"是坚持历史唯物主义的重镇，郭沫若、侯外庐、尹达、梁寒冰、林甘泉等先生是这方面的代表"[①]，他在这里除学习专业历史知识外，还在马克思主义理论上继续深造，形成了以马克思主义理论指导学术研究的治学特点，在学术研究中自觉运用马克思主义历史观分析问题和解决问题。在这个口述史中，他讲到了很多这样的例子。如明末以后中国的学术未能沿着宋明理学的路径继续前行，而是别开生面走向另一条道路。陈祖武先生运用唯物史观对这种现象予以阐释。他认为明末清初的中国封建的自给自足的小农经济还很顽固落后，生产关系是以封建宗法制为纽带的封建地主阶级及国家机器为主，因此不可能产生超越这种生产方式的思想形态。尽管宋明理学之后的王阳明提出"吾心之良知即天理也"，重视封建伦理和道德秩序的"天理"，在

---

① 陈祖武口述，王进访谈整理《恩重如山——陈祖武先生口述史》，第59页。

解决现实问题的同时，也使宋明理学走向极端。然而阳明心学未能激起回响，中国学术最后走向对传统学术整理和总结的道路，产生乾嘉学派。再如，他赞成钱穆提出的"学术流变，与时消息"，因为学术演变和学术存在的客观环境是一致的，这种观点强调了学术流变与社会时代的密切关系，"这就与我们马克思主义唯物史观的基本原理，即探讨历史问题时一定要把这个问题摆到产生它的具体历史环境中去看待与思考，是相通的，这是我们中国优秀的文化传统"。① 但是他并不认同某海外知名学者就此提出的"内在理路"的见解，认为其存在明显的局限性，"不能很好地解释宋明理学何以走向枯竭的问题"，因此最后又走到宋明理学家"尊德性""道问学"的老路上了。② 这些都是将马克思主义理论与方法运用于古代学术史研究的典型案例，这些研究特点贯穿他历史研究的全过程。

陈祖武先生的主要研究领域是清代学术史和古籍文献整理，在他的口述中，不断强调传统治学方法的重要作用，反复阐述老一辈学者的治史之道对他的启发和影响。大学时代他在张振珮先生讲授的"历史文选"和"上古史"课程里初闻"六经皆史"，获知"以经证史"和"以诗证史"的研究方法，体会到做历史"只有充分占有文献、熟悉文献，你才能够做到游刃有余、从容不迫"。③ 郑天挺先生提示他做清史研究必须关注清代的民族关系问题，由此引发他对于清代民族史乃至中华民族史的一系列问题的深度思考。跟随张政烺先生和谢国桢先生学习历史文献学和版本目录学，使他的学术研究"真正深入门径"。他的研究生导师杨向奎先生则指引他走上了清代学术史的研究道路，告诫他"做清代学术史，要从顾炎武开始"④。继承中国史学的优良传统、学习前辈史家的研究经验，在陈祖武先生的学术研究中得到了真正体现。同时，他在口述中也阐发了自己的治史心得。他数次用"滚雪球"来说明研究学术史的途径和方法，建议选一个学术"大家"作为研究中心，围绕这位"大家"，将与其交往的同道学人，包括与其持不同学术见解的人都吸附进来，就像滚雪球一样，越滚越大，研究程度越来越深，从而达到对研究对象认识得越来越全面和深刻的目的，同时也达到对"大家"所处时代的整体认识的目的。他谈及他本人的清代学术史学术研究是从顾亭林开始，逐渐将与其有关的黄宗羲、孙奇

① 陈祖武口述，王进访谈整理《恩重如山——陈祖武先生口述史》，第171页。
② 陈祖武口述，王进访谈整理《恩重如山——陈祖武先生口述史》，第76页。
③ 陈祖武口述，王进访谈整理《恩重如山——陈祖武先生口述史》，第25页。
④ 陈祖武口述，王进访谈整理《恩重如山——陈祖武先生口述史》，第71页。

逢等明末清初的学术大家纳入研究体系，最后对清初八十年的学术有了十分全面的了解，形成了《清初学术思辨录》这本重要著作。他强调"小题大做"的研究方法，即从具体的研究选题做起，再围绕该选题逐层展开，层层剖析，最后形成具有全局意义的大问题。陈祖武先生反复申明做学术研究要有问题意识，"不管你讨论的问题有多大，但它首先必须是一个问题"。① 这些问题包括前人没有解决的问题，或者是没有发现的问题；如果解决了前人没有解决的问题，对学术研究就有贡献。他认为"发现问题和解决问题具有同样的价值"，只有具备二者，或者其中一种，才有必要动手写文章。这些均具有方法论的价值，对学术研究有很重要的指引作用。

陈祖武先生将他的口述史定名为《恩重如山》，深厚的感恩主题贯穿全书。从儿时的家庭教育到青少年时在贵阳的中学、大学受到的学术启蒙和打下的研究基础，从昆明十三年的工作经历到报考研究生，从负笈京城学习历史到历史研究所的研究生涯，从主持历史研究所工作到履职中央文史研究馆，在对自己的几个主要人生阶段的口述中，都可以看到陈祖武先生对国家、老师、朋友、同事的感恩之情。他在口述中多次提及张振珮、郑天挺、张政烺、谢国桢、杨向奎等曾经在学术上给予他直接指导和帮助的先生们，也感怀任继愈、傅振伦、林甘泉、李学勤、王戎笙、胡宜柔等师友们。他自己无时不以这些师友为学术上的楷模和工作上的榜样。如他任职历史研究所所长时向全所表态："我往后只能为大家做两件事：第一件就是把郭老、侯外老他们开创的实事求是、一丝不苟的优良学风传下去。第二件事就是绝不以权谋私。"② 他将自己一生所积近万册图书，悉数捐给母校贵州大学，体现了热爱家乡、感恩母校的情怀。如他所言："抚今追昔，反顾人生，感恩国家，怀念师友。'恩重如山'，是我最深的感怀！"③

口述史因口述者的讲述而成书，其内容难免重复，该书收入的几篇演讲记录与前面的口述访谈在内容上有部分重叠，整理出版者如果做一些调整处理效果会更好；另外书中有一些不甚必要的注释或应注未注的问题。尽管这些问题对于全书来说是瑕不掩瑜，但是如果编辑整理者处理得更妥当一些，会给这部口述史起到锦上添花的效果。

---

① 陈祖武口述，王进访谈整理《恩重如山——陈祖武先生口述史》，第57页。
② 陈祖武口述，王进访谈整理《恩重如山——陈祖武先生口述史》，第115页。
③ 陈祖武口述，王进访谈整理《恩重如山——陈祖武先生口述史》，第2页。

会议综述

视野、方法与见识

——北京师范大学第三届史学理论与史学史研究生学术论坛综述

王亮军

（华中师范大学历史文化学院，武汉 430079）

2023 年 11 月 18 日至 19 日，由北京师范大学历史学院主办的第三届史学理论与史学史研究生学术论坛在京成功举办，本次论坛特别邀请到国内部分高校及科研单位九十余位学者、学生与会。会上，与会学生分享了各自最新的研究成果，并听取了点评专家的意见。整体看，本次论坛参会文章选题多元，举凡论述所及，既有对传统问题的新探讨，也有对热点问题的传统溯源；既有个案视野下的实证研究，也有综论性的理论考察；既有对传统研究方法的综合应用，又有对新生研究方法的借鉴。现将论坛文章的特点与主要内容综述之如下。

一　立足传统史学　拓展世界眼光

中国传统史学的发展源远流长，积累了大量史书，产生了众多史家，近代以来，史学研究者对传统史学的研究成果丰硕，而当代的史学研究，在史料、方法与视野上则超过了以往任何一个时期。本届论坛的文章在学术视野上，既有对中国史学之传统问题的继续关注，也有对外国史学与外国史学界的拓展考察，论述所及，史家、史著仍然是大家关注的重要内容，而这不仅包括中国古代的史家、史著，同时也涉及中国近现代和外国的史家、史著，特别是对外国史学之史家的多方面考察，展现了广阔的学术视野。

中国古代史学的文章中，既有对中国古代"正史"等著名史著诸问题的继续讨论，亦有对其他小众史书的涉猎；既有对刘知幾、章学诚等古代著名史家的继续考察，亦有对程大昌、黄光昇等学者的研究。如田丰考察《汉纪》对汉帝功业次序的重构问题，并指出荀悦是仿效了《春秋》书法，目的在于强调汉献帝当朝的合法性；王轶龙以陈寿《三国志·蜀书》之"评曰"为中心，分析陈寿的"英雄观"及其特点，即陈寿轻"天命"重"人事"、以"才"合"名"的人文主义英雄观；王世龙则关注《魏书》将被废黜的节闵帝纳入本纪的问题，认为这是为了解决孝武帝入关给东魏北齐所带来的合法性危机；丁文则继续关注刘知幾的直书、曲笔论，蒋铭考察了章学诚、焦循在史学思想上存在的联系。这些研究所涉及对象无疑是以往学界所特别关注的，而对于小众史家与史书的选择，如潘泽月考察了黄光昇《昭代典则》的编纂问题，王松则以程大昌《雍录》地图为例考察了地方志中地图如何叙事的问题，并提出地图叙事有空间叙事和叙事空间两种类型，两者使地图在显示地理信息的同时能拥有另外的意味。

中国近现代史学二十余篇文章中，马克思主义史家、史著及相关问题仍然是研究视野集中的焦点，如王博以《读书杂志》为考察对象，指出该杂志的编辑和运营不仅为上海左翼知识分子提供了公共言论空间，也为社会史论战的到来提供物质准备；李楠分析了吕振羽《常识讲话》对通俗史学的贡献；何聪聪辨析了吕振羽《简明中国通史》的修订过程，以及修订中所主要涉及的几个问题；王玉婷探讨了中国马克思主义史学方法论的构建问题，并提出应该重视以陈守实为代表的一干党外进步知识分子的共同努力。值得注意的是，对近代史家的研究，从学术交谊、学术传承的角度考察不同史家的学术成就和学术风格，是本次论坛近代史学相关论文的一个特点。如邓智中考察邓之诚与聂崇岐的学术交谊，具体分析了两人的交往在《捻军》《锡良遗稿 奏稿》《中华二千年史》等资料集与著作编著过程中所起的学术助力；杨情考察了陈述与金毓黻的学术交谊，指出两人治史既有齐同又有差异，两人皆擅考证，但对"专""精"却有不同的认识；黄学友以王崇武的早期学术传承为中心，考察了近代史家在史料观与治史取向上的特征，等等。

外国史学的十数篇文章，研究者不再仅仅局限于考察以往研究中所常谈及的外国学者，研究所涉及的对象更加广泛、主题愈加丰富，体现出广阔的学术视野。如曹家豪关注阿瑟·丹图的"叙事语句"，陈权分析了英国哲学家沃尔什历史哲学二分法，郭珊伶论述日本学者宫崎市定对年鉴学派理论和方法的接受与运用，郭玉飞关注英国马克思主义史学家拉斐尔·

萨缪尔的公共史学，刘昕则从"遭遇"和"事件"两个概念考察了佐尔坦·西蒙与海登·怀特的事件理论，牛宇祺则分析的是列奥·施特劳斯的历史哲学观点，邵扬舟考察卡尔·贝克尔的相对主义史学思想，胥晨曦关注赫伯特·巴特菲尔德的中国传统史学研究，张翔则以法国史学家保罗·韦纳德历史书写理论为研究主题。诸如此类，研究对象涉及英、美、德、法、日等不同国家的史家，而研究主题则广及于史学思想、历史哲学、历史现象学、历史书写（叙事）、口述史、数字史学等多方面，尤其可见青年研究者的世界视野。

二　重视时代因素　把控宏观问题

时代滋养了史学，史学反映着时代，同时也反作用于时代，这是史学与时代（社会）之间的辩证关系，也是史学时代性的体现，而史家的成长同样也深受时代因素的影响。因此，重视学术发展、学术转型的时代因素，并以此考察某种史学现象、史学问题的历史演变，符合史学发展与社会本身的逻辑关系。本次论坛的相关文章，一个重要的特点便是关注史学问题产生的时代背景，并从更加宏观的角度予以考察，这一方面表明青年研究者能自觉地观照史学与社会之间的联动关系，同时也表明了青年研究者的一种普遍问题意识及思考问题的方式。

关于中国古代史学，如范伟广从时代观念差异的角度考察了中古女训书籍的演进，指出中古目录书中对女训书籍著录、分类存在差异的一个重要原因在于世俗权力的影响；卢子蒙考察宋代兵史书籍，侧重从社会角度进行分析，并指出宋代兵史书籍的兴盛重要的原因是"文人用兵风气的产生"；王富贵论新旧《五代史》天命观之异同，同样从北宋时期不同社会背景出发，突出时代对史学、史家的影响。显然，这类研究无疑关注的是史学问题产生的时代因素与社会背景。此外，成运楼考察传统史书论赞的文体争议与称谓变迁，王亮军论述明代史学中"心术"论之理论提升的逻辑，则不仅关注时代因素，而且对问题的把控明显趋向宏观。前者指出唐以前国家权力对史学控制的强化影响了史书论赞称谓中史家自我的褪色，而宋以后的复古思潮则又使"臣某曰"成为一种史家自我表达的普遍形式；后者指出明代史学"心术"论的发展在史学实践、史学反思、史学理论提升、史学再实践之间存在一条循序而互证的演进脉络。

在中国近现代史学的文章中，从史学的时代性角度予以考察，表现的尤其突出。如樊柏宏考察在 20 世纪中国史学的现代转型中有关《史记》一书的评论问题，指出这一是寄托近代史家的"新史学"方案和具有现代色彩的政治观、文化观，二是寄寓马克思主义的史学观；汤阳亦把清末的史传创作问题放于近代史学转型的视域中予以考察，认为清末的史传创作既是新史范式的探索过程，也是西方史学方法、史学观念本土化的过程，而这种时代背景下的学术具有较强的现实功用；王乐鑫则通过考察近代的科举改制和新式学堂创办，力图揭示两者对中国传统史学转型的影响，即两者在培才、论才功能上的重合深刻影响了史学的学院化、专业化进程；曲宁馨考察中国学界的日本汉学史研究，同样侧重对"时代环境的影响和限制"的分析。显然，这些文章的论述均十分关注学术转型的时代契机，除此之外，对学者之学术养成的社会背景的关注，同样体现的是对史学与时代之间关系的重视，如吴昕璇论王桐龄的民族史撰述，即是从王桐龄的留学经历与东学背景的角度予以考察的，而徐冯媛对李约瑟《中国科学技术史》编纂的考察，一个主要的方面同样在于揭示李约瑟在华学术活动对之所起到的影响。

　　关于外国史学，对研究对象之时代性的考察以及对学者之学术背景的关注，也是一个重要的方面。如郭珊伶论宫崎市定对法国年鉴学派的理解与接受，即重点考察了宫崎市定赴法留学的经历以及他与年鉴学派汉学家的交往在其历史研究中所起的作用；郑泽宇对西方数字史学发展历程与概念流变的探析同样关注"时代发展"的因素，并认为学界对数字史学概念与源流理解的差异其根由在于数字史学在时代和科技进步中不断演变和拓展，而西方的数字史学则始终随时代发展而革新；邵扬舟论美国卡尔·贝克尔相对主义史学思想的生成、发展与转型，一方面重点分析了两战之间的危机与萧条的社会局势对其所产生的影响，另一方面则认为通过卡尔·贝克尔思想的演变能够窥知动荡局势下美国社会舆论及时代精神的变迁。此外，对一些宏观问题的研究同样值得关注，如郭景涛论历史事件的记忆维度，李佳俊从文化史视角考察英国的口述史等。前者分析了历史事件在个体记忆中的持续性和集体记忆中的稳定性，以及历史事件借由两者的相互交织、相互作用而进入记忆的维度；后者则一方面考察了英国口述史之研究对象和解释维度，另一方面则揭示了口述史的学术意义与作用。

三　综合传统方法　融汇新生理论

　　史料、方法和理论是促进学术研究发展的三个重要方面，中国近代以来的学术发展史表明，在正确的理论观点的指导下，综合应用不同的研究方法来解释原有的或新发现的史料，往往能够促进史学研究的进步，特别是以马克思主义的历史理论解释新发现的史料。本次论坛的相关论文在研究方法的应用上，一方面既有对传统研究方法的继续使用，同时也有对时下新兴理论的借鉴。

对传统研究方法的综合运用，使用最多且最成熟的首先是联系、对比的观点与方法。在中国古代史学的相关研究中，如席艺璇论"贾谊之死"的多重原因，王富贵论新旧《五代史》天命观的异同，蒋铭论述焦循与章学诚史学思想的联系，以及陈珍考察清初恒山改祀与恒山志的编纂等，均有对不同研究主体之横向和纵向的对比。举例而言，席艺璇考察"贾谊之死"的历史书写，是纵向对比了《史记》《汉书》《后汉纪》《资治通鉴》等历史文献中的多种记载，进而观察司马迁是如何理解悲剧与命运，以及平衡事实判断与价值判断之关系；又如陈珍通过对比《恒岳志》《恒山志》之撰述在内容关注上的异同，进而看到了清廷对恒山所需功能上的变化。而在中国近现代史学的相关研究中，注重通过考察学者之学术交游来分析、解释相关史学问题者，大多也使用联系和对比的研究方法。此外，对事涉同类主题的近代史家，一些文章亦通过横向对比揭示主旨，如葛耀东考察近代先秦诸子学研究中的新理路，便以"地域性"凸显联系和对比了有此见解的众多近代史家，如梁启超、刘师培、萧公权、傅斯年、常乃惪、蒙文通等。又，马郝楠考察万木草堂时期康有为、梁启超关于"史"的论述，主要以联系与对比的方式展开；樊柏宏考察20世纪的《史记》评论，同样涉及对梁启超、胡适、傅斯年、翦伯赞、侯外庐、白寿彝等学者相关观点的联系与对比。在外国史学的文章中，刘昕论佐尔坦·西蒙与海登·怀特的事件理论，杨琦帆以考察科恩的"生产力决定论"与里格比的"生产关系决定论"来解释唯物史观基本原理阐释上存在争论的原因，同样也是以联系与对比的方式展开。

其次是使用考据、史源分析等方法，这在中国古代史学的文章中使用得相对普遍，如张斌考证了元代《实录》传布的问题，认为元代《实录》在元代后期已经流传到江南地区，而柯九思是元代《实录》传布到江南的关键人物。又如吴文杰的文章专门考证了《明太祖实录》的第三次修纂的问题（包括时间、原因、过程等），认为修纂时间始于永乐七年六月，至永乐十六年五月成书上进，而直接原因则在朱棣于永乐七年的北巡以及对李景隆"心术"的怀疑。其他又如王晨对《吕氏春秋》形制及排布问题的考述、王雪菲对《七录》"薄录部"考辨与复原的研究，以及潘泽月对黄光昇《昭代典则》编纂缘由、成书年代的考察等，均不同程度地使用了考据的方法，需要注意的是，这些文章主要在于考察与某部文献编纂、流传密切相关的问题，我们可以认为这是更贴近于文献学本身的问题。在中国近代史学的文章中，亦涉及对考据之法的应用，如陈陈考察傅斯年历史语言学对全汉昇科学考据的影响、王玉婷论述陈守实与中国马克思主义史学方法论的构建等，文中不同程度地涉及相应研究对象本身与"考据学"之间关系的问题，如杨情对陈述与金毓黻相见时间的考证。而对于史源分析的运用，如果从更加广义的角度来看，研究中若涉及对史料之间的直接对比固然是运用史源分析之法，而那些考察史家史学思想来源的文章，实际上也是如此。如郭珊伶论证宫崎市定史学研究中的相关思想来源于法国年鉴学派、陈权考察沃尔什历史哲学二分法的理论来源，便是从广义的角度使用了史源分析。

关于对时下新兴研究方法的借鉴，如借助后现代叙事理论而对史料进行详细的分析，以及从发生学、传播学、接受学以及书籍史、文化史、概念史的角度考察某些历史问题等，是其中值得关注的几个方面。就后现代叙事学理论来说，以"书写""叙事"等为字眼展开讨论的文章，几乎均是此类研究。如席艺璇《"贾谊之死"的多重原因与历史书写》、韩晶晶《民初跨语境知识人的历史书写》、张翔《试论法国史学家保罗·韦纳历史书写理论的叙述策略与表现风格》等。这些文章通过对特定文本的解析，以此考察研究主体的本来情况，就以上三文而言，《史记》《汉书》《汉纪》《资治通鉴》、李文彬《中国历史纲要》、保罗·韦纳《如何书写历史》分别是各位作者分析的文本。至于结论，如韩晶晶认为《中国历史纲要》以"半部古代简史+半部清史"为架构，吸收20世纪中国史研究的"热点议题"和"流行范式"，反映出一位跨文化语境知识人身上民族意识与历史书写之间的张力。整体来看，在此类文章中，作者与研究主体之间有深入互动，结论往往新颖。至于从传播学、接受学角度进行研究者，如李瑞璞对倍倍尔《妇女与社会主义》在华传播的考察、王博对《读书杂志》促进社会史论战的发展和传播的考察、佟文宇对围绕《历史反思》杂志之实验史学的考察等均是如此。此类文章之视角所及，一是重视对传播之"源"和"路径"的考察，二是注重解析接受者之时代背景与态度，三是考察传播与接受过程中所发生的"变化"与影响，如李瑞璞指出《妇女与社会主义》在华传播经历了一个转译、挪用和本土化的过程，并深刻影响了民国学界分析妇女史问题、书写中国妇女史历史。从书籍史、文化史的角度进行分析者，如卢子蒙对宋代兵史书籍兴起的考察、高博文以太平天国政体研究为例对政治学概念之跨文化引用的研究，以及刘明慧对柳诒徵文化史观的分析等均是。此类文章一方面注重梳理研究对象的社会背景（即时代），另一方面则以文化的观点解释某种时代背景，如刘明慧的研究一方面分析了柳诒徵文化史观的形成，认为包括新人文主义、传统儒家文化的双重塑造，另一方面则认为柳诒徵的文化史观是时代际遇下学者尝试"文化继统"的缩影。

四　关注学术热点　回应时代课题

史学与时代互动是中国史学的优良传统，而推进中国优秀传统文化的创造性转化和创新性发展则需要关注和理解时代命题。除以上三者外，本次论坛还有一个值得注意的特点，即相关文章对一些重大的时代命题如"国家统一"（"民族融合"）、"文化认同"、"三大体系建设"等的关注，这体现了青年史学研究者史学研究的时代性以及在学术观上的自信。具体来说，可以概括为以下三个方面。

首先是寻绎中国史学发展中的"民族"与"中国"根脉，揭示其中所蕴含的现代价值。在古代史学的研究中，如彭丽杰以考察传统史书地理志体例为核心，展示了汉唐以至宋元时期以"九州"为核心的"中国"观，作者在文章中指出："九州"在史书中从空泛名称变为具体制度，并在汉唐时期成为贯穿地理志中"中国"撰述的常用体例，并认为通过对"九州"这一稳定地域结构的继承，汉唐史家构建了以"九州"为核心的一脉相承的"中国"空间，体现了华夏地理空间的连续性和稳定性；又如，韦瑶函通过考察清代《八旗通志》的编纂，揭示了清朝统治者的"正统"观念以及文化认同意识，作者在文章中指出：清代两部《八旗通志》通过将"八旗"描述成"方域"，强调"大一统"疆域的恢宏局面，并以此宣扬"天下一统，华夷一家"的思想，乾隆以超越"地方性"的标准对《八旗通志》的修正，体现着清帝将"清纳入中国王朝的历史谱系之内"的思想深意和"向意于三代"的"正统"意识。显然，这两篇文章通过考察中国古代史学的具体问题，一方面展现了国家统一在中国古代的历史基础与思想基础，另一方面则展现了民族统一与民族文化认同的历史基础与思想基础。在对近代史学的研究中，同样也有对民族文化认同的考察，如胡聪以

《元西域人华化考》为例论陈垣先生的"中华民族"观及其影响，汤阳考察近代史学转型视域中的清末史传创作，吴昕璇论述王桐龄的民族史撰述，均不同程度地述及相关研究对象的民族文化认同意识，这从学术史的角度展现了近代以来文化认同观念传承的接续性。

其次是论证话语体系构建的本土资源，阐释学术转型的中国特征。如王玉婷论证陈守实对马克思主义史学方法论的构建，刘彦霖以侯外庐对明清之际启蒙思想的研究为例说明侯外庐的理论贡献对中国现代性本土话语构建的价值，以及刘明慧揭示柳诒徵文化史观的现代意义等，都重在说明中国史学之本土资源对于研究对象的学术影响，以及重在揭示研究对象如何利用先进理论阐释中国史学遗产。特别是刘彦霖之文，直接主题鲜明地指出：侯外庐的"早期启蒙"的学术理论为中国现代性的产生提供了经典的认识框架和研究范式，从而有利于中国本土话语体系的构建。至于其他考察史家、史著时关注社会背景的研究者，相关论文中同样也涉及这方面的内容，这一点上文中已有论及，此处不再赘述。

再次是关注中国史家、史著的思想结构与时空限度，展示中国史学的思维逻辑与理论水平。如常昊田考察班固的《汉书·五行志》，认为班固撰写《五行志》的本意在于以《洪范》经文为纲解释《春秋》，以此明确《春秋》灾异记载中所蕴含的"天人之道"，进而为汉帝提供一套内容丰富且可重复利用的"灾异消解模板"。显然，这一论述在汉代的时空背景下既着眼《汉书·五行志》的学术性，又关注《汉书·五行志》的学术致用意义，从而体现了中国古代史学重视"天人"关系、重视"求真"与"致用"相统一思维逻辑。又如，王亮军考察明代史学之"心术"论，关注现实政治对史学理论的影响、史家史学批判实践对史学理论的影响，以及史学理论（"心术"论）发展的内在逻辑线索，从而展现了明代史学之理论水平。

总体而言，本次论坛从190余篇投稿中选出的上述文章，主题鲜明、内容丰富、论述深刻，不管是从学术视野和研究方法来看，还是从学术见识或学术使命感来看，无不反映当下青年史学研究者的学术活力。加之在论坛主题演讲环节，由北京师范大学资深教授刘家和先生、瞿林东先生，北京师范大学历史学院张涛教授，首都师范大学历史学院江湄教授，中国社会科学院历史理论研究所董欣洁研究员，南开大学历史学院朱洪斌副教授依次所做的主题演讲，以及各个分论坛点评老师们精彩的指导点评，无疑进一步拓宽了与会学生的学术视野。

《史学理论与史学史学刊》稿约

　　《史学理论与史学史学刊》为教育部普通高等学校人文社会科学重点研究基地北京师范大学史学理论与史学史研究中心主办的研究论集，是国内外史学理论与史学史工作者发表研究成果的阵地，欢迎中外专家、学者惠赐稿件。

　　1. 本集刊设有历史理论与史学理论、中国古代史学、中国近现代史学、外国史学、中外史学比较、史学批评、图书评论等栏目。

　　2. 来稿一般应在 1.5 万字以内，重大选题可适当放宽至 2 万字。请将稿件的电子版通过电子邮件（邮箱：history1101@163.com）发给我们。作者如果在 3 个月内未接到刊用通知，可自行处理稿件。

　　3. 本集刊实行匿名评审，请作者不要在来稿上署名，另纸附上作者姓名、性别、出生年月、职称、工作单位、通信地址、邮政编码、联系电话、电子信箱等相关信息。来稿避免使用有可能透露作者个人信息的表述，诸如参见拙文、拙作等。

　　4. 来稿应遵守学术规范，尊重前人研究成果。禁止剽窃、抄袭与一稿两投行为，凡发现有此类行为者，5 年内不受理该作者的任何稿件。

《史学理论与史学史学刊》编辑部

《史学理论与史学史学刊》匿名审稿实施办法

为保证本集刊用稿的学术质量，进一步提高本集刊的学术层次，给广大读者奉献高水平的研究成果，我们实行稿件匿名评审制度。具体实施办法如下。

1. 来稿请勿在稿件中出现署名和与作者有关的背景材料，作者简介请另附在一张纸上，内容包括姓名、性别、出生年月、工作单位、职称、通信地址、邮政编码、联系电话、电子信箱等。来稿避免使用有可能透露作者个人信息的表述，诸如参见拙文、拙作等。

2. 来稿请使用电子邮件，勿寄个人或托人转交，以免造成延误。

3. 本编辑部收到稿件后，由编辑人员登记，然后将原稿匿名送交有关专家审阅，就稿件的写作质量和学术水平做出评定，提出初审意见。

4. 编委会根据专家初审意见，对来稿学术质量进行进一步讨论，就稿件是否具有新观点和学术价值诸问题形成一致意见。

5. 责任编辑根据上述意见初步提出是否采用的建议，初步决定采用的稿件送交主编，最后由主编终审，决定是否刊登。

《史学理论与史学史学刊》编辑部

图书在版编目（CIP）数据

史学理论与史学史学刊. 2024 年. 上卷：总第 30 卷 /
杨共乐主编. -- 北京：社会科学文献出版社，2024. 8.
ISBN 978-7-5228-4031-4

Ⅰ. K0-53

中国国家版本馆 CIP 数据核字第 2024UR7183 号

史学理论与史学史学刊　2024 年上卷（总第 30 卷）

主　　编／杨共乐

出 版 人／冀祥德
责任编辑／罗卫平
责任印制／王京美

出　　版／社会科学文献出版社·人文分社（010）59367215
　　　　　地址：北京市北三环中路甲 29 号院华龙大厦　邮编：100029
　　　　　网址：www.ssap.com.cn
发　　行／社会科学文献出版社（010）59367028
印　　装／三河市东方印刷有限公司

规　　格／开 本：787mm×1092mm　1/16
　　　　　印 张：23.25　字 数：391 千字
版　　次／2024 年 8 月第 1 版　2024 年 8 月第 1 次印刷
书　　号／ISBN 978-7-5228-4031-4
定　　价／128.00 元

读者服务电话：4008918866